权威·前沿·原创

皮书系列为
"十二五""十三五"国家重点图书出版规划项目

世界茶业蓝皮书
BLUE BOOK OF
THE WORLD TEA INDUSTRY

世界茶业发展报告（2017）

REPORT ON THE WORLD TEA INDUSTRY DEVELOPMENT (2017)

主　编／李闽榕　冯廷佺
副主编／蔡　军　周国文

社会科学文献出版社
SOCIAL SCIENCES ACADEMIC PRESS (CHINA)

图书在版编目(CIP)数据

世界茶业发展报告.2017/李闽榕,冯廷佺主编.--北京：社会科学文献出版社,2017.5
（世界茶业蓝皮书）
ISBN 978-7-5201-0325-1

Ⅰ.①世… Ⅱ.①李…②冯… Ⅲ.①茶业-产业发展-研究报告-世界-2017 Ⅳ.①F316.12

中国版本图书馆 CIP 数据核字（2017）第 011183 号

世界茶业蓝皮书
世界茶业发展报告（2017）

主　　编 / 李闽榕　冯廷佺
副 主 编 / 蔡　军　周国文

出 版 人 / 谢寿光
项目统筹 / 王　绯
责任编辑 / 赵慧英

出　　版 / 社会科学文献出版社·社会政法分社（010）59367156
　　　　　　地址：北京市北三环中路甲 29 号院华龙大厦　邮编：100029
　　　　　　网址：www.ssap.com.cn

发　　行 / 市场营销中心（010）59367081　59367018
印　　装 / 北京季蜂印刷有限公司

规　　格 / 开　本：787mm×1092mm　1/16
　　　　　　印　张：25.5　字　数：389 千字
版　　次 / 2017 年 5 月第 1 版　2017 年 5 月第 1 次印刷
书　　号 / ISBN 978-7-5201-0325-1
定　　价 / 118.00 元

皮书序列号 / PSN B-2017-620-1/1

本书如有印装质量问题，请与读者服务中心（010-59367028）联系

▲ 版权所有 翻印必究

世界茶业蓝皮书编委会

名誉总顾问
　　许嘉璐　全国人大常委会原副委员长

名誉顾问
　　张天福　中国著名茶学家
　　何　康　中国农业部原部长

顾　问
　　江用文　中国茶叶学会理事长、研究员
　　张　闯　北京林业大学副校长、研究员
　　程启坤　中国国际茶文化研究会学术委员会主任、研究员
　　郭　杰　中华文化促进会副会长
　　骆少君　全国政协原委员、全国供销合作总社茶叶研究院原院长、研究员

编委会主任
　　李闽榕　中智科学技术评价研究中心理事长暨主任、教授、博士生导师
　　冯廷佺　中国茶叶学会原副理事长、福建省茶叶学会会长、教授级高级农艺师

副　主　任
　　郑国建　国家茶叶质量监督检查中心主任

蔡　军　中国食品土畜进出口商会茶叶分会秘书长

周国文　北京林业大学副教授，中国环境哲学专业委员会副秘书长，清华大学博士后

编　　委

韩　驰　中国预防医学科学院营养与食品卫生研究所研究员

陈荣冰　福建省农科院茶科所原所长、研究员、武夷学院特聘教授

刘勤晋　西南大学教授

林　震　北京林业大学人文社科学院院长、教授

孙威江　福建农林大学教授、硕士生导师

王合忠　文史出版社原社长

杜　晓　四川农业大学教授

郭雅玲　福建农林大学教授、硕士生导师

陈玉琼　华中农业大学教授

郑乃辉　福建省农科院茶科所副所长、教授级高级农艺师

刘进社　福建人民出版社编审

徐　晖　《中国茶业年鉴》执行主编

孙　宇　中国食品土畜进出口商会茶饮园艺部副主任

周玉璠　福建省茶叶学会张天福茶学研究分会副会长兼秘书长，教授级高级农艺师

陆　尧　中国社科院研究员

王岳飞　浙江大学茶学系教授

蔡烈伟　漳州科技学院院长

林海霞　中国食品土畜进出口商会茶饮园艺部

竺济法　宁波东亚茶文化研究中心研究员
费冬梅　重庆恒大茶舍副总经理
吕　宁　福建省茶叶学会闽台茶业合作研究分会副秘书长

主　编

李闽榕　中智科学技术评价研究中心理事长暨主任、教授、博士生导师
冯廷佺　中国茶叶学会原副理事长、福建省茶叶学会会长、教授级高级农艺师

副主编

蔡　军　中国食品土畜进出口商会茶叶分会秘书长
周国文　北京林业大学副教授，中国环境哲学专业委员会副秘书长，清华大学博士后

编写人员

陈荣冰　福建省农科院茶科所原所长、研究员、武夷学院特聘教授
韩　驰　中国预防医学科学研究院教授
刘勤晋　西南大学教授
孙威江　福建农林大学教授、硕士生导师
周玉璠　福建省茶叶学会张天福茶学研究分会副会长兼秘书长，教授级高级农艺师
杜　晓　四川农业大学教授
郭雅玲　福建农林大学教授、硕士生导师
陈玉琼　华中农业大学教授
周国文　北京林业大学副教授，中国环境哲学专业委员会副秘书长，清华大学博士后

郑乃辉　福建省农科院茶科所副所长、教授级高级农艺师

刘进社　福建人民出版社编审

林海霞　中国食品土畜进出口商会茶饮园艺部

陈百文　福建省农科院茶叶研究所质量工程师

竺济法　宁波东亚茶文化研究中心研究员

费冬梅　重庆恒大茶舍副总经理

汤凌燕　福建农林大学讲师、硕士

岳　川　福建农林大学讲师、博士

曹红利　福建农林大学讲师、博士

赖凌凌　福建农林大学审茶师、硕士

曾小燕　漳州科技学院讲师

叶丹榕　漳州科技学院讲师

黄春桥　贾桂君　朱虹遇　黄宜静

吴孟孟　孙煜涵　孙亭亭　周李杨

童　玲（北京林业大学研究生及本科生）

审稿人员

程启坤　中国国际茶文化研究会学术委员会主任、研究员

周玉璠　福建省茶叶学会张天福茶学研究分会副会长兼秘书长，教授级高级农艺师

刘进社　福建人民出版社编审

主编简介

李闽榕 中智科学技术评价研究中心理事长暨主任、中国区域经济学会副理事长、中国科学院海西研究院产业发展咨询委员会副主任、《中国茶产业研究报告》（蓝皮书）主编、福建师范大学兼职教授、博士生导师。

冯廷佺 中国茶叶学会原副理事长、中国大众文化学会副理事长、中华文化促进会茶叶委员会主任、福建省茶叶学会会长、《福建茶叶》编委会主编、教授级高级农艺师。

序言一

何 康

世界茶叶的故乡是中国。中国是世界茶树的起源地，早于七八千万年前的远古就有了茶树。茶树经历漫长的历史演化时期，直至五千多年前才为中国的祖先所发现和利用，从药用变为食用，又从食用到饮用。周朝起茶成贡品，后发展为祭祀品、礼品，西汉后成商品和民间饮品。随着商品的流通，中国茶沿着丝绸之路、茶马古道、海上茶叶之路、万里茶道传播到世界五大洲。西汉，中国茶首次传入中亚细亚的波斯（伊朗）、阿富汗，再到罗马。秦灭蜀后，茶由中国云南传入越南、缅甸一带，部分到达印度东北部，公元5世纪，传到土耳其；公元544年传到新罗，至7世纪中国茶种已在朝鲜、日本生根；13世纪意大利马可·波罗、1560年葡萄牙神父先后将中国茶介绍给西方人民。中国与西方各国的茶叶贸易始于17世纪初，荷兰人首开贸易大门，其后英、美等国也纷至沓来。至1880年，中国出口西方的茶叶达到历史最高水平，随后因印度、斯里兰卡等国引种中国茶取得成功并进入国际市场，中国出口茶逐渐减少。至1900年全世界茶叶出口总量26.72万吨，其中：中国8.36万吨，印度达到7.99万吨，斯里兰卡也有6.76万吨，日本1.86万吨，印度尼西亚0.73万吨。其后，印度、斯里兰卡两国出口茶份额快速增加，到1915年印度出口量增至13.6万吨，超过中国的11.34万吨。其后，受第一次世界大战和抗日战争的影响，出口销路受限，中国茶叶一落千丈，到1950年产量只及印度的14.38%，只占世界总产量的7.7%。中华人民共和国成立后，国家重视茶叶的恢复和发展，尤其是改革开放后茶叶生产迅速发展，至2015年中国茶园总面积达279万公顷，茶叶产量达224.9万吨，成为世界第一产茶大国。

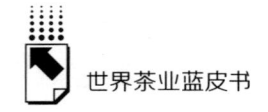

回眸近两千年来，中国的种茶和产茶制茶技术、茶文化和饮茶习俗，逐渐传播到全球，给世界种植业和经济发展增添活力，给人类带来绿色、无醇、健康的饮品。当今世界上已有160多个国家和地区的30余亿人饮茶，"饮茶有益健康"成为世界的共同认知。还有60多个国家和地区种植茶树，发展茶叶生产。2015年，世界茶园总面积已达452万公顷，茶叶总产量达530.5万吨，出口总量为196.2万吨，比1900年增长7.35倍。茶叶给贫穷和新兴国家带来了发展的机遇，如肯尼亚，于20世纪20年代才开始种茶，发展至今茶叶出口达44.3万吨，占世界出口量的25%，成为世界茶叶第一出口国，出口金额为1370000千美元，国民经济和人民收入大为提升。

茶是友谊的载体，茶是和平的使者。邓小平先生在日本访问期间，曾留下"茶道是中国的根，也是和平的象征"的名言。习近平主席在比利时访问讲到"茶与酒"的关系时，留有"品茶品酒品人生"及"促进人类各种文明之花竞相绽放"的讲话。2013年，习近平提出"一带一路"的战略构想，也为世界各国的茶叶发展和贸易战略创造了契合点和增长点！为贯彻落实"一带一路"构想，加强与各国的茶业合作与交流，促进茶产业的发展，为人类和平、进步做出了新贡献！今在中智科学技术评价研究中心、福建省茶叶学会、中国食品土畜进出口商会的共同主持及北京林业大学等单位的支持下，于2016年启动、编撰的全球首部《世界茶业发展报告》（蓝皮书）中文版的书稿即将付梓，其后还将译成英文版向世界发行。这是一项具有开创性、综合性、世界性、历史性意义的大事！本书的出版，将为世界茶业填补空白，为人们认识和了解世界茶叶和发展前景，提供一部不可多得的茶叶文献！在此，谨向本书编委会主编、副主编及全体编撰人员表示祝贺！最后谨向世界各国茶叶企业家、科技工作者及消费者表示良好祝愿！愿大家共同努力，进一步把有益于人类的茶业事业推向前进！

2016 年 12 月

（序者：何康，中国农业部原部长）

序言二

张天福

2013年10月，习近平主席发出了建设"新丝绸经济带"和"21世纪海上丝绸之路"的伟大战略构想。为贯彻落实"一带一路"的大战略新图景，为拓展海陆两个方向的国际合作空间，为加强世界茶叶的科技、文化、贸易、经济的联系和交流，实现茶产业的全球大战略，由中智科技评价研究中心、福建茶叶学会、中国食品土畜进出口商会、北京林业大学等联合编撰的《世界茶业发展报告》（蓝皮书），在国内外专家学者的通力合作下，即将问世！这是一件十分有意义、统揽世界茶叶全局的大好事，在此特表示祝贺！

茶叶原产于中国，最早发现和利用茶叶也是在中国。茶叶自古就是中国与"一带一路"沿线国家和地区经贸往来的重要商品。自1607年开始，西欧荷兰商人就将中国茶叶输往西方，其后中国茶逐渐传向世界许多国家。1842年后，中国茶叶进入全盛时期，尤其是红茶产业不断扩大，茶叶出口量持续上升，直到19世纪末，印度、斯里兰卡茶业兴起，中国逐渐失去了茶叶贸易的市场。其后的一个世纪中，我亲身经历了中国茶叶从繁荣走向衰落，又从20世纪早期的衰落走向50年代的恢复与发展，至今天又登上世界第一个产茶大国宝座的历程，为此我感到无限的欣慰与骄傲。欣慰的是，我自20世纪30年代始为恢复与发展中国茶叶的奋斗和努力，终于有了结果！我曾以茶叶救国、以科教救国的愿望和行动终于有了成果！值得骄傲的是，中国政府和中国人民为世界提供了绿色、有机、有益的茶叶！为全球消费者提供了健康的饮料！正如我曾会见过的英国著名科学家李约瑟先生所言："茶是中国继火药、造纸、印刷和指南针四大发明后，对人类的第五贡献。"

《世界茶业发展报告》（蓝皮书）的编辑出版，为广大读者提供了世界

茶叶发展历史，主产国茶叶生产、消费、贸易；科技创新、产业发展、涉茶产业及经济社会发展、茶叶质量标准；茶树物种起源、分布，现存野生茶树，隔离分布区域；茶叶主要化学成分与人类健康，茶的发现和利用，茶的世界传播等方面的概况和发展报告。这部书将成为世界茶叶的历史文献！将成为世界茶叶科技、经济、贸易、文化的综合专著！是当代世界茶业第一部综合性蓝皮书。它的出版，将为世界各国茶叶的交流、合作与发展提供依据！愿世界茶叶为全球经济带来更大的发展！

2016 年 12 月

（序者：张天福，108 岁，中国著名茶学家）

摘　要

中国是世界上最早采制和饮用茶叶的国家，中国的饮茶历史在3000年以上。很早以前，中国就把种茶经验和茶树种子传给了世界各国人民。目前，茶已成为世界上饮用人数最多的饮品之一，深受人们喜爱。

21世纪以来，世界茶产业快速发展，茶园种植面积和茶叶产量大幅增加。根据国际茶叶委员会统计，2015年世界茶园种植面积为452万公顷，比2000年的265万公顷增长70.6%；茶叶产量530.5万吨，比2000年的292.9万吨增长81.1%。随着世界茶叶消费量的增加，世界茶叶种植面积呈稳定上升趋势。目前，世界五大洲都产茶，主要茶叶种植国有30余个。2015年，茶叶产量排在前8位的国家分别是：中国、印度、肯尼亚、斯里兰卡、土耳其、越南、印度尼西亚、缅甸。中国是世界上最大的茶叶种植国，也是茶园面积增速最快的国家，2014年茶园面积265万公顷，比2000年增加156万公顷，增幅达143%。2015年面积279万公顷，比2000年增加156%。

进入21世纪，随着全球政治、经济、文化的联系交流逐步加深，茶叶成为一种历史承载厚重、文化底蕴丰富、健康养生所需的世界饮品，从2001年到2015年，世界茶叶消费一直保持平稳增长势头。2000年全球茶叶消费总量为287.9万吨，2015年增至约500万吨，增长了近73.8%，年增长率约为5.3%。2006年后，中国一跃成为世界上茶叶消费量最大的国家，从2012年到2014年，中国的茶叶平均消费总量已经达到135.7万吨，2015年上升为181万吨。就人均茶叶消费而言，冰岛从2003年到2011年一度是世界上人均茶叶消费最大的国家。但是在2012年到2014年3年中，土耳其取而代之，人均茶叶消费达到3.18千克。

21世纪以来，世界茶叶贸易也平稳增长。2014年，全球茶叶总贸易量为348.5万吨（比2000年增长34.3%），其中出口182.7万吨（比2000年增长38.2%），进口165.8万吨（比2000年增长30.3%）。茶叶出口占世界茶叶总产量的35.3%。2015年世界茶叶出口196.2万吨，比2000年增长32.9%。目前，肯尼亚是世界上茶叶出口数量最多的国家。2014年，茶叶出口额最多的国家是斯里兰卡，出口额15.6亿美元；中国12.7亿美元，位居第二。在全球茶叶贸易中，红茶是主要产品，但近年来其在全球茶叶出口中所占份额略有减少，从2000年的86.4%降至2015年的78%。绿茶所占份额则不断增加。

如今，世界茶叶生产早已不是过去小农经济时代粗放的生产加工方式，与茶叶有关的产业链条发生了长足的进步和发展，茶产业不再是原茶产品的简单售卖，而成为一系列紧密相关的环节。21世纪以来制茶工艺和技术突飞猛进，世界涉茶产业的发展也日趋多样化。总的来说，无论是哪种类型的涉茶产业，都离不开科研，科研会带动茶叶生产、茶叶加工、茶叶贸易的繁荣，不仅会提高茶叶的产量，还会提高茶叶的质量，更会随之提高茶叶的销量。21世纪的世界茶业在科技工作者和先进科学技术共同推动下，在茶园管理、栽培育种、生产工艺方法、产品创新和销售管理等取得持续稳定的发展。科技创新成果已成为21世纪以来茶产业发展的亮点。

中国是世界茶树的祖国，茶树最早被中国人由野生变为园栽，中国最先将茶叶从药用变为饮用，茶叶和茶种也最早由中国传播至世界各地。改革开放以来，中国成为世界茶叶产量最多且增速最快的国家，也是最为重要的茶叶生产和出口大国。2014年，中国茶园种植面积为265万公顷，占全球茶叶种植总面积的60.6%；茶叶产量209.6万吨，占全球茶叶总产量的40.5%；茶叶出口数量为30.2万吨，占全球茶叶总出口数量的16.5%；出口金额12.7亿美元，2015年中国茶园面积为279万公顷，茶叶产量为227万吨，出口量为32.5万吨，出口额为13.82亿美元，出口至126个国家和地区。茶业发展对于中国的社会经济发展具有重大的促进作用。因此，必须加快生态茶园的建设，树立生态、高效、可持续的茶叶标准化发展观念；充分发挥龙头企业的示范带动作用；重视茶叶产地的环境建设，切实做好源头整治，提高茶园病虫害的综合防治水平；建立健全茶叶检验检测体系，提高茶叶生产组织化标准化程度，推动中国茶业持续繁荣。

总之，茶叶发展表现在茶产业、茶贸易、茶文化、茶健康、茶文物器具等各个方面，都促进了世界茶叶的繁荣和兴盛。本书总结了21世纪以来世界茶叶发展的最新概况，内容翔实丰富，希望可以为世界上的爱茶人士和茶叶研究人员提供可以借鉴之处，也希望为推动中国茶文化和世界茶文化的交流与发展做出贡献。

Abstract

World's tea tree dates back in China which is the country that firstly produced and drunk tea and drinking tea in China is about more than 3000 years. Long period ago, China put the experience of planting tea and tea seeds passed to people around the world. At present, tea has become the world's largest number of drinks, loved by the whole world people.

Since the beginning of the 21st century, the world tea industry has developed rapidly, and tea plantation area and tea production have increased significantly. According to the International Tea Committee's statistics, the world tea plantation area covers 4.52 million hectares in 2015, compared with 2.65 million hectares in 2000, and increasing by 70.6%; tea production is 5.305 million tons, compared with 2929000 tons in 2000 which has a growth in 81.1%. With the world's tea consumption increased, the world's tea planted area showed a steady upward trend. At present, the world's five major continents are producing tea, the main tea-planting countries more than 30. In 2015, the top eight production countries are China, India, Kenya, Sri Lanka, Turkey, Vietnam, Indonesia, Myanmar. China is the world's largest tea-planting country, and is also the country whose tea garden area is the fastest growing. In 2014, China owns tea garden area of 2.65 million hectares, compared with 2000, and it increased by 1.56 million hectares, an increase of 143%. In 2015, China owns tea garden area of 2.79 million hectares, compared with 2000, and it has an increase of 156%.

In the 21st century, with the global political, economic and cultural exchanges and exchanges gradually deepened, the tea as a world's beverage carries a heavy history and a rich cultural heritage, as well as meeting the needs of keeping in a good health, so its cultivation, production, processing, trade and consumption are being maintained a momentum of steady development. From 2011 to 2015, the growth of worldwide tea consumption is always keeping a stable

Abstract

increasing state. Global total tea consumption in 2000 was 2.879 million tons, and in 2015 it is about 5 million tons, an increase of nearly 73.8% and the annual growth rate of about 5.3%. After 2006, China has become the world's largest tea consumption country, from 2012 to 2014, China's average total consumption of tea has reached 1.357 million tons, and it has increased to 1.81million tons in 2015. In terms of per capita tea consumption, Iceland was once the world's largest per capita tea consumption country from 2003 to 2011. But from 2012 to 2014, it was replaced by Turkey, per capita consumption of tea reached 3.18 kg.

The world tea trade has also increased steadily since the beginning of the 21st century. In 2014, the total volume of global tea trade was 3.485 million tons (34.3% higher than that of 2000), including exporting 1.827 million tons (38.2% higher than 2000) and importing 1.658 million tons (30.3% higher than 2000). Tea exports accounted for 35.3% of total world tea production. At present, Kenya is the world's largest tea exporting country. In 2014, the largest amount of tea export country is Sri Lanka, exports 1.56 billion dollars; China were 1.27 billion dollars, ranking at the second. In the global tea trade, black tea is the main product, but in recent years in the global share of tea exports, it decreased slightly, from 86.4% in 2000 to78% in 2015. The share of green tea is increasing.

At present, the world's tea production has no longer the traditional way of production and processing in the traditional small-scale peasant economy era anymore, and tea-related industrial chain has made a great progress and development, so tea industry is no longer a simple sale of the original tea products, but becomes a series of close production chains. Since the beginning of the 21st century, tea processing technology improves a lot, the development of related-tea industry has become increasingly diverse. In general, regardless of types of related tea industry, they are inseparable from scientific research which will drive prosperity of tea production, tea processing and tea trade, not only improving the yield of tea, but also improving the quality of tea, as well as increasing sales volume of tea. The world tea industry in the 21st century with in the help of science and technology workers and advanced technology, it has achieved sustained and stable development in the tea garden management, cultivation and breeding, production technology, product innovation and sales management. Scientific and technological innovation has become the highlights of the development of world's tea industry during the 21st century.

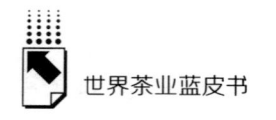

China is the motherland of tea, and tea was firstly discovered by Chinese people. The origin of tea was in China's southwestern region, and Chinese people changed the planting way of tea from wild planting to garden planting at the beginning. Besides, people in China began to change the utilization of tea from the medicinal use into the drink. Then tea and tea species spread to the each corner of world from China at the very early time, which is acknowledged by the whole world. Since the reform and opening up policy, China has become the largest tea production and the fastest growing country around the world, and is also the most important tea production and export power. In 2014, China's tea plantation area covers 2.65 million hectares, accounting for 60.6% of the total area of tea planting; tea output was 2.096 million tons, accounting for 40.5% of total global tea output; tea export volume was 302,000 tons, accounting for 16.5% of total global tea exports; Export value were 1.27 billion US dollars, exporting to 126 countries and regions. Tea industry development has a significant role in promoting China's social and economic development. Therefore, we must speed up the construction of ecological tea garden, establish ecological, efficient and sustainable development of the concept of standardization of tea; we must give full play to the leading role of leading enterprises; we must pay attention to the construction of tea production environment, and do a good job source remediation to improve the level of integrated control of pests and diseases; we also must establish and improve the tea inspection and testing system to improve the standardization of tea production organization and promote the continued prosperity of China's tea industry.

In all, the development of tea industry, tea trade, tea culture, tea health and tea relics and equipment caused by the growth of the tea itself, has contributed to the prosperity of the world's tea. This book summarizes the latest development of the world's tea in the 21st century with a rich and detailed content, hoping for not only providing some help for those people who love the tea or those scholars who study the tea, but also promoting the exchange and development between Chinese tea culture and worldwide tea culture.

目　录

Ⅰ 总报告

B.1 世界茶业发展报告 ·································· 001

　　第一节　世界茶业发展历史概述 ·························· 001

　　第二节　21世纪以来世界茶叶生产概况 ···················· 007

　　第三节　21世纪以来世界茶叶消费概况 ···················· 014

　　第四节　21世纪以来世界茶叶贸易概况 ···················· 027

　　第五节　21世纪以来世界茶业科技创新概况 ················ 034

　　第六节　21世纪以来世界涉茶产业发展概况 ················ 037

　　第七节　茶产业与经济社会发展 ·························· 046

　　第八节　加快世界茶业发展的主要举措 ···················· 049

Ⅱ 分报告

B.2 茶叶产品分类报告 ·································· 056

B.3 茶叶主产地生产报告 ································ 145

B.4 茶叶消费和需求报告 ································ 150

B.5 茶叶贸易报告 …………………………………………………… 167
B.6 茶叶质量、标准和品牌报告 …………………………………… 199
B.7 涉茶产业发展报告 ……………………………………………… 215

Ⅲ 专题报告

B.8 世界茶字冠名来源 ……………………………………………… 244
B.9 世界茶树物种渊源和分布 ……………………………………… 254
B.10 茶叶的主要成分 ………………………………………………… 303
B.11 茶与人类健康 …………………………………………………… 334
B.12 茶的发现和使用 ………………………………………………… 343
B.13 茶的世界传播 …………………………………………………… 357
B.14 中国茶指数研究报告 …………………………………………… 374

B.15 后记 ……………………………………………………………… 381

CONTENTS

I General Report

B.1　World Tea Industry Development Report　/ 001
　　　1. History of the Development of the World Tea Industry　/ 001
　　　2. World Tea Production since the Beginning of the21stCentury　/ 007
　　　3. World Tea Consumption since the Beginning of the 21st Century　/ 014
　　　4. World Tea Trade since the Beginning of the 21st Century　/ 027
　　　5. Overview of the World Tea Industry Innovation in Science and
　　　　 Technology since the Beginning of the 21st Century　/ 034
　　　6. Overview of the Development of the World Related Tea Industry since
　　　　 the beginning of the 21st Century　/ 037
　　　7. Tea Industry and Economic and Social Development　/ 046
　　　8. Main Measurements to Speed up the Development of World Tea Industry　/ 049

II Subject Reports

B.2　Tea Product Classification Report　/ 056
B.3　Production Report of Tea Main Producing Area　/ 145

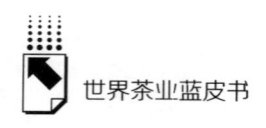

B.4	Tea Consumption and Demand Report	/ 150
B.5	Tea Trade Report	/ 167
B.6	Quality, Standards and Brand Reports of Tea	/ 199
B.7	Report on Development of Tea Related Industries	/ 215

Ⅲ Special Reports

B.8	World Tea Title Source	/ 244
B.9	Origins and Distribution of World Tea Tree Species	/ 254
B.10	Main Components of Tea	/ 303
B.11	Tea and Human Health	/ 334
B.12	Discovery and Use of Tea	/ 343
B.13	The Spread of Tea in the World	/ 357
B.14	China Tea Index Research Report	/ 374
B.15	Postscript Written by Editorial Board	/ 381

总报告

General Report

B.1 世界茶业发展报告

第一节 世界茶业发展历史概述

中国是世界茶树的祖地,是世界上最早采制和饮用茶叶的国家。中国发现茶树和饮用茶的历史在5000年以上。很早以前,中国就把种茶经验和茶树种子向世界传播。目前,茶已成为世界上饮用人数最多的饮品之一,深受人们喜爱。茶叶作为一种馈赠佳品和流通商品,在世界历史的发展中具有重要的地位,并产生了极其深远的影响。

一 中国茶业发展及对外传播历史

(一)中国茶业发展简述

1. 古代茶业发展概述(1840年以前)

茶树原产地在中国的西南地区,茶树最早被中国人由野生变为园栽,茶

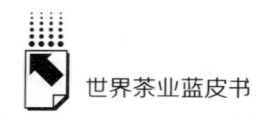

叶和茶种最早由中国传播至世界各地，这已为世人所公认。

茶最初是作为药材进入人类社会的。自开始有茶起，直到战国（公元前477年）以前的很长时期内，有茶的地方还仅限于茶树原产地的西南地区。茶只是以"贡品"的形式进入中原地区。到了战国时代，七雄并起，战事频仍，茶才由茶树原产地的四川、贵州、云南等西南地区经水路和陆路先后传入后来的产茶地区。

茶由药用发展为饮用，是在战国或秦代以后。两晋时代，饮茶风尚迅速普及。入唐代以后茶叶的生产、贸易和消费快速发展，饮茶之风大盛，不少地方已形成了"比屋之饮"。唐以后，经五代十国至宋辽金元前后400多年中，主要产茶地区逐渐向东南地区扩展。北宋以后，茶叶消费日益普遍。辽、金、西夏与宋并立，前后达200年左右，宋王朝和辽、金、西夏之间茶叶贸易往来频繁，或以互赠礼品方式进行物物交换，或通过榷场交换，或由商民自行交换。明清两代的500多年中，茶叶的生产地区和生产数量迅速扩大，茶类极大发展，在国内外贸易方面也有很大进步。

2. 近代茶业发展概述（1840~1949年）

1846~1886年是中国茶叶生产的兴盛时期，茶园面积不断扩大，茶叶产量迅速增加，外贸出口水平达到前所未有的高度。

1886~1949年是中国茶叶生产的衰落时期，这一时期华茶从发展高峰一落千丈。除政治、经济和社会衰落等不利影响外，还有一个原因是19世纪末以来印度等新兴产茶国家相继崛起，茶叶品质优良，制茶技术先进，在国际茶叶市场上竞争力强。

3. 现代茶业发展概述（1949年至今）

1950~1978年，是中国茶叶生产的恢复时期，政府积极扶持茶叶生产，使枯萎的茶业得到恢复和发展。茶园总面积从317万亩扩大到1130万亩，茶叶生产量仅次于印度，居世界第二位。

改革开放以来，由于茶园面积不断增加，生产水平持续提高，中国成为世界茶叶产量最多和增速最快的国家，也是最为重要的茶叶生产和出口大国。2014年，中国茶园种植面积265万公顷，占全球茶叶种植总面积的

60.6%；茶叶产量209.6万吨，占全球茶叶总产量的40.5%；茶叶出口数量30.2万吨，占全球茶叶总出口数量的16.5%；出口金额12.7亿美元，出口至126个国家和地区。

（二）中国茶叶、茶种、制茶法和饮茶习俗对外传播的历史

世界上大多数有饮茶习惯的国家，特别是主要的茶叶消费国家所用的茶叶，都是从中国传播过去的。传播形式：一是早期朝鲜半岛、日本僧侣在到中国学佛的同时，也涉猎了茶叶和茶文化；二是朝廷、官府作为高级礼品赏赐或馈赠给来访的外国使节、嘉宾；三是通过贸易输往世界各地。

中国茶叶的对外贸易已有1500多年的历史，最早输出大约在南北朝时期，公元473～476年间，拜占庭商人来中国西北边境以物易茶，这可能是中国茶叶对外贸易的最早记录。

7世纪时，即在唐代初年，长安（即今西安）已成为中外文化、经济交流的重要城市，当时中原各地饮茶已很普及，茶叶也已成为中国西北地区少数民族的生活用品，且开始传至中亚、西亚和西南亚一带。

种茶方法和饮茶风尚向国外的传播，最早是向朝鲜和日本。6世纪的下半叶，中国佛教开创华严宗、天台宗后，这两个宗派相继传入朝鲜，随着僧徒的互相往来，茶叶文化也被带到了朝鲜半岛。日本种茶有明确记载的是805年，到中国学佛求法的高僧最澄，回国时带去浙东茶籽在日本播种，后来日僧也继承了他们先贤的努力，从中国带去了茶种子和茶文化，并在日本发扬光大。

17世纪的上半叶是中国茶叶开始传播至世界各地的重要年代。乌克斯《茶叶全书》记载，1606～1607年，荷兰人贩运茶叶至印度尼西亚的爪哇，这是中国茶叶直接销往欧洲的最早记录；1610年，荷兰人直接运茶回国；1618年，茶叶通过馈赠方式传至俄国；1638年，饮茶习惯已被传至波斯和印度；1650年以前，法、英等国已开始饮茶；1650年，茶叶由荷兰人贩运至北美。

至17世纪下半叶，中国茶叶开始进入直接输出时期。中国茶叶在国

际市场上，大约有200年时间一直处于垄断地位。这期间，中俄、中英、中荷、中美的茶叶贸易持续发展，但清廷的闭关政策使中国茶叶向世界的传播受阻。鸦片战争之后，五口通商，茶叶出口大量增加，至1846年有2.6万吨；1886年达到13.41万吨（其中红茶10万吨，绿茶1.17万吨，砖茶2.19万吨，其他茶类0.05万吨），是近代史茶叶出口的最高纪录。此后，由于列强侵略和国内政治腐败以及科技落后等原因，中国茶叶出口走向衰落。

1949年中华人民共和国成立后，茶叶生产逐渐恢复，茶叶出口贸易逐步增长。1951年，中国茶叶出口2.02万吨，1961年3.49万吨，1971年4.94万吨，1981年10.93万吨，1991年18.49万吨，2014年出口30.2万吨，为世界第二大茶叶出口国。

（三）世界茶业发展历史概况

1. 茶叶种植和生产

除中国外，日本和朝鲜是最早出现饮茶植茶记录的国家。由于与中国接壤兼有陆路和海路的缘故，茶入朝鲜半岛要早于日本，一般认为分别在6世纪和7世纪。日本关于饮茶的最早记载见《古事记》及《奥仪抄》两书。

印度茶业发展迅速，印度茶已遍及世界上的饮茶国家。印度是在1780年首次引种中国茶籽的，此后又从中国不断采办茶籽并招聘中国工人栽培茶树，制造茶叶。经过长期经营，印度茶业体系逐步建立。印度茶叶发展的重要转折，是改植被称作"阿萨姆"的大叶种茶。

斯里兰卡1841年开始引种中国茶树（后改种印度大叶种茶），并引进中国技术，发展茶叶生产。到1948年独立时，茶叶生产已发展到年产13万余吨的规模。

印度尼西亚于1684年作为园中观赏树木在爪哇种了几株茶树，直到1826年，爪哇茂物植物园才有了较大规模的茶树种植。1827年后，荷兰人可伯逊和中国华侨又多次从中国引入茶籽，由此奠定了爪哇茶业的基础。

自1833年以后，沙俄就多次引进并试种中国茶籽茶苗，但都没有获得成功。1893年，由于聘请中国刘俊周等人去格鲁吉亚作技术指导，沙俄茶业才获得发展。

新中国成立后，中国还发扬国际主义精神，向北非、西非国家提供了茶籽、栽培技术和制茶技术。中国茶叶和茶籽直接或间接地传播至世界各地，这是世界茶叶史中最重要的一页。现在，饮茶习惯已普及全球。2014年，世界茶园种植面积437万公顷，茶叶产量517.3万吨。

2. 茶叶贸易

19世纪末，印度尼西亚、印度、锡兰（即今斯里兰卡，下同）和日本已有少量茶叶输出。在1886年，即中国历史上输出茶叶最多的一年，中国出口茶叶达134102吨，日本输出21590吨，印度、锡兰、印度尼西亚共输出6950吨，中国输出量仍占产茶国总输出量的81%以上。但至1900年，在世界茶叶总贸易量274791吨中，印度已超过中国，占31.74%，中国为30.47%，锡兰占24.64%。当时印度、锡兰均为英国殖民地，印度尼西亚为荷兰殖民地。由此可见，在19世纪末，英国、荷兰等殖民者已从中国购茶转为在他们的殖民地生产茶叶输入本国，或转销其他各国。印度20世纪初叶已经发展为世界最大的茶叶生产国，一直延续至2003年；同时也是世界最大的茶叶出口国，一直到90年代中期被中国所取代。

2014年，全球茶叶出口182.7万吨，亚洲和非洲是茶叶出口的主要地区，肯尼亚、中国和斯里兰卡是重要出口国。

3. 饮茶习俗及茶叶消费

中国茶叶和茶文化的推广和流传，改变了一些国家的习俗，乃至历史进程。人们饮茶，大抵有以下几种目的：一是用以防治疾病；二是作为生活必需品代代相传；三是视为精神上的享受，以修身养性。正是由于茶叶具有满足人们不同目的要求的特性，饮茶之风才有了它的物质和社会基础。中国各地饮茶风习非常普遍，一般作为饮料，开门七事虽排后，待客一杯常在先。集镇大多设有茶馆。各个地区、不同民族形成了各具特点的饮茶习惯和风俗。

茶与佛教的密切联系，对亚洲的文化产生了重大影响，中国的茶道传至

日本后出现了日本的茶道。在中东等地区，穆斯林用茶代替葡萄酒和其他伊斯兰教禁用的刺激物和饮料。18世纪初，欧洲人将饮茶视作富有和高雅的象征。全球茶叶生产推动了全球茶文化的形成，喝茶也成为殖民地土著人根深蒂固的一种文化，甚至成为后殖民时期西方帝国主义最显眼的遗产之一。

饮茶风尚传到外国特别是传到日本以后，当地人把煮茶、品茶发展成为一种特殊的艺术——茶道。茶道吸收了中国宋代大寺院中的行茶仪式，可以说它是中日文化交流的产物。今天的日本茶道，已成为日本特有的文化，受到世界人民的重视。

毗邻中国的泰国、缅甸、老挝等国的饮茶风习，和中国居住在边境的兄弟民族基本相同，还留有一定的古代遗风。

北非、西非的许多国家，都把茶作为日常生活的必需品，他们的饮茶习俗在伊斯兰国家中有广泛的代表性，一般饮用绿茶，每天饮用四五次，每次用量较大，加糖也很多，还加新鲜薄荷叶，一般用冲泡法，也有用煮沸法的。

早期荷兰和英国的饮茶风习和中国基本相同，颇似潮汕和闽南人饮武夷岩茶的方法。茶中加糖和柠檬的习惯，出现较早，最初并不使用牛乳。加牛乳的习惯是在早餐时代替麦酒和餐后选用茶或咖啡的情况下形成的，以后又因"午后茶"风行更为普遍了。欧洲最早饮用的茶叶为武夷岩茶和炒青绿茶，饮用红茶的时间较晚。现在欧洲人大都已饮用红茶，饮绿茶和其他茶叶的已很少了。

北美洲与澳洲的饮茶风习和饮用方法与欧洲相同。现在欧美各国的饮茶方法已日趋简单，除了热饮，还有冰饮，此外，还有速溶茶、混合茶、瓶装液体茶。

饮茶习惯多种多样，每个民族、国家各异。目前世界上的饮茶方式已出现两种趋势：一是"简便"，这是重视时间价值又需要解渴提神的饮用者的要求；二是"保健"，这是生活水平有所提高又需要增强健康、减少或预防疾病的饮用者的要求。

第二节 21世纪以来世界茶叶生产概况

进入21世纪以来,世界茶产业快速发展,茶园种植面积和茶叶产量大幅增加。根据国际茶叶委员会统计,2014年世界茶园种植面积为437万公顷,比2000年的265万公顷增长64.9%;茶叶产量517.3万吨,比2000年的292.9万吨增长76.6%。

随着世界茶叶消费量的增加,世界茶叶种植面积呈稳定上升趋势。目前,世界五大洲都产茶,主要茶叶种植国有30余个(国际茶叶委员会统计备案)。2014年,茶叶种植面积排在前十位的国家分别是:中国、印度、肯尼亚、斯里兰卡、越南、印度尼西亚、缅甸、土耳其、孟加拉国和日本。

中国是世界上最大的茶叶种植国,也是茶园面积增速最快的国家,2014年茶园面积265万公顷,比2000年增加156万公顷,增幅达143%。印度位居第二,茶园面积56.7万公顷,比2000年增加6.2万公顷,增幅12%。肯尼亚茶园面积20.3万公顷,比2000年增加8.3万公顷,增幅68.6%。斯里兰卡茶园面积18.8万公顷,比2000年减少1036公顷。越南茶园面积12.5万公顷,比2000年增加4.5万公顷,增幅56.3%。印度尼西亚茶园面积12.1万公顷,比2000年减少3.3万公顷,降幅21.3%。缅甸茶园面积7.9万公顷,比2000年增加8700公顷,增幅12.4%。土耳其茶园面积7.7万公顷,比2000年增加651公顷。孟加拉国茶园面积5.4万公顷,比2000年增加4505公顷,增幅9.2%。日本茶园面积4.5万公顷,比2000年减少5600公顷,降幅11.1%(见表1)。

由于茶园面积增加及科技进步使单位面积产量提高,世界茶叶产量稳步增长。2014年,茶叶产量排在前十位的国家分别是:中国、印度、肯尼亚、斯里兰卡、土耳其、越南、印度尼西亚、阿根廷、日本和孟加拉国。

自2006年以来,中国一直保持世界最大茶叶生产国地位,所占份额逐年增加,极大地带动了世界茶叶总产量的增加。2014年,中国茶叶产量为209.6万吨,比2000年增长141.2万吨,增幅206.7%,占全球份额由2000

年的 23.3% 增至 40.5%。自 2006 年以后，印度成为世界第二大茶叶生产国。2014 年生产茶叶 120.7 万吨，比 2000 年增加 42.6%，占世界总产量的份额由 28.9% 降至 23.3%。肯尼亚茶叶产量 44.5 万吨，比 2000 年增长 20.9 万吨，增幅 88.4%，占世界总产量的份额由 8.1% 增至 8.9%。斯里兰卡茶叶产量 33.8 万吨，比 2000 年增长 3.1 万吨，增幅 10.2%。土耳其茶叶产量 23 万吨，比 2000 年增长 10 万吨，增幅 76%。越南茶叶产量 17.5 万吨，比 2000 年增长 11.1 万吨，增幅 174.7%。印度尼西亚茶叶产量 13.2 万吨，比 2000 年减少 3.1 万吨，降幅 18.8%。阿根廷茶叶产量 8.2 万吨，比 2000 年增长 1.4 万吨，增幅 21.1%。日本茶叶产量 8.1 万吨，比 2000 年减少 8000 吨，降幅 8.9%。孟加拉国茶叶产量 6.4 万吨，比 2000 年增长 1.2 万吨，增幅 22.5%（见表 2）。

世界茶叶生产以红茶为主，其次是绿茶，其他茶类只有中国、日本、中国台湾等国家和地区生产，所占份额不多。近年来，红茶在全球茶叶总产量中所占份额下降，绿茶和其他茶类有所增长。

联合国粮农组织数据显示，2005 年，全球茶叶产量 358.3 万吨，其中红茶 246.7 万吨，占 68.8%；绿茶 90.8 万吨，占 25.3%；其他茶类 39 万吨，占 5.8%。2014 年，全球茶叶产量 512.5 万吨，其中红茶 310.2 万吨，占 60.5%；绿茶 163.3 万吨，占 31.8%；其他茶类 39 万吨，占 7.6%。

在世界主要产茶国中，只有中国和日本以绿茶为主，其他国家均主要生产红茶。2000 年，世界绿茶总产量 68 万吨，占世界茶叶总产量的 23.3%。其中，中国 49.8 万吨，位居第一，占绿茶总产量的 72.9%；日本 8.9 万吨，是第二大绿茶生产国；其他绿茶生产国（地区）是：印度尼西亚 3.8 万吨、越南 2.8 万吨、中国台湾 2 万吨、印度 6220 吨。2014 年，中国绿茶总产量 141.6 万吨，位居世界第一，占世界绿茶总产量的 85%，所占份额比 2000 年增加 12 个百分点。越南绿茶产量 9.6 万吨，由 2000 年的第四绿茶生产国跃居第二；其他绿茶生产国（地区）是：日本 8.1 万吨、印度尼西亚 3.1 万吨、印度 1.5 万吨、中国台湾 1.4 万吨（见表 3）。

表1 世界茶叶种植面积（一）

单位：公顷

国家(地区) \ 年份	2000	2001	2002	2003	2004	2005	2006
中国	1089000	1140700	1134200	1207300	1262310	1351900	1431300
印度	504366	509806	515832	519598	521403	555611	567020
肯尼亚	120396	124292	130340	131453	136709	141315	147076
斯里兰卡	188971	188971	187971	188199	188720	188480	188554
越南	80000	82000	85000	93000	101000	123742	127228
印度尼西亚	153667	150938	150723	143620	142086	138659	135591
孟加拉国	49195	49313	49500	50000	51265	52317	52407
中国台湾	19701	18938	18329	19310	18208	17620	17205
伊朗	34664	34664	34500	34500	27000	23000	20000
日本	50400	50100	49700	49200	48026	47988	47687
韩国	1505	1830	2072	2225	2509	3000	3415
马来西亚	3100	3100	3100	3300	3500	3400	3500
缅甸	70000	72000	73000	75000	76500	77700	78000
尼泊尔	14000	14000	14300	14500	14700	15500	16120
土耳其	76749	76653	76600	76639	77000	78000	78000
布隆迪	8200	8709	8625	8800	8931	8931	8931
喀麦隆	1546	1500	1500	1550	1600	1650	1500
刚果民主共和国						6300	6340
埃塞俄比亚	2300	2350	2400	2400	2400	2500	2550
马拉维	18782	18761	18800	18694	18663	18735	18766
毛里求斯	670	659	680	681	674	670	688
莫桑比克	2800	3200	3200	3250	3300	3300	3340
卢旺达	12508	12825	12862	12862	12849	11750	11674
南非	6818	7335	6597	6435	6401	6435	6435
坦桑尼亚	21212	21371	21316	21984	22287	22715	22715
乌干达	20570	20870	21170	21570	21720	21500	22045
津巴布韦	6824	6800	6850	6850	6800	6500	6200
阿塞拜疆	5000	5000	5000	5200	5200	2100	1700
格鲁吉亚	34100	36000	36000	36000	36000	36000	36000
俄罗斯	1500	1600	1500	1600	1600	1650	1700
阿根廷	37690	36600	36870	36960	36900	38210	38610
巴西	5500	5000	5000	5000	5200	5200	5280
厄瓜多尔	940	950	950	950	960	970	990
秘鲁	2600	2700	2700	2800	2800	2840	2870
澳大利亚	800	800	800	850	850	870	880
巴布亚新几内亚	4000	3800	3700	3700	3700	3800	3850
世界合计	2650074	2714135	2721687	2805980	2869771	3020858	3116167

续表

国家(地区)＼年份	2007	2008	2009	2010	2011	2012	2013	2014	2015
中国	1613300	1719424	1848541	1970200	2112510	2279940	2468840	2649840	2790800
印度	578458	560480	560624	560609	579350	563980	563980	566660	—
肯尼亚	149196	157720	158394	171916	187855	190717	198657	203006	—
斯里兰卡	188570	188323	188175	188007	187860	187000	187000	187935	—
越南	129078	131487	130098	129000	127000	124027	124000	125000	—
印度尼西亚	138483	139416	124056	122796	122764	121076	122546	121000	—
孟加拉国	53368	54106	54700	54900	54400	54500	54000	53700	—
中国台湾	16256	15744	15322	14739	14333	13486	11902	11300	—
伊朗	18700	18000	17700	17500	17000	16700	16000	16000	—
日本	47400	48000	47300	46800	46200	45900	44800	44800	—
韩国	3692	3700	3720	3730	3740	3750	3770	3780	—
马来西亚	3500	3500	3400	3350	3300	3200	3100	3100	—
缅甸	78000	77500	78000	78400	78500	78500	78700	78700	—
尼泊尔	16420	16594	16718	17127	17200	17100	17400	17200	—
土耳其	79000	78000	77000	77500	77700	77800	77000	77400	—
布隆迪	9000	8500	8200	8400	8500	8700	8800	8800	—
喀麦隆	1530	1570	1580	1600	1630	1640	1660	1670	—
刚果民主共和国	6350	6400	6500	6500	6400	6500	6600	6600	—
埃塞俄比亚	2570	2600	2600	2630	2650	2670	2680	2700	—
马拉维	18606	18600	18600	18600	18600	18600	18600	18600	—
毛里求斯	709	702	713	698	684	680	680	660	—
莫桑比克	3370	3400	3430	3470	3490	3500	3500	3540	—
卢旺达	11750	11900	12000	12300	12500	12700	13000	13100	—
南非	6435	5808	3834	4100	4200	4200	4240	4250	—
坦桑尼亚	22722	22722	22721	22721	22721	22721	22700	22700	—
乌干达	23360	23800	24530	26000	28700	29400	32538	33700	—
津巴布韦	6000	5800	5700	5800	5600	5400	5500	5500	—
阿塞拜疆	1300	794	567	550	570	570	570	580	—
格鲁吉亚	36000	36000	36000	36000	36000	36000	35000	34000	—
俄罗斯	1730	1750	1780	1780	1800	1800	1840	1840	—
阿根廷	39010	39410	39810	40210	40610	40680	40730	40730	—
巴西	5300	5300	5300	5340	5360	5000	4000	4000	—
厄瓜多尔	1000	1000	1020	1020	1030	1040	1020	1030	—
秘鲁	2880	2890	2900	2910	2900	2900	2800	2800	—
澳大利亚	880	890	900	900	900	900	900	900	—
巴布亚新几内亚	3800	3830	3820	3830	3840	3850	3870	3880	—
世界合计	3316843	3415660	3526253	3661933	3838397	3987127	4182923	4371001	4520000

数据来源：根据国际茶叶委员会年度统计整理编制。

表 2　世界茶叶产量（一）

单位：吨

国家(地区)＼年份	2000	2001	2002	2003	2004	2005	2006
中国	683324	701699	745374	768140	835231	934857	1028064
印度	846922	853923	838474	878129	892965	945974	981805
肯尼亚	236286	294631	287102	293671	324608	323497	310578
斯里兰卡	306794	296301	310604	303254	308089	317196	310822
越南	63700	76800	89440	106950	119050	133350	142500
印度尼西亚	162586	166868	162194	169819	164817	156273	146847
孟加拉国	52639	56820	53624	58298	55627	60660	53408
中国台湾	20349	19837	20345	20675	20192	18803	19345
伊朗	44233	59000	49500	58051	40000	25000	20000
日本	89309	90371	83677	91930	100262	100000	99500
韩国	1731	1395	2155	2053	2703	3100	3524
马来西亚	5642	5413	5060	3911	3821	2783	2727
缅甸	17000	17200	17300	17700	17900	18000	18300
尼泊尔	11200	11500	12000	12600	13000	13300	13688
土耳其	130671	142900	142000	155000	165000	221743	239067
布隆迪	7118	9011	6605	7380	7715	7832	6335
喀麦隆	4004	4200	4200	4300	4500	4600	4000
刚果民主共和国	2500	2600	2700	2800	3000	3000	3100
埃塞俄比亚	4500	4600	4700	4800	4700	4900	5000
马拉维	42114	36770	39185	41693	50090	37978	45010
毛里求斯	1309	612	1382	1436	1482	1387	1567
莫桑比克	2162	5300	6100	6794	4734	3624	3421
卢旺达	14391	17809	14948	15484	14181	16457	16973
南非	10612	10734	11650	10932	5694	2225	2835
坦桑尼亚	23897	24745	27511	29482	30688	30362	31348
乌干达	29282	33255	33831	36475	35706	37734	36726
津巴布韦	22489	22382	22544	21973	18734	14884	15737
阿塞拜疆	1600	1500	1700	1800	1850	1250	1200
格鲁吉亚	4793	4717	4563	4351	3374	2478	3482
俄罗斯	2300	2500	2600	2700	2800	2900	3000
阿根廷	67973	67120	66778	67278	64871	73034	77509
巴西	3544	4427	4561	4800	4900	5000	5100
厄瓜多尔	1700	1600	1700	1800	1850	1900	1950
秘鲁	2500	2600	2700	2700	2750	2800	2850
澳大利亚	1300	1300	1400	1500	1550	1600	1600
巴布亚新几内亚	6200	6100	6200	6400	6500	6600	6700
世界合计	2928674	3058540	3086407	3217059	3334934	3537021	3665618

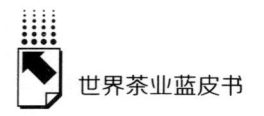

续表

国家(地区)＼年份	2007	2008	2009	2010	2011	2012	2013	2014	2015
中国	1140000	1257600	1358642	1475060	1623214	1789753	1924457	2095717	2270000
印度	986427	980818	978999	966403	1115720	1126330	1200410	1207310	1209000
肯尼亚	369606	345817	314198	399006	377912	369562	432453	445105	399000
斯里兰卡	304613	318697	289778	331427	328632	328397	340026	338032	329000
越南	148270	166375	180000	175000	178000	174028	180325	175000	170000
印度尼西亚	155437	153281	152589	151012	142342	137245	134000	132000	129000
孟加拉国	58418	58659	59995	61620	65908	62155	66260	64480	—
中国台湾	17502	17384	16780	17467	17309	14902	14717	14500	—
伊朗	17000	18000	17500	16800	16000	14700	14000	13600	—
日本	92111	93500	86000	83000	82100	85900	82800	81330	—
韩国	4080	4100	4200	4300	4400	4500	4600	4700	—
马来西亚	2651	2845	2491	2400	2300	2100	2200	2100	—
缅甸	18400	18600	18700	19000	19400	19700	20000	20400	—
尼泊尔	15168	16127	16208	16608	17400	18400	19300	19900	—
土耳其	224241	229064	221423	231149	246120	230559	235209	230000	259000
布隆迪	6700	6400	6600	6800	7000	8700	8800	9000	—
喀麦隆	4200	4300	4300	4400	4400	4500	4500	4600	—
刚果民主共和国	3200	3300	3300	3400	3400	3500	3600	3600	—
埃塞俄比亚	5200	5400	5600	5600	5700	6000	6100	6200	—
马拉维	48141	41639	52559	51591	47056	42490	46463	45855	—
毛里求斯	1563	1668	1489	1467	1787	1700	1730	1700	—
莫桑比克	6247	6400	6500	6500	6600	6200	6400	6600	—
卢旺达	20474	19965	20535	23249	24067	24800	25000	24751	—
南非	3655	2960	3720	3400	3600	3700	3800	3900	—
坦桑尼亚	34863	31606	32092	31646	32775	32282	32123	36115	—
乌干达	44913	42752	50985	59140	54178	57939	60970	65373	—
津巴布韦	13463	8300	12125	14293	14622	13000	13300	13000	—
阿塞拜疆	900	700	400	250	180	190	180	190	—
格鲁吉亚	3478	4000	4200	4300	4400	4500	4500	4600	—
俄罗斯	3100	3100	3200	3300	3400	3500	3600	3600	—
阿根廷	81982	83620	74826	92417	92892	82813	80423	82313	—
巴西	5200	5200	5300	5400	5500	5700	5100	4500	—
厄瓜多尔	1970	1990	2000	2050	2100	2200	2100	2200	—
秘鲁	2880	2900	2930	2950	2980	3000	3000	3100	—
澳大利亚	1630	1640	1660	1670	1680	1680	1690	1700	—
巴布亚新几内亚	6730	6750	6770	6800	6400	6200	6300	6400	—
世界合计	3854413	3965457	4018591	4280875	4561474	4692825	4990436	5173471	5305000

表3 世界绿茶产量

单位：吨

国家(地区)\年份	2000	2001	2002	2003	2004	2005	2006
中国	498057	513154	546124	569907	613709	691020	763856
越南	28000	30000	33400	34000	34900	61000	63000
日本	89300	89474	83953	91210	99590	99300	99000
印度尼西亚	38000	40000	40000	41000	40600	37746	35000
印度	6220	5470	4720	4900	6900	9400	11200
中国台湾	19500	19000	19500	19800	19300	18000	18500
斯里兰卡	950	1209	284	1598	1349	2418	3213
阿根廷	—	—	—	—	—	—	—
俄罗斯	400	500	520	550	560	580	600
巴西	—	—	—	—	—	570	560
格鲁吉亚	431	322	715	766	1161	630	600
孟加拉国	—	—	—	—	—	210	200
世界合计	682961	701210	730571	765984	820972	923974	999253
国家(地区)\年份	2007	2008	2009	2010	2011	2012	2013	2014
中国	874055	926587	1006302	1046382	1137646	1247827	1313362	1416238
越南	73000	74000	72000	63000	80100	84300	88700	95500
日本	91700	93479	85957	82988	82076	85859	82755	81277
印度尼西亚	32700	33000	32200	33000	31000	33000	31600	31400
印度	9900	9130	14060	16000	12350	11080	17240	14850
中国台湾	16700	16600	16200	16800	16700	14200	14000	13900
斯里兰卡	3520	3215	2306	3285	2988	3032	3725	3195
阿根廷	1500	1770	1650	1800	1900	1870	2200	2400
俄罗斯	620	640	630	640	620	630	620	600
巴西	550	560	580	600	600	620	640	600
格鲁吉亚	550	570	580	590	600	580	570	580
孟加拉国	270	280	250	260	240	250	270	260
世界合计	1109145	1163931	1236815	1269485	1370920	1487368	1559982	1665200

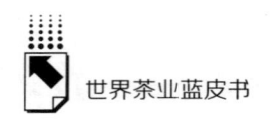

第三节 21世纪以来世界茶叶消费概况

一 21世纪以来全球茶叶消费总量

进入21世纪，随着全球政治、经济、文化交流的逐步加深，茶叶作为一种历史承载厚重、文化底蕴丰富、健康养生所需的世界饮品，其种植、生产加工、贸易、消费均保持着平稳发展的势头。在市场经济条件下，消费是带动生产、贸易的主要动力。从2001年到2014年，世界茶叶消费一直保持平稳增长势头。2000年全球茶叶消费总量为287.9万吨，到2014年约为500万吨，增长了近73.7%，年增长率约为5.3%（见图1）。尽管2008年爆发了全球金融危机，但对人们的茶叶消费量并未造成任何负面影响，2008年以后，全球茶叶消费量依然保持着较为强劲的增长趋势。

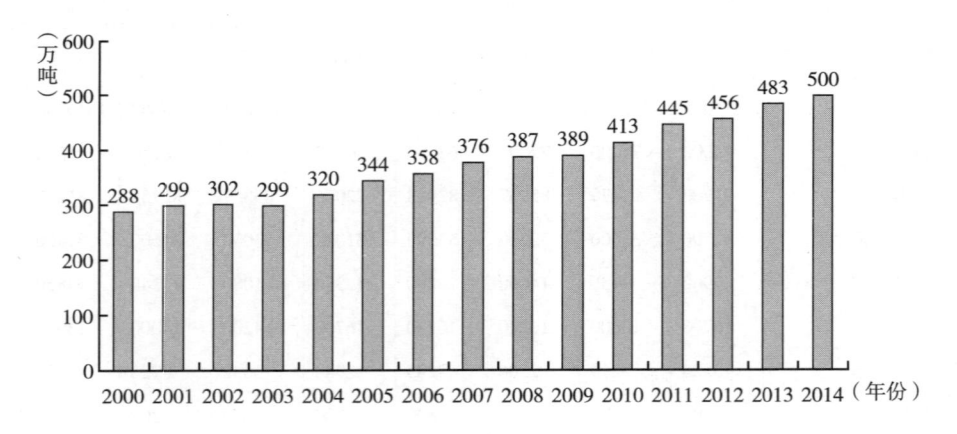

图1 全球2000~2014年茶叶消费总量

在全球五大洲中（其中独联体国家单独统计，未计入亚、欧两大洲统计内），亚洲的茶叶消费总量遥遥领先（见表4）。其中，2000年亚洲、欧洲、非洲、美洲、独联体国家的茶叶消费总量分别约198.1万吨、24.2万

表4　2000~2014世界茶叶消费概况

单位：万吨

年份	亚洲	非洲	大洋洲	美洲	欧洲	独联体
2000	198.1	28.1	1.8	14.2	24.2	21.5
2001	207.9	27.5	1.8	14.8	25.1	22.1
2002	208.9	29.0	1.9	14.5	25.3	22.8
2003	205.3	29.3	1.8	14.7	24.9	23.0
2004	228.3	27.5	1.9	14.6	24.7	23.4
2005	250.7	27.6	2.0	15.2	24.3	24.2
2006	259.4	30.8	1.9	17.1	24.9	24.3
2007	274.9	32.9	1.9	16.4	25.2	25.4
2008	286.9	29.2	1.8	17.2	25.6	26.5
2009	292.0	28.9	1.7	16.2	23.8	27.1
2010	310.3	31.4	1.8	18.3	24.4	27.4
2011	341.1	30.5	1.8	18.6	25.6	28.2
2012	354.3	29.2	1.7	18.2	24.9	27.9
2013	380.2	32.0	1.7	18.7	24.4	26.7
2014	397.5	32.9	1.8	18.7	24.0	25.6

吨、28.1万吨、14.2万吨、21.5万吨，分别占2000年世界茶叶消费总量的69%、8%、10%、5%和8%。2007年亚洲、欧洲、非洲、美洲、独联体国家的茶叶消费总量分别约274.9万吨、25.2万吨、32.9万吨、16.4万吨、25.4万吨（见图2~图4），分别占2007年世界茶叶消费总量的73%、7%、9%、4%、7%。到2014年亚洲消费总量达到397.5万吨，占当年世界茶叶消费总量的79%。从2000年到2014年亚洲茶叶消费占世界茶叶消费的比重扩大了10个百分点，2000~2007年上涨4个百分点，2007~2014年上升6个百分点，相比较，增速上升2个百分点。而从2000年到2014年同期，欧洲的茶叶消费比重呈现出小幅度缓慢下滑趋势，从2000年到2007年，占世界茶叶消费总量的比重从8%下降到7%，到2014年下降为5%。非洲茶叶消费总量呈上升态势，但是占世界茶叶消费的比重呈现下降趋势，从2000的10%下降到2014年的7%。美洲茶叶消费总量逐年小幅上升，但在世界上的占比比较平稳。独联体国家茶叶总消费量近3年来有所下降，但世界占比未发生较大变化。

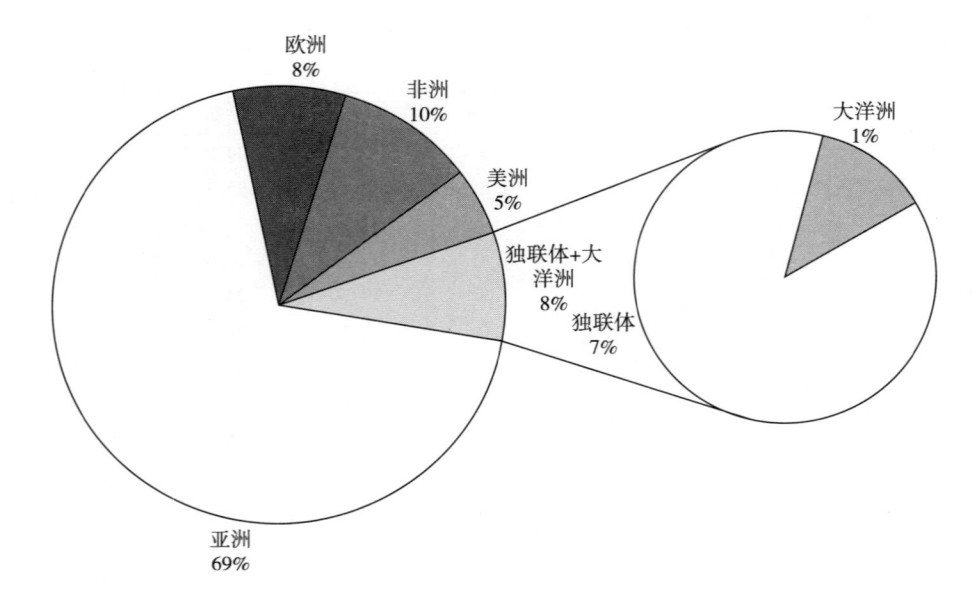

图 2　2000 年世界各地区茶叶消费比重

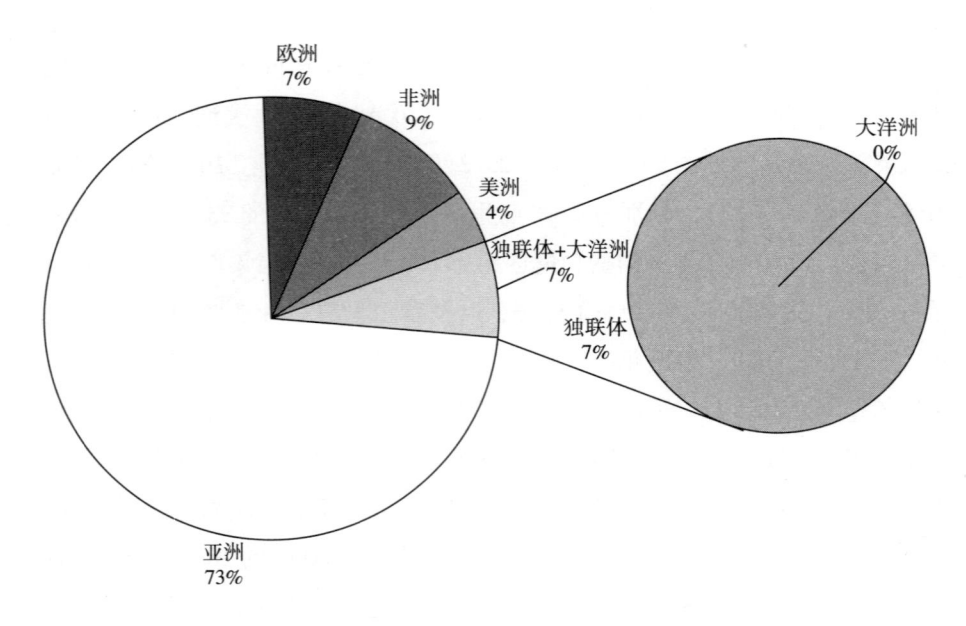

图 3　2007 年世界各地区茶叶消费比重

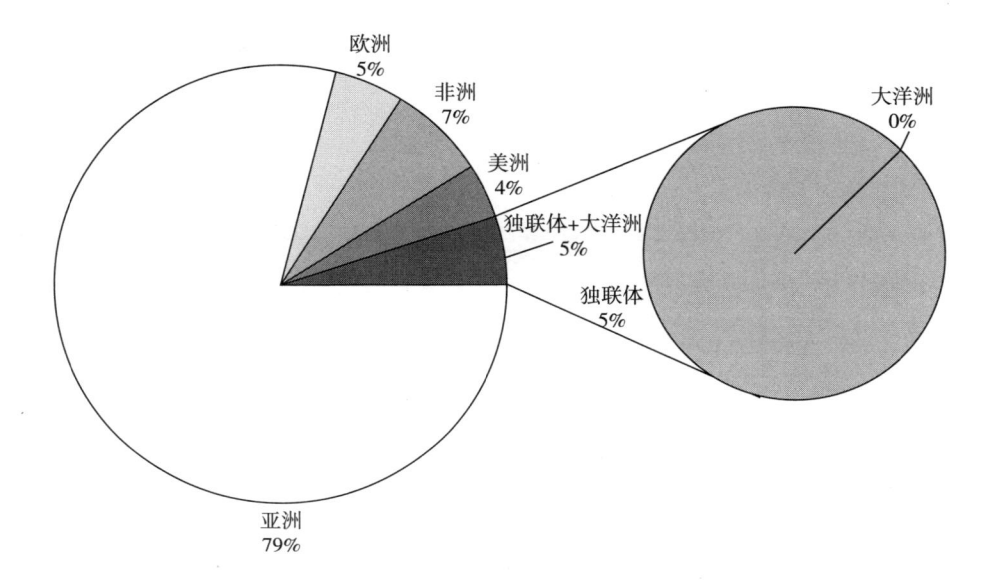

图 4　2014 年世界各地区茶叶消费比重

二　21世纪以来世界主要茶叶消费国茶叶消费情况

在世界主要饮茶国家（地区）连续 3 年消费总量排名中，2003～2005 年，世界茶叶消费十强分别为：印度、中国、独联体、土耳其、日本、英国、巴基斯坦、美国、伊朗、印度尼西亚。其中印度与中国的茶叶消费相差不大。但 2006 年后，中国一跃成为世界上茶叶消费量最大的国家，2012～2015 年，中国的茶叶消费量已经达到 181 万吨，是这一时期印度茶叶消费总量 94.8 万吨的 1.91 倍，差距逐渐拉大。从 2003 年到 2014 年，世界茶叶消费前几名并没有较大的变化。

就人均茶叶消费而言，冰岛从 2003 年到 2008 年一度是世界上人均茶叶消费量最大的国家。但是在 2009 年之后，土耳其取而代之，人均茶叶消费达到 2009～2011 年的 3.14 千克和 2012～2014 年的 3.18 千克。而冰岛的人均消费量却在逐年下降，从 2003～2005 年的 2.79 千克降到 2012～2014 的

1.56千克,下降幅度达到44%。英国的人均饮茶量也在下降。一些茶文化悠久的产茶大国和消费总量大国如中国、印度的人均茶叶消费量虽然在逐年增长,但是在世界上的排名并不靠前。在茶叶年消费总量和年人均消费量中排名均较靠前的是英国(见图5~图13)。

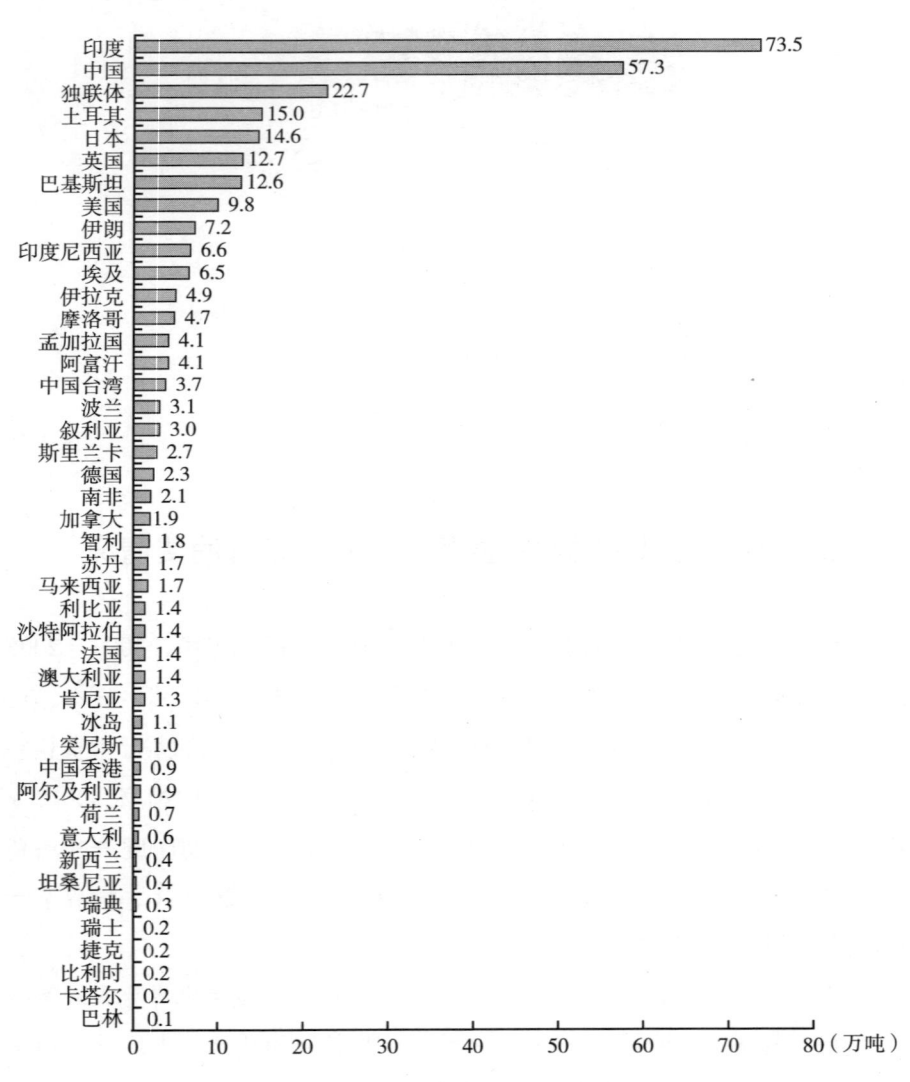

国家/地区	消费量(万吨)
印度	73.5
中国	57.3
独联体	22.7
土耳其	15.0
日本	14.6
英国	12.7
巴基斯坦	12.6
美国	9.8
伊朗	7.2
印度尼西亚	6.6
埃及	6.5
伊拉克	4.9
摩洛哥	4.7
孟加拉国	4.1
阿富汗	4.1
中国台湾	3.7
波兰	3.1
叙利亚	3.0
斯里兰卡	2.7
德国	2.3
南非	2.1
加拿大	1.9
智利	1.8
苏丹	1.7
马来西亚	1.7
利比亚	1.4
沙特阿拉伯	1.4
法国	1.4
澳大利亚	1.4
肯尼亚	1.3
冰岛	1.1
突尼斯	1.0
中国香港	0.9
阿尔及利亚	0.9
荷兰	0.7
意大利	0.6
新西兰	0.4
坦桑尼亚	0.4
瑞典	0.3
瑞士	0.2
捷克	0.2
比利时	0.2
卡塔尔	0.2
巴林	0.1

图5 2003~2005年世界主要国家和地区年均茶叶总消费

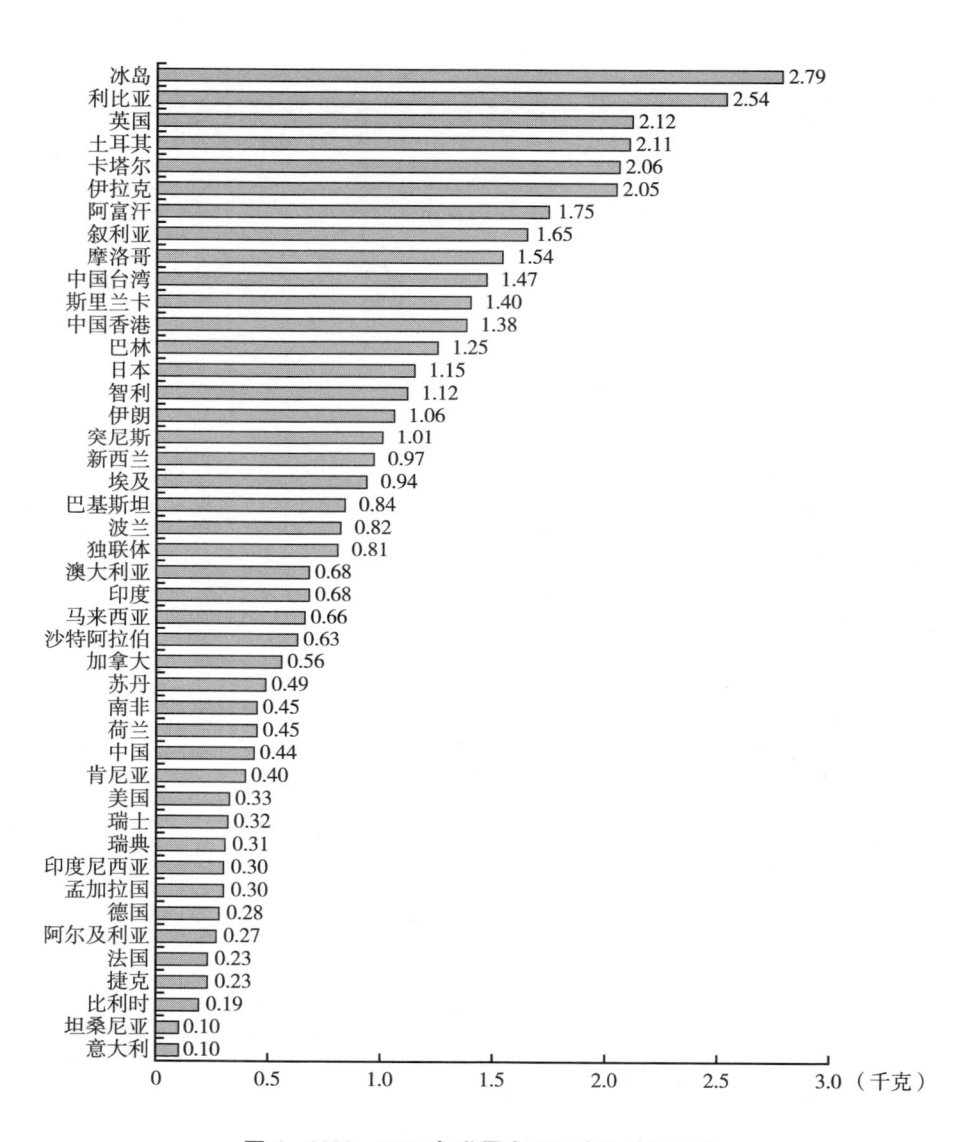

国家/地区	消费量（千克）
冰岛	2.79
利比亚	2.54
英国	2.12
土耳其	2.11
卡塔尔	2.06
伊拉克	2.05
阿富汗	1.75
叙利亚	1.65
摩洛哥	1.54
中国台湾	1.47
斯里兰卡	1.40
中国香港	1.38
巴林	1.25
日本	1.15
智利	1.12
伊朗	1.06
突尼斯	1.01
新西兰	0.97
埃及	0.94
巴基斯坦	0.84
波兰	0.82
独联体	0.81
澳大利亚	0.68
印度	0.68
马来西亚	0.66
沙特阿拉伯	0.63
加拿大	0.56
苏丹	0.49
南非	0.45
荷兰	0.45
中国	0.44
肯尼亚	0.40
美国	0.33
瑞士	0.32
瑞典	0.31
印度尼西亚	0.30
孟加拉国	0.30
德国	0.28
阿尔及利亚	0.27
法国	0.23
捷克	0.23
比利时	0.19
坦桑尼亚	0.10
意大利	0.10

图6 2003~2005年世界主要国家和地区连续3年年人均茶叶消费量

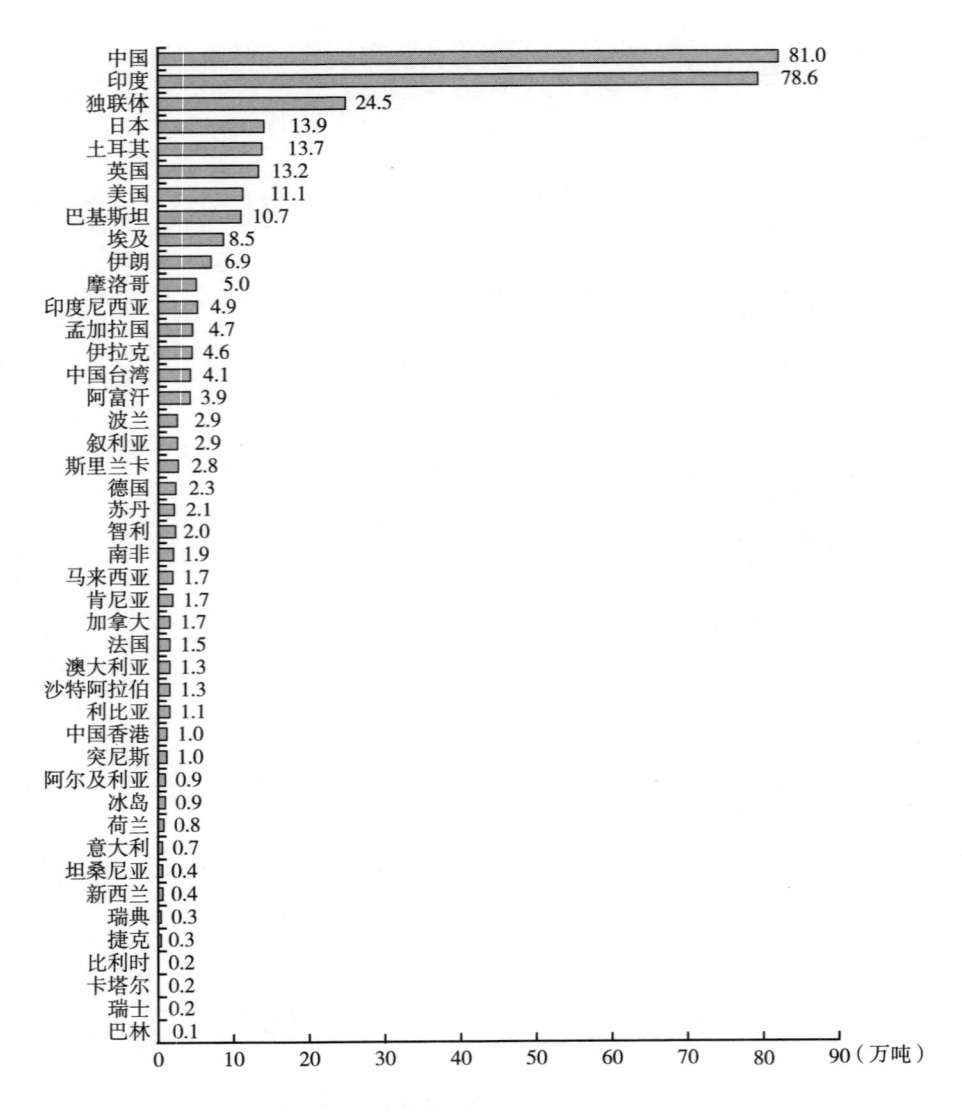

国家/地区	年均茶叶总消费（万吨）
中国	81.0
印度	78.6
独联体	24.5
日本	13.9
土耳其	13.7
英国	13.2
美国	11.1
巴基斯坦	10.7
埃及	8.5
伊朗	6.9
摩洛哥	5.0
印度尼西亚	4.9
孟加拉国	4.7
伊拉克	4.6
中国台湾	4.1
阿富汗	3.9
波兰	2.9
叙利亚	2.9
斯里兰卡	2.8
德国	2.3
苏丹	2.1
智利	2.0
南非	1.9
马来西亚	1.7
肯尼亚	1.7
加拿大	1.7
法国	1.5
澳大利亚	1.3
沙特阿拉伯	1.3
利比亚	1.1
中国香港	1.0
突尼斯	1.0
阿尔及利亚	0.9
冰岛	0.9
荷兰	0.8
意大利	0.7
坦桑尼亚	0.4
新西兰	0.4
瑞典	0.3
捷克	0.3
比利时	0.2
卡塔尔	0.2
瑞士	0.2
巴林	0.1

图7 2006~2008年世界主要国家和地区年均茶叶总消费

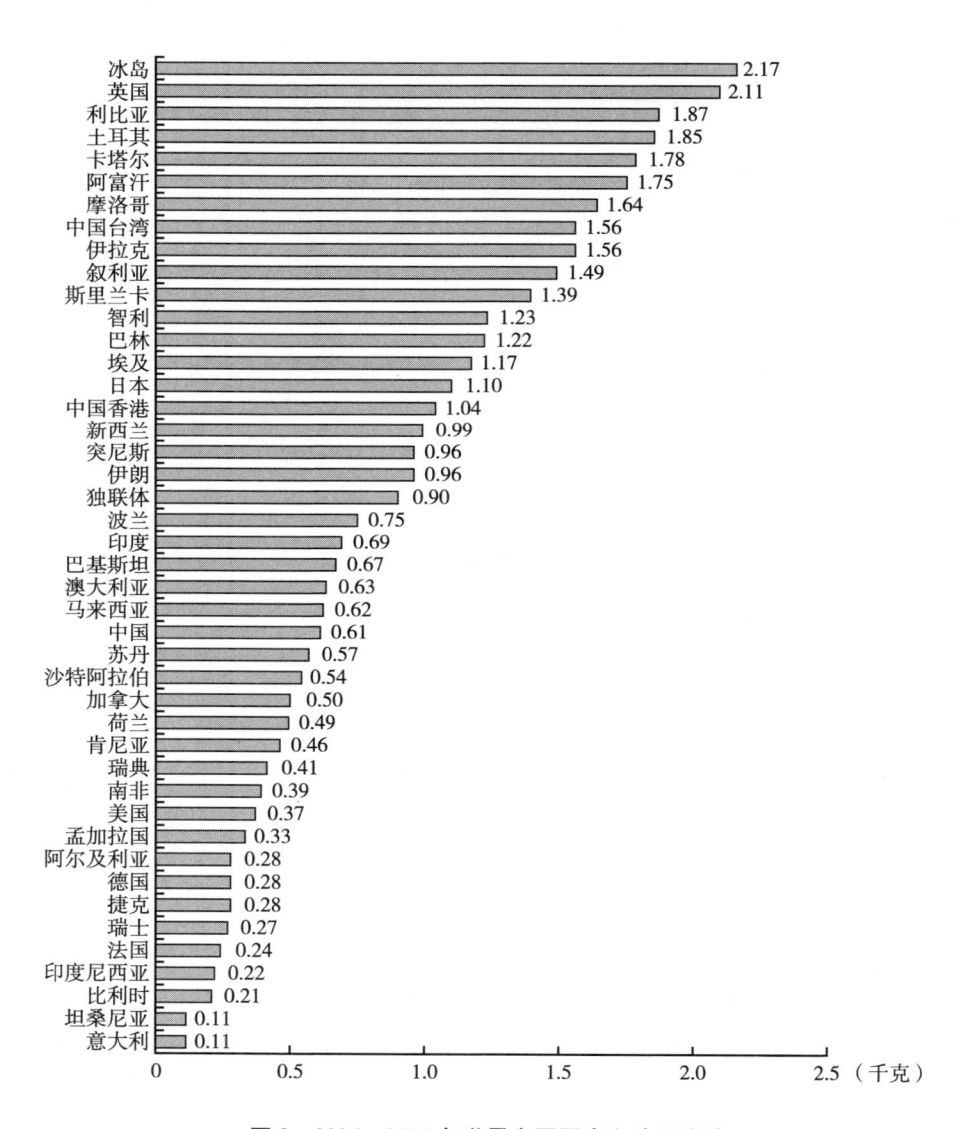

国家/地区	人均消费量（千克）
冰岛	2.17
英国	2.11
利比亚	1.87
土耳其	1.85
卡塔尔	1.78
阿富汗	1.75
摩洛哥	1.64
中国台湾	1.56
伊拉克	1.56
叙利亚	1.49
斯里兰卡	1.39
智利	1.23
巴林	1.22
埃及	1.17
日本	1.10
中国香港	1.04
新西兰	0.99
突尼斯	0.96
伊朗	0.96
独联体	0.90
波兰	0.75
印度	0.69
巴基斯坦	0.67
澳大利亚	0.63
马来西亚	0.62
中国	0.61
苏丹	0.57
沙特阿拉伯	0.54
加拿大	0.50
荷兰	0.49
肯尼亚	0.46
瑞典	0.41
南非	0.39
美国	0.37
孟加拉国	0.33
阿尔及利亚	0.28
德国	0.28
捷克	0.28
瑞士	0.27
法国	0.24
印度尼西亚	0.22
比利时	0.21
坦桑尼亚	0.11
意大利	0.11

图 8　2006~2008 年世界主要国家和地区连续 3 年年人均茶叶消费量

世界茶业蓝皮书

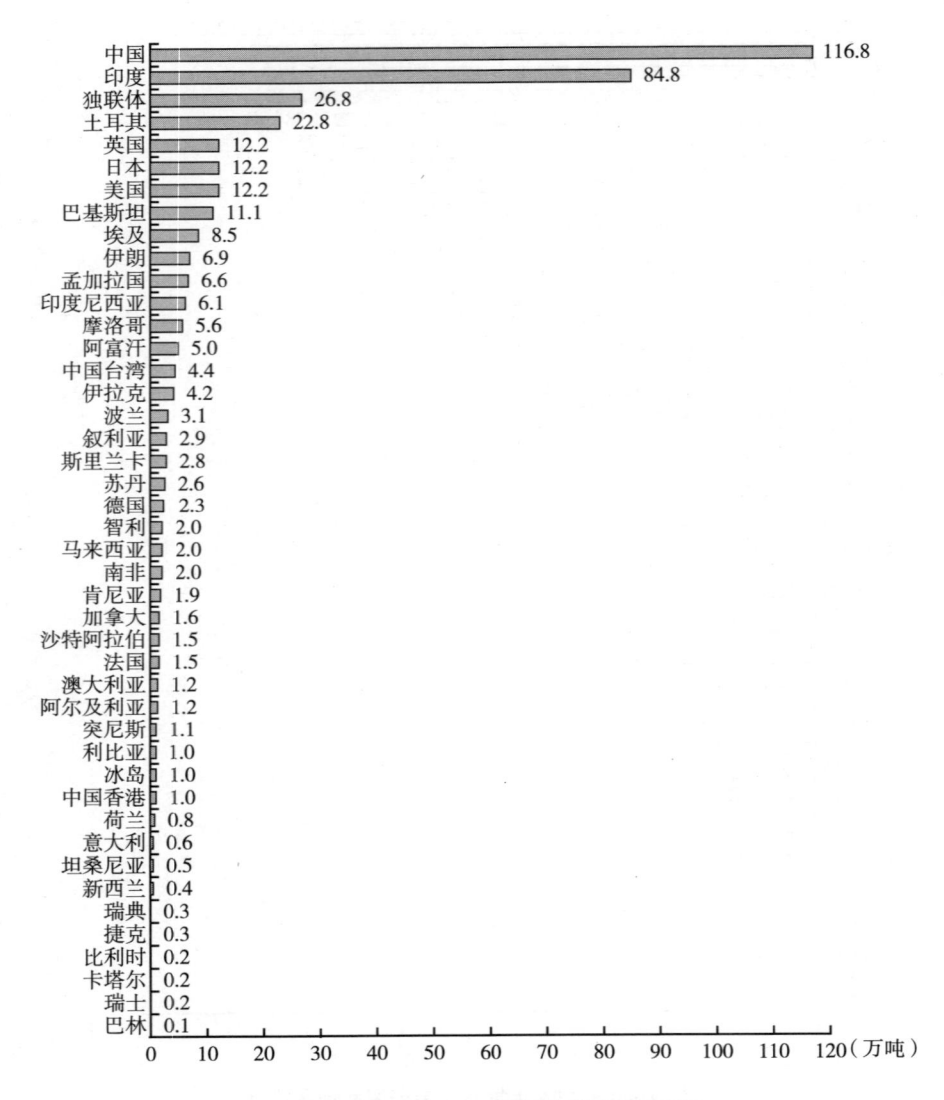

国家/地区	消费量（万吨）
中国	116.8
印度	84.8
独联体	26.8
土耳其	22.8
英国	12.2
日本	12.2
美国	12.2
巴基斯坦	11.1
埃及	8.5
伊朗	6.9
孟加拉国	6.6
印度尼西亚	6.1
摩洛哥	5.6
阿富汗	5.0
中国台湾	4.4
伊拉克	4.2
波兰	3.1
叙利亚	2.9
斯里兰卡	2.8
苏丹	2.6
德国	2.3
智利	2.0
马来西亚	2.0
南非	2.0
肯尼亚	1.9
加拿大	1.6
沙特阿拉伯	1.5
法国	1.5
澳大利亚	1.2
阿尔及利亚	1.2
突尼斯	1.1
利比亚	1.0
冰岛	1.0
中国香港	1.0
荷兰	0.8
意大利	0.6
坦桑尼亚	0.5
新西兰	0.4
瑞典	0.3
捷克	0.3
比利时	0.2
卡塔尔	0.2
瑞士	0.2
巴林	0.1

图9　2009~2011年世界主要国家和地区年均茶叶总消费

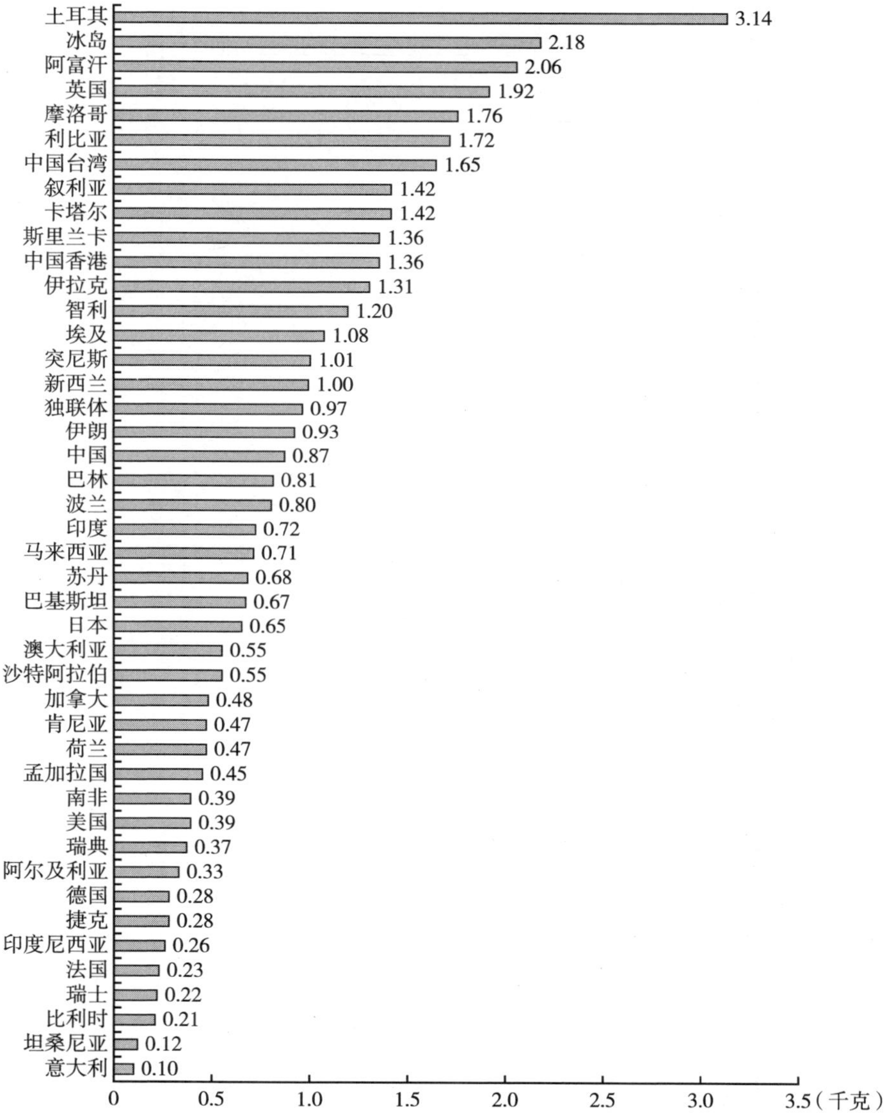

国家/地区	人均消费量（千克）
土耳其	3.14
冰岛	2.18
阿富汗	2.06
英国	1.92
摩洛哥	1.76
利比亚	1.72
中国台湾	1.65
叙利亚	1.42
卡塔尔	1.42
斯里兰卡	1.36
中国香港	1.36
伊拉克	1.31
智利	1.20
埃及	1.08
突尼斯	1.01
新西兰	1.00
独联体	0.97
伊朗	0.93
中国	0.87
巴林	0.81
波兰	0.80
印度	0.72
马来西亚	0.71
苏丹	0.68
巴基斯坦	0.67
日本	0.65
澳大利亚	0.55
沙特阿拉伯	0.55
加拿大	0.48
肯尼亚	0.47
荷兰	0.47
孟加拉国	0.45
南非	0.39
美国	0.39
瑞典	0.37
阿尔及利亚	0.33
德国	0.28
捷克	0.28
印度尼西亚	0.26
法国	0.23
瑞士	0.22
比利时	0.21
坦桑尼亚	0.12
意大利	0.10

图10　2009~2011年世界主要国家和地区连续3年年人均茶叶消费量

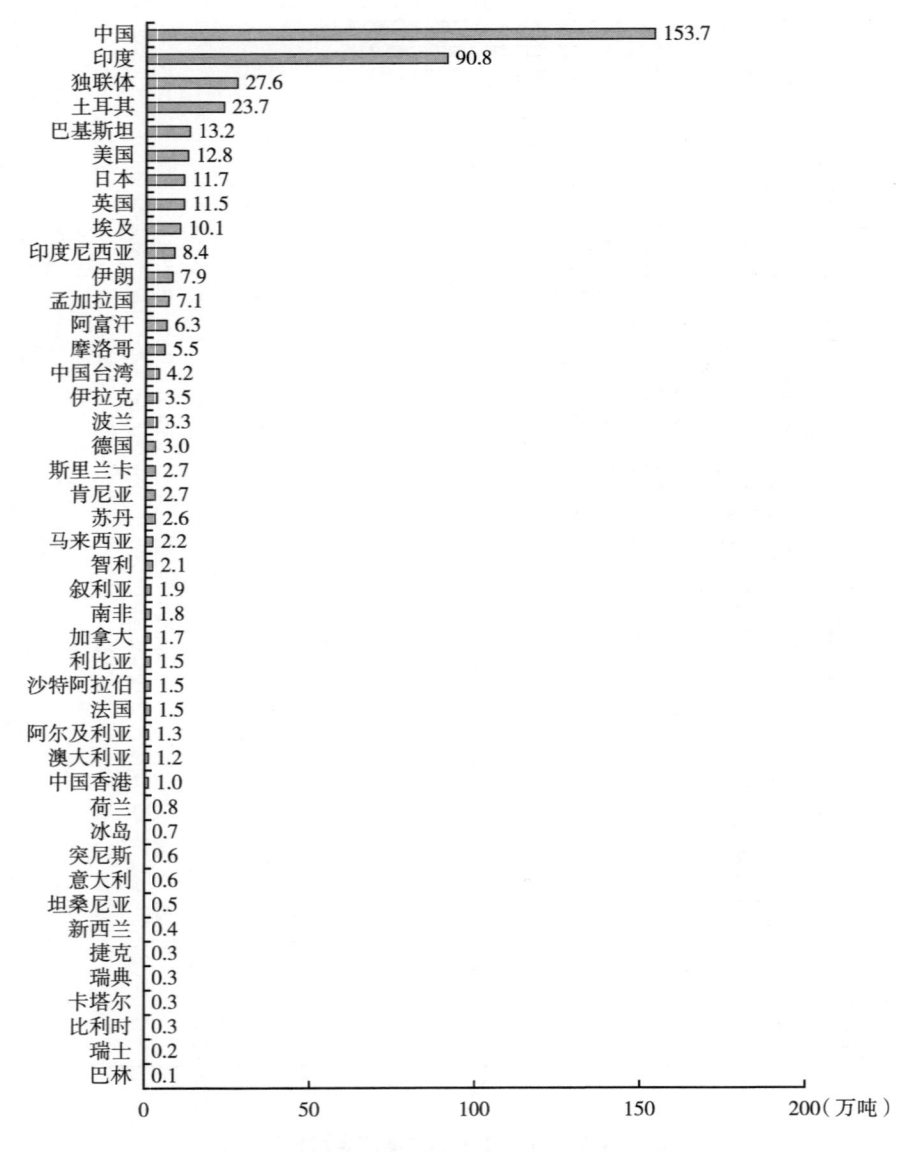

国家/地区	年均茶叶总消费（万吨）
中国	153.7
印度	90.8
独联体	27.6
土耳其	23.7
巴基斯坦	13.2
美国	12.8
日本	11.7
英国	11.5
埃及	10.1
印度尼西亚	8.4
伊朗	7.9
孟加拉国	7.1
阿富汗	6.3
摩洛哥	5.5
中国台湾	4.2
伊拉克	3.5
波兰	3.3
德国	3.0
斯里兰卡	2.7
肯尼亚	2.7
苏丹	2.6
马来西亚	2.2
智利	2.1
叙利亚	1.9
南非	1.8
加拿大	1.7
利比亚	1.5
沙特阿拉伯	1.5
法国	1.5
阿尔及利亚	1.3
澳大利亚	1.2
中国香港	1.0
荷兰	0.8
冰岛	0.7
突尼斯	0.6
意大利	0.6
坦桑尼亚	0.5
新西兰	0.4
捷克	0.3
瑞典	0.3
卡塔尔	0.3
比利时	0.3
瑞士	0.2
巴林	0.1

图 11　2012~2014 年世界主要国家和地区年均茶叶总消费

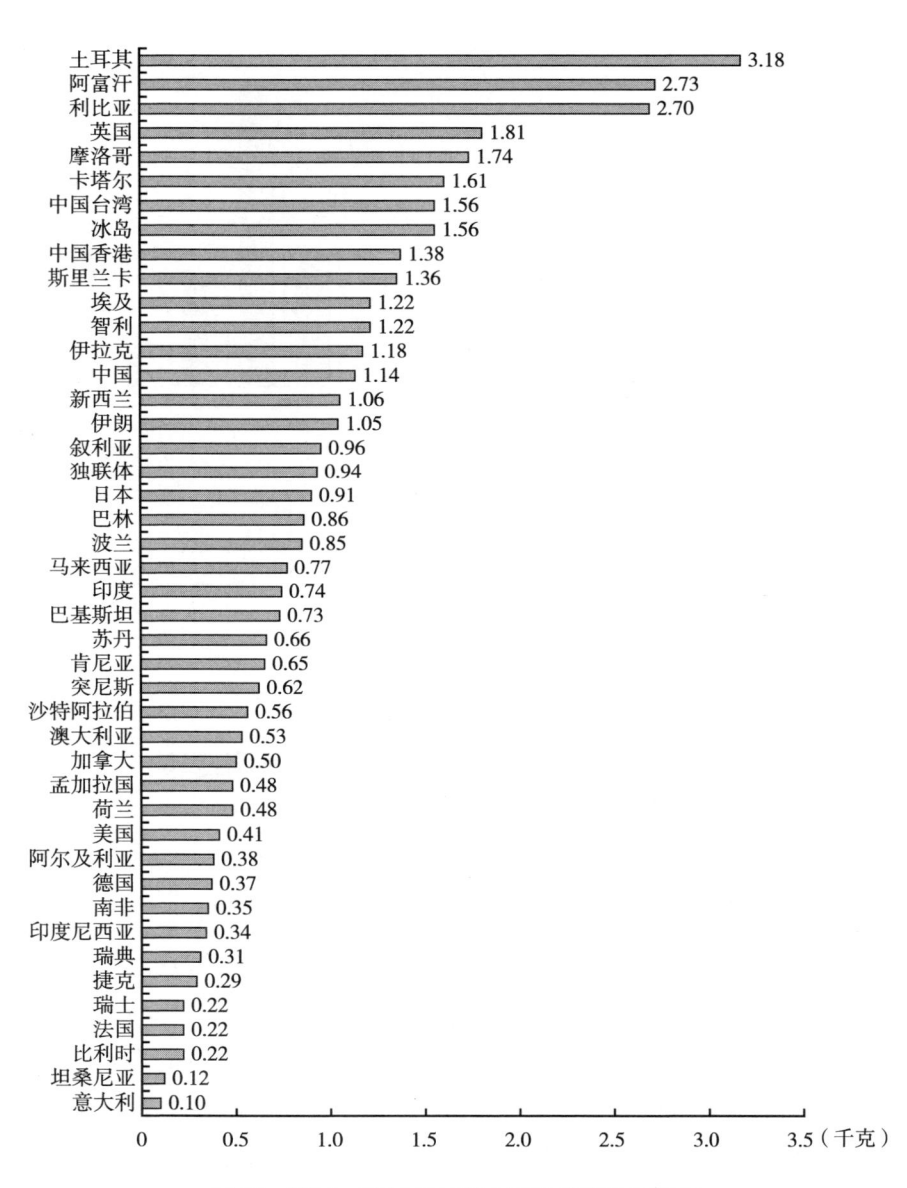

国家/地区	人均消费量（千克）
土耳其	3.18
阿富汗	2.73
利比亚	2.70
英国	1.81
摩洛哥	1.74
卡塔尔	1.61
中国台湾	1.56
冰岛	1.56
中国香港	1.38
斯里兰卡	1.36
埃及	1.22
智利	1.22
伊拉克	1.18
中国	1.14
新西兰	1.06
伊朗	1.05
叙利亚	0.96
独联体	0.94
日本	0.91
巴林	0.86
波兰	0.85
马来西亚	0.77
印度	0.74
巴基斯坦	0.73
苏丹	0.66
肯尼亚	0.65
突尼斯	0.62
沙特阿拉伯	0.56
澳大利亚	0.53
加拿大	0.50
孟加拉国	0.48
荷兰	0.48
美国	0.41
阿尔及利亚	0.38
德国	0.37
南非	0.35
印度尼西亚	0.34
瑞典	0.31
捷克	0.29
瑞士	0.22
法国	0.22
比利时	0.22
坦桑尼亚	0.12
意大利	0.10

图 12　2012~2014 年世界主要国家和地区连续 3 年年人均茶叶消费量

	英国	冰岛	美国	阿富汗	中国	印度	日本	斯里兰卡	土耳其	埃及	肯尼亚	利比亚	摩洛哥
2003~2005年	2.12	2.79	0.33	1.75	0.44	0.68	1.15	1.40	2.11	0.94	0.40	2.54	1.54
2006~2008年	2.11	2.17	0.37	1.75	0.61	0.69	1.10	1.39	1.85	1.17	0.46	1.87	1.64
2009~2011年	1.92	2.18	0.39	2.06	0.87	0.72	0.65	1.36	3.14	1.08	0.47	1.72	1.76
2012~2014年	1.81	1.56	0.41	2.73	1.14	0.74	0.91	1.36	3.18	1.22	0.65	2.70	1.74

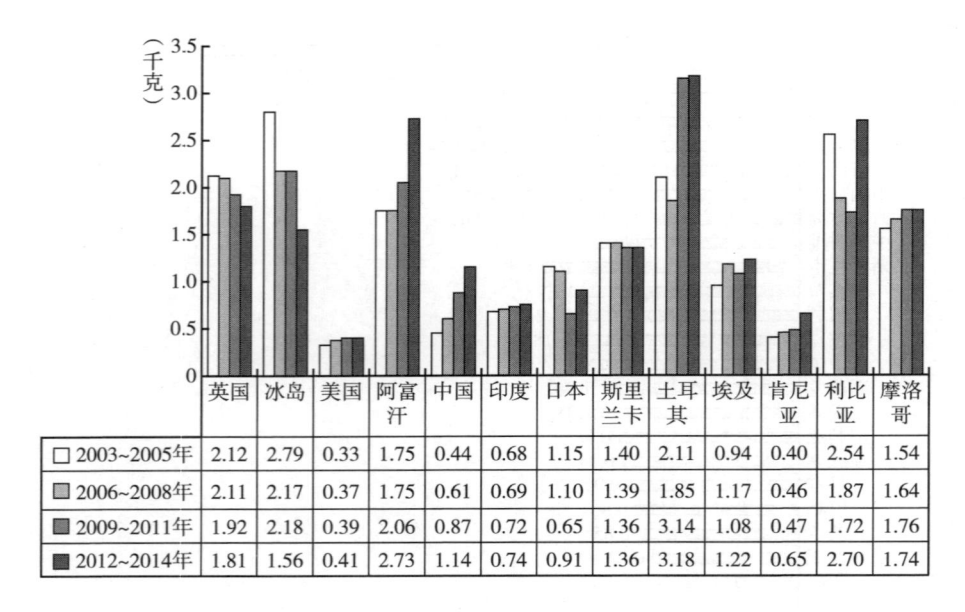

图13 部分国家茶叶人均消费情况

三 21世纪以来世界茶叶消费结构和趋势

受地理、气候、历史文化等因素影响，世界上不同地区人们的饮茶喜好也各不相同。世界上消费最多的是红茶和绿茶。在世界茶叶总产量中，红茶所占份额最大，约为75%，红茶中的90%以上为红碎茶。近些年来，绿茶尤其是名优绿茶开始占据市场，成为人们日常喜爱的饮品。今后一段时期内，红茶消费仍将占主导地位，但绿茶、特种茶和无公害茶的需求会增加，低档茶渣的需求将减少。具有多种营养、药用价值和生理保健功效的新兴茶叶产品将是茶产业未来新的增长点。

随着全球经济和社会的发展，传统的饮茶方式在很大程度上已发生变化，向着追求健康养生的饮茶方向发展。茶叶的消费领域不断扩大，消费方式日益多样化，除了传统的日常食用外，茶作为礼品广泛用于人们的日常社交场合。在品类上，袋泡茶、速溶茶、茶饮料、香味茶、脱咖啡因茶、有机茶、花草茶等新兴茶产品受到越来越多消费者的青睐。

第四节　21世纪以来世界茶叶贸易概况

进入21世纪以来，世界茶叶贸易平稳增长。2000年，全球茶叶总贸易量259.5万吨，其中出口132.2万吨，进口127.3万吨。茶叶出口占世界茶叶总产量的45.1%。2014年，全球茶叶总贸易量348.5万吨（比2000年增长34.3%），其中出口182.7万吨（比2000年增长38.2%），进口165.8万吨（比2000年增长30.3%）。茶叶出口占世界茶叶总产量的35.3%（见表5）。2015年全球茶叶出口量为196.2万吨，占全球茶叶总产量的37%。

在全球茶叶贸易中，红茶是主要产品，但近年来在全球茶叶出口中所占份额略有减少，从2000年的86.4%降至2014年的81.0%。绿茶所占份额则不断增加。2000年，全球绿茶出口18万吨，占全球茶叶出口的13.6%。2014年，全球绿茶出口34.5万吨，占全球茶叶出口的18.9%（见表9）。

目前，肯尼亚是世界上茶叶出口数量最多的国家（地区）。2000年以来，肯尼亚茶叶出口快速增长，2004年成为世界上最大的茶叶出口国并一直保持至今。2014年，肯尼亚出口茶叶49.9万吨；斯里兰卡31.8万吨，位居第二；中国30.1万吨，居第三位；其他主要茶叶出口国是：印度20.5万吨、越南13.2万吨、阿根廷7.6万吨、印度尼西亚6.6万吨、乌干达5.7万吨、马拉维4万吨、坦桑尼亚2.5万吨（见表6）。

2014年，茶叶出口金额最多的国家（地区）是斯里兰卡，出口额15.6亿美元；中国12.7亿美元，位居第二；肯尼亚11.5亿美元，位列第三（见表7）。从出口单价来看，中国台湾和日本以出口特种茶为主，出口均价较高。在出口大国中，斯里兰卡为4.903美元/千克，位居首位；中国4.224美元/千克，位居第二；然后为印度和肯尼亚，出口均价分别为3.139美元/千克和2.303美元/千克（见图8）。

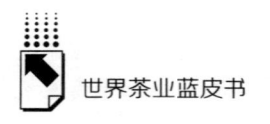

表5 世界茶叶贸易量

单位：吨

年份	总出口量	总进口量	总贸易量
2000	1322186	1272700	2594886
2001	1397823	1332200	2730023
2002	1436678	1372800	2809478
2003	1391800	1347600	2739400
2004	1559034	1427700	2986734
2005	1565690	1469100	3034790
2006	1578568	1486400	3064968
2007	1578963	1491100	3070063
2008	1651710	1558200	3209910
2009	1615105	1492500	3107605
2010	1786100	1641600	3427700
2011	1760950	1657800	3418750
2012	1774768	1645000	3419768
2013	1861144	1705900	3567044
2014	1826707	1658200	3484907
2015	1962000	—	—

表6 世界各国和地区茶叶出口量

单位：吨

国家(地区) \ 年份	2000	2001	2002	2003	2004	2005	2006
印度	204353	179857	198087	170277	193908	195228	215672
孟加拉国	18100	12925	13653	12173	13435	9007	4794
斯里兰卡	280133	287503	285985	290567	290604	298769	314254
印度尼西亚	105581	99721	100185	88175	98572	102294	95339
中国	227661	249678	252273	259980	280193	286563	286594
中国台湾	3035	2451	2592	2713	2388	2175	1962
伊朗	3500	4000	8457	7014	8000	6500	6000
韩国	27	126	319	267	250	270	280
日本	704	760	806	845	923	1096	1681
马来西亚	450	400	440	450	400	300	320
尼泊尔	82	70	2090	2800	3100	3600	4623
土耳其	6381	4809	5160	7042	5904	7000	5500
越南	55660	68217	76748	60274	99351	87918	105116

续表

国家(地区)＼年份	2000	2001	2002	2003	2004	2005	2006
布隆迪	6400	8709	6510	6926	7170	7607	5903
喀麦隆	4302	4200	4300	4400	4500	4600	4000
刚果民主共和国	2000	2000	2100	2200	2200	2250	2400
埃塞俄比亚	900	1000	1100	1200	1200	1300	1500
肯尼亚	216990	270152	272459	267806	332502	348276	312156
马拉维	38437	38261	39386	42015	46599	42978	41962
毛里求斯	41	41	39	41	42	51	36
莫桑比克	900	1200	1300	1500	1100	1200	1400
卢旺达	10185	14243	11979	12032	11537	11652	12859
南非	6000	6632	8569	7168	5785	2290	1300
坦桑尼亚	22462	22060	22563	20416	24170	22498	24132
乌干达	26389	30427	31073	34069	29686	33071	32699
津巴布韦	16917	17154	17634	17056	14912	8451	11384
格鲁吉亚	1000	1000	1000	1000	700	600	700
阿根廷	49794	56645	57107	58191	66374	66389	70723
巴西	3702	4082	3979	4209	3593	3407	3238
厄瓜多尔	1200	1300	1185	1094	1036	1050	1080
秘鲁	100	100	100	100	100	100	100
巴布亚新几内亚	6800	6100	5500	5600	6500	5500	5700
其他国家	2000	2000	2000	2200	2300	2300	2500
世界合计	1322186	1397823	1436678	1391800	1559034	1565690	1577907

国家(地区)＼年份	2007	2008	2009	2010	2011	2012	2013	2014	2015
印度	175454	200070	195062	218660	213174	206188	215540	204597	225000
孟加拉国	10555	8393	3153	913	1454	1507	543	2660	—
斯里兰卡	294254	297469	279839	296383	301271	306040	309199	317885	301000
印度尼西亚	83659	96210	92304	87101	75450	70071	70842	66399	—
中国	289431	296935	302949	302525	322581	321785	332416	301484	325000
中国台湾	2008	2328	2400	2627	2816	3145	3918	3738	—
伊朗	5000	5300	5400	4700	4500	4000	6000	6400	—
韩国	230	260	280	270	280	290	300	320	—
日本	1769	1767	1984	2287	2420	2408	3048	3594	—
马来西亚	300	310	300	270	280	270	270	260	—
尼泊尔	7000	8600	8889	11000	13000	15000	17500	18000	—
土耳其	3000	4500	4000	4000	3700	4200	5000	4631	—

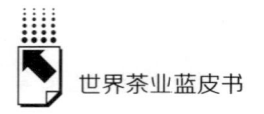

续表

国家(地区)\年份	2007	2008	2009	2010	2011	2012	2013	2014	2015
越南	110929	104000	130000	137970	130000	144028	140325	132000	134000
布隆迪	6000	5300	5000	6000	6400	8400	8500	8600	—
喀麦隆	4300	4100	4400	4100	4200	4300	4200	4400	—
刚果民主共和国	2400	2500	2600	2700	2700	2800	2800	2900	—
埃塞俄比亚	1600	1700	2800	2800	2840	2900	3000	3100	—
肯尼亚	343703	383444	342482	441021	421272	430205	494347	499380	443000
马拉维	46585	40069	46545	48579	44893	41834	37101	39767	—
毛里求斯	34	27	33	35	38	35	35	35	—
莫桑比克	1700	2000	2300	2200	2300	2400	2500	2600	—
卢旺达	19625	20005	20315	21350	22958	23000	22344	21683	—
南非	575	2516	1920	1800	1800	1870	1880	1900	—
坦桑尼亚	29125	24766	21512	26133	27114	27777	26087	25276	—
乌干达	43638	42385	47920	53178	46150	52272	57486	57191	—
津巴布韦	7601	5654	7541	8498	8567	9000	10000	11000	—
格鲁吉亚	700	800	900	1000	1100	1000	1100	1100	—
阿根廷	74880	77228	69191	85346	86197	76840	74370	76111	—
巴西	3298	3034	2326	2544	1965	1643	623	446	—
厄瓜多尔	1100	1130	1140	1180	1200	1220	1230	1200	—
秘鲁	110	110	120	130	130	140	140	150	—
巴布亚新几内亚	5800	6000	6600	5800	5100	5000	5100	5300	—
其他国家	2600	2800	2900	3000	3100	3200	3400	2600	—
世界合计	1578963	1651710	1615105	1786100	1760950	1774768	1861144	1826707	1962000

表7 部分国家和地区茶叶出口金额

单位：千美元

国家(地区)\年份	2000	2001	2002	2003	2004	2005	2006
印度	406531	339551	346714	320712	381348	392406	420221
孟加拉国	23114	16037	16237	15736	—	11546	6813
斯里兰卡	662262	654674	639636	653368	700564	769433	830880
印度尼西亚	112106	99854	103426	95818	116018	121496	134515
中国	347114	342389	304979	357633	436845	591027	537907
中国台湾	17148	15277	16043	17921	16758	18500	17500
日本	11173	9961	—	13765	16748	20103	27510
土耳其	5782	4078	4400	5389	6854	8000	6300

续表

国家(地区)＼年份	2000	2001	2002	2003	2004	2005	2006
越南	69605	78406	82523	59668	95550	96934	111585
布隆迪	12035	10940	8864	10105	10295	8831	9913
肯尼亚	460713	450705	431712	436779	536150	555456	644997
马拉维	32542	35476	34697	37635	47212	47417	49121
毛里求斯	179	216	223	231	348	386	304
卢旺达	18041	21287	18146	19094	19161	18477	25589
坦桑尼亚	32582	27967	27493	24663	30059	25921	32970
乌干达	36417	33165	34802	34069	46200	33071	36000
津巴布韦	18430	6571	—	—	—	—	—
阿根廷	37693	40462	39471	33205	39181	43624	48905
巴西	6486	6455	5553	5693	5470	5810	5776
巴布亚新几内亚	7700	7000	6400	6500	7500	6400	6500

国家(地区)＼年份	2007	2008	2009	2010	2011	2012	2013	2014
印度	415633	527786	552592	639289	685350	683321	713490	642252
孟加拉国	13053	14291	6341	2100	2874	2743	1700	3628
斯里兰卡	960254	1195092	1145062	1299517	1357994	1324696	1462994	1558716
印度尼西亚	126615	158959	171628	178549	166717	156741	157501	134584
中国	607133	682396	704954	784169	887686	1115780	1304297	1273472
中国台湾	17900	19700	21500	23700	25300	29000	41631	43170
日本	29140	33388	37218	50161	60216	64449	69563	75184
土耳其	3600	6100	5600	5900	5700	6400	6000	5900
越南	130833	147000	179000	200590	200000	227000	226113	228000
布隆迪	—	—	—	—	—	—	—	—
肯尼亚	685625	899160	899848	1233576	1231935	1328007	1328431	1150097
马拉维	51446	50069	68101	76612	68827	64417	73541	62833
毛里求斯	252	250	101	322	338	300	280	270
卢旺达	23858	45393	48715	55708	61911	64000	61548	54000
坦桑尼亚	37188	39482	40395	47993	47169	56031	54904	43892
乌干达	58910	76100	92000	95500	92400	105589	110373	83000
津巴布韦	—	—	—	—	—	—	21422	18749
阿根廷	54412	62420	71082	92718	103875	103691	110897	112862
巴西	6385	6708	6531	8563	8585	6893	3972	4030
巴布亚新几内亚	6600	7300	7400	7000	7200	7800	7700	7400

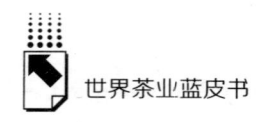

表8 部分国家茶叶出口均价

单位：美元/千克

国家(地区)\年份	2000	2001	2002	2003	2004	2005	2006
印度	1.888	1.750	1.883	1.967	2.010	1.948	2.369
孟加拉国	1.241	1.189	1.293	#VALUE!	1.282	1.421	1.237
斯里兰卡	2.277	2.237	2.249	2.411	2.575	2.644	3.263
印度尼西亚	1.001	1.032	1.087	1.177	1.188	1.411	1.513
中国	1.371	1.209	1.376	1.559	1.529	1.877	2.098
中国台湾	6.233	6.189	6.606	7.018	8.506	8.919	8.914
日本	13.107	—	16.290	18.145	18.342	16.365	16.473
土耳其	0.848	0.853	0.765	1.161	1.143	1.145	1.200
越南	1.149	1.075	0.990	0.962	1.103	1.062	1.179
布隆迪	1.256	1.362	1.459	1.436	1.161	1.679	—
肯尼亚	1.668	1.585	1.631	1.612	1.595	2.066	1.995
马拉维	0.927	0.881	0.896	1.013	1.103	1.171	1.104
毛里求斯	5.268	5.718	5.634	8.286	7.569	8.444	7.412
卢旺达	1.495	1.515	1.587	1.661	1.586	1.990	1.216
坦桑尼亚	1.268	1.218	1.208	1.244	1.152	1.366	1.277
乌干达	1.090	1.120	1.000	1.556	1.000	1.101	1.350
津巴布韦	0.383	—	—	—	—	—	—
阿根廷	0.714	0.691	0.571	0.590	0.657	0.692	0.727
巴西	1.581	1.396	1.353	1.522	1.705	1.784	1.936
巴布亚新几内亚	1.148	1.164	1.161	1.154	1.164	1.140	1.138

国家(地区)\年份	2007	2008	2009	2010	2011	2012	2013	2014
印度	2.369	2.638	2.833	2.924	3.215	3.314	3.310	3.139
孟加拉国	1.237	1.703	2.011	2.300	1.977	1.820	3.131	1.364
斯里兰卡	3.263	4.018	4.092	4.385	4.508	4.329	4.732	4.903
印度尼西亚	1.513	1.652	1.859	2.050	2.210	2.237	2.223	2.027
中国	2.098	2.298	2.327	2.592	2.752	3.467	3.924	4.224
中国台湾	8.914	8.462	8.958	9.022	8.984	9.221	10.626	11.549
日本	16.473	18.895	18.759	21.933	24.883	26.765	22.823	20.919

续表

国家(地区) 年份	2007	2008	2009	2010	2011	2012	2013	2014
土耳其	1.200	1.356	1.400	1.475	1.541	1.524	1.200	1.274
越南	1.179	1.413	1.377	1.454	1.538	1.576	1.611	1.727
布隆迪	—	—	—	—	—	—	—	—
肯尼亚	1.995	2.345	2.627	2.797	2.924	3.087	2.687	2.303
马拉维	1.104	1.250	1.463	1.577	1.533	1.540	1.982	1.580
毛里求斯	7.412	9.259	3.061	9.200	8.895	8.571	8.000	7.714
卢旺达	1.216	2.269	2.398	2.609	2.697	2.783	2.755	2.490
坦桑尼亚	1.277	1.594	1.878	1.836	1.740	2.017	2.105	1.737
乌干达	1.350	1.795	1.920	1.796	2.002	2.020	1.920	1.451
津巴布韦	—	—	—	—	—	—	2.142	1.704
阿根廷	0.727	0.808	1.027	1.086	1.205	1.349	1.491	1.483
巴西	1.936	2.211	2.808	3.366	4.369	4.195	6.376	9.036
巴布亚新几内亚	1.138	1.217	1.121	1.207	1.412	1.560	1.510	1.396

表9 世界绿茶出口量

单位：吨

国家(地区) 年份	2000	2001	2002	2003	2004	2005	2006
印度	2600	2200	2000	2300	3500	4500	5500
斯里兰卡	643	836	1054	1473	2349	2734	3513
印度尼西亚	7814	6666	5485	3565	3707	9531	9079
中国	155325	163163	170396	181775	196206	206170	218737
中国台湾	640	418	512	563	467	491	579
日本	684	599	806	760	872	1047	1576
韩国	27	126	319	267	300	320	370
土耳其	—	—	21	48	106	120	120
越南	11987	14500	15000	17000	18400	20400	33160
南非	39	132	80	100	72	40	40
阿根廷	—	—	—	—	—	—	—
巴西	398	355	317	291	354	396	377
世界合计	180157	188995	195990	208142	226333	245749	273051

续表

国家(地区)＼年份	2007	2008	2009	2010	2011	2012	2013	2014
印度	5000	5100	9000	11800	8700	8000	11500	9300
斯里兰卡	3460	3931	3892	2798	2500	2441	3100	2942
印度尼西亚	11115	12058	11055	11403	9525	11607	12138	12135
中国	223662	223325	229326	234167	257428	248651	264491	249177
中国台湾	590	757	717	826	755	1012	1128	1048
日本	1625	1701	1984	2232	2387	2350	2942	3516
韩国	390	380	370	380	380	370	400	420
土耳其	120	130	120	130	130	120	130	130
越南	39927	34969	41500	46069	44000	54000	58578	64000
南非	40	45	40	45	45	40	40	40
阿根廷	708	1103	885	1056	1056	2086	2186	2394
巴西	358	358	390	421	421	395	431	396
世界合计	286995	283857	299279	311327	327327	331072	357064	345498

第五节 21世纪以来世界茶业科技创新概况

世界茶叶生产主要分布在亚洲和非洲，美洲、大洋洲和欧洲也有一定数量的生产。茶在世界范围内已经不再仅仅是一种饮料，而是形成了一种新型的产业链，甚至成为某些国家和地区的支柱性产业，研究茶产业科技创新对整个行业的健康发展显得尤为重要。21世纪的世界茶业在科技工作者和先进科学技术的共同推动下，在茶园管理、栽培育种、生产工艺和方法、产品创新和销售管理等方面取得了持续稳定的发展。科技创新成果已成为21世纪以来茶产业发展的亮点。

一、高新信息技术与茶园管理相互结合运用。随着科学技术的发展进步，现代高新信息技术也大量应用于现代茶园管理中，将现代化信息高新技术、地理信息技术、全球卫星定位技术及遥感技术、计算机自动控制技术和手机APP信息技术与农业工程技术集成应用于茶树种植管理，形成一套现代化的茶园精耕细作技术，可使茶园实现"优质、高产、安全、高效"生产的总体目标。可在生产过程中利用现代计算机技术建立投入产出生产模型并进行分析，收集茶园生产管理相关数据，建立管理数据库供生产管理者、决策者查阅学习及使用。随着互联网信息技术的不断发展创新，智能化管理信息的运用普及，越来越多的茶园生产管理也进行智能化、云端管理，建立生产标准化透明化管理、资源计划管理、质量追溯等体系，以提高茶园管理水平，增加收益，提高产业效率，实现茶业可持续发展。

二、现代生物技术在茶叶科学研究中的应用。近些年来，以基因工程、细胞工程、酶工程、发酵工程为代表的现代生物技术发展迅猛，并日益影响和改变着人们的生产和生活方式，在茶产业相关研究中也得到广泛运用和推广。如将基因工程运用在茶叶研究中，将高产基因、抗虫基因、抗旱抗寒基因、抗除莠剂基因、农药降解基因、多酚化合物合成基因、低咖啡碱基因等应用于茶树中。分子水平上的植物基因工程技术，包括基因的克隆和基因的转移；细胞及亚细胞水平上的植物细胞工程技术，包括突变细胞系的筛选、原生质体融合与体细胞杂交、植物细胞的大量培养与次生代谢物的生产等等；器官水平上的植物组织培养技术，包括花药培养与单倍育种、胚培养与胚挽救、快速繁殖与人工种子技术和室内种质保存等。用细胞培养方法生产有用的天然产物为新茶品种的选育提供了可能；生物合成高等植株大多含有许多有用的天然产物，可以作为药物原料、食品添加剂或化妆品原料等。目前日渐匮乏的植株资源、不断上涨的劳动力价格和其他一些因素，使直接从植株中提取这些天然产物的困难越来越大，促进了利用植物培养细胞来生产天然产物的研究。相比较而言，植物细胞培养可以不受气候、自然灾害等环境因素的影响，也不受地域条件的限制，可以在任何季节、任何地点进行生产。茶树是一种富含多种次生代谢产物的植物。茶氨酸、茶多酚等物质的形成与积累是茶树细胞的重要特征，它们之中的许多成分在食品与医药行业中会有很重要的应用。在茶树培养细胞中，已经证实有多种次生代谢产物存在，如咖啡碱、茶碱、茶氨酸、儿茶素等。儿茶素是茶树中一类较重要的次生代谢产物，目前的研究表明，虽然培养细胞中的儿茶素组成与茶树植株中有所不同，但通过培养条件的改进，其含量可有较大程度的提高。考虑到成本与价格因素，如果茶树培养细胞能够产生一些较为稀有的黄酮类物质，可能会使其成为较易实现商品化的产品。酶工程技术在茶叶深加工领域中的应用，包括茶黄素、茶氨酸、儿茶素衍生物等茶叶天然产物的合成；茶多酚、茶多糖等天然产物的提取；速溶茶的加工和茶饮料的澄清、保香增香等方面。植物细胞工程技术在茶树育种中的应用，从细胞水平、分子水平和亚分子水平开展茶树种质资源和育种研究，使茶树育种年限大大缩短，可以更好地实现育种目标，同时大大减少育种工作的盲目性。另外可利用现代发酵工程技术对茶产品进行创新研发，微生物发酵是普洱茶熟茶、湖南黑茶等的特殊品质形成的核心关键技术，利用食用菌及有益微生物发酵开发的具有特殊风味、营养保健功效的新型茶叶制品越来越受到广大消费者的喜爱。

三、现代食品科学技术广泛应用于茶相关衍生品开发。随着现代食品工艺技术的发展创新，越来越多的茶创新产品得以研发，如新潮的罐装茶饮料、速溶茶、冰茶、茶酒，可口多样的茶食品、茶含片、茶叶有效活性成分产品等。

四、现代科技助推茶叶功能性产品创新开发。21世纪新的消费热点已逐渐向健康方向转移，研究者利用现代科技开发出了丰富多彩的茶叶功能性产品，如茶功能性含片、茶枕头、茶纤维、茶毛巾、茶洗护产品、茶装饰环保材料等。

五、高科技互联网技术助推茶产业发展。茶叶已成为农业产值超千亿元的产业，相关人员利用发达的互联网平台，利用信息通信技术，把互联网和传统茶行业结合起来，在新的领域创造了一种新的生态。结合互联网新兴工具，创新营销模式，这其中包括传统电商、微店、微商、众筹、O2O、公众平台、大数据营销等。将移动互联网、云计算、大数据、物联网等与现代茶产业结合，促进茶行业电子商务和互联网金融健康发展，搭建跨境电商网络，引导互联网茶企拓展国际市场业务。

六、高科技成果支持下的世界茶业产业化发展。如茶叶生产走向集约化、规模化、标准化，生产效率和经济效益不断提高，成本不断降低；高新科技成果进入茶叶商品化生产，高附加值茶叶产品在销售中的比例不断增长。

七、随着世界人口的增长，人民生活水平的提高，全球茶叶消费水平也呈逐渐增加趋势，茶叶消费量、生产量与贸易量不断增加，茶叶的产品结构向方便、健康、经济、多样化的方向发展。在世界茶叶消费群体中，发展中国家的茶叶消费仍以传统茶类为主，而发达国家以袋泡茶、速溶茶为主。随着消费者保健意识的日益增强，纯天然、无公害的有机茶，各种保健茶及高档茶的消费比重明显增长，需求日盛。世界茶业经贸出现的变化有如下几点：第一，茶叶种植园由单一投资向多元投资发展；第二，出口茶和内销茶共同增长；第三，茶叶由传统产品向茶制品发展；第四，茶业经贸从区域性向全球性发展；第五，国际茶叶贸易方式多样化；第六，从垄断贸易向自由贸易发展；第七，茶保健、茶文化成为茶叶促销的新内涵；第八，茶叶拍卖市场出现历史性转折；第九，茶业经济由粗放型向效益型发展。同时国际茶叶市场对产品提出了新的要求。

第六节 21世纪以来世界涉茶产业发展概况

当下，世界茶叶生产早已不采用过去传统小农经济时代粗放的生产加工方式，与茶叶有关的产业链条取得了长足的进步和发展，茶叶产业不再是原茶产品的简单售卖，而是一系列环节的紧密相关，无论是茶叶的生产加工还是销售，乃至与茶文化有关的文化产业，都在不同程度上延长了茶叶的生产链条。尽管茶叶在世界范围内的流通已十分之广泛，但世界上主要的茶叶生产地仍然在亚洲，中国、印度、斯里兰卡、越南、日本等都是亚洲比较具有代表性的茶叶生产国，非洲比较有影响力的是肯尼亚。21世纪以来制茶工艺和技术突飞猛进，世界涉茶产业也日趋多样化发展。总的来说，涉茶产业主要包括茶叶生产、茶叶加工、茶叶贸易等。无论是哪种类型的涉茶产业，都离不开科研，毫无疑问，科研会带动茶叶生产、茶叶加工、茶叶贸易的繁荣，不仅会提高茶叶的产量，还会提高茶叶的质量，更会随之提高茶叶的销量。

一 茶叶生产

进入21世纪以来，中国以及世界的茶叶生产方式尽管仍有许多需要提高的地方，但是已经在逐步向非传统的规模化茶叶种植生产方式转变，比较典型的有日本的农户小规模经营模式，斯里兰卡以及肯尼亚的非合作的农户小规模经营模式，印度的规模化农场经营模式等。[①] 就日本而言，"在静冈县，有5000公顷连片集中的茶园（约占全县面积的1/4），并实行分户经营的方式。这种布局能充分利用机械作业的规模经济性，即便在分户经营面积很小的情况下，也可以通过农协组织的社会化服务获取规模经济收益"。[②] 就肯尼亚而言，如表10所示，从1963年至2006年，肯尼亚的茶叶产量和面积都呈逐年增长的趋势，小农户茶园面积所占比例在40多年间增长了近三倍，相应茶叶产量所占比例增长了近60倍，这样可观的增长量与其农户小规模经营模式分不开。肯尼亚的农户并非独自生产茶叶，而是在国家茶叶局的统一规划和指导下集中种植并加工包装，确保了茶叶从生产到加工到销售环节的一体化服务，茶农的利益得以维护，茶叶的经济效益得到保障。又如表11所示，肯尼亚专门的茶叶工厂数量及相应工厂的加工数量也是很可观的，譬如，肯尼亚最大的KTDA工厂就几乎占到了肯尼亚国内茶叶加工及产量的60%以上，规模集约化的茶叶加工工厂确保了上游茶叶生产环节的紧密衔接，也可以保证茶农生产的茶叶有处可销，确保了茶农种茶的积极性。就印度而言，无论是大规模的茶叶种植园还是小规模的茶叶种植园，规模化的茶叶种植园的总数量自2003年起至2006年止均呈逐年增长趋势（见表12），因而相应的茶叶种植面积和茶叶产量也呈逐年增长的趋势，同样说明相对集中化的茶叶生产模式有利于提高茶叶的总体产量，为茶农创收。

---

① 丁俊之：《世界茶叶产销盘点》，*Chinese Tea World*，2013年第10期。
② 苏祝成：《世界主要茶叶生产国市场运行组织模式比较及借鉴》，《中国农村经济》2001年第8期。

表10 肯尼亚茶叶产量、面积分布

年份	小农户 面积（公顷）	小农户 产量（吨）	种植园 面积（公顷）	种植园 产量（吨）	小农户所占比例 茶园面积（%）	小农户所占比例 茶叶产量（%）
1963	3527	312	17921	17770	16.4	1.7
1970	17985	5976	22289	33101	44.7	19.4
1972	26493	13129	23268	40193	53.2	24.6
1985	56505	71339	27322	75766	67.4	48.5
1988	57693	86493	29109	79338	66.5	51.6
2000	85083	145546	35313	90740	70.7	61.6
2005	92682	197721	48633	130776	65.6	60.2
2006	95779	119177	51297	119401	65.1	61.5

数据来源：肯尼亚茶叶局（TBK，2007）。

表11 肯尼亚茶叶工厂及面积分布

企业或组织名称	工厂数量（个）	产量（千克）	占全国产量的比例（%）
Brooke Bond Kenya Ltd.	11	26846838	10.8
African Highlands Produce Co. Ltd.	5	17271981	6.9
Eastern Produce Co. Ltd.	7	14591929	5.9
George Williamson Kenya Ltd.	3	8462606	3.4
KTDA	45	153855368	61.8
Others	12	27789296	11.2
合计	83	248818018	100.0

表12 印度茶农生产经营现况

年份	数量 小规模种植园	数量 大规模种植园	数量 总数	面积（公顷）小规模种植园	面积（公顷）大规模种植园	面积（公顷）总数	产量（万吨）小规模种植园	产量（万吨）大规模种植园	产量（万吨）总数
2003	127366	1661	129027	109198	410400	519598	18.066	69.747	87.813
2004	127366	1661	129027	110787	410616	521403	20.196	69.101	89.297
2005	139041	1672	140713	142985	412626	555611	23.129	71.468	94.597
2006	141544	1673	143217	154099	412921	567020	24.971	73.209	98.180

资料来源：www.icra.in；按照印度官方定义，茶园面积小于10.12公顷为小规模种植园，大于10.12公顷则为大规模种植园。

随着绿色理念及可持续发展观的深入，不少茶叶生产国开始转向绿色有机茶生产，密切关注茶叶生产的每一个环节，包括有机茶园的选择，有机茶园的营养施肥，有机茶园的有害生物防治，有机茶园加工，有机茶园发展等。① 有机茶是禁止使用任何人工合成的化学肥料、农药以及任何合成的添加剂、增效剂、生长调节剂的健康茶。"在有机茶园地块的确定上，印度、斯里兰卡和中国台湾基本上不在平地发展有机茶园。这是因为平地茶园通常病虫发生严重，所以宜在海拔较高的地方发展有机茶园。据台湾茶业改良场介绍，在平地发展有机茶园基本没有成功的先例。此外，在地块的选择上虽不要求绝对的隔离，但要求远离工业区和人口密集区，周围最好在200米内没有非有机果园、菜园和稻田，以防农药化肥的污染。"②

在茶叶生产中，以越南为代表，在生产茶叶前认真评估选育茶叶品种，选择茶园基地，因地制宜地选择优质的茶树资源（特别是一些古茶树的保护），最后在茶叶投放加工以及贸易之前严格检测茶叶农药残留，以便确保茶叶的品质，③ 目的是在茶叶生产过程中从源头上保证茶叶的品质，使其无公害。这也是世界上涉茶产业发展的主流趋势，不再单纯地一味追求茶叶产量，更加注重茶叶的品质，以便打造品牌实力。

二 茶叶加工

进入21世纪以来，经过创新或者改良后的茶叶品种愈加齐全繁多，出现了许多新型茶产品和茶叶深加工产品。④

（一）新型茶产品

1. 低咖啡因茶。这是一种适合对咖啡因敏感的特定人群如神经衰弱者、

---

① 苏祝成：《世界主要茶叶生产国市场运行组织模式比较及借鉴》，《中国农村经济》2001年第8期。
② 陈宗懋：《世界有机茶生产中的一些新思路》，《中国茶叶》2002年第24期。
③ 陈宗懋：《世界有机茶生产中的一些新思路》，《中国茶叶》2002年第24期。
④ 房婉萍、陈暄、黎星辉：《越南茶叶产业概况》，《中国茶叶》2012年第7期。

孕妇、老人、儿童等饮用的新型茶类。目前，对低咖啡因茶中的咖啡因含量没有统一标准，欧美等国一般要求咖啡因含量低于0.5%，中国、日本将咖啡因含量低于1%的茶叶称为低咖啡因茶叶。

2. γ-氨基酸茶。经动物实验和临床实验证实，这种茶具有显著的降血压作用，因此它自1987年在日本投放市场以来，深受消费者特别是广大高血压患者的青睐，已形成叶茶、袋泡茶和罐装茶饮料等系列产品，该茶卖价比一般同级绿茶高1倍，市场零售价在10000日元/千克左右。

3. 抗过敏茶。这些茶含有特殊的甲基儿茶素类化合物，而甲基儿茶素具有很强的抗过敏和消炎等药理作用。为此，日本利用甲基儿茶素含量较高的茶树品种"Benifuki"和"Benihomare"等，开发出具抗过敏作用的绿茶和茶饮料，目前还在开发具有抗过敏作用的茶食品。中国农业科学院茶叶研究所经过五年的研究，已从2000多份茶树种质资源中筛选出6个甲基儿茶素含量大于1%的绿茶和乌龙茶新产品。

4. 降糖茶。日本丸山制茶株式会社利用秋、冬季茶叶富含茶多糖的特点，采用专利技术开发出具有降血糖功能的新产品，该茶采用冷水冲泡饮用，具有较好的防治糖尿病的效果。

5. 超微细茶粉（Ultra-fine tea power）。采用幼嫩茶鲜叶经保色处理和脱水干燥后，在低温状态下将茶叶瞬间粉碎成超微细颗粒，能最大限度地保持茶叶原有的营养成分。除可直接饮用外，其还能广泛应用于茶叶食品加工，以强化其营养保健功效，并赋予食品天然绿色和茶叶风味。中国和日本都致力于研制超微细茶粉，种类主要有绿茶粉、红茶粉、乌龙茶粉和花茶粉等，已工业化生产的主要是绿茶粉，其关键加工技术为：一是对鲜叶原料采用特殊的保绿处理；二是超微细粉碎技术。目前，在中国超微细绿茶粉已成功应用于冰淇淋、羊羹、蛋糕、糖果、面包、果冻和月饼等食品。

6. 冷水冲泡型茶。传统工艺加工的茶叶一般只能用热水冲泡，如用冷水冲泡，很难浸出茶叶的有效成分，香气和滋味都很差。但欧美却偏爱冷饮，几乎90%的茶叶都是用来制作成冰茶饮用的。通常为制作冰茶，必须将水煮沸冲泡茶叶，然后再等候茶汤冷却，往往需要1个多小时。为此，英

国联合利华公司开发出一种新的冷水冲泡型茶（Cold Brew Tea）加工技术，并已于2001年9月获得欧洲专利和世界专利。

7. 天然花香型绿茶和红茶。目前中国很多茶区以春茶为主，夏秋茶资源很少利用，将乌龙茶加工工艺与绿茶、红茶加工工艺结合，开发生产天然花香型茶叶成为近年的一大热点。如利用绿茶品种或乌龙茶品种的夏秋季鲜叶，集成乌龙茶和绿茶的加工工艺，开发出天然花香型绿茶、天然花香型蒸碎茶；利用乌龙茶品种或红绿茶兼制品种的夏秋季鲜叶，集成乌龙茶和红茶的加工工艺开发出天然花香型红茶等。

8. 香味茶（Flavoured Tea）。它是以各种茶叶为原料，采用先进的微胶囊包埋等技术，添加天然水果香料或植物香料窨制而成的具有花果香味的茶叶产品。近年来，随着年轻一代消费者饮食上追求新奇、多样化和刺激性的消费观念的出现，风味独特而独具魅力的香味茶在欧美等国得到快速发展。美国年销售茶叶中有30%是香味茶，约1.9万吨。德国有100多种香味茶，年产量达4万~5万吨。意大利茶叶销量的10%是香味茶。斯里兰卡近年来也非常重视香味茶的开发和生产，除了传统的小豆蔻香味茶外，还开发生产了20多种热带水果风味的香味茶，如香蕉红茶等。而在中国除广东少量生产玫瑰红茶和荔枝红茶外，香味茶产品几乎属于空白。中国拥有丰富的植物香料和水果资源，而香味茶具有丰富多样的风味，同时具有现代饮料的色彩，因而国内香味茶市场十分巨大。目前国外许多香味茶产品已进入国内市场，如Tetley、Twinings、Lipton等品牌的水果香味茶。其零售价是24.70元/包，相当于每千克494元，而其红茶原料价格是30~50元/千克，可见香味茶的经济效益十分可观。

（二）茶叶深加工产品

1. 速溶茶。是用纯水提取茶叶中的水溶性成分，再经过过滤、分离、浓缩、干燥而制成的。目前印度、斯里兰卡、肯尼亚已成为世界速溶茶生产大国，2006年速溶茶产量分别为3436吨、2462吨和1145吨。英国联合利华公司和美国雀巢公司相继取得了冷溶速溶茶的世界专利。近年来中国农业科学院茶叶研究所开发出高香冷溶速溶茶加工技术，达到国际先进水平。此外，固体奶茶饮料在中国茶饮料市场异军突起，以"香飘飘"为代表的杯装奶茶在市场上掀起一股奶茶热潮。根据 A. C. Nielsen 的调查，仅上海、广东、浙江地区，2006 年奶茶的市场销售就达 4 亿多元，市场的主要品牌有立顿、香飘飘、喜之郎、相约、雀巢、摩卡等。

2. 即饮茶饮料（Ready-to-Drink Tea）。以茶叶的水提取液或其浓缩液、速溶茶粉为原料加工制成的一类饮料，近年来即饮茶饮料消费量迅速增长，如表 13[①] 所示，可见其巨大的市场潜力。

表 13　2001 年和 2006 年亚洲即饮茶饮料消费量

地　区	2001 年（万吨）	2006 年（万吨）	年均增长率（%）
亚　洲	862.5	1363.1	9.67
中　国	252.7	522.7	21.37
日　本	479.8	522.7	8.94

3. 茶多酚（儿茶素）。是茶叶干物质中含量最多的一类功能成分，具有多种生理活性和保健功能，如抗氧化、消除自由基、抗辐射、抗菌消炎、抗病毒、抗癌、抗突变、降血脂、降血糖、预防肝脏及冠状动脉硬化等。目前全国有茶多酚生产厂家 40 多家，年生产茶多酚约 2000 吨。中国对它的应用范围不大，其多出口日本、美国和欧洲等发达国家和地区，特别是日本利用茶多酚制作的产品已增加到 200 余种，到处可见相关保健品。此外它的制品还广泛应用于食品、饮料、服装、床上用品、化妆品以及空调、冰箱、吸尘器等家用电器生产领域，经济效益可观。

4. 咖啡碱。茶叶的主要生理活性成分之一，主要作为药用和食品、饮料的添加剂。由于从茶叶中提取咖啡碱生产成本较高，加之其属于兴奋剂类物质，各国控制严格，至今为止，国内外尚未形成较大的消费市场。

5. 茶多糖。在粗老茶中含量较高，具有防辐射、抗凝血、抗血栓、降

---

①　林智：《国内外茶叶新产品研发进展》，《中国茶叶》2011 年第 4 期。

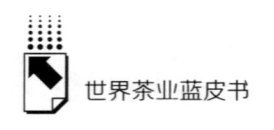

血糖和增强机体免疫力等多种生理功能。

6. 茶氨酸。茶叶中特有的一种氨基酸，日本将其列入食品添加剂目录，已开发出多种添加茶氨酸的功能饮料和食品。在美国，茶氨酸已通过 FDA 认证，是一种安全物质，可以在食品和药品中添加。中国经过研究，正在以茶氨酸为原料，开发具有增强免疫和抗疲劳功效的保健食品"茶安片"。

7. 茶黄素。红茶中的主要功能性成分，是茶叶天然产物研究领域的新兴功能性成分之一，具有防癌抗癌、抗氧化、抗炎、抗病毒和除臭等作用，对动脉硬化、脑梗死、血小板凝聚、高血压、高血脂、脂代谢紊乱等疾病也有较好的预防和治疗作用。因此它在食品添加剂中作为天然、有保健作用的食用黄色素，具有较高的应用价值。

通过这些新型茶叶品种和茶叶深加工品种，可以看出运用科学技术并经过加工后的茶叶具有的经济价值和社会价值远远高于茶叶本身，也远远比直接冲泡饮用生茶叶带来的益处多，说明了茶叶加工环节的重要性。此外，世界各国茶叶加工的自动化程度逐步提高，茶叶质量逐步提高，茶叶农药残留率降低，品质有所提升，茶叶品牌竞争力逐步提高。这些都离不开 21 世纪以来茶叶加工技术的发展，只有科技进步才能带动相关产业创新，将茶叶产品开发出更大的价值。

世界不少茶叶生产国都注重发展茶产品深加工，关注茶文化产业的发展，特别是通过革新发展创意文化产业。例如，中国一些传统茶区的特色旅游活动利用互联网等新兴媒体推广至国内外，其特色旅游活动更多地突出中国传统及与茶叶有关的独特文化，如茶道文化、饮食文化、采摘加工文化等，并且制作了大量优秀的与茶叶有关的手工艺产品作为传统茶区特色旅游活动的纪念品。只有这样，才能吸引国内外游客，加强本国人的文化认同感，同时向其他国家传播中国传统的茶文化。

三 茶叶贸易

茶叶贸易与全球经济大环境密切相关，2008 年金融危机的冲击同样对全球的茶叶贸易造成了重大影响。红茶、绿茶等常见优质茶种是茶叶进出口的主要品种。

拍卖是茶叶交易的主要方式。拍卖市场拥有体系完善的整套制度安排，世界茶叶拍卖市场交易中心主要集中在印度、斯里兰卡和肯尼亚等国，中国作为世界产茶大国，亟须完善自身的茶叶拍卖市场，为中国茶叶经济发展打开新的突破口。[①]

目前，世界涉茶产业的发展还存在一些问题，例如，全球茶叶生产过剩导致的高产低价，使茶叶的销售价格普遍偏低，会挫伤茶农的生产积极性；全球茶叶供需不平衡，过量的茶叶供应会导致低质茶叶的出现，降低世界茶叶品质的整体水平；世界对于茶叶的健康消费理念尚未完全树立；茶叶产业该以怎样的角色承担社会责任尚未达成共识；一些进口国会强加认证程序，这些非关税壁垒阻碍了茶叶及其产品的广泛流通；茶叶作为一种常见的饮料，自然不可避免地受到其他饮料的冲击，涉茶产业要考虑到这些外在的竞争因素；一些茶叶生产国国内的茶叶消费水平较低等，这些问题客观上从不同方面阻碍了世界茶业的深入发展。

中国仍有不少地区采用传统的分散种植模式，茶叶加工的自动化程度仍然偏低，茶叶产业化水平低，茶叶品牌竞争力不足，作为绿茶传统出口大国出口量不足，这就需要参考国际上其他国家生产、加工和贸易的经验，大力推广茶叶的种植与产销，提升中国茶叶加工的规模化、产业化和技术化水平，筹建中国的茶叶拍卖市场，掌握定价权，使茶叶为中国带来更多的经济和社会效益。

综上所述，我们从茶叶生产、茶叶加工、茶叶贸易三个上下游紧密相关的环节出发，介绍了21世纪以来世界涉茶产业的发展状况，从中不难看出，涉茶产业发展的关键是要注意通过科学技术使茶叶的附加值提高，这样才能提高整个茶叶产业的经济效益。

---

① 林智：《国内外茶叶新产品研发进展》，《中国茶叶》2011年第4期。

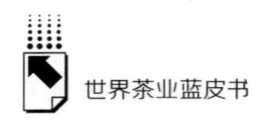

第七节　茶产业与经济社会发展

　　茶叶在国际交流中通过陆上、海上丝绸之路使各国结下了深厚的友谊。当今，世界茶业得到了空前的发展，成为各茶叶生产国农业中的支柱产业，是茶区农民的主要经济来源。特别是近年来饮茶之风、茶馆、茶旅游业、茶文化学习的兴起，为第三产业注入了新的力量，带动了茶产业的快速发展和产业链的延伸，为加快经济社会建设起到了积极作用。农业是农业国家的国民经济基础，茶产业是农产业中具有发展持续性的产业，茶叶是农作物中的高经济效益作物，茶产业是最有经济效益的产业，是一个产业链较长的产业，涵盖第一、第二、第三产业。茶叶是与城市发展关联度最大的经济作物，也是能与城市发展同步共进的农业产业，对拉动农村经济也将起到显著的作用。在社会发展过程中，茶产业是唯一较先进的、从农业跨入工业化的产业。与其他农业产业相比，茶产业链最长，与旅游业、第三产业的关联度最大，互促性最强，是对农村经济带动最大、潜力最大、优势最大的朝阳产业。可以通过发展茶产业，开展形式多样的茶文化、茶品牌、茶旅游和茶叶生产的宣传推介活动，实现相关茶产业整体经济的共赢，共同推动社会和谐发展。

一　茶文化旅游产业推动经济社会和谐发展

　　在茶产业发展过程中，茶文化旅游与经济的发展联系最为紧密。发展茶文化旅游能提高茶产业附加值。茶文化旅游是以茶叶生产为依托开发的具有旅游价值的茶业资源、茶叶产品和田园风光旅游，通过茶业与旅游的有机结合，突破了传统茶业生产模式，建立起茶业带动旅游、旅游促进茶业的互动机制。茶文化旅游使游客不仅能踏青郊游，了解及观赏采、制茶的过程，还有机会亲自参与采茶、制茶、品茶，获得无穷的乐趣，因而深受人们喜爱。茶文化旅游的开展，把与茶相关的景点、景观、购物、餐饮、娱乐等串联起来，带动了以茶文化旅游为核心的茶消费，提高了茶的附加值，其中之一就是增加了旅游收入。例如，桂林茶叶科技园，作为全新的桂林特色旅游产品、涉外旅游定点单位，在国内外享有一定的知名度，自1999年5月至2007年4月，共接待国内外游客80多万人次，其中国外游客10多万人次。茶文化旅游能促进茶消费，推动茶业经济发展。茶文化旅游让游客不仅能了解茶的生产流程、制作技术、茶的历史、茶的作用，还可亲自参与茶叶的采摘、制作和品尝，可直接向茶园经营者购买自己所需的产品，使他们在自觉不自觉中产生赏茶爱茶的心理。此外，游客购买品质优良的茶叶作为旅游纪念品、馈赠茶礼品，起到了无形的"广告"和促销的作用，客观上起到了培育茶人、扩大茶产品知名度和促进茶消费的作用，扩大了消费群体，拓展了销售市场。同时，茶生产者也可根据游客的实际需要及时调整产品结构，从而提高茶业效益，推动茶业经济的发展。茶文化旅游可促进茶产品质量提高。随着茶文化旅游的日益繁荣，茶叶作为旅游纪念品或馈赠亲友的礼品，也必将得到发展，旅游者希望购买到不仅包装精美，而且品质优良的茶产品，因此在茶文化旅游中，必须提高茶产品质量，促进茶产品结构的多元化发展，从而也提高茶叶的价值和经济效益。

茶文化旅游以科普形式，向广大游客宣传、普及中华茶文化和茶知识，对提倡茶饮、促进中国茶事业的发展将有积极的推动作用。茶是中国的"国饮"，"开门七件事：柴米油盐酱醋茶"，茶是中国人民物质生活的必需品。"文人七件宝：琴棋书画诗酒茶"，茶通六艺，茶是中国传统文化艺术的载体。茶是友谊的纽带、文明的象征。近年来在茶界、旅游界等各界人士的共同努力和推动下，中国的茶文化旅游得到了较大的发展，但目前仍处于起步的阶段，还存在一定的问题，例如，茶文化旅游形象不够鲜明、宣传力度不大、茶文化旅游项目单一、参与性不够、对相关茶文化旅游的产品开发不够等。如何更好地发展茶文化旅游？首先，茶文化与茶科技在茶经济的发展中应具有同等重要的地位，茶叶界及政府相关部门特别是科技项目管理部门，应对茶文化及茶文化旅游方面的项目和内容给予大力支持，进一步挖掘和创新中华茶文化，促进茶叶经济的发展。其次，应根据茶文化的特点及旅

游行业的相关要求和规则，促其进行有机结合，既能发挥茶文化的特点，又能符合旅游行业的游戏规则，在内容和形式上尽量丰富和多样。最后，根据科教体系的改革和创新的要求，茶文化旅游可与科教有机结合，联办科教实习基地和青少年教育基地，向高等院校、中小学校的学生宣传、普及茶文化、茶科技，让他们进一步了解中国博大精深的茶文化和茶业发展过程，培养他们学茶、喝茶、爱茶的习惯。共同努力发展茶产业，推进经济社会建设。

二　发展茶产业推动乡村建设发展

随着社会不断发展进步，茶产业成为应用现代科学手段最多、学科渗透最广的产业，成为集茶叶种植、加工、贸易、文化交流于一体的产业。茶叶是一个产值比较高的山区经济作物，科学有规划地种植茶树不但不破坏山区生态环境，并且每年可不断增加产值。在科技日益进步的今天，茶产业已从传统的饮料加工发展到日用化工、保健品等深加工产业。茶产业成为乡村经济与城市经济相连接的纽带，对拉动乡村经济具有显著作用，可促进社会和谐发展。

三　发展茶产业循环经济促社会进步

循环经济基于生态学的观点，借鉴生态学的原理指导人类的经济活动，按照自然生态系统物质循环和能量流动规律重构经济系统，使经济系统和谐地纳入自然生态系统的物质循环过程中。茶产业循环经济就是按照生态学原理和生态经济原理，运用生态系统中的生物共生和物质循环、再生原理，采用系统工程方法，吸收现代科学成就，因地制宜，以实现生态效益、经济效益和社会效益三者统一的茶叶生产的生态体系。循环经济要求所利用资源大部分是可循环利用的或可再生的，产品经使用后可以通过回收、再生等方法处理，只产生少量的废弃物或不产生废弃物，在生产中还要求尽可能利用可再生能源，尽可能利用高科技，尽可能以知识投入来替代物质投入。在茶树的栽培管理过程中，要充分施用有机肥，还可以使用昆虫性信息素来治理茶园害虫，对于茶园病害最好使用生物农药，使茶园环境避免后天污染。茶叶在加工过程中可以生产许多有用的产品，可以根据茶叶品质的不同生产不同的茶产品，充分利用生产资料，使茶叶生产效益最大化。同时，茶叶消费后所产生的茶渣更可以充分利用。由于饮用的部分仅仅是茶叶中的一部分，茶渣中残留了大量的营养成分，发酵后可以制作肥料，作为有机肥施用，能提高土壤肥力和改善土壤结构，开发潜力巨大。循环经济和茶叶生产的目的都是实现经济、社会效益的双赢。循环经济要求实现经济增长、资源利用与环境保护的统一，茶叶生产也是在延长生物链和加工链的过程中实现经济效益和生态效益的统一。循环经济和茶叶生产共同的目的是使有限资源得到合理利用和开发，使经济、社会与生态环境和谐统一，使人类在良好的环境下生存。

第八节　加快世界茶业发展的主要举措

世界茶的市场需求前景广阔。目前，全世界有近50个国家和地区产茶，2015年茶叶产量达到3500万吨。据世界粮农组织预测，全球茶叶消费量将以每年3%左右的速度增长。中国2015年茶园面积17700万亩，茶叶产量720万吨，茶叶出口量250.23万吨，内销470.7万吨。全国茶叶产销基本平衡，生产、销售和消费每年约以3%的速度增长。国内茶叶生产西移。国内东部沿海茶区随着工业化进程的加快，土地、能源、劳动力等成本的上升，工业污染加重，茶叶生产比较效益下降，茶叶生产在量上进一步扩张的难度加大，国内茶叶生产正逐步向中西部适宜地区转移。为了加快发展世界茶叶产业，在发展思路上应以农业发展和结构调整总体目标为前提，以资源为基础，以市场为导向，以产业化为突破口，巩固现有茶叶产业基础，高标准改造现有茶园，高标准建设新茶园，配套茶叶加工设施，以名优绿茶为主，优化产品结构，提高单产，主攻质量，突出效益，扶持龙头企业，实施

品牌战略，拓展销售市场，发展无公害茶和有机茶，把茶叶产业建设成特色优势产业，促进农民增收和农村经济发展。

一 加快生态茶园的建设，树立生态、高效、可持续的茶叶标准化发展观念

茶园是茶树有害生物和有益生物种群的栖息环境，保护好茶园环境的生态平衡，重视茶园周围的生态环境，有助于维系茶园生态系统的生物多样性和发挥茶园的自然调控能力，从而使茶园生态系统达到种群平衡。应认真研究生态茶园中有害有毒物质残留等涉及质量安全方面的限量标准及配套控制分解办法，尽快解决生态茶园建设中的茶园节水灌溉、土壤改良、生态多样化、茶园套种绿化及茶园适用树种选择等关键技术，只有突破这些关键技术，才能为制定实施生态茶园建设标准提供准确、实用、安全、有效的保障，并通过建设标准生态茶园，促进茶叶生产综合素质和可持续发展能力的提高。应根据各地茶园的实际情况，因地制宜地在茶园上风口、周围、道路等茶园空旷地种植林木、果树，达到"茶—林—草"生态平衡，茶园合理绿化，物种多样，水土保护良好，形成生态茶园。

二 提高茶园病虫害的综合防治水平，降低茶叶农药残留量

茶叶中的农药残留主要由化学农药在茶园中的直接喷洒所致，传统的化学防治方法不仅给茶叶产品带来农残，而且造成生态系统恶化等严重问题。目前，世界上大部分茶园的病虫害防治主要还是依靠化学农药，虽然茶园中的化学防治在短期内不可能完全摒弃，但推广病虫害生物防治和生态调控技术，以降低茶叶农药残留是茶业走向未来、走向世界的必经之路。要使茶叶产业走可持续发展道路，必须加强综合治理、保护茶园生态环境、增加茶园生物多样性。降低茶叶农药残留量。要从以下三个主要方面入手：一是以农

业防治为主体。积极引导茶农选用无病虫害种苗，选择抗病性强的种苗，适当增施有机肥料以提高茶树的抗病虫能力。加强茶树植保和茶园田间管理，茶园要及时中耕锄草，结合修剪，全面清除茶园内的枯枝残叶，放至行间深埋，秋季进行茶园深耕，破坏害虫的栖息和产卵场所。同时，还需进行茶园修剪、合理采养，剪去枯弱枝、病虫枝和徒长枝，合理培土以阻碍越冬虫蛹羽化出土，冬季用石硫合剂封园，减少越冬虫口基数，减轻来年危害。二是大力推广生物防治，保护天敌。生物防治具有无毒、无害、不污染环境的特点。利用有益生物进行生物防治是茶园害虫生态调控的有力手段。有益生物农药包括苏云金杆菌、白僵菌、黑刺粉虱真菌制剂，植物制剂如苦参素、印楝素等可防治丽纹象甲、小绿叶蝉、蚜虫、黑刺粉虱等。又如印度研究者发现，来自热带的铁锈菌类是茶园杂草的天敌，可以控制杂草的数目；另可利用寄生性昆虫如赤眼蜂、小蜂类寄生蝇和捕食性天敌瓢虫、蜘蛛、蜻蜓、步行虫和鸟类。应保护和利用天敌资源。避免使用杀伤性大的农药，在天敌高峰期避免施药，可为天敌生存创造良好的环境，保护天敌。生物防治技术一般不会产生抗药性，能长期控制危害且成本低廉，是目前防治茶树虫害、生产无公害茶叶的一个重要手段。三是物理机械防治。物理机械防治是利用各种物理因子、人工或器械防治害虫的方法，包括最简单的人工捕杀，破坏害虫的正常生理活动，以及改变环境条件使害虫不能接受和容忍等。如灯光诱杀：利用害虫的趋光性，在其成虫发生期于田间点灯诱杀。人工捕杀对衰蛾类害虫捕杀效果很好。

三　充分发挥龙头企业的示范带动作用

应发挥龙头企业的带动作用，加快无公害农产品、绿色食品和有机食品的认证进程。要把国家级作为认证工作的重点之一，制定工作规划，加快推进龙头企业的认证工作，以促进企业提高素质、打造产品品牌和增强市场竞争力为契合点，积极引导龙头企业结合实施国家和地方政府有关扶持项目，提高生产技术水平，创造和完善发展认证产品的条件。充分利用龙头企业在产业一体化经营中的主导作用，带动原料产品认证和原料基地的发展。发挥龙头企业市场影响力和经济实力的优势,加强对无公害茶产品、绿色食品茶和有机食品茶整体品牌形象的宣传。要积极为龙头企业开展产品认证创造有利条件,适应龙头企业规模化、区域化和国际化发展的需要,进一步改进认证和管理工作,建立和不断完善跨地区认证的管理体制和工作机制。积极组织和引导龙头企业与无公害茶产品、绿色食品茶和有机食品茶基地实行产销对接,建立"以市场需求为导向,认证标志为纽带,龙头企业为主体,基地建设为依托,农户参与为基础"的一体化经营体系,促进龙头企业与基地建设共同发展。

四 健全管理体制,提高管理水平

按照分段管理的原则实现对茶叶生产的全程监控。各个职能部门要切实履行起监管职责,农业部门要加强对茶园投入品的指导、监督和管理。质量监督部门应加强对茶叶生产过程的监督检查,通过强制推行质量安全生产认证制度,规范和提升生产企业的环境、生产条件,强化生产过程和人员的管理与控制。工商部门要加强市场管理,加大力度打击掺杂使假行为,促进消费市场质量安全观念的提高。同时,要加强技术监督部门与农业、工商等部门的协作与联合;督促、指导获证茶叶企业把好生产车间的清洁卫生、原辅材料使用、产品检验等环节的标准关,健全环境卫生管理、原料管理、生产过程管理、产品质量检验等标准体系,做好原材料采购、包装材料采购、生产过程、产品质量检验、产品销售等5项记录,规范获证企业的管理工作。

五 重视茶叶产地环境建设,切实做好源头整治

加强对投入品的监管。茶叶生产中影响产品安全质量的主要投入品是肥料和农药。研究表明,化肥的大量使用,加速了土壤酸化,同时增加了茶树对铅的吸收。而一些有机肥采用畜禽养殖场的粪便作为原料,由于大量添加剂的使用,有机肥也存在重金属超标的问题。不合理喷洒农药除虫治病,也是导致茶叶农药残留超标的主要原因。因此,茶区投入物要实行准入制,禁

止一切不合格的生产资料用于茶叶生产。应从规范农药品种生产和农药经营的审批管理入手，加强农资市场的管理，对茶园禁用、限用、适用农药分清类别，分类处置，严格销售和使用高毒高残留农药。在重点茶区实行农药专营专卖和购买使用登记制度，禁止销售茶园禁用农药，堵住源头。政府执法部门要重点对农业生产资料销售点进行监督，可试行茶业生产资料销售许可制，销售点只有取得相应的资质才能销售茶叶生产投入品，同时还要做好投入品的销售记录，进行实名制销售，登记好购买者信息，一旦查出不合格投入物，可以追溯。可通过销售渠道了解投入品的流向，以便采取相应的措施，控制不合格产品的流通。

近几年来由于城镇化建设的步伐加快，三废问题对农业环境的影响加剧。随着公路交通的迅速发展，路网穿越茶区，汽车尾气对茶叶园区的污染有增无减，原本良好的茶树生长环境受到破坏，茶叶中的重金属污染有加剧的趋势。因此，应重视茶园产地环境的建设，加强对环境的监测。靠近城镇和交通主干道的茶园，要留出适当的缓冲区，建设有效的隔离带，防治各种外来污染。

六　建立健全茶叶检验检测体系

应采取全面覆盖、分步推进、重点先行的办法完善茶叶检验检测机构，扩大检测范围，提高监测水平，以此来监督生产加工环节执行相关标准的情况，在源头上杜绝违禁投入品的使用，确保茶叶生产按标准进行，确保产品的质量安全。要鼓励龙头企业配备自检检测设备，尤其是茶出口企业，应配备先进的农药、重金属残留检测设备，以保证出口茶叶的质量安全。要建立标准化执法检查机制，组织相关职能部门联合开展经常性的标准贯彻实施情况检查，特别要强化强制性标准等重要领域标准的实施与监督，依法查处违法行为，达到督促生产者和经营者按标准实施生产与经营的目的。要督促企业不断加强原料控制，健全产品质量追溯管理，提高自检自控能力，切实履行第一责任人的责任，适应国际贸易的需要，扩大茶叶产品的出口。

七 提高茶叶生产组织化、标准化程度

应发挥农民合作经济组织在推进茶叶产业化中的桥梁与纽带作用，用统一的生产管理标准、统一的加工销售标准和统一的质量安全标准，规范千家万户的生产经营行为，把分散的茶农联合起来进行组织化、规模化大生产，做到既提高茶农的组织化程度及抵御市场风险的能力，又使茶叶标准成为茶农的行为准则和约束。实行统一农资配送供应、统一集中开展植保指导、统一标准化生产经营要求、统一学习交流培训、统一重要环节把关的"五统一"管理模式，降低茶园管理成本，提高茶叶制作技术，提高茶叶质量安全水平，增强市场竞争力。

八 建立茶叶可追溯体系

对于茶叶产品出现的任何质量安全问题应都能够及时追查到源头，从而有利于采取相应的措施和方法，进行有针对性的改进。一是要选择条件成熟的龙头企业率先开展茶叶质量安全可追溯管理的先行先试，重点探索利用标识代码采集茶叶产品的信息，以及利用现代信息设备与技术储存处理这些信息的具体办法，通过边实践、边摸索、边完善的方式，取得成功经验后，加快推广。二是大力推广良好农业规范（GAP）认证，指导有条件企业建立GAP生产标准体系，政府有关部门加以适当引导和扶持，努力使GAP认证成为实施标准化生产、提升茶叶质量安全水平的"推进器"。要鼓励茶叶生产经营单位积极开展无公害农产品、绿色食品、有机食品认证，持续推进GAP认证，引导生产者和经营者按标准组织生产与经营，并把产品质量认证与标准化生产有机地联系在一起，坚持把产品质量认证与标准实施相衔接、产前产中产后相配套、认证的引领推动与标准化的全面推广相呼应的观念与方法，落实到标准化实施主体的生产实践中。

九　积极开展国际交流与合作

　　加强对出口茶叶质量安全要求的研究，及时跟踪主要出口国的标准修订，并在认证企业、认证产品中认真推行，使茶叶质量安全标准尽快与国际接轨。同时，要跟踪国内外茶叶质量安全认证制度，积极推进认证机构互认，积极开展同国内外茶叶认证机构之间的交流与合作，推进认证机构多边、双边互认，以突破贸易技术壁垒，降低茶叶出口贸易成本。积极开展茶产业国际交流，一方面要积极组织获得认证的企业和产品参加国际性学术会议和国际贸洽会，积极进行宣传推介；另一方面要积极组织技术交流，促进产业协作，通过与国际性大型商家建立供货协议或组织专场看样订货会等多种形式搭建合作平台，建设出口网络。

分报告
Subject Reports

B.2
茶叶产品分类报告

第一节 茶叶品类

中国是茶的祖国,早在战国时期的《神农本草》就记载:"神农尝百草,日遇七二毒,得茶(茶)而解之。"这表明,在距今4700多年的神农时代,中国古代的医学专家对茶的营养保健功效就有深刻的认识;在悠久的产茶历程中,我们的祖先不断地研制创新,形成了丰富多彩的茶叶种类。中国茶叶最早传到各国,世界各国依当地情况生产部分中国茶叶品类。

一 世界各国茶叶品类

根据制作方法不同和品质上的差异,茶叶可分为绿茶、红茶、乌龙茶(青茶)、白茶、黄茶、黑茶六大类。根据中国出口茶的类别可将茶叶分为绿茶、红茶、乌龙茶、白茶、花茶、紧压茶、速溶茶七大类。据此，茶叶一般分为基本茶类和再加工茶类两大部分（见表1）。

表1 世界茶叶品类

基本茶类	绿茶	炒青绿茶	眉茶炒青	特珍、凤眉等
			珠形茶	珠茶、雨茶、贡熙等
			细嫩炒青	龙井、碧螺春、松针
			炒茶	特上深山之露
		蒸青绿茶	煎茶	若叶、和茶
			深蒸煎茶	熏风、稀天、花之里
			玉露	朝比奈玉露
			被茶	伊势本被茶
			碾茶（抹茶）	松风之昔、朝日之光
			番茶	五右卫门番茶
			焙茶	秩父焙茶
			茎茶	奥美浓白川茶茎茶
			玄米茶	越光玄米茶
		烘青绿茶	普通烘青	闽烘青、苏烘青等
			细嫩烘青	黄山毛峰、太平猴魁
		晒青绿茶		滇青、川青、陕青
	红茶	中国红茶	小种红茶	正山小种、烟小种
			工夫红茶	滇红、祁红、闽红
			红碎茶	叶茶、碎茶、片茶
		印度红茶	大吉岭红茶	
			阿萨姆红茶	
		斯里兰卡红茶	汀布拉茶	
			拉埃利亚茶	
			乌瓦茶	
		肯尼亚红茶	CTC红茶	
		锡兰高地红茶		
		印度尼西亚红茶		
	乌龙茶（青茶）	中国乌龙茶	闽北乌龙	武夷岩茶、矮脚乌龙
			闽南乌龙	铁观音、佛手
			广东乌龙	凤凰单枞、凤凰水仙
			台湾乌龙	冻顶乌龙、包种
		日本乌龙茶		狭山茶
	黄茶	黄芽茶		君山银针、蒙顶黄芽
		黄小茶		北港毛尖
		黄大茶		广东大叶青
	黑茶	中国黑茶	湖南黑茶	安化黑茶、茯砖茶
			湖北老青茶	蒲圻、老青茶
			四川边茶	南路边茶、雅安藏茶
			滇桂黑茶	普洱茶、云南紧茶
		日本黑茶		吧嗒吧嗒茶

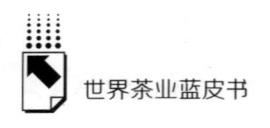

续表

基本茶类	白茶	白毫银针	福鼎白毫银针	
			政和白毫银针	
		白牡丹	政和白牡丹	
			建阳白牡丹	
			福鼎白牡丹	
		贡眉	政和贡眉	
			福鼎贡眉	
		寿眉	政和寿眉	
			福鼎寿眉	
		新工艺白茶		
再加工茶类	花茶		茉莉花茶、珠兰花茶、玫瑰花茶、桂花茶	
	紧压茶		黑砖、茯砖、方砖、饼茶	
	萃取茶		速溶茶、浓缩茶	
	果味茶		荔枝红茶、柠檬红茶、猕猴桃茶	
	药用保健茶		减肥茶、杜仲茶、甜菊茶	
	茶饮料		茶可乐、茶汽水	

二 中国茶叶品种分类

（一）中国六大茶类

依据茶叶初制加工方法及其茶多酚类物质的氧化程度不同，中国茶叶可分为绿茶、黄茶、白茶、乌龙茶（青茶）、黑茶和红茶六大类，还有再加工茶类。六大茶类初制加工工艺流程如图1所示，六大茶类初制加工过程主要生化成分变化如表2所示，六大茶类发酵程度及其汤色如图2所示，六大茶类干茶外形色泽见图3。

（二）中国茶区及茶类分布

中国茶区幅员辽阔，南自北纬18°附近的海南岛，北至北纬38°附近的山东蓬莱山，西自东经94°的西藏林芝，东至东经122°的台湾地区，都有茶叶种植。中国茶区根据生态环境、茶树品种和茶类结构分为四大茶区，即

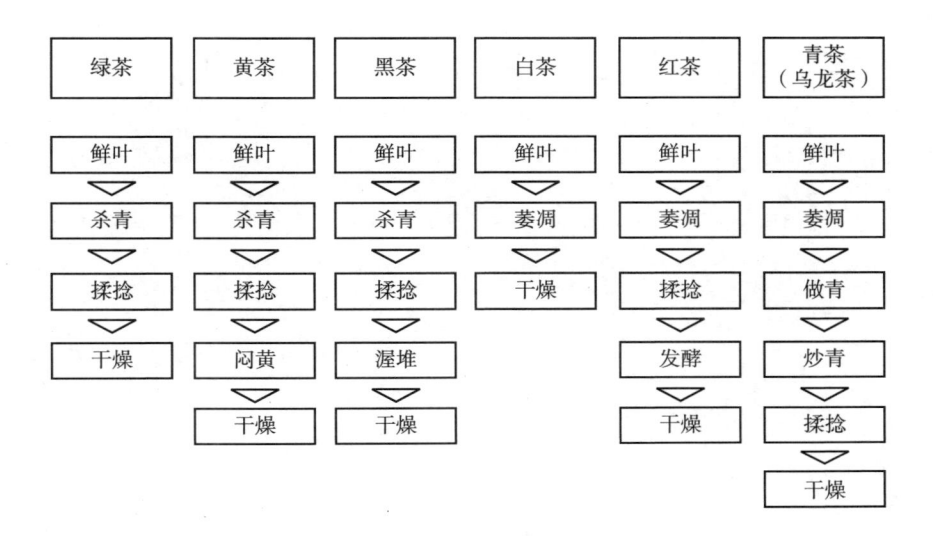

```
绿茶        黄茶        黑茶        白茶        红茶        青茶
                                                        (乌龙茶)
 ↓          ↓          ↓          ↓          ↓          ↓
鲜叶        鲜叶        鲜叶        鲜叶        鲜叶        鲜叶
 ↓          ↓          ↓          ↓          ↓          ↓
杀青        杀青        杀青        萎凋        萎凋        萎凋
 ↓          ↓          ↓          ↓          ↓          ↓
揉捻        揉捻        揉捻        干燥        揉捻        做青
 ↓          ↓          ↓                      ↓          ↓
干燥        闷黄        渥堆                   发酵        炒青
            ↓          ↓                      ↓          ↓
            干燥        干燥                   干燥        揉捻
                                                         ↓
                                                        干燥
```

图 1　六大茶类初制加工工艺流程

表 2　六种茶叶的主要生化成分含量比较

单位：%

茶 类	碳水化合物	氨基酸	茶多酚	黄酮	咖啡碱	水浸出物
鲜 叶	11.78	1.592	23.59	0.128	3.44	45.6
绿 茶	9.97	1.475	22.49	0.119	3.38	44.4
黄 茶	10.57	1.361	16.71	0.115	3.09	27.6
黑 茶	9.45	1.375	15.51	0.103	3.01	24.7
白 茶	12.50	3.155	13.78	2.205	3.86	31.9
乌龙茶	9.06	1.425	12.78	0.132	3.09	27.9
红 茶	8.06	0.970	7.93	0.155	2.99	23.9

华南茶区、西南茶区、江南茶区和江北茶区。

1. 华南茶区：行政区包括福建东南部、台湾、广东中南部、广西南部、云南南部及海南。

2. 西南茶区：行政区包括云南中北部、广西北部（部分）、贵州、四川、重庆及西藏东南部。

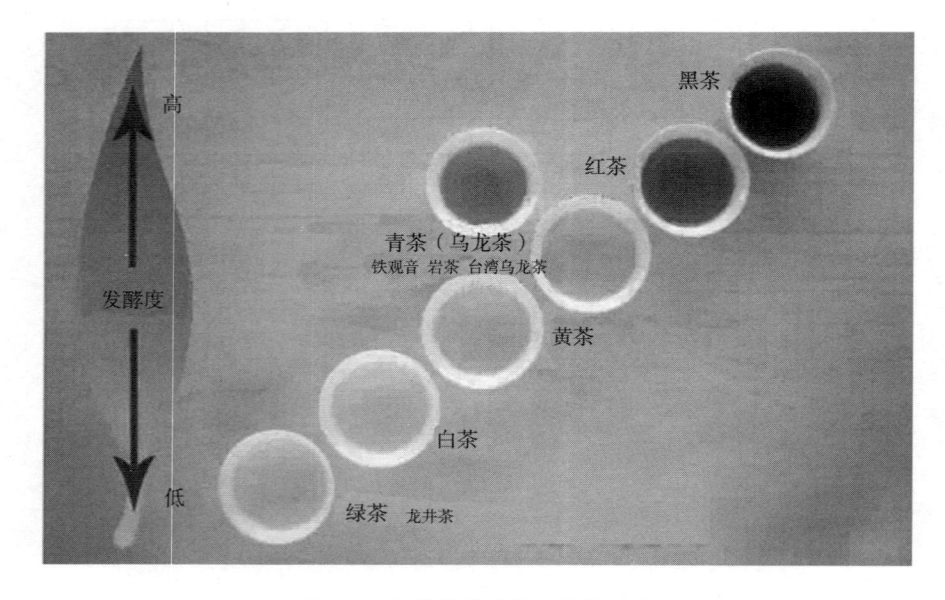

图2 六大茶类发酵程度及其汤色

图3 六大茶类干茶的外形色泽

3. 江南茶区：行政区包括广东北部、广西北部（部分）、福建大部、湖南、江西、浙江、湖北南部、安徽南部和江苏南部。

4. 江北茶区：行政区包括甘肃南部、陕西南部、河南南部、山东东南部、湖北北部、安徽北部和江苏北部。

中国茶区及茶类分布如图4所示。

图4　中国茶区及茶类分布

（三）"十二五"期间中国茶类结构调整优化概况

"十二五"期间，中国茶产业持续稳步发展。截至2015年，中国茶园面积扩增至4316万亩，其中采摘面积3387万亩。六大茶类普遍量价齐增，其中，绿茶、乌龙茶占比下降，红茶、黑茶、白茶、黄茶比例逐年上升，茶类结构进一步优化。茶叶内销量预计达到172万吨，销售额为1580亿元。茶叶出口量继续保持在30万吨左右，出口金额上升至12亿美元，出口单价超过4000美元/吨。

茶叶产业由中国传统特色农业产业逐步转变成为茶区经济优势支柱产业。

2015年中国干毛茶产量227.8万吨,比上年增产18.6万吨,增幅达8.9%。全国干毛茶产值1519.2亿元,比上年增加170.1亿元,增值12.6%。六大茶类普遍增产,结构进一步优化。其中,绿茶增产9.97万吨,达到143.8万吨,增长7.45%。主要是贵州省和陕西省增产3.5万吨和1.29万吨。黑茶增产3.6万吨,达到29.7万吨,增长13.85%,主要是云南省和四川省分别增产1.1万吨和1.09万吨。红茶增产2.96万吨,达到25.8万吨,增长12.36%,主要是云南省增产1.12万吨。乌龙茶增产1.34万吨,达到25.9万吨,增长5.46%,主要是福建省增产1.25万吨。白茶增产6480吨,达到2.2万吨,增长率属六大茶类中最高的,达到41.77%,主要是福建增产5400吨。黄茶增产362吨,达到3472吨,增长11.64%,主要是由于湖南省和安徽省增产224吨和200吨(见表3)。

表3 2015年中国六大茶类茶叶产量

单位:吨

种类 地区	绿茶产量	红茶产量	乌龙茶产量	黑茶产量	白茶产量	黄茶产量
江苏	11529	2477				
浙江	164080	5890	600	5400	15	15
安徽	103025	7200	325	200		2450
福建	115100	41600	202500		20400	
江西	40160	8555	1012	630		
山东	19406	2065	3	0		
河南	49429	8548	1	1572	10	
湖北	130534	21520	4886	39412	551	3
湖南	80353	18517	3306	69381	5	793
广东	32422	4993	38275	3396	72	9
广西	30210	26711	890	2169	20	
海南	349	92				
重庆	26562	3636	570	330		
四川	208223	17771	3026	33152		147
贵州	187250	22657	1763	10839	721	55
云南	170495	64596	1693	125376	199	

续表

种类\地区	绿茶产量	红茶产量	乌龙茶产量	黑茶产量	白茶产量	黄茶产量
陕西	67751	1208	36	5200	0	
甘肃	1202	75		25		
合计	1438080	258112	258885	297082	21993	3472

数据来源：农业部种植业司

在2015年六大茶类占比中，绿茶的占比为63.14%，比2010年的占比（71.55%）少8.41个百分点。乌龙茶的占比为11.37%，比2010年的占比（12.31%）少0.94个百分点。白茶的占比为0.96%，比2010年的占比（0.41%）多0.55个百分点。红茶的占比为11.33%比2010年的占比（8.76%）多2.57个百分点；黑茶的占比为13.04%，比2010年的占比（6.91%）多6.13个百分点（见图5、图6）。

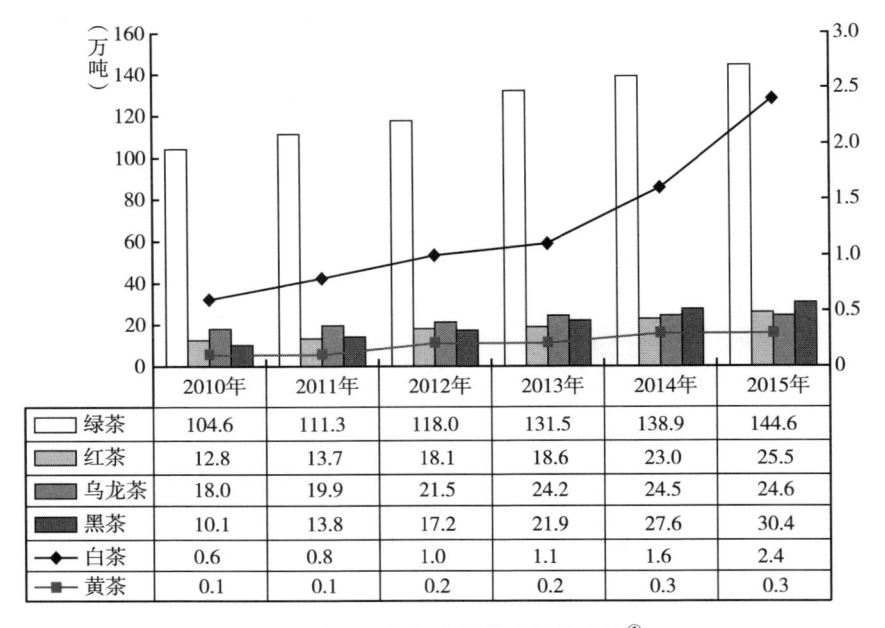

	2010年	2011年	2012年	2013年	2014年	2015年
绿茶	104.6	111.3	118.0	131.5	138.9	144.6
红茶	12.8	13.7	18.1	18.6	23.0	25.5
乌龙茶	18.0	19.9	21.5	24.2	24.5	24.6
黑茶	10.1	13.8	17.2	21.9	27.6	30.4
白茶	0.6	0.8	1.0	1.1	1.6	2.4
黄茶	0.1	0.1	0.2	0.2	0.3	0.3

图5　十二五期间中国茶类结构变化[①]

---

① 图5与图6中的数据来源与表3来源不同，因而具体数据不太一致，但不影响趋势分析。

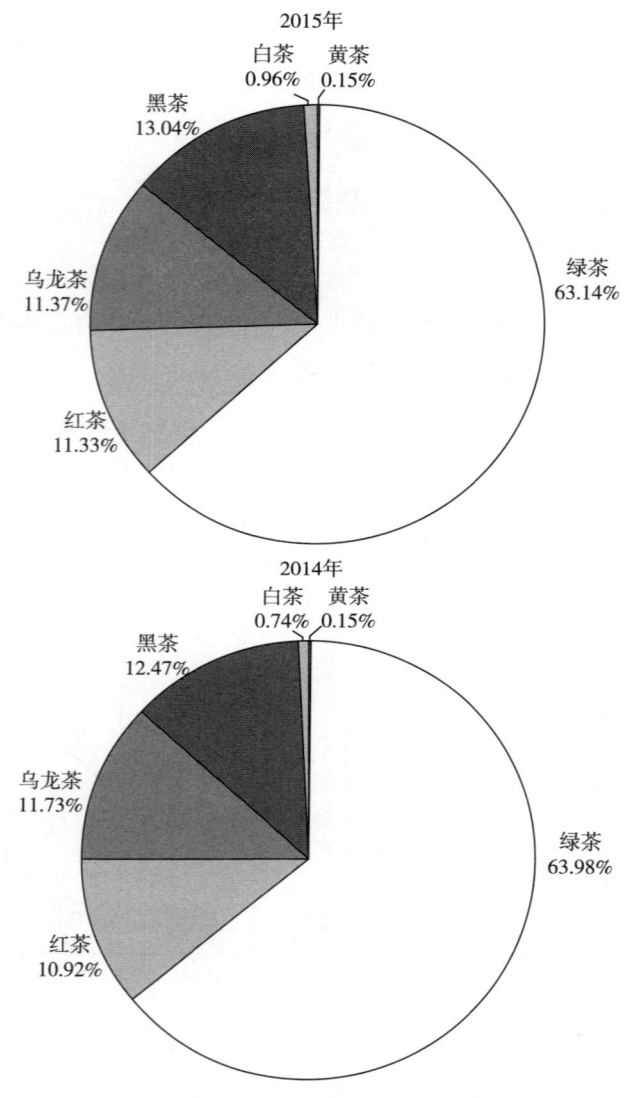

2015年
白茶 黄茶
0.96% 0.15%
黑茶
13.04%

乌龙茶
11.37%

红茶
11.33%

绿茶
63.14%

2014年
白茶 黄茶
0.74% 0.15%
黑茶
12.47%

乌龙茶
11.73%

红茶
10.92%

绿茶
63.98%

图6 2014~2015年中国六大茶类产量占比

参考文献

1. 红茶俱乐部：《"说茶"几张图，看懂中国六大茶》，http://www.360doc.com/

content/16/0623/23/14880032_ 570265571.shtml,2016 年 6 月 23 日。

2. 杨伟丽等：《加工工艺对不同茶类主要生化成分的影响》，《湖南农业大学学报》（自然科学版）2001 年第 27 卷第 5 期。

3. 陈宗懋等：《品茶图鉴》，译林出版社，2012。

4. 中国茶叶流通协会：《中国茶叶产业"十三五"发展规划》，《茶世界》2016 年第 1 期、2016 年第 2 期。

第二节　茶类生产概况

一　绿茶生产概况

（一）世界绿茶生产概况

在几千年的历史长河中，绿茶的发展大致经历了从原始的咀嚼茶树鲜叶、生煮羹饮、烧烤后煮饮、晒干收藏、原始晒青、原始烘青、原始炒青、蒸青粗茶、蒸青末茶、蒸青散茶、蒸青饼茶、炒青和烘青散茶、掺香绿茶、窨花绿茶，直至近代千姿百态的名优绿茶多个阶段。

中国绿茶也传播到世界各国，如日本、印度、斯里兰卡、越南等亚非许多国家。

（二）中国绿茶生产概况

1. 产区分布情况

中国绿茶的产区分布很广，从北纬 18°（海南榆林）至北纬 37°（山东荣成），东经 94°（西藏米林）至东经 122°（台湾东岸）的地域中，共 20 个省（区、市）都有绿茶生产。其中，浙江、安徽、江西、湖南、湖北、江苏、贵州、四川、重庆等地，绿茶生产量较多；云南、西藏、陕西、甘肃、广西、广东、海南、福建、河南、山东和台湾等地，也有绿茶生产。长江流域是绿茶的主产区。中国绿茶产区大致可划分为四个区域，即江南绿茶区、江北绿茶区、华南绿茶区和西南绿茶区。

（1）江南绿茶区，包括长江中下游南部的浙江、江西、湖南等省和皖南、苏南、鄂南等茶区。该区气候温和,四季分明,年平均气温为15~18℃,冬季绝对最低气温一般为-8℃,年降水量1400~1600毫米,春夏季雨水最多,占全年降水量的60%~80%。这种气候十分适宜中小叶种茶树的生长,因此该区是中国绿茶的主产区,也是传统出口绿茶的主要基地。浙江、皖南、江西生产的眉茶和浙江生产的珠茶,是中国出口绿茶的主要品种。江南茶区中,名优绿茶所占比重较大,浙江的龙井茶、安徽的黄山毛峰、江苏的碧螺春、江西的庐山云雾茶、湖南的高桥银峰、湖北的邓村绿茶,都是全国知名度较高的名优绿茶,而且市场份额较高。2008年该茶区绿茶制作技艺(含西湖龙井、婺州举岩、黄山毛峰、太平猴魁),被列入国家级非物质文化遗产代表性项目名录。

(2)江北绿茶区,包括长江中下游北岸的河南、陕西、甘肃、山东等省和安徽、江苏、湖北三省的北部茶区。该区年平均气温为15~16℃,冬季绝对最低气温一般为-10℃左右,年降水量700~1000毫米,分布较不均匀。这一茶区的茶园主要分布在皖北、苏北和鄂北地区。该区由于纬度较高,昼夜温差大,只适宜中小叶种茶树生长,但茶树干物质积累较多,茶叶的滋味较浓。这一茶区,也盛产名优绿茶,如山东的日照绿茶、安徽的六安瓜片、河南的信阳毛尖等。

(3)华南绿茶区,包括中国南部的广东、广西、福建、台湾、海南等茶区。这里除闽北、粤北和桂北等少数地区外,年平均气温在19~22℃,最低月(1月)平均气温为7~14℃,茶树的年生长期长达10个月以上,年降水量为1200~2000毫米,其中台湾省的年降水量超过2000毫米。这样的气候适合所有类型茶树生长。这里虽然盛产乌龙茶和红茶,但也有不少绿茶。其中,广东的乐昌白毛茶、广西的凌云白毛茶、福建的南安石亭绿、福建宁德的天山绿茶(先后两次被评为全国名茶)和海南的白沙绿茶等,都有一定的知名度。

(4)西南绿茶区,包括中国西南部的云南、贵州、四川、重庆四省市及西藏东南部的茶区。其中的云贵高原是茶树原产地的中心地带,茶树品种资源丰富,是中国最古老的茶区。这里地形复杂,海拔高低悬殊,气候差别很大，大部分地区属亚热带季风气候，冬不寒冷，夏不炎热。该区生产的绿茶芽叶肥壮多毫，内含物质丰富，滋味浓度较高。知名度较高的名优绿茶有：贵州的都匀毛尖，四川的蒙顶甘露、竹叶青，重庆的永川秀芽，云南的南糯白毫，西藏的珠峰圣茶等。

2. 中国绿茶产品的分类与加工

由于绿茶产区范围大，茶树品种特性各异，加工工艺千差万别，消费者消费习惯多样，便产生了丰富多彩的中国绿茶产品。据估计，中国绿茶产品多达数百种。这些绿茶如何进行分类，目前尚无统一的标准和方法。目前应用较多的分类方法有以下两种。

（1）按加工方法分类

绿茶初制加工的基本工艺流程分为杀青、揉捻（造型）、干燥三个阶段。目前，中国绿茶杀青的主要方式有加热杀青（锅式杀青、滚筒杀青）和蒸汽杀青两种。干燥方法有锅式或滚筒炒干的，有烘干机烘干的，也有炒干与烘干相结合的，个别地区还有利用日光干燥的。因此，按加工方法分，中国绿茶一般可分为：蒸青绿茶、炒青绿茶、烘青绿茶、半烘炒绿茶、晒青绿茶等。绿茶经过再加工，可进一步制成袋泡绿茶、花茶、绿茶饮料、速溶绿茶、绿茶粉等。

（2）按茶叶形态分类

中国绿茶由于加工中采用的造型方法不同，形状千姿百态，主要可分为扁形绿茶、单芽形绿茶、针形绿茶、曲条形绿茶、兰花形绿茶、曲螺形绿茶等。

扁形绿茶：多数以一芽一叶或一芽二、三叶为原料，经过杀青、理条并逐步压扁炒干而成。外形扁平光滑，一般翠绿无茸毛，汤清叶绿，香气多为清香型或栗香型，芽叶完整。如浙江的龙井茶、安徽的大方、四川的竹叶青等。

单芽形绿茶：采摘单个茶芽为原料，经杀青、轻揉、烘（炒）干而成。外形为略扁的单芽，形如宝剑，也有的像雀舌，外形长短整齐一致，披毫或无毫，汤色清澈透明。冲泡后，茶芽竖立于杯中，如浙江的雪水云绿、绿剑茶，江苏的金山翠芽等。

针形绿茶：采摘一芽一叶或一芽二叶为原料，经过杀青、理条、搓条、

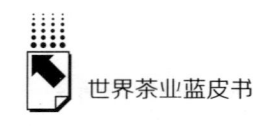

干燥而成。外形圆紧细直如松针，色绿多显毫，香气多为嫩栗香，滋味鲜醇，芽叶完整，如江苏的南京雨花茶、江西的庐山云雾、河南的信阳毛尖等。

毛峰形绿茶：多数采摘一芽二、三叶为原料，经过杀青、揉捻、炒干或烘干而成。外形弯曲细紧，显毫，色绿，汤色嫩绿明亮，香高持久，滋味鲜浓爽口，耐冲泡，如安徽的黄山毛峰、浙江的径山茶等。

兰花形绿茶：采摘一芽二叶为原料，经杀青、翻炒、烘干而成。外形松散如兰花，色绿，香气清鲜，滋味鲜爽，芽叶成朵。如安徽的舒城兰花，河南的仰天雪绿，浙江的江山绿牡丹等。

曲螺形绿茶：采摘一芽一、二叶为原料，经杀青、揉捻、反复搓团抖散、干燥而成。外形卷曲似螺，满披白毫，色银绿，香气清鲜，滋味鲜爽，如江苏的碧螺春，浙江的临海蟠毫、奉化曲毫等。

此外，还有珠粒形绿茶，如浙江的珠茶、泉冈辉白，安徽的涌溪火青；球形绿茶，如福建的龙珠；片状绿茶，如安徽的六安瓜片；扎花形绿茶，如安徽的绿牡丹、江西的婺源墨菊等。

3. "十二五"期间中国绿茶生产概况

"十二五"期间，中国茶园面积总体呈现"前期高速扩张、后期逐渐放缓"的发展态势，茶叶产量、产值持续大幅提升，六大茶类普遍增产，其中绿茶占比下降，六大茶类比例更加均衡，产品结构进一步优化。据国家统计局的数据，2015年全国茶园面积共计279万公顷，比2014年增加14万公顷，同比增长5.3%。2015年，全国茶叶总产量达225万吨，比2014年增加15万吨，增长达7.3%。2015年，六大茶类产量均有不同程度增加。绿茶产量为145万吨，比2014年增加6万吨，占茶叶总产量的64.4%（见图7），在六大茶类中同比增幅最大。2015年绿茶产量比2010年（104.6万吨）增长38.6%。2010~2015年，绿茶产量的年均增长率为6.73%（图7）。2015年在全国17个产茶省份中年产绿茶超过10万吨的有7个，依据产量大小排列为：四川、贵州、云南、浙江、湖北、福建、安徽（见表4）。

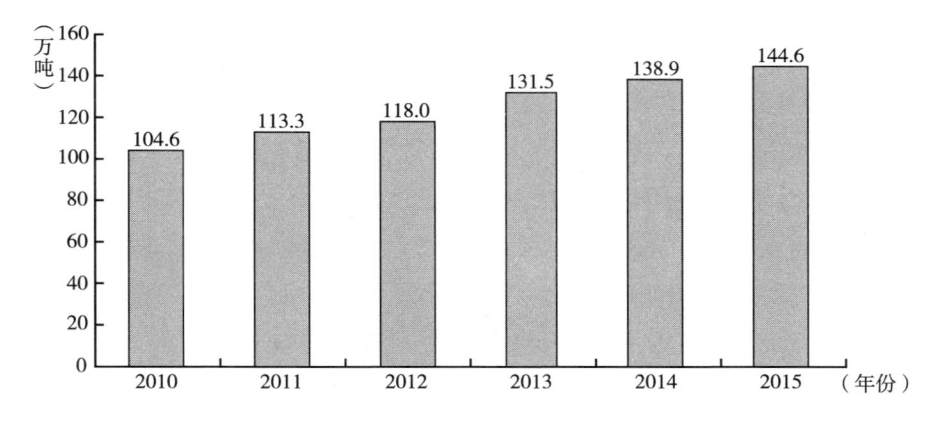

图 7 "十二五"期间中国绿茶产量变化情况

表 4　2015 年全国干毛茶与绿茶产量

地区	干毛茶产量(吨)	绿茶产量(吨)	绿茶产量占比(%)
江　苏	14006	11529	82.31
浙　江	176000	164080	93.23
安　徽	113200	103025	91.01
福　建	379600	115100	30.32
江　西	50356	40160	79.75
山　东	21474	19406	90.37
河　南	59560	49429	82.99
湖　北	196906	130534	66.29
湖　南	172355	80357	46.60
甘　肃	1302	1202	92.32
广　东	79167	32422	40.95
广　西	60000	30210	50.35
海　南	441	349	79.14
重　庆	31098	26562	85.41
四　川	262319	208223	79.38
贵　州	223285	187250	83.86
云　南	362359	170495	47.05
陕　西	74195	67751	91.31
合　计	2277623	1438080	63.14

资料来源：农业部种植业司

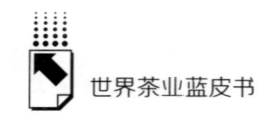

参考文献

1. 孙景淼:《中国绿茶产业发展现状》,《中国茶叶生产与消费论坛论文集》,2008。
2. 中国茶叶流通协会(执笔人:梅宇、王智超):《2016 全国春茶产销形势分析报告》,《茶世界》2016 年第 6 期。

二 红茶生产概况

(一)世界红茶生产概况

红茶属于全发酵茶类,由茶树芽叶经过萎凋、揉捻、发酵与干燥等传统工艺制作而成。中国是世界上最早研发创制红茶的国家。约在 14 世纪中后叶,中国就出现了现有红茶,于 15~16 世纪,福建省武夷山创制小种红茶。同时,在小种红茶的基础上创制出工夫红茶。20 世纪中叶,印度等国从中国引进茶籽栽培成功后,又传到斯里兰卡、肯尼亚、巴西、俄罗斯及亚非各国,中国又在印度发明的红碎茶的基础上研制出中国的红碎茶。红茶制作技艺(祁门红茶制作技艺、滇红茶制作技艺)先后于 2008 年和 2014 年被列入国家级非物质文化遗产代表性项目名录。

中国红茶分为:工夫红茶(滇红、祁红、闽红与川红等);小种红茶(正山小种、烟小种);红碎茶(叶茶、碎茶、片茶与末茶)。世界红茶的生产区域分布非常广阔,中国红茶产区东起浙江省宁波市舟山群岛和台湾省东岸,西至云南省腾冲县盈江茶区,南起海南省五指山区南麓的通什茶场,北至湖北神农架以南茶区,涉及云南、四川、重庆、湖北、湖南、福建、广东、广西、海南、江西、浙江、安徽、江苏、台湾等 14 个省、自治区、直辖市。现世界有 100 多个主要国家和地区生产和销售红茶,尤以红碎茶生产发展最快、最多。

(二)中国红茶生产概况

红茶是全球第一大茶类。近年来,随着全球一体化的不断发展、饮食与消费结构的不断变化、资本流通的不断推动,中国的传统红茶和新兴红茶生产得到快速恢复与迅猛发展。红茶成为中国茶叶市场上的消费热点,并迅速推广开来。

1. 十二五期间中国红茶产量

据中国茶业流通协会统计,2010～2015 年中国红茶产量逐年上升,平均年增长率为 15.29%。2015 年全国红茶产量达 25.5 万吨,比 2010 年（12.8 万吨）增长 99.22%。2015 年全国红茶产量占全国茶叶总产量的比重达 11.19%,比 2010 年的占比（8.76%）增加 2.43 个百分点（见图 8）。

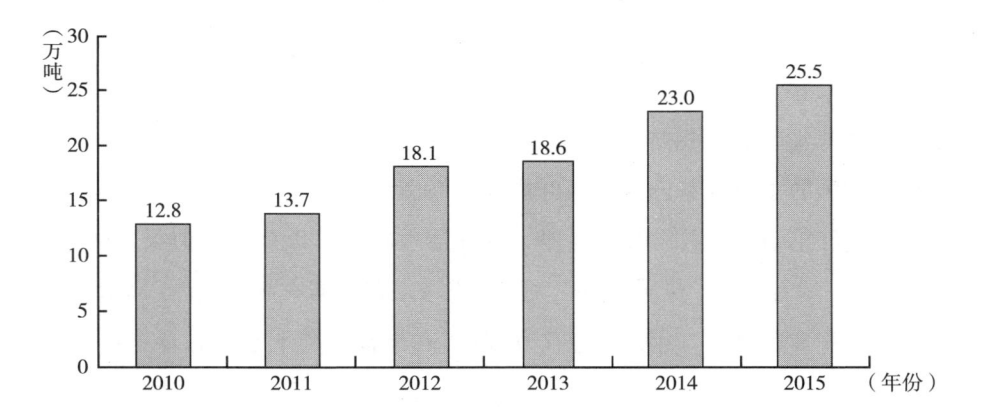

图 8　十二五期间中国红茶产量情况

据农业部种植业司统计,2015 年中国各省干毛茶与红茶产量见表 5,其中红茶产量在万吨以上的省区依次为云南、福建、广西、贵州、湖北、湖南与四川。

表 5　2015 年中国各省干毛茶与红茶产量

单位:吨

地区	干毛茶	红茶	地区	干毛茶	红茶
江　苏	14006	2477	广　东	79167	4993
浙　江	176000	5890	广　西	60000	26711
安　徽	113200	7200	海　南	441	92
福　建	379600	41600	重　庆	31098	3636

续表

地 区	干毛茶	红茶	地 区	干毛茶	红茶
江 西	50356	8555	四 川	262319	17771
山 东	21474	2065	贵 州	223285	22657
河 南	59560	8548	云 南	362359	64596
湖 北	196906	21520	陕 西	74195	1208
湖 南	172355	18517	甘 肃	1302	75

资料来源：农业部种植业司

2. 传统红茶产区生产概况

（1）安徽祁门红茶

祁门红茶，简称祁红，产于安徽省祁门、东至、贵池、石台、黟县，以及江西的浮梁一带。1875 年，祁门红茶获得成功。从此祁红不断扩大生产，形成了中国的重要红茶产区。祁红成品茶条索紧细苗秀、色泽乌润、金毫显露，汤色红艳明亮、滋味鲜醇酣厚、香气清香特久，以似花、似果、似蜜的"祁门香"闻名于世，位居世界三大高香红茶之首。据农业部统计，2015 年安徽茶园面积 255 万亩，年产红茶 7200 吨，占全省年产干毛茶总量（11.32 万吨）的 6.36%，占全国年产红茶总量（25.8 万吨）的 2.79%，居全国第 10 位。

（2）云南红茶

云南红茶又称滇红，产销已有近七十年历史。云南红茶产区主要分布在澜沧江沿岸的临沧、保山、思茅（今普洱）、西双版纳和德宏等地。2015 年云南红茶产量达 6.56 万吨，占全国年产红茶总产量的 25.4%，居全国第 1 位。云南红茶采用云南大叶种鲜叶制作而成，其丰富的内含成分成就了云南红茶香高味浓持久、滋味醇厚浓烈、茶汤红浓色艳明亮的品质特点，既耐冲泡，又耐贮藏。"滇红"问世之后，国际市场上倍加赞赏，认为外形内质都好，可与印度、斯里兰卡红茶媲美。

（3）福建红茶

2015 年福建省红茶产量为 4.16 万吨，占全省年产干毛茶总量（37.96 万吨）的 10.96%；占全国年产红茶总量（25.8 万吨）的 16.12%，居第 2

位。福建红茶分为正山小种红茶，坦洋工夫、政和工夫和白琳工夫三大工夫红茶。武夷山正山小种红茶外形条索肥实，滋味醇厚，具有独特的高山韵和桂圆干香味。早在1640年正山小种红茶就由荷兰人传入英国，英国人赋予了红茶优雅的形象及丰硕华美的品饮方式，形成了内涵丰富的红茶文化，更将红茶推广为国际性饮料。三大工夫红茶产区主要分布在闽东与闽北等地茶区。成茶条索紧结显毫，香气鲜甜，滋味醇爽，品质优异，因产地不同，品质特征稍有不同。近年来，采用高香茶树品种原料和创新工艺加工的红茶花果香馥郁，使福建工夫红茶的花色品种更加丰富。

（4）广西红茶

近几年来，广西茶产业抓住了国内红茶市场热销的有利时机，充分发挥广西红茶生产的独特优势，大力调整产品结构，红茶产品比重大幅上升，使广西原来夏季原料生产低端绿茶的局面基本改观，效益得以大幅提升。据农业部统计，2015年广西茶园面积104万亩，年产红茶2.67万吨，占全区年产干毛茶总量（6万吨）的44.5%，占全国年产红茶总量的10.35%，居全国第3位。

（5）贵州红茶

近几年，贵州省大力发展茶叶生产，茶园面积不断增加，茶叶产量也猛增。2010年全省茶园面积为250.8万亩，至2015年就跃增到689.1万亩。2015年产干毛茶22.33万吨，其中红茶2.27万吨，占10.17%。占全国年产红茶总量的8.8%，居全国第4位。

（6）湖北红茶

十二五期间，湖北大力实施"一主三辅"（一主：绿茶；三辅：乌龙茶、红茶、青砖茶）多元化开发战略，改变了长期以来名优绿茶一枝独秀的局面，红茶、乌龙茶、青砖茶开发力度大为增强，茶类结构进一步优化。据农业部统计，2015年产红茶2.15万吨，占全省年产干毛茶总量（19.69万吨）的10.92%，占全国年产红茶总量的8.33%，居全国第5位。

（7）湖南红茶

湖南红茶，主产于湖南省安化、桃源、涟源、邵阳、平江、浏阳、

长沙等县市。1858年，首先在安化创制。2015年产红茶1.85万吨，占全省年产干毛茶总量（17.24万吨）的10.73%，占全国年产红茶总量的7.17%，居全国第6位。湖红工夫以安化工夫为代表，该茶外形条索紧细，色泽乌润，汤色红亮，茶香郁馥而滋味甜醇。这几年新开发的紧压红茶饼、紧压红茶砖也因工艺独特，获得了国内首个可长期储存的红茶类标准，进一步延伸了红茶产业链条，推动了湖南红茶产业的快速发展。

（8）四川红茶

四川宜宾是"川红工夫"的发源地和集中产区，2015年产红茶1.78万吨。占全省年产干毛茶总量（26.23万吨）的6.79%，占全国年产红茶总量的6.90%，居全国第7位。"川红工夫"因为生长环境和茶香的独特性，自问世以来，一直深受国内外消费者喜爱。

3. 新兴红茶产区情况

（1）江西宁红茶

江西省修水县产茶历史悠久，是宁红茶的原产地和主产区。2015年江西年产红茶0.85万吨，占全省年产干毛茶总量（5.04万吨）的16.87%，占全国年产红茶总量的3.29%，居全国第9位。宁红茶素以条索秀丽、金毫显露、锋苗挺拔、色泽红艳、香味持久而闻名中外。

（2）河南信阳红

河南信阳红是近几年来快速兴起的新派红茶的领军者。自2009年河南信阳红创制以来，通过营销与大力推广，发展快速，目前河南信阳地区已成为中国红茶的主产区之一，且带动了省内周边地区红茶的发展。农业部种植业司统计的资料显示：近几年河南省的红茶产量大幅攀升，从2010年的510吨，增加到2015年的8548吨，占全省年产干毛茶总量（5.96万吨）的14.34%，占全国年产红茶总量（25.8万吨）的3.31%，居第8位。"信阳红"的推出改变了信阳茶叶花色品种单一的现状，对于扩大信阳夏秋茶资源利用，调整产品结构，开拓国内国际茶叶市场具有重要意义。紧随其后，南阳"桐柏红"、三门峡"函谷红"、洛阳"牡丹红"与开封"菊花红"等相继问世，以适应当今茶叶消费者求新、求特的需求。

（3）浙江红茶

浙江虽然以绿茶闻名于世，但浙江的越红工夫、九曲红梅等红茶也很有特色。浙江2015年产红茶0.589万吨。占全省年产干毛茶总量（17.60万吨）的3.35%，占全国年产红茶总量的2.28%，居第11位。

参考文献

1. 中国茶叶流通协会（执笔人：梅宇、伍萍）：《2013年全国红茶产销形势分析报告》，《茶世界》2014年第2期。
2. 中国茶叶流通协会（执笔人：梅宇、王智超、林璇）：《2015年中国茶叶产销形势分析》，《茶世界》2016年第4期。
3. 江用文、张建勇等：《中国红茶产销现状与发展前景》，《中国食物与营养》2012年第2期。
4. 中国茶叶流通协会：《红茶大数据（2003~2013）》。
5. 陈荣冰：《中国红茶产业研究报告》，《中国茶产业发展报告（2011）》，社会科学文献出版社，2011。

三 乌龙茶生产概况

（一）世界乌龙茶生产概况

乌龙茶又名青茶，是中国特产的茶类。世界其他国家基本不生产乌龙茶。仅日本等一些国家以乌龙茶为原料制乌龙茶水等。乌龙茶具有独特的自然花果香，醇厚爽口的滋味，以及多方面的保健作用。

（二）中国乌龙茶生产概况

1. 乌龙茶溯源及主产区发展概况

福建是乌龙茶的原产地，乌龙茶首创于明清时期，并以安溪和武夷山为

代表形成闽南和闽北两个主要茶区，然后相继向广东、台湾传播。武夷岩茶（大红袍）制作技艺和乌龙茶制作技艺（铁观音制作技艺）先后于2006年、2008年被列入国家级非物质文化遗产代表性项目名录。

福建、广东和台湾是中国乌龙茶的主产区，三产区的产量占全国乌龙茶产量的98%以上，其中福建的乌龙茶产量占全国乌龙茶产量的80%左右，广东的乌龙茶产量占全国乌龙茶产量的15%左右，台湾的乌龙茶产量占全国乌龙茶产量的5%左右。三产区乌龙茶，各具特色。

（1）福建产区

福建是乌龙茶的故乡，也是全国乌龙茶面积、产量、出口创汇第一大省。2015年，福建省茶园面积达370万亩，干毛茶产量37.96万吨，其中乌龙茶产量为20.25万吨，占福建省茶叶总产量的53.35%，占全国乌龙茶总产量（25.89万吨）的78.22%。福建乌龙茶根据产地和加工工艺不同，大体分为三个类别：一是以安溪铁观音为代表的传统闽南乌龙茶。其工艺特点是做青发酵程度较轻，干茶外形条索紧结卷曲，呈蜻蜓头和龙虾身形状，色泽较砂绿起霜，汤色橙黄明亮，花香显，滋味醇爽甘鲜，独具优雅的观音韵。二是以武夷岩茶为代表的闽北乌龙茶。其工艺特点是做青发酵程度较重，通过揉捻造型，干茶条索紧结，色泽较乌润，汤色橙黄或橙红，香气馥郁显花果香，岩韵幽雅。三是清香型乌龙茶。是以福建优良的茶树品种鲜叶为原料，在吸收台湾乌龙茶轻度做青发酵工艺的基础上，运用空调做青技术加工而成。通过包揉造型，其品质特征为外形圆结紧实，色泽润绿，香气较传统乌龙茶更清香，花香显，滋味醇和鲜爽。

（2）广东产区

广东也是中国乌龙茶的主产区，2015年，广东省茶园面积为77万亩，全省干毛茶产量7.92万吨，其中乌龙茶产量3.83万吨，占广东省茶叶总产量的48.35%，占全国乌龙茶产量（25.89万吨）的14.79%。广东乌龙茶产区主要分布在粤东潮州市、揭阳市、梅州地区以及粤北、粤西的少数地区。广东乌龙茶主要有单丛茶、乌龙茶及色种茶三大品类，以岭头单丛茶和凤凰单丛茶最著名。岭头单丛茶素以香、醇、韵、甘、耐泡、耐藏六大特色而负盛名，条索紧结、重实，色泽黄褐光艳，内质香气甘芳四溢，蜜韵悠远。凤凰单丛茶有80多个品系，制成的茶叶以香馥高爽、味美甘醇、爽口宜人、多次冲泡茶韵犹存等特色闻名海内外，被誉为乌龙茶中珍品。

（3）台湾产区

台湾包种茶的采制工艺，师承武夷岩茶和安溪铁观音。台湾现有茶园分布在台北、桃园、新竹、苗栗、南投、云林、嘉义、高雄、台东、花莲与宜兰等县市。1959年台湾茶园面积为历史最多，达67.5万亩。此后因产业结构的调整，土地资源日趋紧张，茶园面积逐渐减少，茶叶产量也随着一路下滑。2003年台湾茶园面积为28.95万亩，茶叶总产量为2.07万吨。至2012年茶园面积只剩20.25万亩，茶叶总产量只有1.49万吨。乌龙茶是台湾的主要茶类，乌龙茶产量占全国乌龙茶总产量的5%左右。台湾在日据时期开始发展清香包种茶，1925年以后逐渐取代传统乌龙茶，现在，清香包种茶已成为台湾乌龙茶的代表。台湾乌龙茶种类花色繁多，但以文山包种茶、冻顶乌龙茶、木栅观音茶、白毫乌龙茶为主要特色茶，其中包种茶（条形、半球形）是目前台湾生产乌龙茶中数量最多的一种。台湾包种茶品质别具一格，其干茶色泽深绿色，具有兰花清香，冲泡后茶香芬芳，汤色黄绿清澈，回甘力强，具有香、浓、醇、韵、美五大特色，因其具有清香、舒畅的风韵，又被称为清茶。

2. 十二五期间中国乌龙茶产业发展概况

近年来，随着安溪铁观音、武夷岩茶等乌龙茶产品在国内市场的持续热销，乌龙茶产业也得到快速发展，产业规模不断扩大，综合实力日益增强。目前，乌龙茶产业已成为中国茶叶产业中的一个重要组成部分。

据中国茶叶流通协会统计，2010~2015年，中国乌龙茶产量逐年上升，平均年增长率为7.62%，前三年增长较快，近三年增长趋缓。2015年，六大茶类产量均有不同程度增加。乌龙茶产量为25.9万吨，占全国茶叶总产量（227.76万吨）的11.4%。在全国各产茶省中，福建省和广东省的乌龙茶产量占全国乌龙茶产量的93.01%，还有台湾约占5%，其他一些省份只有极少量的乌龙茶（见图9、表6）。

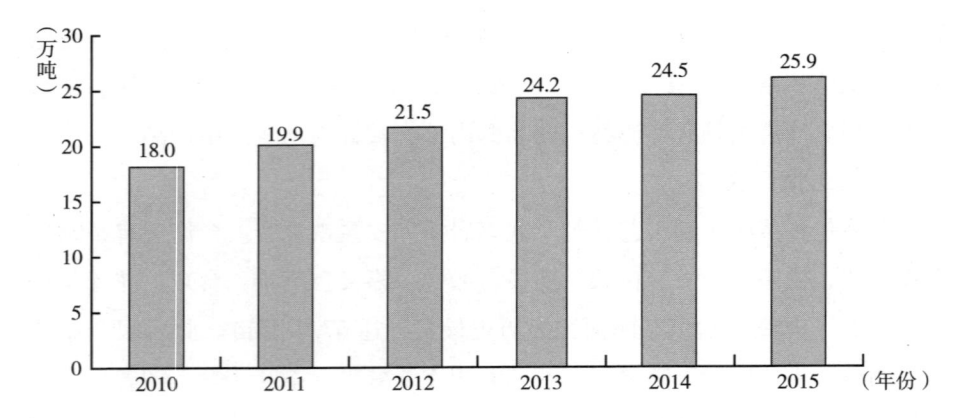

图9 "十二五"期间中国乌龙茶产量变化情况

表6 2015年全国各省区干毛茶与乌龙茶产量

地区	干毛茶产量(吨)	乌龙茶产量(吨)	乌龙茶产量占比(%)
江苏	14006	—	—
浙江	176000	600	0.34
安徽	113200	325	0.29
福建	379600	202500	53.35
江西	50356	1012	2.01
山东	21474	3	0.01
河南	59560	1	0.001
湖北	196906	4886	2.48
湖南	172355	3306	1.92
广东	79167	38275	48.35
广西	60000	890	1.48
海南	441	—	—
重庆	31098	570	1.83
四川	262319	3026	1.15
贵州	223285	1763	0.79
云南	362359	1693	0.47
陕西	74195	36	0.05
甘肃	1302	—	—
合计	2277623	258886	11.37

资料来源：农业部种植业司。

参考文献

1. 中国茶叶流通协会（执笔人：梅宇、王智超、林璇）：《2015年中国茶叶产销形势分析》，《茶世界》2016年第4期。
2. 中国茶叶流通协会（执笔人：梅宇、王智超）：《2016年全国春茶产销形势分析》，《茶世界》2016年第5期。
3. 中国茶叶流通协会：《中国乌龙茶行业发展报告》，《茶世界》2012年第4期。
4. 姜绍丰：《中国乌龙茶产业发展现状》，《中国茶叶》2008年第9期。
5. 陈荣冰：《闽台乌龙茶产业发展概况》，《海峡茶产业报告（2010）》，福建人民出版社，2010。

四 白茶生产概况

（一）世界白茶生产概况

白茶是中国独特的传统茶类。原产地在福建，世界其他国家基本没有白茶生产，中国白茶主要产区为福鼎、政和、松溪、建阳等地，台湾也有少量生产。长期以来，白茶多以外销为主，故内销市场较小。近年来，随着白茶独特的保健功效不断被国内消费者认知与认可，加之经陈放适口性更好、功效更佳且具收藏价值的特点被投资者逐渐看好，在金融资本大量涌入茶产业等综合因素的推动下，白茶产业迎来了新的发展机遇。

（二）中国白茶生产概况

1. 中国白茶的分类及其品质特征

传统的白茶按加工的芽叶嫩度分为白毫银针、白牡丹、贡眉和寿眉四种（见图10）。此外，还有新工艺白茶、紧压白茶、窨花白茶和深加工白茶等。

白毫银针，采用福鼎大毫茶、福鼎大白茶、政和大白茶、福安大白茶和福云20号等品种的单芽制成，其品质特征是：芽头满披白毫，色白如银，形状如针，香气清芬，汤色碧清，滋味清鲜爽口。

白牡丹，采用大白茶或水仙茶的一芽一、二叶初展芽叶制成，其品质特

征为：外形似枯萎花瓣，色泽灰绿，汤色澄黄清澈，毫香显露，滋味鲜醇清甜。

贡眉，采用大白茶或菜茶的一芽二、三叶制成，其色香味均不如白牡丹，色泽灰绿稍黄，香气鲜纯，汤色黄亮，滋味清甜。

寿眉，由不带芽的低级原料制成，品质比贡眉差，色泽灰绿带黄，略带青气，汤色清澈，滋味清淡。

新工艺白茶，简称"新白茶"，采摘标准为一芽二、三叶，驻芽二、三叶或单片等。经轻萎凋、轻发酵、轻揉捻、烘干等工序加工而成。外形卷缩，汤色橙红，香清味浓，又有闽北乌龙的馥郁之味。底色泽青灰带黄。

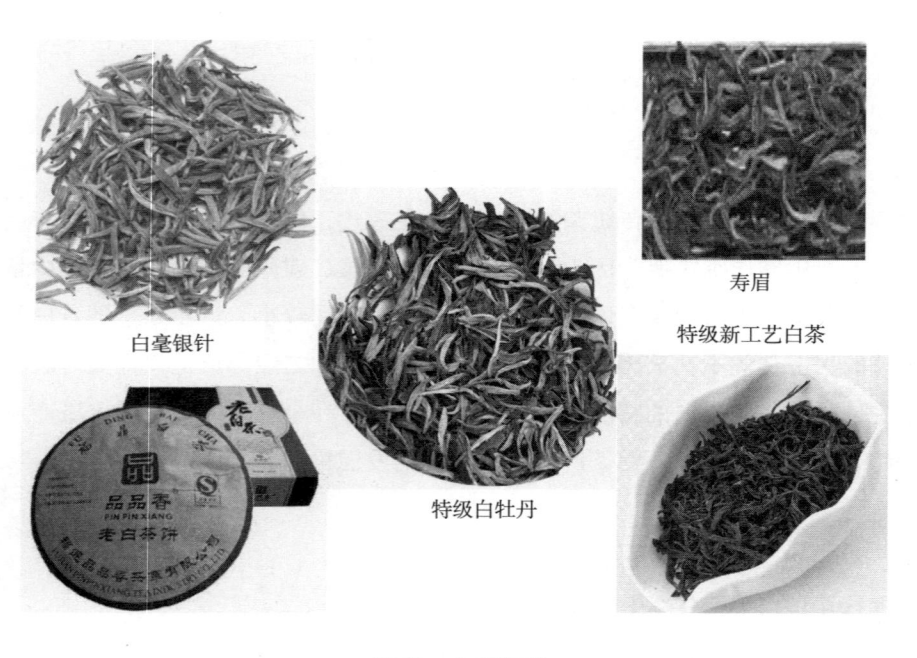

图10 白茶种类

2. 中国白茶生产现状

近几年来，中国白茶生产已从福建的福鼎、政和、建阳、松溪等传统白茶主产区扩大至省内的周边县市，贵州、湖北、云南、广东等省区也已开始试制生产。因此，白茶产量大幅增长，在六大茶类中增幅排名第二。2011

年白茶制作技艺（福鼎白茶制作技艺）被列入国家级非物质文化遗产代表性项目名录。在出口量、价、额继续保持提高的同时，内销量大幅上升，内销价格逐年快速上涨。

白茶主产区茶园面积连续五年持续增长。2014年，福鼎全市茶园总面积21万亩，全市推广无公害茶园18.5万亩，建立了1.1万亩的有机茶和绿色食品认证基地，3.8万亩的无公害茶园认证基地；政和县的茶园面积也在持续扩大，由2009年的8.5万亩，至2014年达11万亩；建阳市近年来大力发展茶叶产业，目前全市白茶种植面积约为3.2万亩。此外，福建省南平、宁德地区的其他县市也在快速发展白茶产业。

（1）白茶产量

据中国茶叶流通协会统计，2010~2015年中国白茶产量大幅度增加，年均增长率为32.76%，特别是近两年白茶产量的年增长率高达50%左右。2015年全国白茶产量为2.4万吨，比2014年（1.57万吨）增长52.87%，是2010年的4倍。其中福建省2015年白茶产量2.04万吨，占全国当年白茶总产量的85%；其次是贵州2015年产白茶721吨，湖北2015年产白茶551吨，云南2015年产白茶199吨（见图11、表7）。

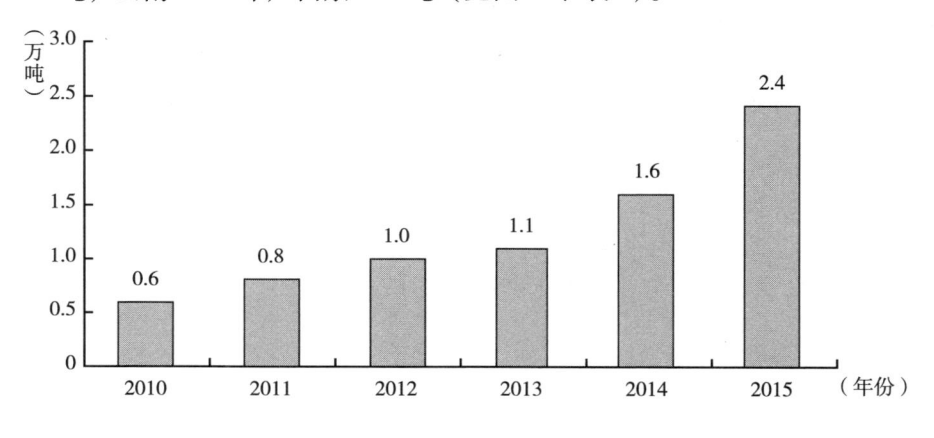

图11　"十二五"期间中国白茶产量变化

福建省是中国白茶传统的主产区。据中国茶叶流通协会统计，2014年，福鼎白茶产量7800吨，占当年福建省年产白茶的59.18%；政和县产量为

表7 2015年全国干毛茶与白茶产量及占比

地区	干毛茶总产量(吨)	白茶产量(吨)	白茶产量占比(%)
江苏	14006	—	—
浙江	176000	15	0.001
安徽	113200	—	—
福建	379600	20400	5.37
江西	50356	—	—
山东	21474	—	—
河南	59560	10	0.02
湖北	196906	551	0.28
湖南	172355	5	0.003
广东	79167	72	0.09
广西	60000	20	0.03
海南	441	—	—
重庆	31098	—	—
四川	262319	—	—
贵州	223285	721	0.32
云南	362359	199	0.05
陕西	74195	0	—
甘肃	1302	—	—
合计	2277623	21993	0.97

数据来源：农业部种植业司

2080吨，占当年福建省年产白茶的15.78%；建阳白茶产量接近700吨，占当年福建省年产白茶的5.31%。福建省其他县市的白茶产量增速迅猛，总和接近2600吨，占当年福建省年产白茶的19.73%（见图12）。

（2）白茶产值

近五年来，白茶产值持续增加。在各主产区中，2014年福鼎白茶产值为12.8亿元，比2009年增长149%（见图13）；政和县2014年白茶产值达到35130万元，分别为白牡丹茶产值15370万元，白毫银针茶产值19760万元，比2009年增长了150%（见图14）；从2009年至2014年，建阳白茶产值从700万元增长至1800余万元，产值增长近160%。2014年，福建白茶

建阳
700
5%

政和
2080
16%

其他市县
2600
20%

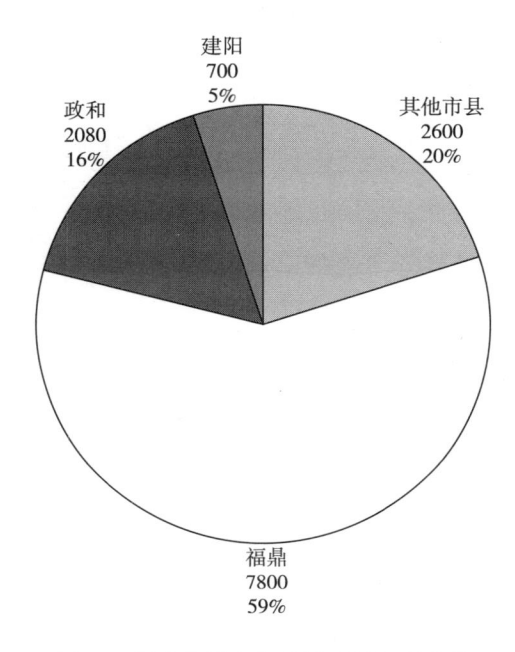

福鼎
7800
59%

图 12　福建各地白茶产量（吨）及占比

图 13　福鼎市 2009~2014 年白茶产值

产区茶青原料价格维持在 165~190 元/千克之间，其中，白毫银针茶青涨幅相对较大，白毫银针成品茶前期涨幅较大，后期逐步回落，价格整体呈平稳或微涨态势，维持在 170~210 元/千克之间。

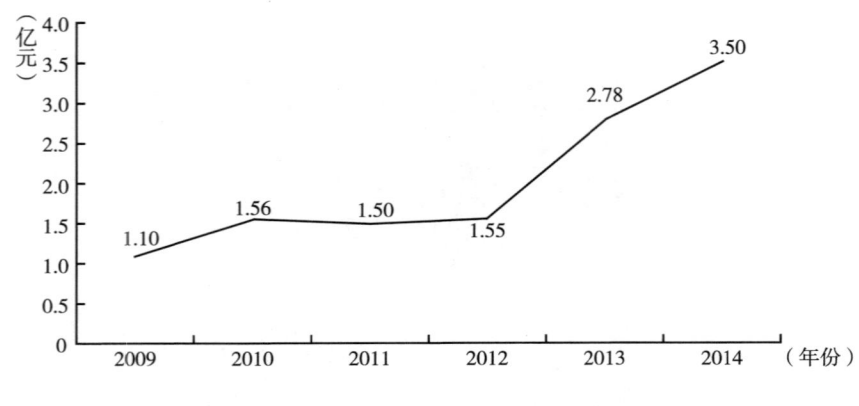

图14 政和县2009~2014年白茶产值

（3）大力改进生产方式

近年来，白茶主产区大力研发与推广应用先进生产技术及加工设备等一系列科技，极大地提升了白茶产业的科技水平，促进了传统白茶产业向现代化白茶产业的转型升级。例如，大力推广应用茶园有害生物绿色防控、肥料缓释、水肥一体化等生态茶园建设技术，以确保白茶质量安全；针对传统的白茶加工劳动强度大、生产效率低、易受天气与场地制约及存在卫生隐患等问题，研发应用自然萎凋、日光萎凋、复式萎凋、室内加温萎凋等多样化的生产方式，建立了白茶连续化生产线，使白茶生产加工逐步实现清洁化、标准化、连续化、自动化。

在传承基础上，研发出一批新型白茶产品（紧压白茶、高V-氨基丁酸白茶、花香白茶等）；研发出白茶深加工产品（白茶饮料、超细微白茶粉、速溶茶粉、袋泡茶和白茶含片等），提高了茶叶资源综合利用率。

为改变茶叶加工企业中存在的"小、散、陋、旧"现象，解决小生产与大市场的矛盾，因地制宜，白茶产区大力推进白茶集约化生产，提升白茶生产的规模和产品质量。例如，福鼎市政府大力扶植龙头企业，推动白茶集约化生产；政和县政府鼓励激活本地有潜力的茶叶企业扩大生产，做大做强，通过控股、收购、兼并和联营等形式，企业按照"公司+基地+农户"

的集约化生产经营模式，建立茶叶出口基地，提高生产管理水平，提升白茶产品质量。

参考文献

1. 中国茶叶流通协会（执笔人：王智超、梅宇）：《全国白茶产销形势分析报告》，《茶世界》2015年第3期。

五 黄茶生产概况

（一）世界黄茶生产概况

黄茶是中国特产茶类，其他国家基本没有生产，主要产地在中国安徽、四川、湖南、湖北、浙江与广东等地。黄茶的加工工艺，是在绿茶加工过程中增加闷黄作业。黄茶的制作技术要求鲜叶的嫩度和大小一致。黄茶制工精细，包装考究，品质特征共同点为黄汤黄叶。各种黄茶的造型各有特点。黄茶按鲜叶老嫩分为：黄芽茶（君山银针、蒙顶黄芽与莫干黄芽等）；黄小茶（北港毛尖、沩山毛尖、温州黄汤与鹿苑茶等）；黄大茶（霍山黄大茶、广东大叶青等）。

（二）中国黄茶生产概况

据中国茶叶流通协会统计，2010~2015年中国黄茶产量呈上升态势，年均增长率达40%（见图15）。2015全国年产黄茶3472吨，占全国茶叶总产量（227.8万吨）的0.15%。其中安徽年产2450吨，居第一位；湖南年产黄茶793吨，居第二位，四川年产147吨，居第三位；贵州年产55吨，居第四位；浙江年产15吨，居第五位（见表8）。

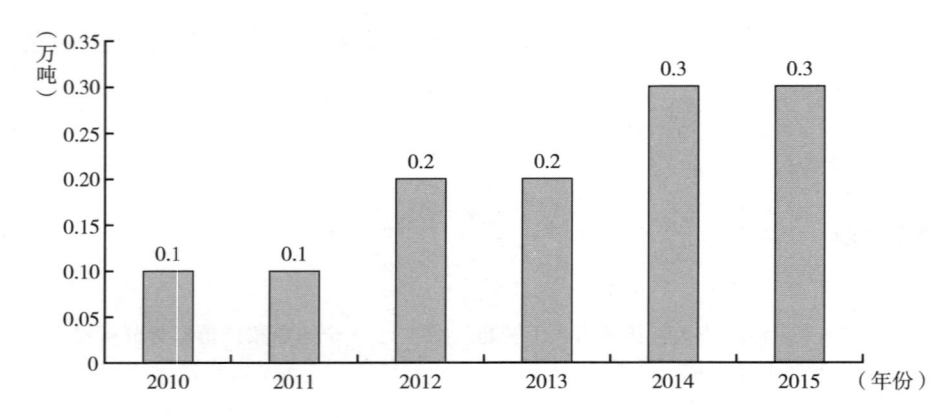

图15 十二五期间中国黄茶产量变化情况

表8 2015年全国干毛茶与黄茶产量及占比

地 区	干毛茶总产量(吨)	黄茶产量(吨)	黄茶产量占比(%)
江 苏	14006	—	—
浙 江	176000	15	0.009
安 徽	113200	2450	2.16
福 建	379600	—	—
江 西	50356	—	—
山 东	21474	—	—
河 南	59560	—	—
湖 北	196906	3	0.002
湖 南	172355	793	0.46
广 东	79167	9	0.01
广 西	60000	—	—
海 南	441	—	—
重 庆	31098	—	—
四 川	262319	147	0.06
贵 州	223285	55	0.02
云 南	362359	—	—
陕 西	74195	—	—
甘 肃	1302	—	—
合 计	2277623	3472	0.15

资料来源：农业部种植业司

参考文献

1. 中国茶叶流通协会（执笔人：梅宇、申卫伟、伍萍）：《2013 全国黄茶产销形势分析报告》，《茶世界》2013 年第 11 期。
2. 中国茶叶流通协会（执笔人：梅宇、王智超、林璇）：《2015 年中国茶叶产销形势分析》，《茶世界》2016 年第 4 期。

六　黑茶生产概况

（一）世界黑茶生产概况

黑茶为中国特有的传统茶类，至今已有 1700 多年的历史。其他国家极少生产黑茶。黑茶是中国边疆少数民族日常生活的必需品。黑茶主要产于湖南、四川、湖北、广西和云南等省（区）。黑茶按地域分布，主要分为中国湖南黑茶、四川黑茶、湖北黑茶、广西黑茶及云南普洱茶。近年来，随着人们对普洱茶有益健康特性的认识与实践，需求不断扩大，黑茶产量也大幅增长。普洱茶（贡茶、大益茶）制作技艺和黑茶（千两茶、茯砖、南路边茶）制作技艺，于 2008 年被列入国家级非物质文化遗产代表性项目名录。

（二）中国黑茶产业发展概况

1. 黑茶产销情况

中商产业研究院大数据库数据显示，2015 年中国黑茶产量达 29.71 万吨，占全国茶叶总产量（227.8 万吨）的 13.04%；内销量为 22.88 万吨，占全国茶叶总销量（176 万吨）的 13%；2011～2015 年，中国黑茶产量年均复合增长率（CAGR）为 21%（见图 16）。

2015 年黑茶产量排在前 5 位的省份分别为云南（125376 吨，占 42.2%）、湖南（69381 吨，占 23.4%）、湖北（39412 吨，占 13.3%）、四川（33152 吨，占 11.2%）、贵州（10839 吨，占 3.6%）。5 个省份合计黑茶产量占全国黑茶总产量的 93.7%（见表 9、图 17）。

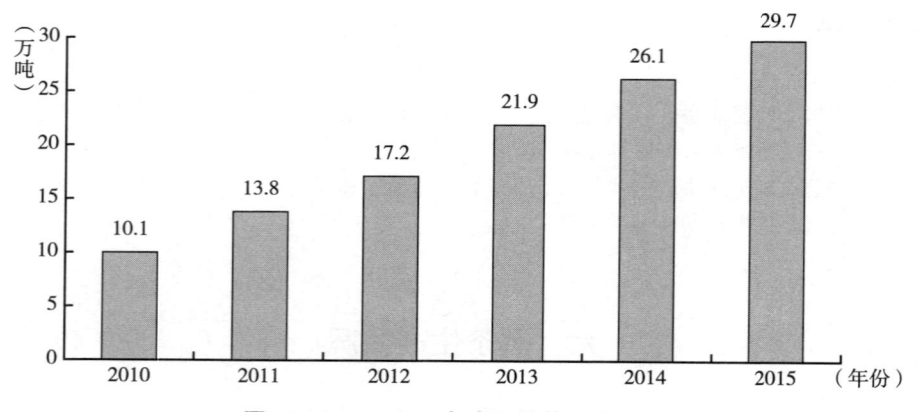

图16　2010～2015年中国黑茶产量趋势图

表9　2015年全国干毛茶与黑茶产量

地区	干毛茶总产量(吨)	黑茶产量(吨)	黑茶产量占比(%)
江　苏	14006	—	—
浙　江	176000	5400	3.07
安　徽	113200	200	0.18
福　建	379600	—	—
江　西	50356	630	1.25
山　东	21474	0	—
河　南	59560	1572	2.64
湖　北	196906	39412	20.02
湖　南	172355	69381	40.25
广　东	79167	3396	4.29
广　西	60000	2169	3.62
海　南	441	—	—
重　庆	31098	330	1.06
四　川	262319	33152	12.64
贵　州	223285	10839	4.85
云　南	362359	125376	34.60
陕　西	74195	5200	7.01
甘　肃	1302	25	1.92
合　计	2277623	297082	13.04

数据来源：农业部种植司。

黑茶作为边销茶的主流产品，主要销往新疆、西藏、内蒙古、四川、甘肃、青海、宁夏、云南等省（区）。各地对黑茶的需求也不尽相同。如湖南

```
贵州  10839
四川  33152
湖北  39412
湖南  69381
云南  125376
     0      50000    100000    150000 （吨）
```

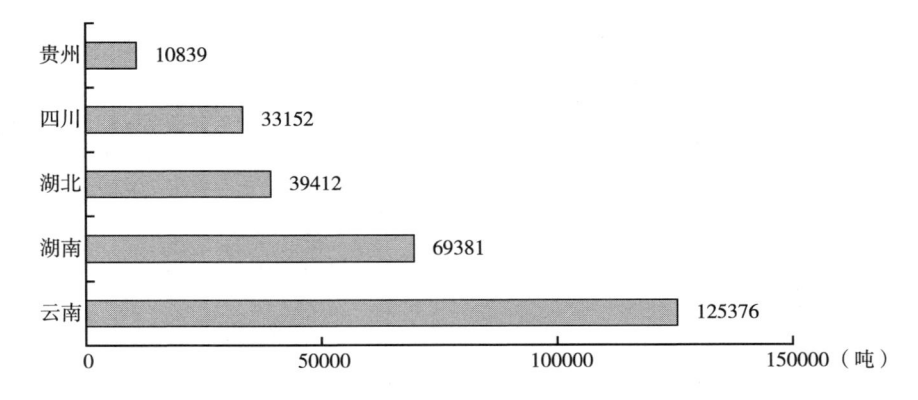

图17　2015年中国黑茶产量前5省份排名

的茯砖、花砖、黑砖、青砖、花卷等产品主销新疆、青海、甘肃、宁夏、内蒙古等地，少量出口；湖北的老青砖主销内蒙古；四川的康砖、金尖销往西藏和青海，茯砖和方包销往新疆、青海、甘肃等地；作为边销茶的云南普洱茶销往西藏、新疆和内蒙古等地，大量的普洱茶销往广东、上海、北京、香港和台湾等全国各地。

2. 黑茶生产概况

普洱茶种植区域分布在云南省的11个地州，75个县，主要产茶区为：普洱市、临沧市、西双版纳州、保山市及德宏州。

据云南省茶叶流通协会推算：2014年，云南普洱茶种植面积约为480万亩，较2013年增11万亩，增幅2.3%；产量11.4万吨，增1.71万吨，增幅17.6%；产值101亿元，增31.4亿元，增幅45%（产量、产值不包括普洱茶原料即晒青毛茶数值）（见表10）。

表10　2009~2014年云南普洱茶生产情况

年　份	2009	2010	2011	2012	2013	2014
*种植面积(万亩)	430	442	452	464	469	480
产量(万吨)	4.5	5.1	5.6	8.1	9.7	11.4
产值(亿元)	28.4	40.3	41.5	52.4	69.6	101

*：种植面积为估算值。

2014年，云南普洱茶成品茶精制率达到68%。目前，云南省已有茶叶初制所（厂）8000多个，精制企业1000家。

3. 安化黑茶产销概况

近几年来，安化黑茶因其醇厚的口感、独特的文化魅力，以及特有的保健功效得到了国内外消费者的青睐，安化黑茶更被韩国人誉为美容茶，被日本人视为瘦身茶。成为茶叶市场的一块瑰宝，呈现出边销、内销、侨销、外销处处开花和无限生机的景象。

2015年，安化县茶园面积达28万亩，比2014年增长10%；年产黑茶51240吨。

在安化黑茶生产企业中，以品牌立业的湖南省白沙溪茶厂、湖南省益阳茶厂、湖南省安化茶厂的等产品，占据了超过80%的市场份额。

近几年，随着安化黑茶产业标准体系的完善，黑茶生产企业规范生产，为加强质量管理提供科学依据和技术保障。迄今国内唯一以黑茶经营为主的茶叶市场建设完成，在北京、上海、山东、福建、山西等地的146个大中城市设立营销网点，与全国30家大型茶叶批发市场和各省营销企业建立了稳固的业务关系，共建立黑茶专卖店5000多个，黑茶营销网络覆盖全国。

"安化黑茶"借助国家"一带一路"战略"借船出海"，积极开拓日本、韩国、新加坡、泰国以及中国港澳台地区市场。白沙溪、华莱健等"安化黑茶"品牌斩获百年世博中国名茶金骆驼奖等多项荣誉。2015年参加波兰华沙国际食品和饮料展等一系列活动，极大增强了"安化黑茶"在中亚、欧洲等地的影响力，成功远销蒙古、俄罗斯、德国、法国、波兰等16国。

4. 六堡茶生产概况

六堡茶发源于广西梧州辖区的桂江两岸，其产制历史可追溯到1500多年前。早在清嘉庆年前后，六堡茶就已作为粤桂等地人祛湿、驱痢和调理肠胃的生活饮品，以其独特的槟榔香味而入选中国名茶之列，享誉海内外。

梧州市作为六堡茶的主产区，茶园面积于 2013 年达 6.58 万亩，同比增长 2600 亩，增幅 4.11%，六堡茶产量依然呈现逐年增长的态势，2013 年产量增至 9800 吨，同比增长 1100 吨，增幅 12.64%，占全国茶叶总产量的比重维持在 0.5% 左右（见表 11、图 18）。近 3 年，六堡茶产值持续增长。2011 年，六堡茶产值为 8.5 亿元，2012 年，产值增长到 9.1 亿元，2013 年产值已达 9.8 亿元（见图 19），同比增长 7.69%，占全国茶叶总产值的近 1%，其单价高于全国茶叶平均价格近 1 倍。低产量高产值的产业特性使六堡茶在全国黑茶产业中稳居一席之地。

表 11　2009~2013 年全国及梧州六堡茶生产情况

年份	茶叶种植面积（万亩）			茶叶产量（万吨）		
	全国总计	梧州市	比重（%）	全国总计	六堡茶	比重（%）
2009	2772.75	4.28	0.154	135.90	0.73	0.537
2010	2955.30	5.26	0.178	147.50	0.84	0.570
2011	3168.75	5.58	0.176	162.30	0.85	0.524
2012	3419.92	6.32	0.185	179.00	0.87	0.486
2013	3703.27	6.58	0.178	192.40	0.98	0.509

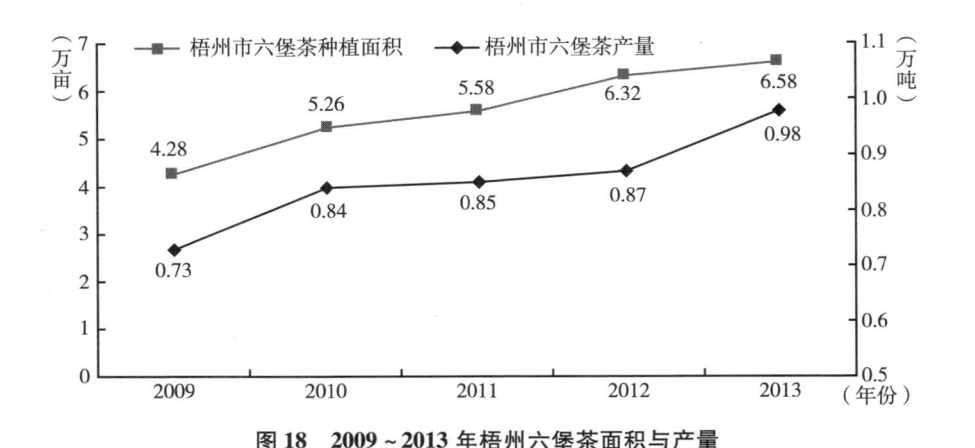

图 18　2009~2013 年梧州六堡茶面积与产量

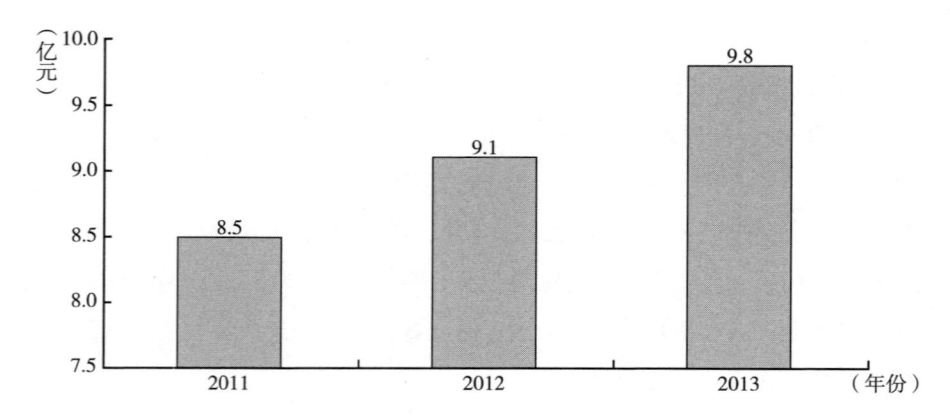

图 19　2001～2013 年梧州六堡茶产值

参考文献

1. 中商产业研究院：《黑茶大数据》，中商情报网，2016 年 6 月 2 日。
2. 中国茶叶流通协会（执笔人：梅宇、王智超、林璇）：《2015 年中国茶叶产销形势分析》，《茶世界》2016 年第 4 期。
3. 汤克仁：《中国黑茶产业发展现状》，《中国茶叶生产与消费论坛论文集》，2008。
4. 中国茶叶流通协会（执笔人：梅宇）：《全国普洱茶产销形势分析报告（2015）》，《茶世界》2015 年第 3 期。
5. 中国茶叶流通协会（执笔人：于英杰）：《2014 年六堡茶产业发展形势分析报告》，《茶世界》2015 年第 3 期。

七　花茶生产概况

（一）世界花茶生产概况

花茶是采用香花（如茉莉、白兰、珠兰、桂花、玳玳和玫瑰等）与茶叶拌和窨制，使茶叶吸收花香而制成，也是中国的特产茶类。茉莉花茶的香花原料为茉莉，它于明朝从波斯传入中国福建福州。传统花茶的主要产区有福建的福州、宁德、沙县，江苏的苏州、南京、扬州，浙江的金华、杭州，安徽的歙县，四川的成都，重庆，湖南的长沙，广东的广州，广西的桂林、横县、台湾的台北等地。2014年福州茉莉花茶窨制工艺被列入国家级非物质文化遗产代表性项目名录。花茶的内销市场主要在华北、东北地区，以山东、北京、天津、成都等地的销量最大。外销主要有东南亚及欧洲一些市场。中国福建茉莉花茶曾在国际上获得盛誉，1985年和1986年由原福建茶叶进出口公司林朝炽指导窨制的"向阳牌"茉莉花茶在巴黎展览会上被授予国际质量"金桂叶"奖。

窨制花茶的茶坯主要是烘青绿茶，也有少量炒青绿茶。红茶与乌龙茶窨制成花茶的数量相对较少。花茶因窨制的香花不同分为茉莉花茶、白兰花茶、桂花茶和玫瑰花茶等。其中以茉莉花茶的产销量最大。

（二）中国花茶生产概况

1. 茉莉鲜花种植生产

（1）种植面积

广西横县、四川犍为、福建福州、云南元江是目前中国茉莉花茶的主要加工地。其中，横县是国内目前最大的茉莉花生产基地，全县种花面积近五年保持在10万亩左右；犍为作为四川茉莉花的主产地，全县种花面积在2014年达到5.6万亩，比2009年增长15%；福州是中国茉莉花茶的发源地，也是最早的茉莉花茶生产集散地，2015年初已恢复建成茉莉花基地1.9万亩；云南元江自1998年开始从横县大面积引种种植茉莉花，目前面积基本稳定在0.78万亩左右（见图20）。

（2）鲜花生产

中茶协与横县每年都会联合发布"横县茉莉鲜花交易价格指数"（见图21）来反映市场状况。2010～2014年，横县茉莉鲜花年产值由6.7亿元上升至11亿元（产量及产值数据见图22），约增长64.2%，平均单价由18.2元/千克上升至19.4元/千克，增幅6.6%。四川犍为花业发展迅速，茉莉鲜花产值由2010年的1.9亿元上升到2014年的2.2亿元（见图23）；福州茉莉花产业也逐步恢复，2014年茉莉鲜花产值达到1.9亿元，比2010年增长了0.4亿元（见图24）；云南元江茉莉鲜花产值也增长5%左右。

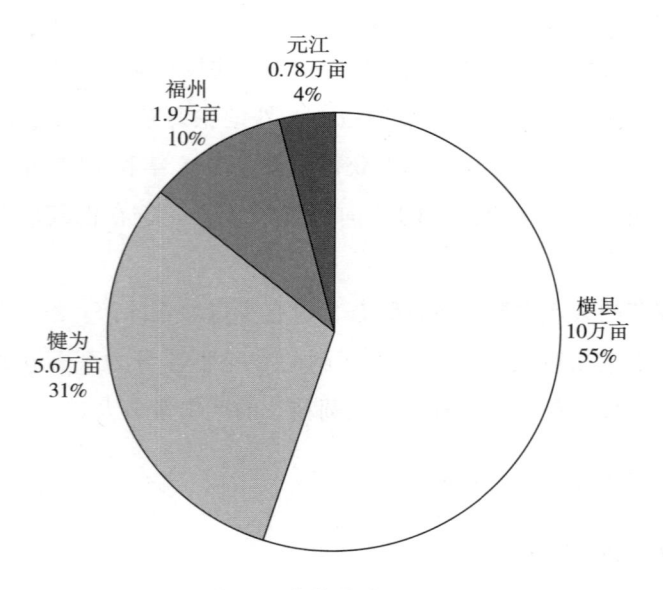

图20 茉莉花种植面积

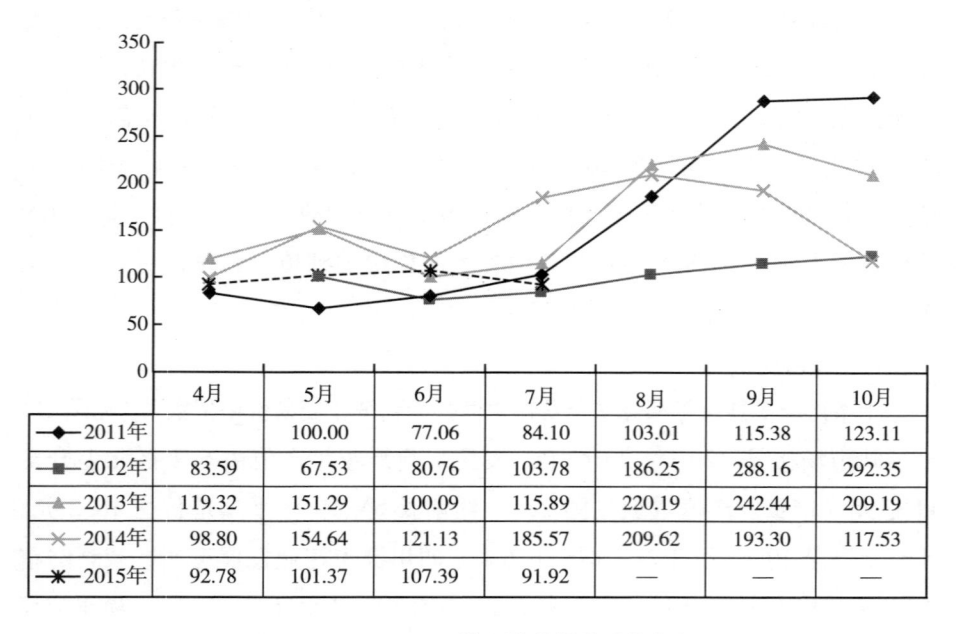

	4月	5月	6月	7月	8月	9月	10月
◆—2011年		100.00	77.06	84.10	103.01	115.38	123.11
■—2012年	83.59	67.53	80.76	103.78	186.25	288.16	292.35
▲—2013年	119.32	151.29	100.09	115.89	220.19	242.44	209.19
×—2014年	98.80	154.64	121.13	185.57	209.62	193.30	117.53
✳—2015年	92.78	101.37	107.39	91.92	—	—	—

图21 2011~2015横县茉莉鲜花价格指数

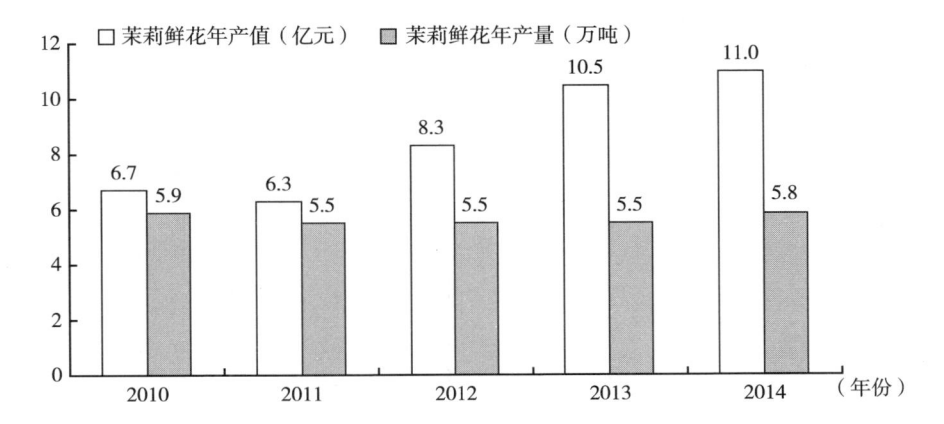

图 22 2010~2014 年横县茉莉鲜花产量及产值

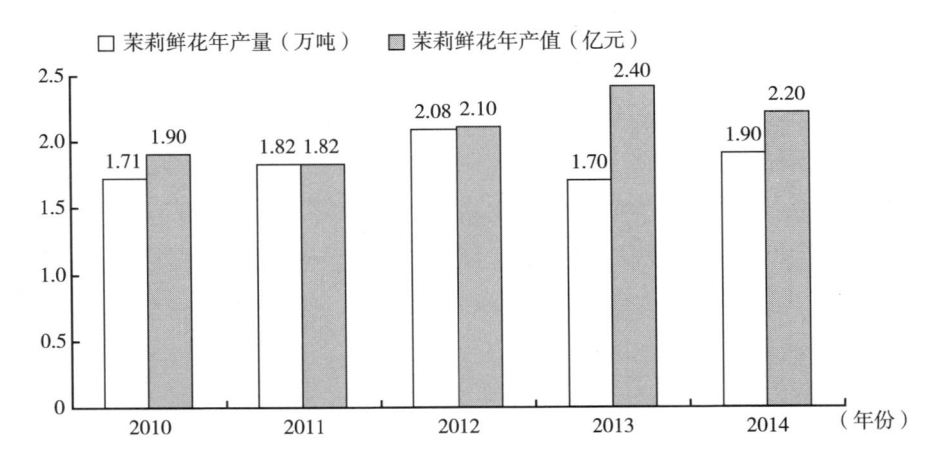

图 23 2010~2014 年犍为茉莉鲜花产量与产值

2. 茉莉花茶生产

（1）产量

根据中国茶叶流通协会统计，2010~2014 年，中国茉莉花茶加工总量保持在 8.2 万~9.3 万吨之间，成品茶总产量从 118 万吨攀升至 167.4 万吨。茉莉花茶占全国茶类总产量的比例由 7.4% 下降至 5.1%（见图 25）。

（2）产值

产值方面，茉莉花茶农业产值从 2010 年的 11 亿元增长至 2014 年的 16

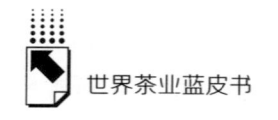

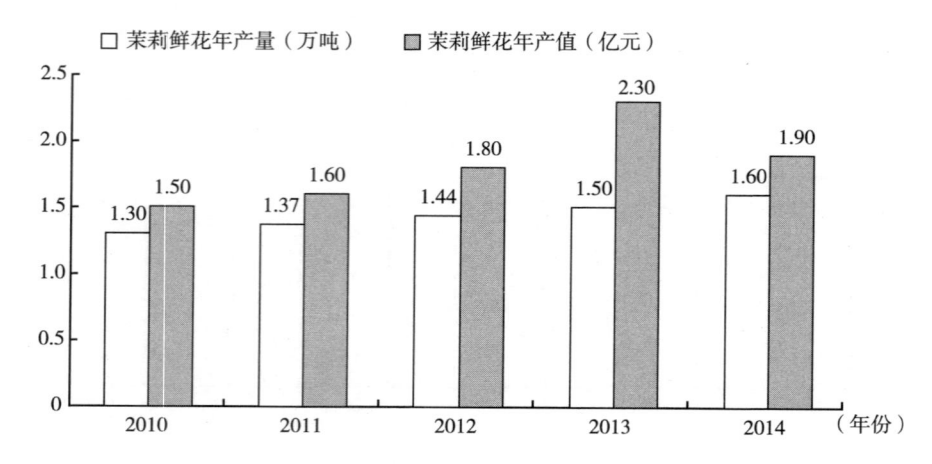

图 24　2010～2014 年福州茉莉鲜花产量与产值

注：产值计算中，既包括作为窨制花茶的花坯产值，也有用于精深加工的原料的产值。

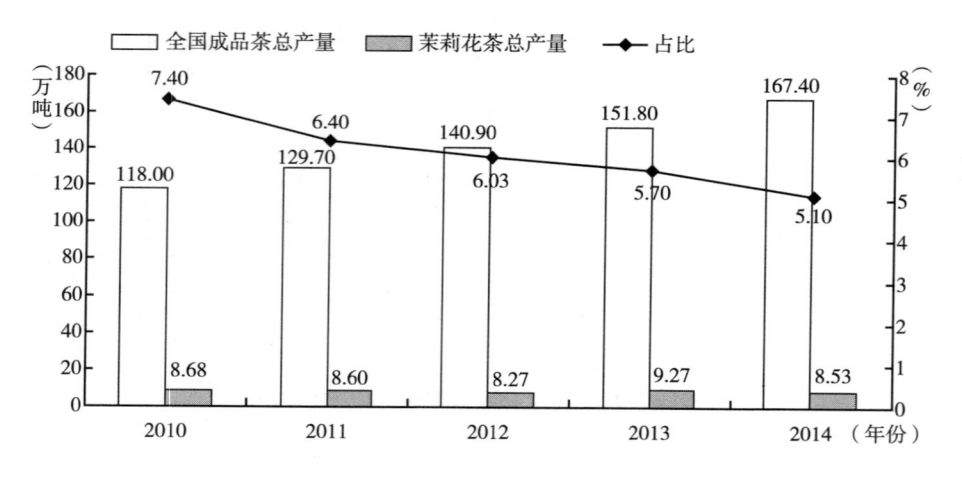

图 25　茉莉花茶产量占在全国茶类总产量的比例

亿元，增幅达 45%；而中国茶叶农业总值则从 2010 年的 620.4 亿元增至 2014 年的 1549 亿元，增幅高达 149.7%。茉莉花茶在全部茶类中的产值占比从 1.8% 逐步回调至 1.1%（见图 26）。

近五年来，四川犍为的茉莉花茶产量一直呈稳中有增的趋势，产量保持在 0.55 万吨左右，产值不断提高，达 6.7 亿元。同期，福建福州也加速了

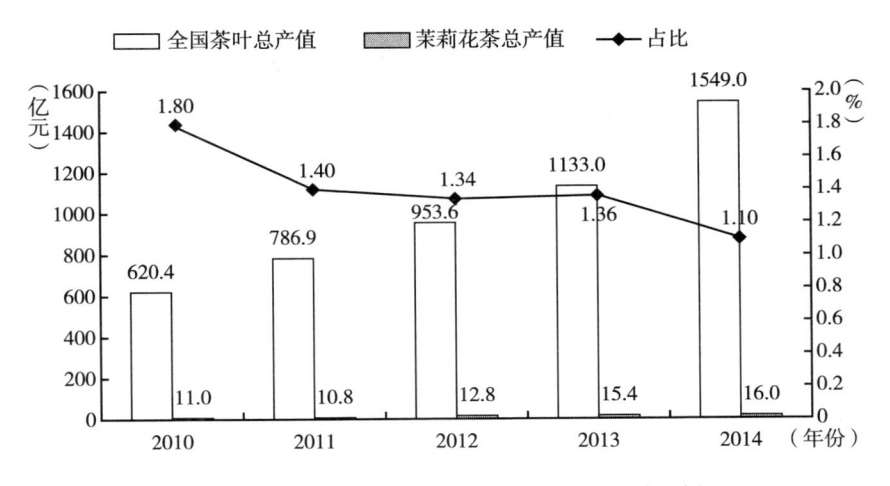

图 26　茉莉花茶总产值占全国茶叶总产值的比例

茉莉花茶生产的恢复，产量由 2010 年的 0.9 万吨上升到 1.2 万吨，产值随之上升到 15 亿元。云南元江县自 1998 年从横县引进品种后，开始大面积种植茉莉花，目前该县茉莉花茶年产量保持在 9000 吨左右。

参考文献

1. 中国茶叶流通协会（王智超、梅宇、申卫伟）：《2015 年中国茉莉花茶产销形势分析》，《茶世界》2015 年第 9 期。

2. 中国茶叶流通协会：《2015 年中国茶业价格指数综合分析总结》，《茶世界》2016 年第 2 期。

八　世界茶叶深加工制品概况

长期以来，人类对于茶的利用方式多以沸水冲泡饮用为主，然而，随着社会的发展和人们生活水平的不断提高，传统饮茶方式无法满足现代快节奏生活的需要，人们开始追求更加简便、快捷、多元化的茶叶消费方式。同时，大量的科学研究表明，茶叶中含有茶多酚、咖啡碱、茶氨酸、茶多糖等多种功能性营养成分，具有抗氧化、抗突变、抗辐射、调节免疫功能、防止心血管疾病、防癌抗癌等多种功能。其中有的成分是脂溶性的，不溶于水。人们通过传统泡饮方式，只能摄取茶叶中的水溶性营养成分，约有65%的脂溶性营养成分则无法被人体吸收，最终留存于茶叶中。而如果运用现代深加工技术，把茶叶中的各种功能性营养物质加工成茶功能性保健品、茶饮料，或与传统食品相结合制成茶食品，人们即可通过吃茶的方式充分摄取茶叶的功能性营养成分，从而达到保健甚至防病治病的多重功效。在这些新消费观念的指引下，各类茶叶初深加工产品如雨后春笋般涌现，形成了琳琅满目的茶制品，如茶饮料、茶食品、茶保健品等。

1. 茶饮料

茶饮料是指用水浸泡茶叶，然后经抽提、过滤、澄清等工艺制出提取液或者浓缩液、茶粉等原料，加入水、糖液、酸味剂、食用香精、果汁等食品添加剂调制加工成的，既保持茶汁原有风味，又兼有营养、保健功效的多功能饮料。茶饮料包括：茶饮料（有红茶饮料、绿茶饮料、乌龙茶饮料、花茶饮料及其他茶饮料），调味茶饮料（分为果汁茶饮料、果味茶饮料、奶茶饮料、奶味茶饮料、碳酸茶饮料及其他调味茶饮料），复（混）茶饮料和茶浓缩液等。此外，还有茶酒。茶酒是一种低度含醇饮料，主要是用传统的茶叶提取液，加增甜剂、增酸剂和酒基直接配制，或者在茶叶提取液中加酒母，进行发酵处理，产生酒香后滤去沉淀物，再按配方加其他配料制成。茶酒按加工工艺，可分为发酵型、配制型和汽酒等几大类。

茶饮料含有一定量的茶多酚等功能性成分，具有抗氧化、抗辐射、消暑解渴等特点，受到广大消费者的欢迎。茶饮料从20世纪90年代在中国开始流行，进入21世纪后更是增长迅速，每年增速达30%，茶饮料成为中国消费者最喜欢的饮料品类之一。2011年中国茶饮料生产总量达到了1200万吨，占软饮料总量的10%左右，销售总额已达到700多亿元。茶饮料消费市场已占到整个饮料消费市场20%左右的份额。目前，中国约有茶饮料生产企业近40家，上市品牌多达100多个，有近50个产品种类。市场上常见的茶饮料主要有康师傅、统一、娃哈哈、和其正等品牌的绿茶、凉茶、乌龙茶等系列产品。目前，统一茶饮料是仅次于康师傅的第二大品牌，主要产品有冰红茶、冰绿茶。在市场竞争与角逐的持久战中，这两个品牌得到了互相促进，目前二者共占据着80%左右的市场份额。中国大陆最大的饮料生产企业——杭州娃哈哈集团，以创新、营销策略以及良好的市场口碑为基础，其果味茶系列和调味茶系列也在努力争夺中国茶饮料市场。

2. 茶食品

茶食品指先将茶叶加工成超细微茶粉、茶汁、茶天然活性成分等，然后与其他原料共同制作而成的含茶食品。从"喝茶"发展到"吃茶"，使茶叶资源得到最大限度的利用。目前，中国的茶食品主要有茶餐、茶味坚果、茶味糖果、茶味糕点、茶叶冷冻制品、茶叶果冻、茶味蜜饯等。茶餐包括茶菜和茶主食。

（1）茶菜和茶主食

茶菜是将茶叶、茶提取物作为主料或辅料烹调制成的菜肴。茶菜中茶的味道与菜的本味相辅相成，色泽鲜艳，能增进食欲，具有增加营养、促进消化、防治疾病等功效。有史料记载，杭州在唐宋时期就已经有茶菜菜肴，明清时期已经盛行茶宴。以茶作佐料做成的茶菜肴，各地都有。诸如龙井虾仁、龙井蛤蜊汤、龙井鲍鱼、龙井扇贝片、龙井佘鸡丝、茶香鲫鱼、樟茶鸭子、绿茶番茄汤、茶香熏河鳗、毛峰熏鲥鱼、碧螺炒银鱼、铁观音炖鸡、茶香牛肉、红茶牛肉片、银针烹肉丝、雀舌方丁、乌龙熏鸡、冻顶焖豆腐、芽茶土豆丝、茶叶炖猪心等。龙井虾仁只是古时龙井茶宴里的一道名菜，利用龙井茶"色绿、香郁、味甘、形美"的四绝，更有杭州内河鲜活虾仁的嫩色和鲜腴之美。两者交揉在一起，形成了杭州名肴中的一绝。台湾许多产茶区的茶农及饮食店善于把茶叶作为烹调风味名菜的好原料，精研各式各样的茶食品，如茶叶芋、炸茶菁、茶汤鸡、茶叶馒头、茶饼、茶汤圆等茶叶食品。

茶主食包括茶饭、茶面条、茶面包、茶饺子和茶叶蛋等，这些食品不仅具有丰富的营养价值，还含有大量的功能性成分。不仅改善了主食的色、香、味，还延长了主食的保质期。

（2）茶零食

茶零食是把茶、茶提取物与其他传统食材融合在一起制成的各种含茶食品。目前市场上比较畅销的茶零食主要有糕点类食品，包括茶月饼、茶糕点、茶饼干、九江茶饼等；蜜饯类食品包括茶果脯、茶蜜饯等；糖果类食品包括茶糖、茶果冻等；干果类食品包括茶瓜子、茶杏仁等；巧克力类食品包括绿茶巧克力、红茶巧克力等。比如知名的茶零食九江茶饼，选用当地茶油、本地麦面、坡地黑芝麻、百年桂花为主要原料，采用传统工艺和现代技术研制而成。其色泽金黄，具有小而精、薄而脆、酥而甜、香而美的特点。由于散发着茶油的清香，丹桂的芳香及纯碱、苏打的奇香，被人们称为"四香合一"的茶食经典。

茶果脯是茶叶与水果按果脯加工制作方法制成的一种新型茶叶果脯型食品。不论何类茶叶都能制作茶果脯，但又以包种茶、乌龙茶、花茶等茶类最佳。茶果脯的加工制作方法，与常规水果果脯的制法完全相同，其品质风格特点是茶味显露，果味突出，口感尤好。

茶糖主要是利用糖果工业的设备和工艺，将茶叶提取出来的有效成分与糖、奶、果汁、巧克力、淀粉、维生素和带有保健性的植物添加剂等结合在一起，形成独特的风味，使人们在享受美味糖果的同时又能尝到茶叶的滋味，同时具有一定的保健作用。茶瓜子是以瓜子为原料、以茶叶为主配料，将瓜子与茶叶共同煮制，使茶叶味渗入瓜子仁后，去除茶叶并沥去多余的水分再经炒制而成。因茶叶在止干渴、去烦躁、舒筋骨、除疲劳、清口腔、助消化、振精神等多方面具有独特的功能，茶瓜子在将清新的茶叶味融入瓜子的同时，更将茶性融入其中，因而不仅具有很好的口感，更具有了茶叶对人体的保健功效。

近年来，中国的茶食品行业发展速度较快，现已拥有各类茶食品企业达500多家。2011年，全国茶食品行业终端总体市场规模为7亿元。目前，中国茶食品的销售商以拥有连锁专卖店的企业为主，如天福茗茶、华祥苑茶业股份有限公司、八马茶业、安徽天方集团等。茶食品行业市场集中度较高，福建天福集团、华祥苑、八马茶业、安溪铁观音集团等几家国内知名茶叶品牌连锁企业的茶食品市场份额占比较大，在60%以上。

不同企业的茶食品产品大同小异，如天福茗茶的茶食品系列主要有糕点、酥类、蜜饯、干果类、糖果类等，天方集团的茶食品系列主要有茶酥、茶香果脯、慢点和饼干等系列，八马茶业主要有瓜仁类、蜜饯类和糕点类。其中，天福茗茶的茶食品在国内处于领先地位，旗下的天仁食品厂已获得ISO9001、ISO9002国际质量认证。2010年，由美国食品药品监督管理局（FDA）指定实验室进行化验，结果显示天福茶食品无不良甜味剂，无不良色素，无防腐剂，理化指标、卫生指标等均符合美国相关标准。由此，台企天福集团漳浦工厂生产的茶食品得到美国权威部门的认可，获得了进入美国市场的通行证。

3. 茶保健品

茶叶中的功能性成分主要有茶多酚、咖啡碱、茶氨酸、茶多糖和茶色素等。应用茶叶、茶叶提取物或单独的功能性成分加工而成的保健品具有各种保健功效。

茶多酚的保健功效，包括抗氧化、抗癌、防治心脑血管疾病、防辐射、抗病毒、抗菌、防龋护齿、防治溃疡、抗过敏等。中国已有添加了茶多酚或儿茶素的片剂、胶囊、含片、糕点、油脂等产品。如将减肥作用显著的茶多酚作为主要成分加入普通食品中，完全可以开发出适合不同市场需求的新型减肥食品。中国农业科学院茶叶研究所已开发出以高含量茶多酚为主要功能成分的多酚片产品。威海科力斯生物工程有限公司生产的茶多酚软胶囊，采用先进技术增加茶多酚的稳定性，深受高血压、高血脂、高血糖、高胆固醇、糖尿病患者的喜爱。

中国是绿茶的主产国，发展茶多酚加工企业首先在资源上具有绝对的优势。因此，茶多酚的加工企业，除日本外，大部分分布在中国。在中国，茶多酚于1991年由中国农业科学院茶叶研究所首次工业化生产成功，每年产量仅为2吨。其后的十多年间，茶多酚的生产技术得到了快速发展。1996年以前，中国生产的茶多酚主要内销，用于医药行业，年需求量约40吨，产值约1000万元。1999年起，茶多酚开始部分外销，当年的销售量为

220吨，产值300万元。2003年的销售量达2000吨，产值已超过3亿元。茶多酚市场进一步扩大的趋势明显。中国的茶多酚加工企业大部分集中在江浙两地，近两年西部地区也开始兴起，目前全国有40余家茶多酚中小型加工企业，年总生产能力约4000吨。茶多酚在国外主要被用作食品添加剂、保健品及进一步加工的原料。由于受疯牛病的影响，发达国家更加偏爱植物源性健康食品。茶多酚的进口国大多为一些发达国家，主要有美国、瑞士、英国、德国、丹麦、日本和韩国等。

茶氨酸具有改善记忆、缓解压力、降血压、增强免疫力、辅助抑制肿瘤等保健功能以及减弱咖啡碱兴奋作用和茶多酚收敛性的功效。茶氨酸呈鲜爽味，既可用做茶饮料的品质改良剂，缓冲咖啡碱的苦味和茶多酚的苦涩味，改善茶饮料的品质和风味，也可以用来制作功能性茶饮料或者微型食品、纸型食品等新型休闲食品。目前，国内外添加茶氨酸的产品有巧克力、果冻、布丁、口香糖、保健茶和各种茶饮料等。中国农业科学院茶叶研究所在国内已率先开展了茶氨酸对改善睡眠作用的研究，并开发出茶氨酸片等产品。

咖啡碱低剂量时有利于人体机能更好发挥，而高剂量时对人体产生毒害。咖啡碱作为食品添加剂，主要用于可乐型饮料和含咖啡因的饮料。

由于茶多糖具有降血糖、抗凝血及抗血栓、降血脂及抗动脉粥样硬化、增强机体免疫力、抗辐射、抗癌等功效，早在20世纪末，中国农业科学院茶叶研究所就已开发出第二代调节预防糖尿病的功能食品"神叶牌降糖茶"。还有，研究者已经成功从茶油粕、茶叶籽粕、粗老绿茶中提取出茶多糖，并制作茶多糖含片，拓宽了茶多糖的医疗、保健方面的效果，具有方便、快捷等优点。

茶色素含有大量的活性酚羟基等活性基因，具有极强的清除自由基、抗氧化作用。现代科学研究表明，茶色素具有防治心脑血管疾病、抗癌防癌、防辐射、抗氧化、抗菌、抗病毒等多种保健功效，作为健康、高效的天然食用色素，正在逐步取代对人体健康有害的食用合成色素，被广泛应用于食品、医药等领域。目前，国内外以茶色素为主要功能成分的新型食品有片剂、软胶囊、口香糖、奶茶、保健茶、功能性茶饮料等。中国农业科学院茶叶研究所率先开发出以高活性茶黄素为主要功能成分的新型食品茶黄素片，并对产品的有效成分、稳定性、毒理、功能等进行了分析和评价，完全符合相关标准。

茶皂素具有降低胆固醇、溶血、抗菌等作用，广泛应用于建材、日用、化工、食品、农业、医药等领域。在食品行业，茶皂素主要用作啤酒发泡稳定剂。

（4）茶日用品

茶叶除了广泛应用于饮料、食品、保健品外，还应用于日用品，如茶味牙膏、茶枕、茶袜子等。美晨集团旗下的黑妹品牌，推出的茶极爽牙膏蕴含龙井茶精华，能够清新口气、减少牙菌斑、洁白牙齿；诸暨绿箭茶叶有限公司和中国农业科学院茶叶研究所联合研发的茶袜，抗菌效果达到A32级，除臭功能是普通袜子的10倍以上。用茶叶制成的茶枕软硬适中、透气性好，加上天然的茶叶香气，深受广大消费者的喜爱。

另外，儿茶素在波长200~300纳米处有较高的吸收峰，被称为"紫外线过滤器"，茶多酚能有效防治皮肤的紫外损伤和光老化，可添加到防晒霜中，这在不久的将来可望成为一项能深入研究的课题。

参考文献

1. 周小生、黄皓等：《茶制品的发展现状及趋势》，《中国茶叶加工》2013年第1期。
2. 中国茶叶流通协会：《中国茶食品行业发展综述》，《茶世界》2012年第4期。
3. 张建勇等：《茶叶功能成分与新型食品开发》，《湖南农业科学》2011年第3期。
4. 李丽娜：《中国茶食品的发展现状及营销网络建设》，《农业考古》2013年第2期。
5. 黎智超、杨晓萍：《茶叶深加工和综合利用的现状与对策分析》，《湖北茶产业发展纵论》2008年第1期。
6. 杨钟鸣、丁志：《茶叶深加工与综合利用的现状与发展前景（续）》，《中国茶叶》2005年第4期。

第三节 各茶类销售概况

一 中国六大茶类销售概况

（一）茶叶内销概况

2006~2015年，全国茶叶内销量呈持续小幅增长态势。茶叶内销市场依然是拉动全国茶叶经济发展的主要动力，总体表现为持续小幅增长。主要呈现以下特点。

1. 据中国茶叶流通协会综合推算，近十年全国茶叶销量呈持续小幅增长态势，茶类份额基本稳定。2015年全国茶叶销售总量继续缓增，预计为176万吨，比2006年（74.1万吨）增长137.52%。2006~2015年，平均年增幅为10.1%（见表12）。2015年全国六大茶类的市场份额较往年变动不大，其中绿茶约占市场总量的53%；黑茶（普洱除外）占比约为8%；红茶约为9%；普洱茶约占5%；乌龙茶约占总量的12%；产地集中的白茶和极小品种的黄茶，销量较往年基本持平，占比分别为1%和0.5%；茉莉花茶约占5%，其他茶类占6.5%。全国名优茶与大宗茶销量占比估计分别为43%和57%，较上年保持不变（见图27）。近十年中国茶叶内销量变化情况见表12。

表12 2006~2015年中国茶叶内销量变化情况

单位：万吨

年份	2006	2007	2008	2009	2010	2011	2012	2013	2014	2015
内销量	74.1	87.6	90	100	110	118	130	153.2	160	176

数据来源：中国茶叶流通协会

2. 茶叶市场渠道分为批发市场、连锁专卖、商超零售、电子商务、三产服务（茶馆业、旅游业）等，茶叶销售渠道日趋完善和多样化。茶叶销

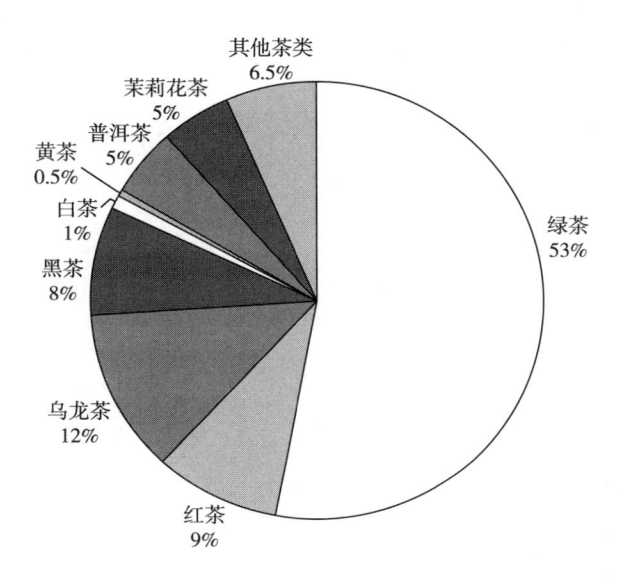

图 27　中国各类茶叶销售量占比

数据来源：中国茶叶流通协会

售总额也有所提升，名优茶效益明显。国家统计局最新数据显示：2015年精制茶主营收入增速约为12.5%，与上年相比增速基本持平，据此，以2014年主营收入1669.1亿元为基数，推算可知2015年全年精制茶行业主营收入约为1869.4亿元。据中国茶叶流通协会调查，名优茶与大宗茶销售额占比中，名优茶约占70%，大宗茶约占30%，同比分别增减4%。

3. 全国名优茶均价约为172.9元/千克，大宗茶均价约为55.9元/千克，大宗茶均价回调约5%，均价降幅略高于名优茶。茶叶销售均价总体略有回调，各茶类有降有涨。按茶类对比，红茶平均价格回调约7%，乌龙茶均价回调近10%，春茶均价回调约3%，白茶、黑茶均价上涨10%~15%，黄茶基本保持不变。

4. 通过多年来对茶文化及饮茶有益健康理念的宣传推介，中国茶叶消费的区域不断扩大。据中国茶叶流通协会2015年发布的消费报告，广东、安徽、云南、四川等主要产茶及传统茶叶消费大省茶叶消费量仍然继续居前并有所增长，特别是广东人均茶叶的消费量较高，年消费总量超过20万吨，

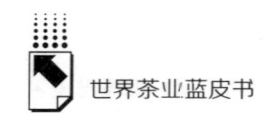

连续多年稳居中国茶叶消费大省。中国北方区域（华北、西北、东北等）市场经过多年培育已初见成效，已经成为茶叶消费规模快速增长的区域。

5. 中国茶叶流通协会2015年消费报告指出，2011~2015年，中国茶叶消费群体不断扩大，饮茶人口数量持续增加，由2011年的4.43亿人，增长至2015年的4.71亿人。随着茶叶消费格局的调整，便捷性的产品更为白领和高端消费群体所接受，风味属性更为丰富和更具娱乐性的产品，吸引了更多的女性群体和青年消费者。

6. 中国六大茶类中，黑茶、白茶等部分茶类适合存放，部分厂家、商家、茶叶爱好者及投资者都会主动存放。据中国茶叶流通协会调查，预计目前全国存茶总量在70万吨左右。与往年不同的是，有56%以上的受访地区和单位出现了被动的成品茶库存，甚至不少批发市场内也出现了积压。鉴于目前内销茶消费总量仅为约180万吨，新增茶园仍有40万吨的潜在产能，因此，新增产量和存量释放将对市场产生不小的压力。

（二）茶叶外销概况

"十二五"期间，由于受国际经济形势变化和部分国家（地区）绿色贸易壁垒等多重因素影响，中国茶叶出口一直徘徊在30万吨左右。出口产品结构仍以大宗散装原料茶为主，绿茶保持绝对优势，在茶叶贸易中发挥着支撑作用，占出口总量的80%以上。

1. 各类茶叶出口量

由于中国茶叶品质明显改善，成本持续上升，并且受人民币持续升值的影响，茶叶出口金额持续上涨，茶叶出口单价涨势明显（图28）。

截至2014年底，中国茶叶出口贸易国增至126个，出口市场相对集中，其中对非洲的茶叶出口量呈上涨趋势，对美国、日本、俄罗斯的出口量下降明显。全年从中国进口达到万吨以上的国家和地区主要包括：摩洛哥、多哥、乌兹别克斯坦、美国、阿尔及利亚、日本等11个，对这些国家的出口量占出口总量的66.5%。其中，摩洛哥长期稳居首位，约占出口总量的20%。2015年，面对严峻的国际贸易形势与国产农产品出口普遍下滑的态

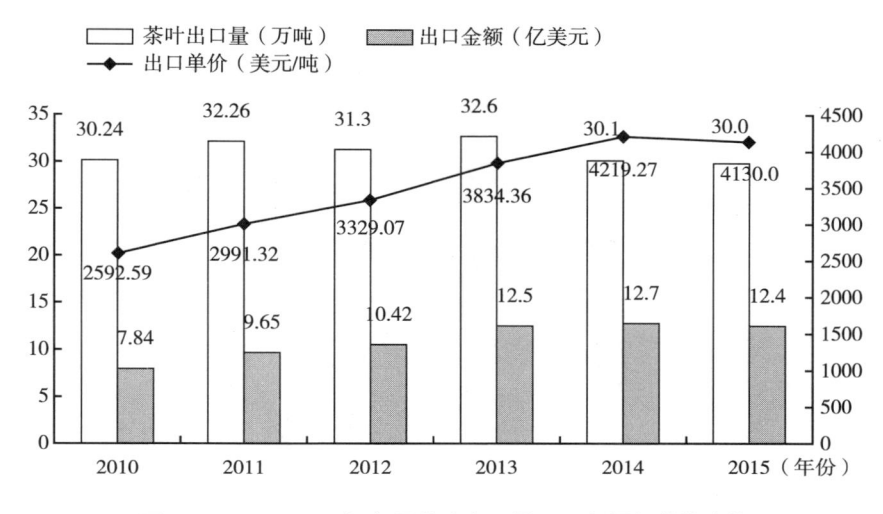

图 28 2010～2015 年中国茶叶出口量、总金额与单价走势

势，根据海关统计，2015 年 1～12 月，中国茶叶出口总量 32.5 万吨，出口额 13.8 亿美元，出口均价 4.25 美元/千克，同比分别上升 7.8%、8.6%、0.7%，特别是出口金额创历史新高，扭转了 2014 年全茶类出口下降的颓势。

2015 年 1～12 月，中国绿茶出口量 27.2 万吨，占总量的 83.7%，同比上升 9.2%；红茶出口量 2.8 万吨，占总量的 8.7%，同比上升 1.3%；乌龙茶出口量 1.5 万吨，占总量的 4.7%，同比下降 0.1%；花茶出口量 0.6045 万吨，占总量的 1.9%，同比上升 4.5%；普洱茶出口量 0.3284 万吨，占总量的 1.0%，同比下降 3.0%（见图 29）。

数据显示：（1）中国绿茶在出口量和出口额上继续保持绝对的优势地位，且出口数量与占比仍在扩展。巴基斯坦、美国和英国分别位居全球茶叶出口量排名第 2 位、第 3 位和第 4 位，2015 年，中国绿茶出口巴基斯坦 6050 吨，同比大幅上升 42.6%，美国 6762 吨，同比上升 10%，英国 1851 吨，同比上升 14.9%。欧盟也是国际上重要的茶叶消费地区，波兰、德国、法国分别位居欧盟国家茶叶进口量排名的第 2 位、第 3 位和第 4 位，2015 年，中国绿茶对该 3 国出口分别为 1430 吨、8984 吨和 4919 吨，同比分别上升 72.4%、2.6% 和 84%。

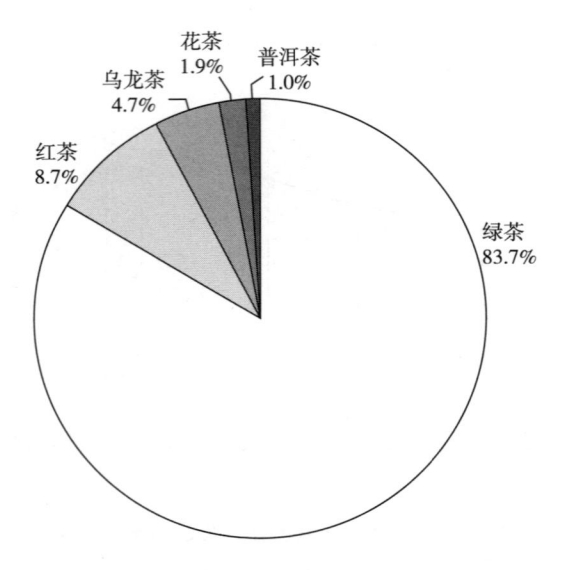

图 29　2015 年中国各类茶叶出口量占比

（2）红茶和花茶虽然面临着肯尼亚、斯里兰卡、越南等国家的挤压，但依然保持增长趋势，还存在小幅上升空间。

（3）乌龙茶、普洱茶是中国茶叶出口的传统茶品。近年来，出口份额呈持续下降趋势。

（4）人民币贬值对出口形成拉升。2015 年 1~7 月，茶叶出口走势波动起伏；自 8 月开始，由于人民币贬值，各出口企业相应调整了出口单价，提升了中国出口茶叶的国际市场竞争力，因此出口量出现增长。数据显示：8~12 月的月出口量连续大幅上涨，从而拉升了全年茶叶出口量水平。

2. 各类茶叶出口额

2015 年，中国绿茶出口额 10.1 亿美元，占总数的 72.7%，同比上升 5.5%；红茶出口额 2.1 亿美元，占总数的 15.0%，同比上升 42.3%；花茶出口额 0.51 亿美元，占总数的 3.7%，同比上升 8.6%；乌龙茶出口额 0.84 亿美元，占总数的 6.1%，同比下降 5.2%；普洱茶出口额 0.34 亿美元，占总数的 2.5%，同比下降 12.5%（见图 30）。

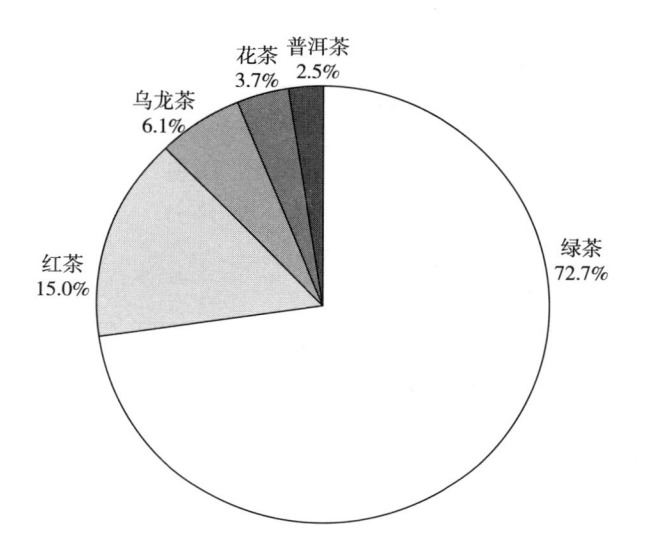

图30 2015年中国各类茶叶出口额占比

3. 各类茶叶出口均价

2015年，中国绿茶销售均价为3.69美元/千克，同比下降3.4%；红茶销售均价为7.34美元/千克，同比上升40.1%；乌龙茶销售均价为5.50美元/千克，同比下降5.2%；花茶销售均价为8.47美元/千克，同比上升3.9%；普洱茶销售均价为10.42美元/千克，同比下降9.9%（见图31、表13）。

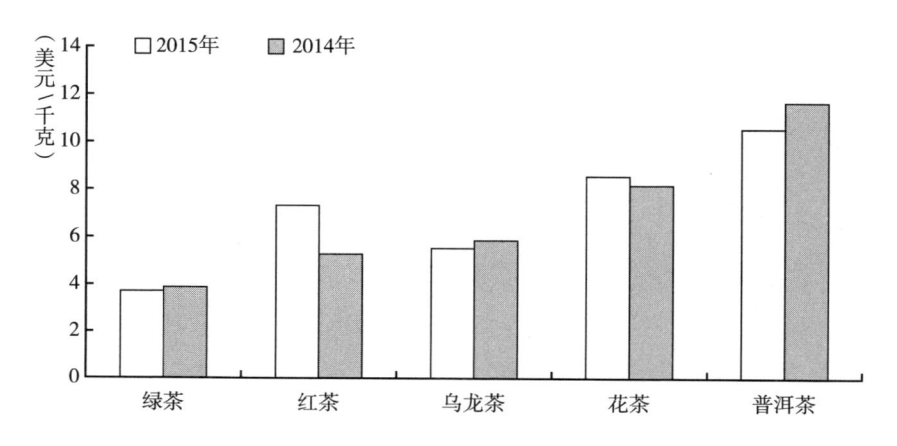

图31 2014~2015年中国茶叶出口均价变化

表13　中国茶叶出口均价

茶类	2015年出口均价（美元/千克）	2014年出口均价（美元/千克）	均价同比(%)
绿茶	3.69	3.82	-3.4
红茶	7.34	5.24	40.1
乌龙茶	5.50	5.82	-5.2
花茶	8.47	8.15	3.9
普洱茶	10.42	11.56	-9.9

数据来源：中国海关数据汇总

从目前情况看，出口均价虽然总体有所提高，但仍在中低位徘徊。近年来，在美欧等发达国家和地区，中国茶叶市场份额有所提升，带动了出口均价的提升。但中国茶叶主要出口国仍为发展中国家，这些国家消费力有限，相应的出口价格也较低，同时中国出口欧盟、日本等发达国家和地区的茶叶以散装原料茶为主，因此整体茶叶出口均价上不去，且与国内销售单价水平反差较大。

4. 各类茶叶外销面临的主要问题

首先是贸易壁垒严重。欧盟针对茶叶农残检测所制定的标准严苛，且检测方法多变，使中国输欧茶叶量长期居于低位。近10年来，中国出口欧盟的茶叶始终维持在2万吨左右；同时，传统主销市场日本在实施食品安全法后，从中国进口量最大的两个茶类中蒸青绿茶逐渐国产化，进口中国产的蒸青绿茶量锐减，乌龙茶则因为研发新品、健康宣传投入乏力以及产品老化，进口量从最高峰的2.2万吨下跌至2015年的不到1万吨，这两个因素造成对日出口连年急剧下降，输日茶叶总量从2007年的3.7万吨降至当前的1.3万多吨。

其次是饮茶文化差异。国际市场茶叶消费习惯与中国传统饮法差异较大，饮用红茶是世界茶叶消费传统，全球红茶消费额占茶叶消费总额的60%；而中国除红茶外其他种类茶叶的口味和冲泡方式在国际茶叶市场上认知度低，没有引起浓厚的品饮热情。同时，印度、斯里兰卡、肯尼亚等红茶生产大国是中国在国际市场上的长期竞争对手，近几年越南则以廉价的劳动力、低价的红绿茶价格也抢占了一部分国际市场空间。

最后是内外双重挤压。国内茶叶生产成本、检测费用不断上涨，而国外客户拒绝相应提价，在这种双重挤压下，国内多数出口型企业利润微乎其微，甚至难以为继。同时，在国内，由于茶叶产能过剩，企业更加关注茶叶出口，国内出口竞争加剧；在国外，肯尼亚、斯里兰卡、印度、越南等产茶国为谋求国际市场份额，与中国的竞争加剧，国际竞争环境日益严峻。

二 中国绿茶销售概况

1. 中国绿茶内销概况

十二五期间，中国茶叶市场呈稳定增长的发展态势，茶叶销售量增长56%；销售总额增长1倍多（见图32）。在茶类消费结构方面，绿茶作为中国产量第一位的茶类，目前仍是茶叶市场上的主流消费产品，占销售总量的50%以上。其他茶类销量随着市场消费需求的变化略有浮动，部分产品销售出现下滑。

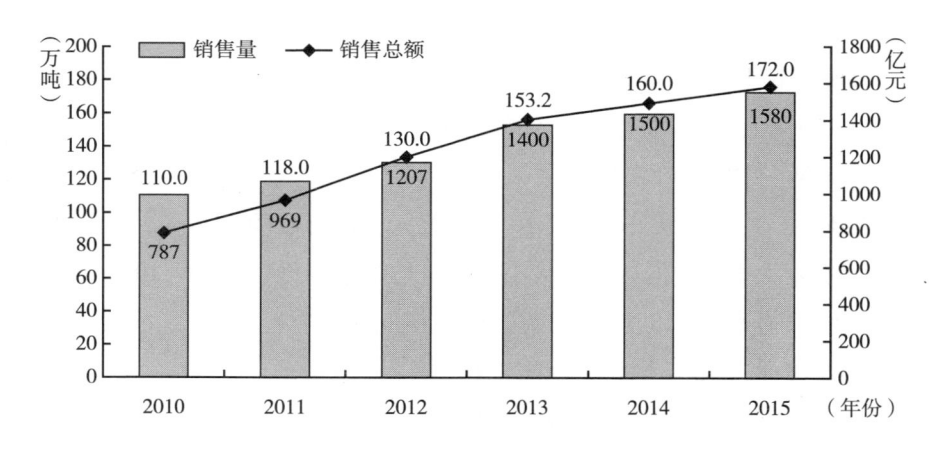

图32 2010～2015年中国茶叶内销变化情况

综观中国茶叶整体销售情况，内销依然是拉动全国茶叶经济发展的主要动力，2015年全国茶叶销售总量继续缓增，约为176万吨，增幅约为10%。各茶类市场份额较往年变动不大，绿茶约占市场总量的53%；全国名优茶与大宗茶销量占比分别约为43%和57%，与上年相比保持不变。

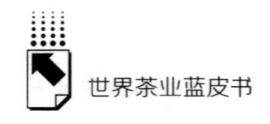

近几年，茶叶的消费区域与人群比例不断增大。目前，中国茶叶年消费量居前的省份分别为：广东、山东、安徽、河南、云南、四川、河北。北方地区已经成为茶叶消费规模快速增长的区域，华北、西北、东北等地的二三线城市市场增速最快。2015年，中国茶叶消费群体为4.71亿人；茶叶消费理念更为普及，尤其是校园茶文化的普及对青年学生发挥了巨大作用，并以"1+6"的模式带动了茶消费。

2. 中国绿茶外销概况

十二五期间，茶叶国际贸易由于受国际经济形势变化和部分国家（地区）绿色贸易壁垒等多重因素影响，茶叶年出口总量徘徊在30万吨左右。出口产品结构仍以大宗散装原料茶为主，其中绿茶保持绝对优势，在茶叶贸易中发挥着支撑作用，占出口总量的80%以上。

近年来，中国茶叶出口呈现出一年增、一年减的"大小年"波动走势。2015年持续这种走势，在前一年出口量比上年减少的基础上，2015年中国茶叶出口量额同比增长，出口量增长较快。2015年，中国茶叶出口总量为32.5万吨，较上年上升7.8%。其中，绿茶出口量27.2万吨，占总量的83.7%，同比上升9.2%，在六大茶类中同比增幅最大。

2015年，中国茶叶出口总金额为13.8亿美元，较上年上升8.6%，并创历史新高。其中，绿茶出口额10.1亿美元，占总数的72.7%，同比上升5.5%，在六大茶类中同比增幅最小。出口均价在中低位徘徊。2015年，中国茶叶出口均价为4.25美元/千克，较上年上升0.7%。其中，绿茶销售均价为3.69美元/千克，同比下降3.4%。

3. 标准化为绿茶的质量安全提供了有力的保障

中国政府对绿茶质量安全工作十分重视。到目前为止，中国制定的涉及茶叶的国家标准、行业标准和地方标准超过470项。标准已覆盖了绿茶的品质指标、卫生指标、检测方法、包装材料、贮藏运输、产地环境、茶树品种、种植、加工、茶叶机械、茶叶制品、茶叶加工场所、茶叶GAP、有机茶、绿色食品茶、无公害茶、地理标志产品等，使中国成为世界上绿茶标准种类最多、内容最齐全的国家。同时，有关部门组织实施了从茶园到茶杯的全程质量安全可追溯管理。因此，中国绿茶的质量安全得到了有力的保障。

4. 中国的名优绿茶及其品牌

中国绿茶的产茶历史悠久，积累了丰富的加工经验，全国各地创制了千姿百态的名优绿茶，在国内外茶叶市场享有盛誉。例如：早在1915年，产于浙江省景宁县的惠明茶就获得了"巴拿马万国博览会"金质奖章，此后一直被称为"金奖惠明茶"。1959年评选的"中国十大名茶"，其中绿茶就占了六个（西湖龙井、洞庭碧螺春、黄山毛峰、六安瓜片、信阳毛尖、都匀毛尖）。改革开放后，全国各地经常举办的名优茶评选活动有力地推动了名优茶的研制，绿茶品牌在市场经济条件下更是如雨后春笋般涌现，数以百计。如1984年、1986年"天坛"牌特级珠茶和特级珍眉分获第23届、第25届世界优质食品金奖；1988年"狮峰"牌极品龙井茶荣获第27届世界食品评选最高荣誉奖——金棕榈奖；1992年、1996年"骆驼"牌特级珍眉和特级珠茶分获第31届、第35届世界优质食品金奖。"天坛"牌和"骆驼"牌珠茶在历届广交会上成为最抢手的商品，客商云集，采购踊跃。在国内茶叶市场上，各地通过品牌培育与整合，也创制了一批绿茶名牌。例如2004年，浙江省评选推出了浙江省"十大名茶"（大佛龙井、开化龙顶、安吉白茶、西湖龙井、武阳春雨、松阳银猴、径山茶、金奖惠明茶、望海茶、绿剑茶）。2006年获首届中国名牌农产品称号的绿茶有：贡牌西湖龙井、竹叶青牌竹叶青、君山牌君山银针、汪满田牌黄山毛峰、采花牌采花毛尖、文新牌信阳毛尖、雄鸥蒸青绿茶、敬亭绿雪牌绿茶。2007年获第二届中国名牌农产品称号的绿茶有：玉品牌碧螺春茶、徽六牌六安瓜片、婺源绿茶、大明山牌绿茶、白沙牌绿茶、巴南牌银针、仙芝竹尖牌绿茶。2012年出版的由陈宗懋等著的《品茶图鉴》共收录了136个名优绿茶。

三 中国红茶销售概况

据中国茶叶流通协会调查统计，2005~2013年全国红茶内销量逐年上升,2005年内销量仅1.21万吨,至2013年达12.3万吨,是2005年的10倍;全国红茶内销量占全国红茶总产量的比重也逐年上升,2005年仅占25.3%,至2013年达78.9%;占比增加53.6个百分点;2003~2013年全国红茶的外销量略有下降,而红茶出口均价却大幅上升。2003年全国红茶出口4.0万吨,占全国茶叶出口总量(25.99万吨)的15.39%,出口金额3631万美元,平均价格为907.75万美元/万吨;2013年全国红茶出口3.3万吨,占全国茶叶出口总量(32.6万吨)的10.12%,出口金额达13000万美元,平均价格为3939.39万美元/万吨(见图33、图34、图35)。

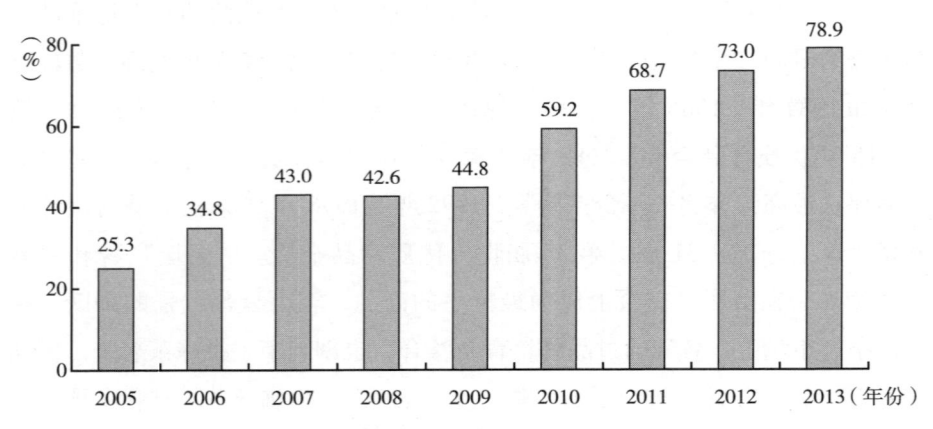

图33 2005~2013年全国红茶内销量占全国红茶总产量的比重

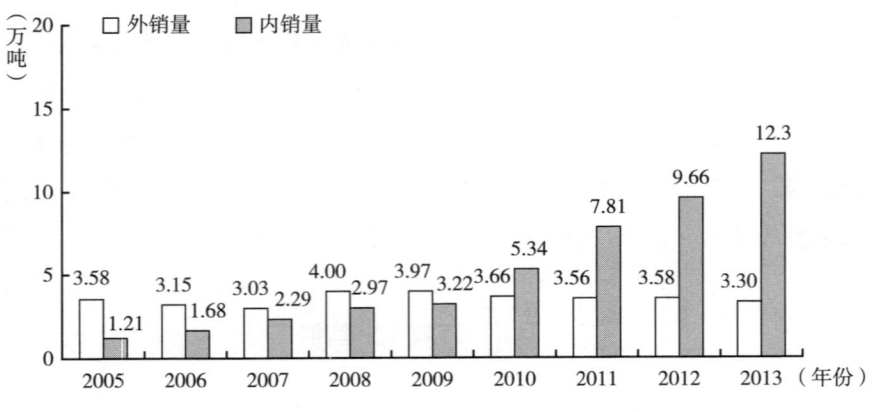

图34 2005~2013年全国红茶外销量与内销量

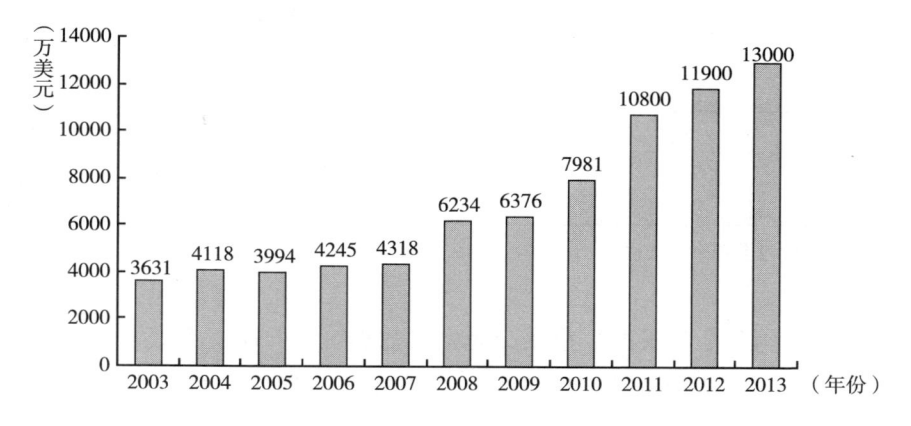

图35 2003~2013年全国红茶出口金额

四 中国乌龙茶销售概况

"十二五"期间,中国茶叶市场呈稳定增长态势。2015年,尽管中国宏观经济总体下行,但由于茶叶消费群体不断扩大,茶叶消费仍然平稳增长,消费对经济增长的贡献率稳定提高。综观中国茶叶整体销售情况,内销依然是拉动全国茶叶经济发展的主要动力,外销形成"V"形反转,遏制了2014年全茶类出口下降的颓势。

(一)乌龙茶内销

"十二五"期间,中国乌龙茶国内市场需求旺盛,销量平稳增加。其中,福建省乌龙茶类内销呈北强南弱之势(武夷岩茶等闽北乌龙茶销量增加,安溪铁观音等闽南乌龙茶销量减少)。据中国茶叶流通协会综合推算,2011年全国茶叶销售总量为118万吨,乌龙茶约占总量的15.3%,市场销售量为18万吨。2015年全国茶叶销售总量继续缓增,估计为176万吨,增幅约为10%。各茶类市场份额较往年变动不大,乌龙茶约占总量的12%,市场销售量为21.12万吨,销售均价略有回调。2015年全国乌龙茶市场销售量比2011年增加3.07万吨,增长17.0%(见图27、表14)。乌龙茶均价回调近10%。

表14　2011～2015年中国茶叶内销量变化

单位：万吨

年　份	2011	2012	2013	2014	2015
茶叶总量	118	130	153.2	160	176
乌龙茶	18.05	17.81	18.38	19.2	21.12

数据来源：中国茶叶流通协会

根据中国茶都（安溪）市场交易实时数据统计，2015年，中国茶都毛茶（安溪）交易大厅全年茶叶交易2.08万吨，比2014年的2.25万吨减少1700吨，下降7.56%。交易额22.41亿元，比2014年的25.23亿元减少2.82亿元，下降11.2%。平均单价略低于2014年（见图36）。

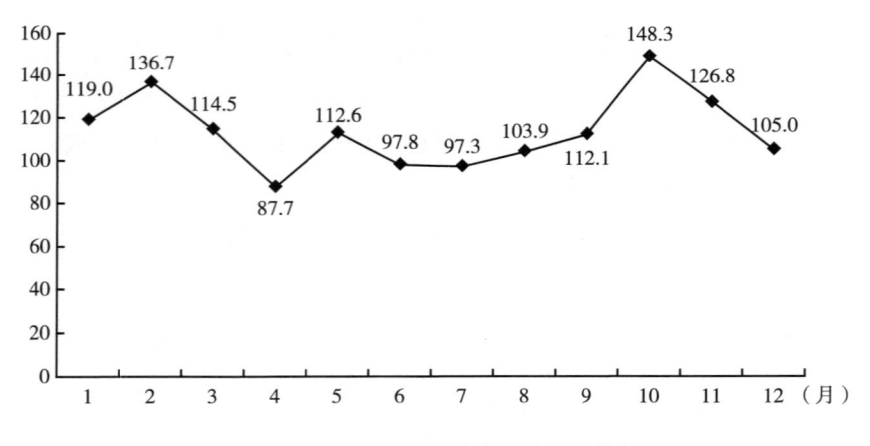

图36　2015年安溪铁观音茶叶价格指数

从实时数据和现场监测情况看，乌龙茶销售主要呈现以下特点。

1. **市场交易基本保持平稳。**随着中国经济增长的减速，以及多茶类的崛起，铁观音不再一枝独秀，但其市场占有量基本保持稳定。从4月春茶上市后至12月冬茶结束，市场月交易量基本在2000吨左右，秋茶上市的10月达到全年的高峰，达3802吨。全年交易量稳定在2万吨以上，交易额稳定在22亿元以上，虽然均比2014年度略有下降，但没有出现大起大落的现象。

2. 市场交易茶叶档次逐渐趋于金字塔形。低档茶交易数量大，中档茶占比比以往略减，高档茶交易数量有所减少。这反映了两个问题：一是茶叶消费越来越理性，不再盲目追求高价位，中、低档消费成为市场主流；同时也说明随着茶叶电商的快速发展，茶叶消费人口在扩大。二是反映了茶叶生产的实际情况。因生产成本的不断提高，以及单个农户茶叶产量的提高，茶园管理和制作上的投入受到影响。特别是从安溪以外产区流入市场的茶叶，低档茶占比大。这从市场交易件数下降、平均件重上升这一事实得到佐证。

目前，中国乌龙茶在国内的销售渠道主要有茶叶市场、茶叶店、超市、商场、网络商铺、茶楼和茶馆等。其中，茶叶市场通常集各类茶叶的批发零售于一体，但以大宗批发为主，兼带一部分零售。茶叶店又分为企业品牌专营店和一般个体经营店，以茶叶零售为主。商场、超市通常以零售专柜、专区等形式进行茶叶零售。网络商铺则是依托互联网新发展起来的茶叶交易模式，与传统市场相比，具有独特的优势。

（二）乌龙茶出口

十二五期间，由于受到国际经济形势和进口国绿色贸易壁垒等因素的影响，中国茶叶出口总量一直徘徊在30万吨左右。2015年，中国茶叶出口总量为32.5万吨，较上年上升7.8%。其中，乌龙茶出口量1.5万吨，占总数的4.7%，同比下降0.1%；2015年，中国茶叶出口总金额为13.8亿美元，较上年上升8.6%，并创历史新高。其中，乌龙茶出口额0.84亿美元，占出口总额的6.09%。2015年，中国茶叶出口均价为4.25美元/千克，较上年上升0.7%。其中，乌龙茶销售均价为5.50美元/千克，同比下降5.2%。2015年中国乌龙茶出口量比2011年（1.79万吨）减少0.29万吨，减少16.2%，占全国茶叶出口总量的比例也比2011年（5.5%）减少0.8个百分点，但2015年出口均价比2011年（4.14美元/千克）增加1.36美元/千克。说明，目前中国乌龙茶尚未成为国际茶叶消费主流产品，在国际市场暂无优势。

五 白茶销售概况

(一)白茶内销概况

1. 内销数量

近年来,中国白茶产业呈现出良好的发展态势,销量持续增加。福鼎白茶的销售已从出口为主逐渐转向内外销共同发展,内销开始占据主流。2009~2014年,该市白茶内销量逐年递增,分别为1750吨、2075吨、2611吨、3054吨、3992吨、4738吨,平均年增长率为22.04%。白茶从2011年开始进入济南茶叶批发市场,近几年尽管价格不断走高,但仍受到不少茶叶商家和茶客的追捧,销售量也稳步上升。

2. 内销金额

从北京、济南、上海等地的汇总数据看,近两年来白茶价格涨幅最为显著。根据2014年马连道白茶价格指数统计,北京地区白茶价格在2014年5月达到峰值,月均批发成交价格约为420.1元/斤,零售月均价格为705.2元/斤;10月平均价格最低,批发月均成交价格为204.62元/斤,零售月均成交价格约为283.23元/斤(见图37)。

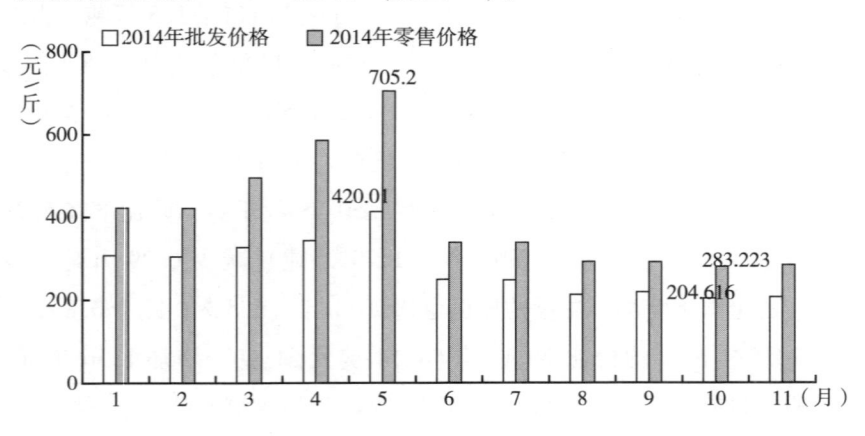

图37 北京马连道2014年白茶零售与批发价格高低值

随着白茶在济南市场的流行，白茶价格也一路走高，以品品香2013年老白茶"大儒风范"为例，从2013年的每饼500多元到2014年涨到每饼800多元，增幅达到了60%之多。其他白茶品牌产品也保持着每年近20%的涨幅。

另上海市茶叶行业协会对上海市11家骨干白茶销售商的入户调查显示：2013年白茶销售总量为18500斤，销售总金额为180万元，而2014年白茶销售总量剧增至104037斤，销售总金额达到1863万元；销售总量同比增长462%，销售总金额同比增长935%。且老白茶的平均价从每饼几十元、近百元，上涨至目前的每饼300~500元。特别是一些品牌白茶的连续调价，进一步推高了白茶的价格。

目前，白茶销售仍以加盟、连锁、直营、商超、批发等传统营销模式为主，但在传统渠道之外，新兴的白茶电商发展也极其迅猛。以2013年、2014年的"双11"销售金额对比为例，在各茶类中同比增长率最高的是白茶，由2013年的65万元暴增到2014年的165万元，增长率达到153.8%。

3. 产品结构

根据对茶叶销售企业的情况调查和消费者的反馈，南北方消费者对白茶产品有着不同的选择。在北方地区，白茶销售需求量最大的品类为白牡丹和寿眉，约占总销售量的70%。而在南方地区，具有特异品质和保健功效的白茶产品越来越受消费者青睐，如花香型白茶产品、高茶氨酸白茶、低咖啡碱白茶等。白茶产品的多样化依赖于茶树种质的不断创新，具有特异性状的茶树种质资源具有良好的开发潜力和广阔的市场前景。调研显示：银针、牡丹、寿眉等各个品类，三年及以上的老白茶销售量明显高于新茶，且年份长的老白茶的销售呈稳步增长的趋势。大部分白茶消费者都会将一部分白茶进行收藏。

4. 品牌塑造

近几年，福鼎市持续加大对获得（福鼎白茶地理标志商标）授权许可的企业所产茶叶的质量安全检查监督，确保白茶的质量安全，把福鼎白茶打造成生态茶、健康茶、放心茶。全市147家QS取证企业中有90家知名白茶

企业获得国家地理标志商标授权许可；福建茶叶进出口有限责任公司"蝴蝶牌"，坚持从茶园、原料、生产、产品质量安全等方面实行可溯源体系管控，从20世纪90年代末期开始至今已获得ISO9001/ISO2200（HACCP/FSSC22000/ISO14001/QS）管理体系认证以及日本、欧盟、美国和国内有机认证，并坚持以"国际标准"打造"国际品牌"，被福建省政府授予"国际知名品牌"称号；政和县通过QS认证企业26家，新增投产企业3家，市级以上龙头企业11家，已有白牡丹茶叶有限公司、茂旺茶业有限公司、茗香轩茶厂等5家茶企生产的白茶获福建省名牌产品称号；瑞茗茶业有限公司注册的"daoxiang"、云根茶业有限公司注册的"云根"等6家茶企的商标被认定为福建省著名商标。根据市场调研，目前全国知名白茶企业包括品品香、绿雪芽、六妙、鼎白等品牌，在北方地区均有固定的市场占有份额和稳定的消费群体。

（二）白茶出口概况

近年来，中国白茶出口呈总体平稳且略有增长的态势，但出口增幅均不大，白茶出口数量占中国各茶类出口总量的份额仍然非常小。根据海关统计，2014年白茶出口总量600多吨，其中，通过福建口岸直接出口300多吨，广东口岸出口约200吨，其他口岸约100吨；出口至中国香港和中国澳门约400吨，出口至欧盟地区（主要为德国）约100吨，出口至北美及南美地区约100吨。

（三）相关产业

白茶的热销带动了白茶文化产业和茶旅游业的发展。目前，福鼎市将白茶文化创新作为塑造品牌、开拓市场的重要营销战略。同时，加强对福鼎白茶加工工艺及保健功能的开发与宣传，使之成为白茶营销的重要特色之一。此外，白茶旅游的兴起延伸了传统茶产业链条，增加了茶产品附加值，使茶产业从第一、第二产业向以茶为载体的第三产业拓展，将具有地域特色的福鼎茶园、茶产品、茶文化、茶艺茶道等贯穿于一体，培育当地茶产业和旅游业品牌的忠诚度和重游率，并为许多农民和农村剩余劳动力就地转移提供了就业机会。

六 黄茶销售消费概况

中国茶叶流通协会发布的《2013全国黄茶产销分析报告》认为，全国黄茶产销呈现以下四个特点。

（一）黄茶所占总量偏小

根据中国茶叶流通协会的调研结果，2013年中国黄茶总产量约为6980吨，占全国茶叶总产量（179万吨）的0.39%。其中，湖南（3500吨）、安徽（2700吨）、四川（650吨）三个省份的黄茶产量合计占全国黄茶总产量的98%（见图38）。总体呈现出黄茶产地区域集中性强、但产量不大的特点。

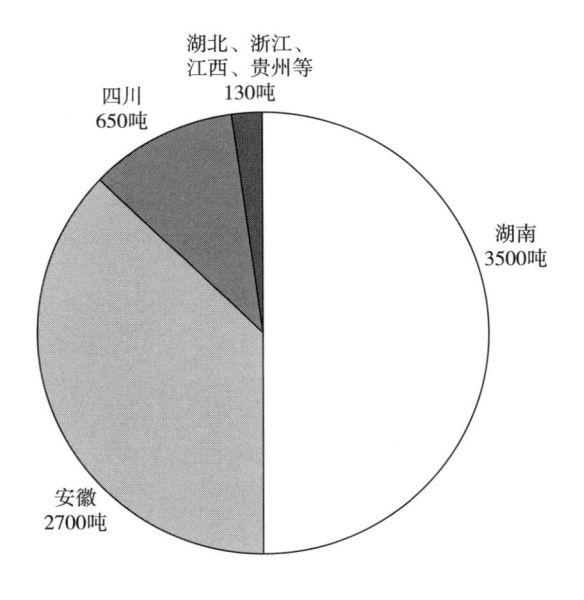

图38 2013年各省黄茶生产情况

（二）销量持平价格适中

根据中国茶叶流通协会的调研结果，中国黄茶市场目前整体处于起步阶段，生产一般都是按需定制，产销基本持平。在价格上，中高端的黄芽价格定位虚高（见图39），顶级黄芽茶每千克均价多在千元以上，如：君山银针新茶上市时，其顶级的金镶玉市场售价可达33600元/千克。但因产量最大的霍山黄芽销售价格稍低，摊薄了整体黄芽茶均价。

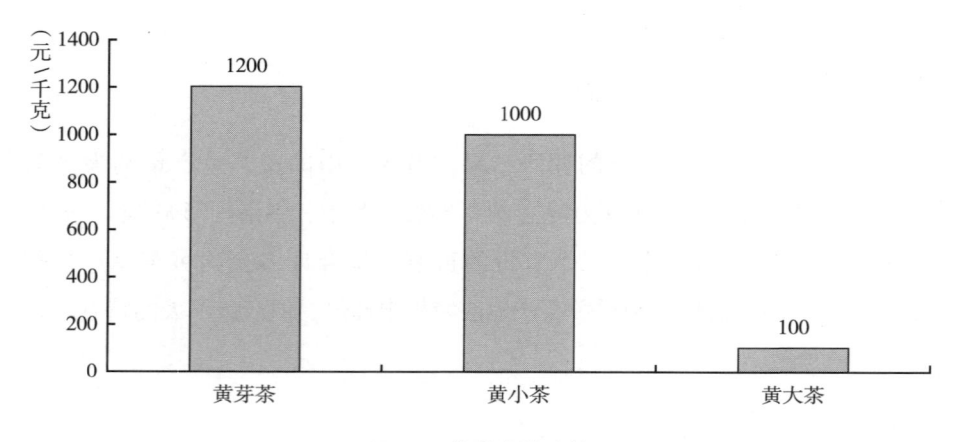

图39 黄茶均价比较

（三）产茶县黄茶产销低

根据中国茶叶流通协会的调查结果，2013年全国重点产茶县实现茶叶产值666.0亿元，占中国茶叶总产值的72.1%。黄茶产值偏小（为2.1亿元），约占重点产茶县总产值的0.3%。另据调查结果，2013年全国重点产茶县的黄茶均价约为67.8元/千克，虽然均价高于普洱茶和黑茶，但是由于黄茶自身产量有限，其产值依然排在其他茶类之后（见图40）。

（四）百强茶企产销增长

根据全国茶叶行业百强企业的调查结果，2013年百强企业的茶叶总产量为58.62万吨，占全国茶叶总产量的32.75%。其中，从事黄茶生产经营的百强企业有14家，其年度总产量约为0.36万吨（见图41），占百强企业茶叶总产量的0.6%。另外，2013年度百强企业黄茶销售额为6.64亿元，

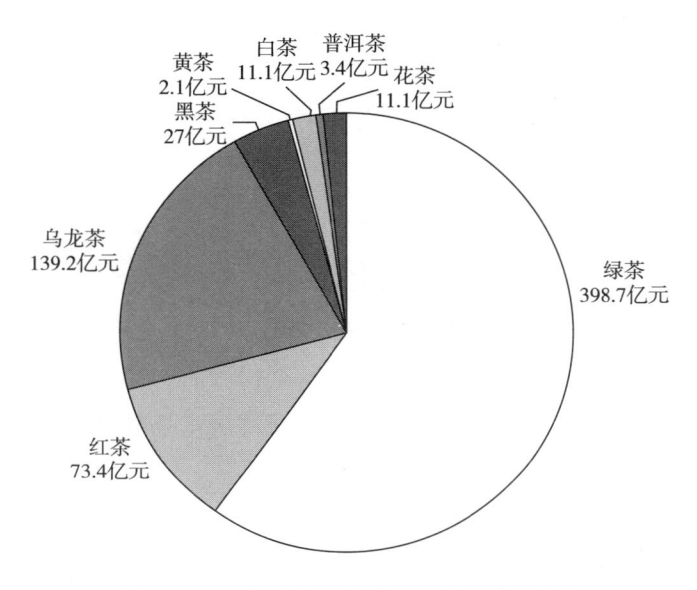

黄茶 白茶 普洱茶
2.1亿元 11.1亿元 3.4亿元 花茶
黑茶 11.1亿元
27亿元

乌龙茶
139.2亿元

绿茶
398.7亿元

红茶
73.4亿元

图40　2013年全国重点产茶县主要茶类产值

占各类茶叶总销售额（389.25亿元）的1.71%。虽然黄茶整体发展并不乐观，但中国黄茶销售额正呈逐年上涨的趋势。

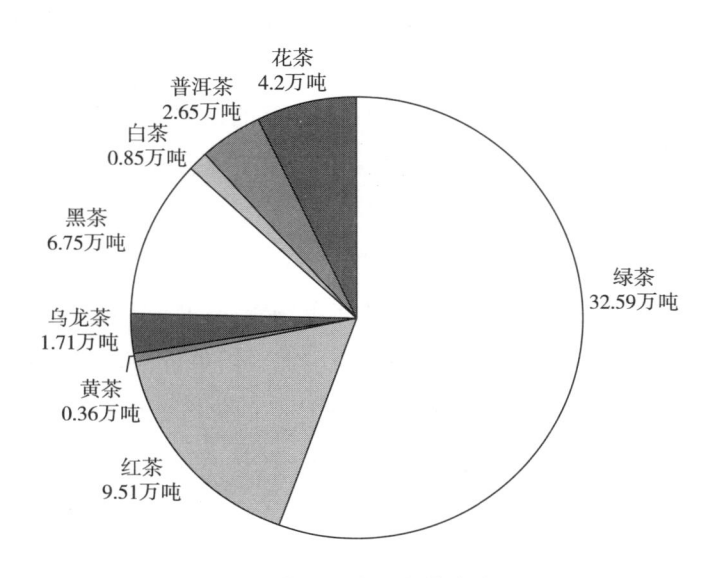

花茶
4.2万吨
普洱茶
2.65万吨
白茶
0.85万吨

黑茶
6.75万吨

绿茶
32.59万吨

乌龙茶
1.71万吨

黄茶
0.36万吨

红茶
9.51万吨

图41　2013年百强企业各茶类产量分布

七 黑茶销售状况

（一）普洱茶内销市场

2009~2014年，云茶市场营销网络覆盖全国各省（区、市），并延伸至二、三线城市（镇），消费群体由华南、西南片区逐步拓展到西北、东北、华北等地区。目前，全国已有2万多个云茶代理店、经销点，营销人员近4万人，市场营销网络初步形成，全国各主要销区市场颇见成效。主要特点有如下几点。

1. 量价齐升，同步稳增

广东省是全国最大的普洱茶销售市场。近年来，广东省基本上每年都要消化普洱茶总产量的七成左右，其中90%以上集中在广州、深圳、东莞、中山、珠海、佛山、江门、惠州、肇庆等珠三角地区城市。据广东省茶业行业协会统计：2009~2014年，广东省累计销售普洱茶约30万吨，其中出口到港澳台及东南亚地区的超过1万吨；年销量从2009年的3万吨到2014年的7万吨，增长了一倍多。在价格方面，大宗普洱茶从2009年的40元/千克涨至2014年的80元/千克，翻了一番；目前，高端产品价格在1000~2000元/千克，中端产品达到了400~600元/千克，与2009年相比，涨幅均在200%以上。

据统计：该市场内的普洱茶销售量2009~2010年提升了20%，至2013年则几乎翻了一倍，即使在2014年整体市场看淡的情况下，普洱茶销售仍保持了10%左右的增长。随着销售量的增加，销售价格也不断攀升，特别是纯料古树茶、印级老茶、名山名寨茶等产品的价格更是一路飙升。上海市茶叶行业协会抽样调查后分析认为：2009~2014年，上海普洱销售量年均涨幅在20%左右，销售金额在6年间增长了3倍，年均递增约32%。

2. 新常态下，增速放缓

2014年各主销区均出现销售放缓、库存增加、价格缓增的状况。市场出现了近年来少有的低迷景象。总体来看，广东省2014年全年的普洱茶总销量（含流转量）在7万吨左右，与上年基本持平；但库存量明显增加，估计占总量的三成以上。2014年济南市场上普洱茶量价增速明显放缓，商家库存更加谨慎，部分茶品的价格甚至出现了回落，特别是被收藏市场追捧的老茶、名山茶降幅最大。

3．强化品牌，扩大宣传

在济南市场，从2009年到2014年普洱茶品牌数量激增2倍以上。在大益、下关、中茶这样的传统品牌企业蜕变成长的同时，雨林、润元昌、津乔等一批新生代普洱茶企业也在迅速崛起。对推广和传承饮茶文化传统、促进普洱茶的传播、培育大批普洱茶爱好者，发挥了重要作用。与此同时，2014年，益本堂、永明、石雨益昌号等品牌均开始在上海设店进行总经销；主要经销绿色方圆老同志的上海昊展茶叶公司，仅用一年时间就开设了十多家体验中心，拓展了百余家专柜，年销售额也从2009年的百万元级跃升至2014年的千万元级。此外，越来越多的茶叶企业开始重视互联网营销，一大批普洱茶企业将试水电子商务领域。

（二）普洱茶外销市场

据中国海关统计，2014年1~12月，中国普洱茶出口量额齐跌：出口量3385吨，成交金额3915万美元，同比分别下降24.99%和9.63%。多个普洱茶主销市场出口量和出口金额大幅下降，其中以日本、韩国和中国台湾省最为明显。2014年普洱茶对日出口41.66吨，金额170万美元，分别降低35.72%和36.36%；对韩出口6.11万吨，金额162万美元，分别下降了45.79%和39.68%；对我国台湾省出口25.53吨，金额401万美元，分别降低74.73%和75.4%。与此同时，普洱茶出口均价同比上涨20.5%。茶叶出口量减少的原因：一是茶叶出口价格涨幅较大，抑制了市场需求，贸易量下降；二是欧盟、日本等地茶叶农残检测标准严苛、检测方法多变；三是日本市场持续不景气；四是我国台湾地区严查以普洱茶名义出口的绿茶，造成出口受限。

（三）梧州六堡茶的销售情况

近年来，六堡茶因其独特的品质风味和保健功能被人们所认识，国内外销量持续上涨，发展态势良好。自2007年起，六堡茶逐渐建立了辐射全国的销售网络及相关渠道，改进营销策略，培育市场需求。现如今，除了广西、广东、香港等国内传统销区外，六堡茶已在北京、上海、河南、黑龙江等全国20多个省区市建立了消费市场并稳步扩张。据不完全统计，除去出口及贮存的茶叶量，2013年六堡茶全国内销量近8000吨，同比增长11.58%，销售总额达8.5亿元，增幅3.48%，市场潜力巨大（见图42）。

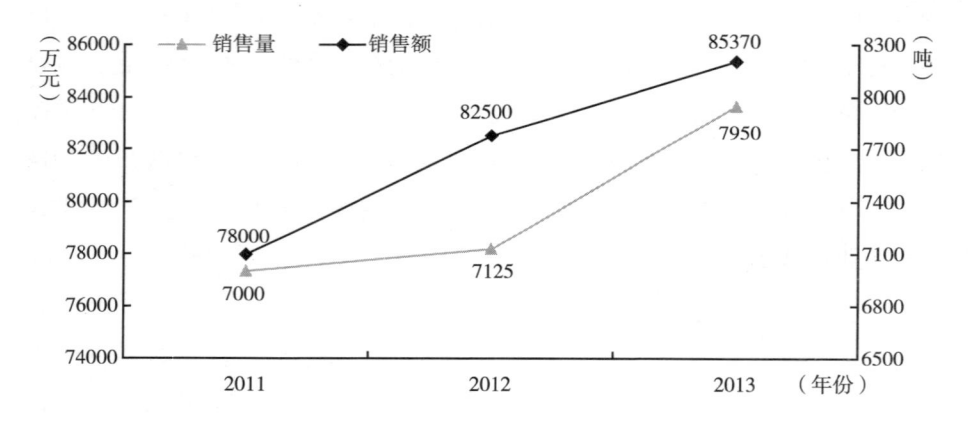

图42 2011~2013年梧州六堡茶销售情况

梧州是中国"海上丝绸之路"的起始点之一，梧州六堡茶自古便通过西江水道船运外销，出口到世界各地。21世纪以来，马来西亚、新加坡等东南亚国家一直是六堡茶的主要出口地区。据统计，2013年六堡茶出口量共计266.9吨，同比增长5.74%，出口金额达到122.3万美元，同比上涨31.9万美元，增幅35.29%，平均单价涨至4582.24美元/吨，同比增长27.94%，发展势头强劲，前景良好。多家六堡茶生产企业积极参加中国香港、马来西亚、日本静冈等地的国际茶博会，不断提高六堡茶的国际知名度，进一步带动了六堡茶产业的发展，拓宽了六堡茶的出口市场（见图43、表15）。

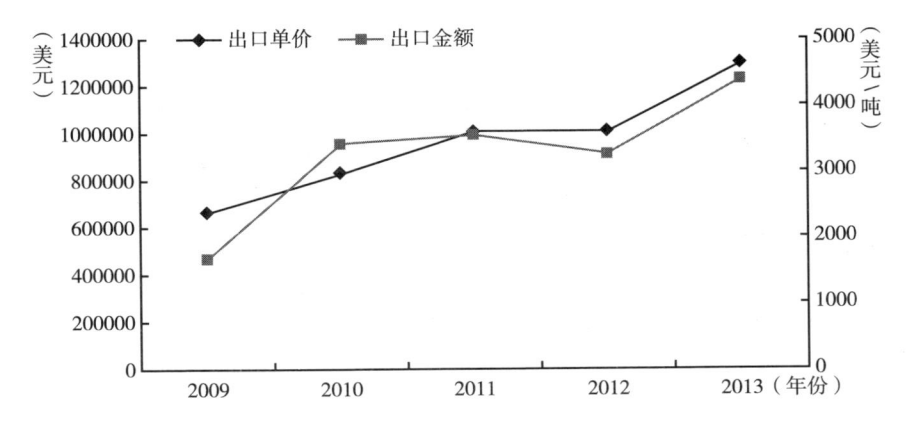

图43 2009~2013年梧州六堡茶出口情况

表15 2009~2013年六堡茶出口情况

年份	出品量（吨）	出口金额（美元）	平均单价（美元/吨）	出口量同比（%）	出口额同比（%）	单价同比（%）
2009	195.96	458030	2337.39	—	—	—
2010	325.95	953750	2926.03	66.34	108.23	25.18
2011	275.73	981455	3559.52	-15.41	2.91	21.65
2012	252.40	904000	3581.62	-8.46	7.89	0.62
2013	266.90	1223000	4582.24	5.74	35.29	27.94

（四）六堡茶茶叶加工标准化及品牌建设

2009年，梧州市政府从行业发展思路、目标、政策、资金、技术、市场等方面针对六堡茶产业制订了全方位的规划、引导和扶持政策。六堡茶产业相关部门及企业积极与高校及科研院所等单位合作，共同探讨六堡茶生产技艺的改进措施，解决生产过程中的关键技术问题，现已研制了一批先进的清洁化、连续化、标准化生产线，采用发酵罐、发酵箱等发酵设备代替原来的地面渥堆发酵，使企业生产环境、卫生条件、机械化水平得到了一定的提升，在保持传统加工工艺的同时大大增加了六堡茶生产的科技含量，提高了生产效率和产品质量。2009年，"六堡茶"被列入广西非物质文化遗产，并

于2011年经国家质检总局批准成为地理标志保护产品，梧州市政府随即出台《六堡茶地理标志产品专用标志使用管理办法》，加强对当地茶叶品牌的管理和保护，净化市场环境，为全面实施茶叶产业品牌化提供有力保障。

目前，六堡茶已有《GX-CIQ88-2003六堡茶》《DB45/T435-2007六堡茶生产技术规程》《DB45/T 479-2008六堡茶加工技术规程》《DB45/T581-2009六堡茶》4个行业或地方标准，业已逐步推广应用。且有多家六堡茶生产企业获得产品质量QS认证和ISO9000质量管理体系认证，进一步提高了六堡茶行业的标准化水平。近期，中国茶叶流通协会名茶专业委员会与梧州市六堡茶协会共同主办，评选广西壮族自治区梧州茶厂的三鹤牌六堡茶、梧州中茶茶业有限公司的中茶牌六堡茶以及广西梧州茂圣茶业有限公司的茂圣牌六堡茶为2014年中国六堡茶推荐品牌。

八 花茶销售概况

（一）内销

1. 销售量

2010~2014年，茉莉花茶市场推广力度不断加大，销售网络由一线城市延伸至二三线城市，销售区域拓展至华南等新兴地区（见图44）。

近年来，中国茉莉花茶年产量的七成左右都被华北地区所消化。其中60%以上集中消费在北京、天津、济南、石家庄等大中型城市，剩余的部分则被农村市场消费。但随着经济高速发展与大流通的兴起，各茶类开始汇聚北方市场，彻底打破了茉莉花茶独霸北方市场的固有格局。尤其是在2013年和2014年，茉莉花茶所占市场份额明显减少。以山东地区为例，近五年来，省内各茶叶市场中花茶的年消费量基本保持在总销售量的50%~55%。在济南茶叶批发市场中，目前虽然有90%以上的业户经销茉莉花茶，且有约100家的业户自主从事茉莉花茶加工，但目前该市场中

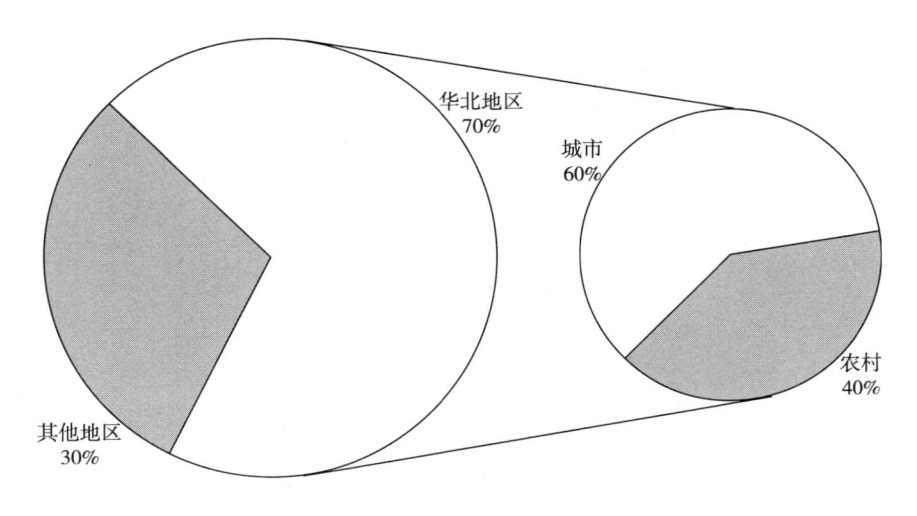

图44 中国大陆茉莉花茶消费区域分布示意图

的花茶经销量所占市场交易量份额已从原先的40%下滑至23%左右（见图45）。在天津市场，由于绿茶、红茶、黑茶及白茶大力抢占市场，茉莉花茶近年来的市场份额已由20世纪90年代中期的80%下降至目前的45%左右。

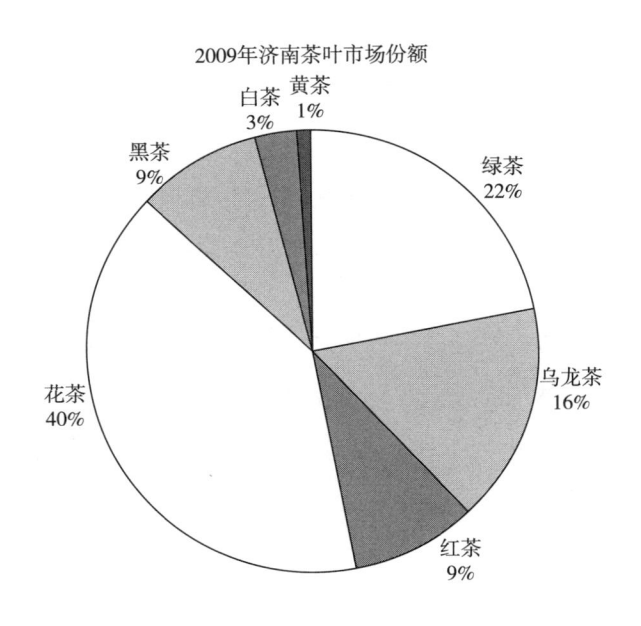

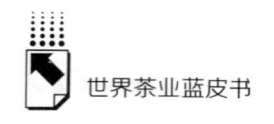

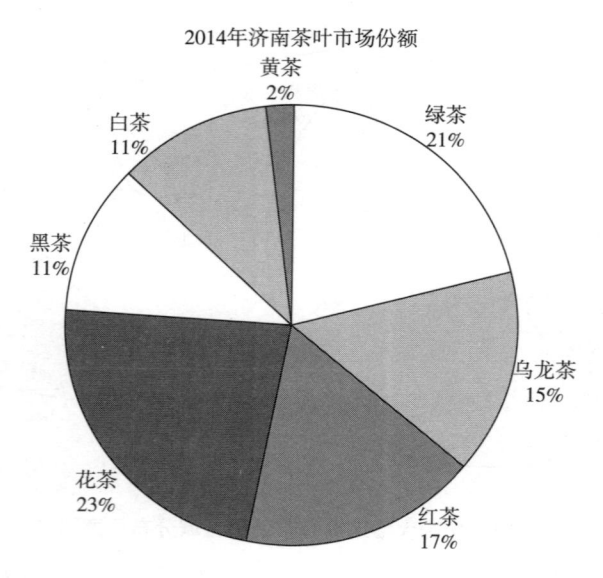

2014年济南茶叶市场份额
- 黄茶 2%
- 绿茶 21%
- 乌龙茶 15%
- 红茶 17%
- 花茶 23%
- 黑茶 11%
- 白茶 11%

图45　2009年VS 2014年济南茶叶批发市场茶类占比情况

尽管市场份额在下降，但据经销企业反映：茉莉花茶在北方市场的整体销量仍在稳定增长，只是增幅低于其他茶类。在北京市场，茉莉花茶的上升趋势更为明显：以张一元为例，该公司销售量连续数年保持同比两位数增长，其中茉莉花茶占到80%以上。京城另一家老字号——吴裕泰公司——也反映：该公司茉莉花茶销售量与销售额持续上升，现在已占公司全部茶叶销售量的50%以上。该公司的报告详尽指出：2010～2014年，虽然社会购买力在增强，但各阶层增速不同，低收入人群增速缓慢甚至出现逆向增长；中收入人群购买力有所上升；高收入人群购买力大幅上升（见图46、图47）。

中国茶叶流通协会综合调研数据显示：目前在北京、天津、济南、石家庄、太原等一二线城市中，中老年人群是茉莉花茶消费的忠实粉丝，但随着茉莉花茶加工工艺的改善、品种和档次的提升，许多年轻消费者正在加入茉莉花茶消费者的行列，占比逐渐扩大。此外，辽宁茶协最近提交的一份产销报告称：目前辽宁茶叶市场上茉莉花茶在全茶类中的份额占比最大，几乎达到四成。

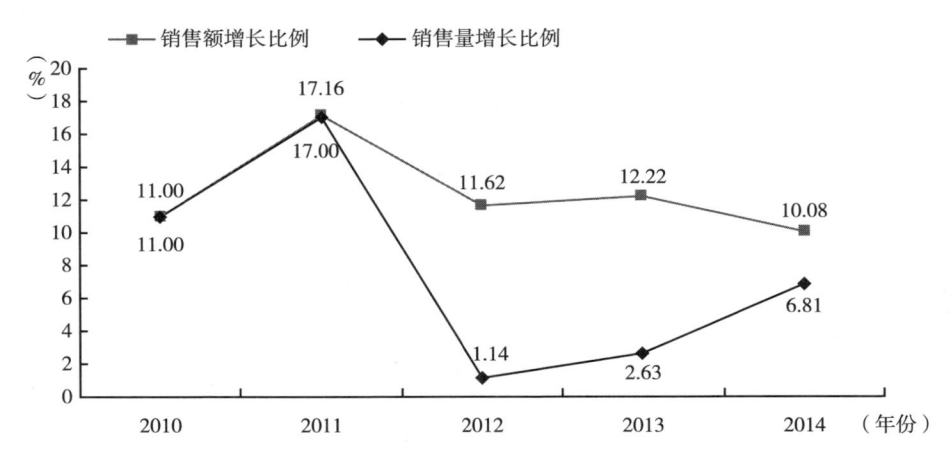

图46 吴裕泰2010~2014年茉莉花茶销售量与销售额增长比例

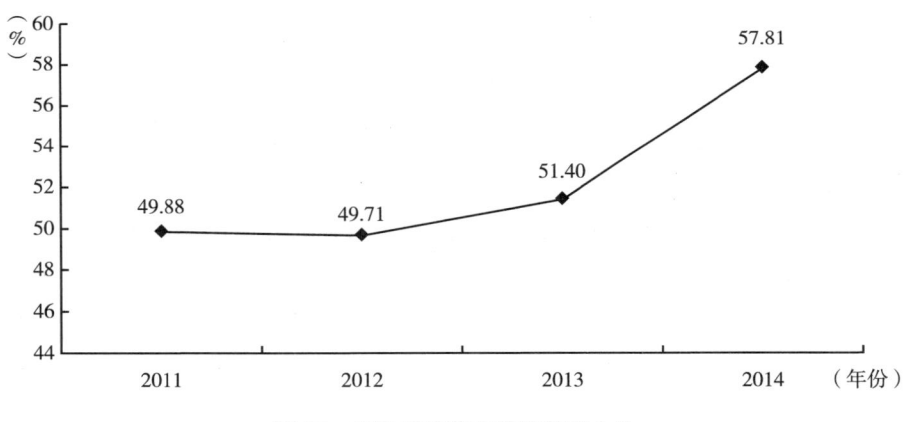

图47 吴裕泰茉莉花茶销售额占比

2. 价格

在销量缓增的同时，随着全社会消费能力的提升，茉莉花茶价格也在逐渐上升。仅2014年，中国茉莉花茶的产地成本均价就达到了70元/千克，较2013年的62元/千克上涨12.9%，直接带动了终端销售市场的价格提升。以济南茶叶市场为例，2009年大众消费级茉莉花茶价格在100元/千克左右，至2013年已涨到200元/千克左右；而到2014年、2015年，百元以上的品牌茉莉花茶成为市场的主销品种。特别值得关注的是，在2013~2015

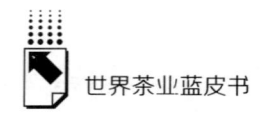

年，价格在600元/千克以上的高档手工茉莉花茶及品牌茉莉花茶的销量呈加速上升趋势，而且价格2千元/千克的手工花茶也在逐步走俏，带动了整个市场内产品均价的提升。

在北京，一些老字号企业的畅销茉莉花茶散茶的均价也在不断提升，由最开始100元/千克的产品变为现在400元/千克的产品，中档茉莉花茶价格在200~600元/千克，部分高端茶价格在1000~4000元/千克之间。以吴裕泰公司为例，终端花茶销售量和销售额逐年稳步上升，销售额增速大于销售量增速，消费者的消费水平向中高档品质转移，低档花茶销售相对稳定。另一方面，随着近几年花茶制作成本的提高，终端销售价格也有所调整，但符合低档消费的200元/千克以下的花茶产品有所保留，目前公司主流销售价格在200~600元/千克，高档销售价格在1000~10000元/千克。

3. 产品结构

从窨制工艺看，三窨、四窨的花茶在北方茶叶市场是主流产品。从产地看，广西横县的茉莉花茶占市场的75%以上，福州、犍为、元江则相对较少。但从2012年开始，福州茉莉花窨制的花茶在北方市场呈缓慢上升趋势。从花茶条形来看，200元/千克以下的花茶热销品种大多是螺型，200元/千克以上的花茶则以条形居多，再高档次的花茶就以条形、珠形、环形等居多，市场上的等级类别情况主要是：针形茶＞螺形茶＞卷形茶＞碎叶茶。从风味口感上看，恪守传统工艺的茉莉花茶仍然受到市场的广泛认可，如：吴裕泰的"裕泰香"备受欢迎；以"老济南，老味道，老花茶"为理念的"海右六零"牌茉莉花茶也受到市场追捧。

4. 渠道建设

目前，茉莉花茶的销售渠道主要有五类：批发市场、专营门店、大型商超、便利店和电子商务。近五年来，批发市场花茶销量稳定，大致50%左右的花茶是通过批发市场进行销售的，但相较20世纪90年代的70%有明显下降。在批发市场萎缩的同时，专营门店仍保持30%左右的发展速度，特别是吴裕泰、张一元等品牌专营门店数量的不断增加，使花茶销售范围随之扩大。相较于传统销售渠道，电子商务平台近年来发展迅猛："十二五"时期，中国电子商务平台产业规模迅速扩大，天猫、淘宝、京东及微博、微信等电子平台为茶叶销售注入了新的活力，但从目前来看，茉莉花茶全产业尚未开拓出自己的电商舞台。

5. 品牌塑造

随着专业批发市场在流通领域的地位逐渐弱化，品牌茶企以其安全可靠的品控、稳定的价格，越来越受到消费者的青睐。近五年间，张一元、吴裕泰等老字号茉莉花茶品牌企业继续主导着一、二线城市的茉莉花茶市场，不断增设专卖门店进行着持续的市场推广与品牌塑造。湖南长沙茶厂打造的"猴王"品牌，在稳固其传统的东北市场的同时，把目标转向农村市场，打开了一片新天地；同时，该企业还致力于打造"大花茶"的概念，将花茶从传统的茉莉花茶向多花类与多茶类组合进行拓展。由福建茶叶进出口有限公司生产的中茶蝴蝶牌茉莉花茶，长期占据中国花茶出口第一品牌的地位，近几年也在稳固国际市场占有率的基础上，华丽转身至国内市场，大力推进国内品牌产品市场发展战略。竹叶青、龙都、花秋、金犍等川中茉莉花茶品牌，长期坚持以品牌为基础、以高品质为追求，主打本省高端市场，自2013年后也开始走出四川，在北方花茶市场崭露头角。相较于传统品牌的强势地位，由于市场容量等因素的影响，新兴品牌的崛起与发展尚需假以时日。

（二）外销

1. 国际市场茉莉花茶概况

（1）市场现状。目前，国际市场对茉莉花茶的需求处于相对稳定的状态，新兴市场与新的消费方法、新的消费群体尚未形成。近几年，越南虽然发挥劳动力成本和价格方面的竞争优势，在茶叶生产与出口上都有较大发展，但自2014年起，该国出口同比下降，同时由于越南的农残卫生等管理水平尚不能达到中国水平，因此其包括茉莉花茶等产品的出口增长乏力。

（2）出口现状。目前，世界上有近70个国家与地区进口茉莉花茶。其中，日本、俄罗斯、美国、中国香港、摩洛哥、德国、马来西亚等传统市场仍占据主导地位，但2014年上述国家与地区除马来西亚显著增长40.3%外，其他均显著下降。而目前，广受瞩目的南美等新兴市场尚未形成规模。

（3）检测情况。EC396/2005对茶叶中农残限量的要求共475个，欧盟于2014年对该法规共进行了22次修订。在涉及茶叶的8条欧盟法规中，EU1126/2014和EU1127/2014于2015年5月13日实施，EU1146/2014于2015年5月18日实施，其余也均已正式实施。其中特别需要关注的是因农残超标而被欧盟通报的一些项目，如：氰戊菊酯、啶虫脒和蒽醌等的限量变化。

2. 中国茉莉花茶出口情况

目前，中国出口茉莉花茶尚无单独的海关统计编码，而是被归并在花茶大类的统计编码中，而出口花茶的大类统计数据中90%以上均为茉莉花茶，因此我们在引用中国出口茉莉花茶数据时一般都采用花茶出口数据。

2011~2013年，中国茉莉花茶出口量总体呈略下降态势，且茉莉花茶出口数量占中国各茶类总体出口总量的份额也逐渐减少。2014年，中国茉莉花茶出口规模在成本、价格、农残壁垒、产品及营销模式老化等综合因素的影响下，显著下降15.67%，同比2013年的6856吨下降近千吨。从海关数据看，2011~2013年中国茉莉花茶出口金额虽有所上升但总体稳定，2014年降幅较为明显。总体来看，茉莉花茶出口金额占中国各茶类总体出口金额的份额在逐渐减少。出口减少的主要原因是近几年劳动力、原材料成本持续增长，且茉莉花茶出口均价的增幅大于其他茶类，加上长期以来中国茉莉花茶的出口均价高于中国茶叶出口均价近一倍；同时，欧盟、日本等茶叶农残检测标准过于严苛、检测方法多变，企业管控成本、检测费用和出口风险越来越大使中国茉莉花茶出口规模出现了停滞不前的现象（见表16、图48、图49、图50）。

表16 2010~2014年中国茉莉花茶出口情况

年份	出口量（吨）	出口额（万美元）	均价（美元/千克）	数量同比（%）	金额同比（%）	均价同比（%）
2010	7356	3988	5.43	24.45	34.68	8.38
2011	7341	4632	6.31	-0.20	16.15	16.21
2012	7323	5155	7.04	-0.25	11.29	11.57
2013	6856	5518	8.05	-6.38	7.04	14.35
2014	5782	4715	8.2	-15.67	-14.56	1.31

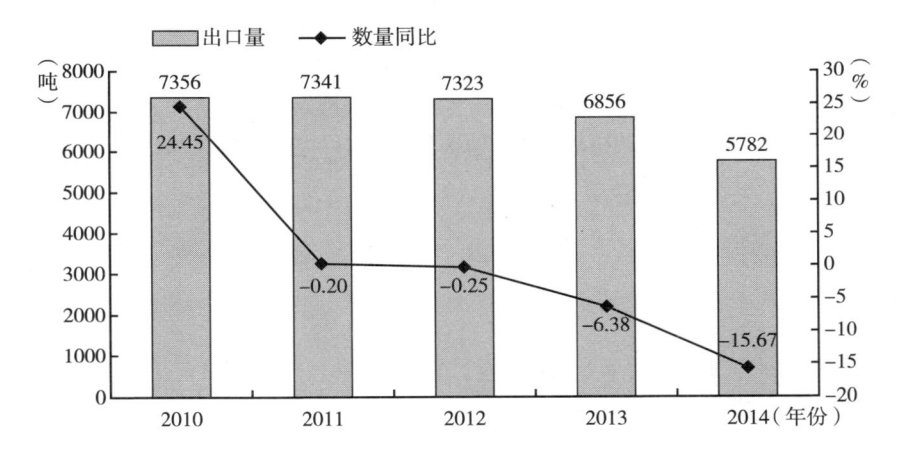

图48 2010~2014年中国茉莉花茶出口量及同比

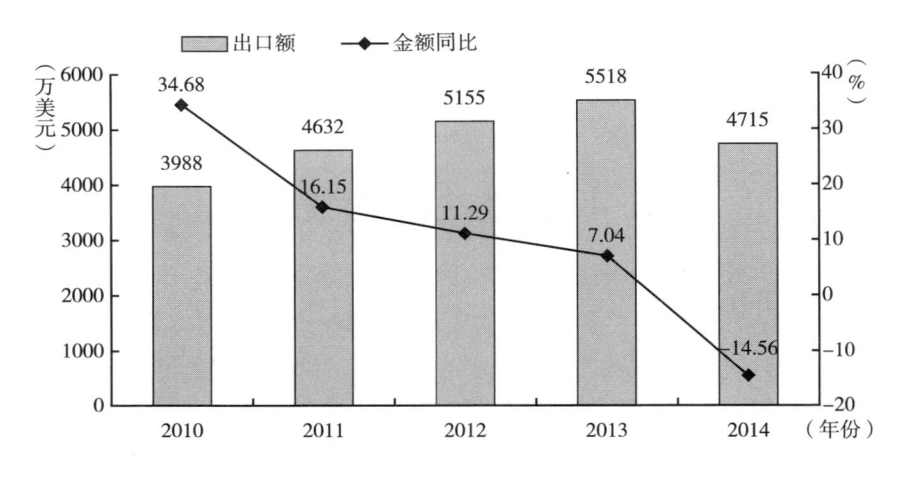

图49 2010~2014中国茉莉花茶出口金额及同比

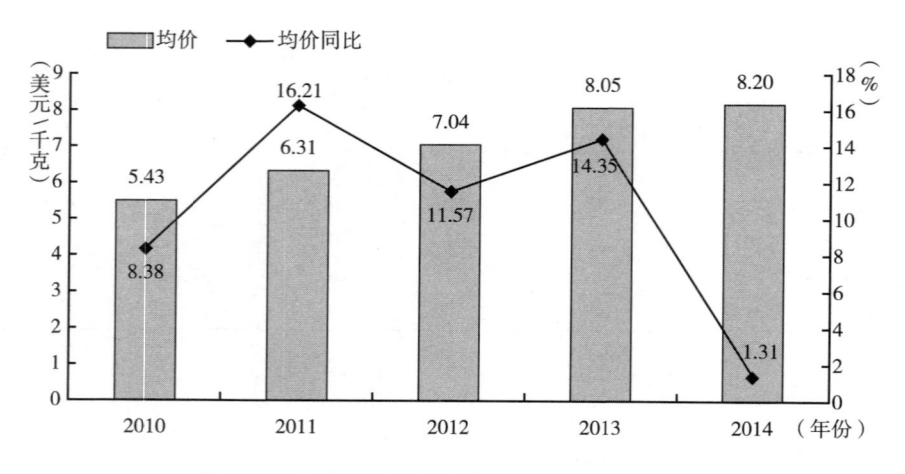

图 50　2010～2014 中国茉莉花茶出口均价及同比

参考文献

1. 中国茶叶流通协会（执笔人：梅宇、王智超、林璇）：《2015 年中国茶叶产销形势分析》，《茶世界》2016 年第 4 期。
2. 中国茶叶流通协会（执笔人：李佳禾）：《2015 年中国茶产业消费报告》，《茶世界》2015 年第 12 期。

第四节　各茶类发展趋势分析

一　中国绿茶产业的发展趋势

中国茶叶流通协会预计，"十三五"期间，中国茶叶的市场规模与消费量将维持现有年均 6%～8% 的中速增长水平。产品仍以常规冲饮产品为主，从茶类上划分，绿茶仍占据主导地位。同时，随着消费者对绿茶保健价值认识的加深，绿茶一定会越来越受到消费者的欢迎，绿茶消费量也将得到更大增长。从国内市场看，绿茶消费增长率将达到 5% 以上，北方新兴绿茶市场将进一步扩大。消费者口味的提升和成本的上升将双向促进茶叶消费均价的提升,但受宏观经济和市场风潮的影响,茶叶均价不会有大幅上涨,市场400~2000元/千克仍是主流空间。在相关政策影响下,茶礼将更加平民化,简朴小包装产品,易于进行产品体验,且不会增加经济负担,拓展市场最为有效。在绿茶种植区,产品风味更具特性,且具有一定稀缺性的传统工艺名优茶,将成为成熟消费群体的首选。同时,茶叶的消费方式将更多地向生活领域进行拓展,绿茶的深加工及衍生茶食品等产品将实现高速增长,使绿茶的消费空间得以大幅度拓展。由此可见,绿茶市场潜力巨大,中国绿茶前景广阔。

二 红茶发展预测

(一)需求与产量

红茶创制以来,一直以外销为主,因此品饮、消费红茶的文化更具有东西方交融的独特风格魅力。中国红茶的优良品质和适口性,饮茶文化自西向东的回传,高端礼品市场的选择,使红茶正在改变越来越多饮茶人士的饮茶认知与偏好,同时,由于饮食结构的变化,作为全发酵茶类的红茶,其暖胃、消食的功效吸引着那些喜欢喝茶又不能多喝绿茶的人群。此外,红茶独有的时尚感、新鲜感更是吸引了许多年轻人加入饮茶人群之中。因此,预测中国红茶的市场需求将进一步扩大。受需求拉动和良好的经济效益刺激,加之各地政府主管部门对茶产业的大力支持和推动,大量茶企开始"绿改红"或以其他茶叶试制红茶,未来几年红茶的产量将持续提高,预计总体增速会保持在20%~30%。

(二)内外销价格

整个20世纪,世界茶叶总产量和红茶产量均呈稳步增长态势。世界红茶产量中,红碎茶产量占主导地位,国际市场中中国红碎茶质量低、价格

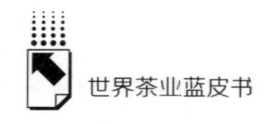

竞争力弱，工夫红茶（即红条茶）产量极少，目前，中国红茶已从以往"外销独大"的局面转变为"内销为主、外销为辅"的新格局。受人民币持续升值、国内 CPI 高企与通货膨胀加速的影响，预计在世界红茶主产国未发生大幅减产的前提下，中国红茶的出口量和出口价格不会出现明显增加，甚至会继续小幅下降。内销市场方面，受市场需求影响和宏观经济环境驱动，销售将继续持平或略有小幅增长。相对而言，工夫红茶、名优特色红茶等更具有特色和优势，可以走特色化路线，努力打造工夫红茶、名优特色红茶等特色红茶新产品，从而提高中国红茶在国内外红茶市场的综合竞争力和影响力。

（三）应用新品种与新工艺技术创新红茶

近年来，福建省应用高香优质茶树品种制作的红茶香味更加浓郁，还有一些茶企在红茶加工过程中结合应用乌龙茶的部分做青工艺，研制出花果香型的红茶。全国各产茶区也针对各地工夫红茶的加工与品质特性，精制名优红茶、大宗红茶、红碎茶与特种红茶，红茶的工艺流程与关键技术都将有进一步的提升。继"金骏眉""金毛猴"等新兴高端红茶产品之后，新技术将激发更多高档新产品抢占市场。红茶加工技术装备将出现统一的技术标准，为制茶机械的连续化、自动化发展提供可靠保证。

（四）红茶产业的竞争将日趋激烈

中国茶区广阔，茶叶生产企业始终保持着"小、散、乱"的状态，市场上强势品牌缺位。随着利益驱动大量企业投身红茶产业，红茶产业的激烈竞争已可预见。短期内，由于市场份额的快速增加和企业自身产能的限制，竞争将局限于红茶主产地及周边市场，但随着局部市场的饱和与企业扩张的需要，跨区域的产品竞争将日益激化，在社会资本关注与投入的推动下，企业资源、社会资源的整合将成为主旋律，从而带动整个红茶产业的升级换代。

三 乌龙茶发展趋势

（一）乌龙茶行业总体市场竞争格局及特点分析

中国乌龙茶的种植加工基地总体分布于福建和广东两省，福建省内又主要集中在闽北的武夷山、建瓯和闽南的泉州、漳州两个区域，广东省内则主要集中于粤东地区。乌龙茶加工企业总体高度集中。在全国乌龙茶加工企业中，精制加工企业近1000家，其余均为初制加工企业。生产企业尤其是品牌企业相对分散。但随着中国茶叶生产经营的不断集约化、规模化发展，茶叶品牌企业的市场占有率将会得到显著提升。根据中国各主要乌龙茶企业的品牌连锁店分布区域汇总情况可知，目前乌龙茶品牌企业销售主要集中在全国各地的一、二线城市，同时又以南方市场为主销区域，其中福建、广东两省乌龙茶消费量较大。

（二）中国乌龙茶行业主要企业及规模分析

近年来，随着乌龙茶在市场上的持续热销，乌龙茶产业不断发展壮大，许多乌龙茶企业也得到快速发展。逐渐形成了一批具有影响力的乌龙茶品牌企业，例如：武夷星茶业有限公司、福建八马茶业有限公司、天福（开曼）控股有限公司、华祥苑茶业股份有限公司、福建安溪铁观音集团股份有限公司、日春股份公司、福建魏氏茶业有限公司等。

（三）中国乌龙茶行业发展趋势

乌龙茶是中国独有的特色茶类，目前，中国国内市场的"乌龙茶热"方兴未艾。中国乌龙茶行业未来的发展趋势，主要有如下几点。

1. 乌龙茶生产标准化，确保食品安全

近年来，国内茶叶市场对乌龙茶产品的质量安全要求不断提高。通过政府宣传和行业引导，茶叶生产者的安全意识和自觉性大幅度提高，

田间严格控制茶园用药,车间实行清洁化生产,茶叶生产全过程实施茶叶质量可追溯管理,中国乌龙茶产品的质量安全性得到明显提升。进入21世纪以来,国内颁布的与茶叶卫生指标有关的公告和标准不下7种(尚不包括各茶类的标准),2009年6月1日起开始实施的《中华人民共和国食品安全法》更是将食品安全标准纳入法律法规。另外,各品牌厂家为树立品牌形象,实行茶叶生产质量标准化已势在必行。因此,茶叶生产质量标准化,确保茶叶食品安全,将是中国乌龙茶行业未来发展的趋势。

2. 品牌化经营已是各乌龙茶生产企业目前急于解决的问题,实力较强的生产企业已经在品牌化经营上崭露头角

与其他行业品牌化转型的趋势一样,中国的农产品生产也将由初级加工的经营方式转向品牌化经营。因此,为适应现代市场竞争,品牌化经营将是中国各乌龙茶生产企业的又一发展趋势。

四 黄茶未来的发展趋势

2013年全国黄茶产销分析报告指出,在以下三个方面的支持下,黄茶产业未来可望得以健康持续发展。

首先,各黄茶产地政府都在进行大力支持。如:岳阳计划在十二五期间,全市茶园面积力争发展到35万亩,年产茶3万吨,农业年产值10亿元,实现综合产值50亿元(其中黄茶产值30亿元);湖南岳阳、四川雅安、安徽霍山三地政府还成立了中国黄茶产业联盟,将实施标准化战略,提质增效拓市场,依托产地政府,实施名牌战略,以名茶带动旅游,组织与协调中国黄茶产业发展,把中国黄茶推向世界。

其次,由于黄茶产业集中度高,排名前3位的君山银针、蒙顶黄芽、霍山黄芽,占有90%的市场份额,极具投资价值,同时,黄茶制作的闷黄工艺独特,不易复制和模仿,赢利空间巨大,因此将吸引各路资本陆续进入黄茶产业。

最后，科技助推产业发展。近两年，黄茶基础研究普遍开展。如：湖南农业大学与湖南省茶叶研究所正在筹建黄茶生产技术课题攻关小组，进行深度开发研究；同时以科学健康饮茶的理念为引导，黄茶消费的宣传力度也将不断加强，消费认知必将得到前所未有的放大。

预计在今后三至五年间，将出现黄茶市场全面启动的喜人局面。黄茶将成为继普洱茶、红茶、黑茶之后的市场新热点和新亮点。黄茶产业的年产值和利润增长率也将保持在30%以上。

五　花茶发展趋势

（一）产销形式

1. 2015年春茶开采时间早、持续时间长、产量大幅提高，茶坯质量好且供应量充足；同时，各茉莉鲜花主产地区投产面积增加、品种改造等多方面因素，使茉莉鲜花供应量较为充足。2015年中国茉莉花茶质量较往年有明显提升且可充足保证市场供应。

2. 由于茉莉花茶消费市场、消费人群相对固定，行业发展平稳，2015年中国茉莉花茶消费稳定，产销基本平衡，销量增幅在3%~5%。从市场反馈看：中国茉莉花茶因产品老化、更新换代少、研究研发创新少，很难吸引新消费人群。

3. 价格稳中有升。尽管供应充足，但因CPI持续增长，生产成本继续上扬，估计茉莉花茶农业产值涨幅在10%左右。由此带动终端价格上涨，加之诸多流通环节成本，估计2015年中高档茉莉花茶的均价上涨幅度应在5%~10%，低档茉莉花茶涨幅或更高。

4. 2015年1~6月，中国茉莉花茶出口呈现恢复性增长，数量、金额分别同比增长12.7%和22.1%。大多通过福建口岸、广东口岸出口；出口地区主要为日本、俄罗斯、中国香港、美国、新加坡等国家或地区。

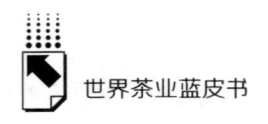

（二）发展的配套措施

1. 近五年间，中国各茉莉花茶主产区的产业发展均得到了政府部门政策的大力支持与帮助。各级政府在稳定茉莉花种植面积的基础上，大力引导支持花农新种茉莉花。同时，主导制定地方标准，有效规范茉莉花茶加工生产，对茉莉花茶的加工制作、标准工艺、品牌推广起到了促进作用。

2. 目前，横县茉莉花茶、福州茉莉花茶、犍为茉莉花茶均已成为国家地理标志产品。中国茉莉花产品质量和产量总体保持稳定，生产管理水平不断提高，为茉莉花茶加工奠定了良好的基础。同时，各茉莉花茶产地都在通过举办多种茶事活动，积极宣传推广茉莉花茶悠久的历史文化和浓郁的地方特色文化。

3. 近年来，各地持续推进茉莉花深加工，延伸产业链，提升茉莉花产业化水平。积极引进香精香料加工企业进行茉莉花精油生产，对茉莉鲜花、干花、花渣进行综合利用。同时，与医学保健科研机构、院所进行深度合作，进行茉莉花茶保健功能的研究，开发茉莉花保健产品市场。

（三）中国茉莉花茶产销预测

1. 茉莉花茶销量继续保持稳定，低档茶减少，中档茶明显增多，高档茶增量有限，总体销量增幅明显小于全国成品茶平均增幅。茉莉花茶均价持续缓增，低档茶价格明显上扬，中档及高档茶价格缓增，但均价增幅将低于同期 CPI 的增幅。

2. 随着互联网电子商务的发展，茉莉花茶的消费市场将向国际市场、中国农村及中西部地区进行拓展。受互联网思维的带动，新工艺、新技术、新产品将成为引领茉莉花茶产业变革的原动力，并吸引新消费者的关注。

六　茶叶深加工发展趋势

目前，中国茶树种植面积约占世界茶园面积的 50%，茶叶产量越来越大，已显示出供过于求的趋势。而目前茶叶深加工产品所利用的茶叶资源仅占茶叶总产量的15%左右。据估计，中国茶叶产量中约有70%的低值茶叶没有得到合理利用。此外，茶花、茶籽、茶根及茶梗中均含有营养丰富的化合物，尚未通过深加工得以综合利用。茶花的化学成分与鲜叶大体相同，富含多糖和多酚，茶多糖是一类具有生理活性的复合多糖，具有降血糖、降血脂、抗炎、抗辐射等功效。目前，中国对茶花的开发利用仍较少，大部分的茶花都自然脱落，在茶园中腐烂，若将这些茶花进行开发利用，将能形成巨大的经济效益。还有，中国茶园的采摘面积约为2700万亩，茶籽年产量在8亿多千克，而这些茶籽大部分都脱落在茶园中。茶籽中含有35%脂肪、20%淀粉、11%蛋白质、12%皂素、11%木质素，茶籽仁中含有18%~32%的茶籽油，其中油酸含量在40%~57%，不饱和脂肪酸含量丰富，其生理活性、营养价值可与橄榄油相媲美，被称为"东方橄榄油"。茶籽壳中富含22%左右的半纤维素，可作为生产木糖醇的原料，木糖醇还是一种适合糖尿病患者的甜味剂。此外，速溶茶、茶饮料、茶多酚等产品在迅速发展的同时，也产生了越来越多的茶渣。茶渣中仍残留有1%~2%的茶多酚，17%~19%的粗蛋白，16%~18%的粗纤维，以及1.5%~2%的赖氨酸，仍具有较高的利用价值。舒庆龄使用糖化处理后的茶渣作为肉用鸡的饲料添加剂，增重效果明显。刘姝等将茶渣进行发酵后，粗蛋白含量提高了26%~29%，可溶性物质增加了20%~37%。作为动物饲料，约52%的营养物质能够被动物利用。陈利燕研制了"茶渣有机—无机复合肥"，并研究认为该复合肥对茶园产量、品质、土壤性状均有良好的促进作用。此外，茶渣还可以用于生产膳食纤维、水和空气的净化剂。茶树浑身是宝，除茶渣之外，茶叶的下脚料、修剪的枝叶、茶梗等均可纳入可开发利用资源的范围。

  目前，中国茶叶功能成分和速溶茶等深加工产品产值已超过100亿元。茶叶深加工产品的产值几乎与茶叶的农业产值相当，但是，茶叶深加工产品只占茶叶总产量的6%~8%，而日本已达40%以上，西欧、美国等地区都达到60%~90%。因此，中国必须充分利用茶叶资源，加大对茶叶功能成分的研究和开发力度，进一步深化发展茶叶深加工产业，拓展其在新型食

品、保健食品、功能饮料、天然药物、动植物农药、日用、化工、环保等领域的广泛应用，延长茶产业链，提高整个茶产业的社会、经济与生态效益。

从目前中国茶叶深加工产品的整体供求关系来看，未来几年，中国茶叶深加工产品将处于供不应求的状态，预计中国茶叶深加工产品行业市场需求量将以每年至少10%的比例增长，市场销售金额将以25%的比例递增，由此可以预见，未来茶叶深加工产品行业具有良好的发展前景。

B.3
茶叶主产地生产报告

第一节 五大洲茶叶生产情况

世界茶叶种植与生产主要分布在亚洲和非洲，南美洲、欧洲和大洋洲数量很少。据国际茶叶委员会统计，2014年世界茶叶种植总面积437万公顷，其中亚洲396万公顷，占90.6%；非洲32万公顷，占7.3%；南美洲4.8万公顷、欧洲3.6万公顷、大洋洲4780公顷。

2014年世界茶叶总产量517万吨，其中亚洲440万吨，占85.0%；非洲66万吨，占12.8%；南美洲9万吨、独联体国家8390吨、大洋洲8100吨。

亚洲茶叶产地主要集中在中国、印度、斯里兰卡和印度尼西亚等国，上述四国茶叶产量占亚洲茶叶总产量的86.7%；非洲茶叶产地分布在肯尼亚、乌干达、马拉维、坦桑尼亚和卢旺达等国，上述五国茶叶产量占非洲茶叶产量的92.7%；南美洲茶叶产地主要是阿根廷，占地区总产量的89.3%。

第二节 茶叶种植五大国

中国是世界茶园面积最大的国家，为265万公顷；居第二至第五位的国家和面积分别为：印度56.7万公顷，肯尼亚20.3万公顷，斯里兰卡18.8万公顷，越南12.5万公顷。

印度的地理环境适合茶树生长，茶叶产区分布很广——从东到西，由北到南都有（全印22个邦都产茶）。其中，北印的阿萨姆和大吉岭，南印的尼尔吉里等地区都是著名的产茶区，以阿萨姆为最大——印度茶叶大部分来

自阿萨姆地区，约占其全国茶叶产量的50%以上。印度几个主要产茶区的茶叶各有特点：阿萨姆茶茶汤醇厚、味浓；大吉岭茶以其独特、幽雅的香气被称为"茶中香槟"；尼尔吉里茶滋味鲜爽甘甜，香气清新。

自2000年以来，印度茶叶种植面积缓慢增长，2011年达到57.9万公顷，为最多的年份，此后又有所减少。2014年，印度茶园面积56.7万公顷，比2000年增加6万公顷。

肯尼亚是20世纪的新兴产茶国，也是东非最大的茶叶出口国家，茶叶生产发展较快。肯尼亚拥有肥沃的土壤、充足的降水、相对较少的害虫和在1500~2700米的海拔高度，是生产优质高地茶叶的理想之地。肯尼亚的主要茶叶种植区分布在东非大裂谷的两侧，该国西南部紧靠赤道以南的地区。肯尼亚以农业生产为主，农业占肯尼亚经济总收入的70%以上。肯尼亚的红茶享誉全球，每年出口量很大，品质非常优良。肯尼亚茶叶的茶汤品质很高，被认为是世界上最好的饮料。

肯尼亚自1903年开始引种茶树，至1930年茶园面积发展到4068公顷，产茶262吨，当年出口茶叶73吨。由于茶叶是肯尼亚仅次于咖啡的第二大出口商品，政府采取了一系列行之有效的政策，引进印度大叶良种及各国先进的栽培和加工技术，实行机械化生产等，使肯尼亚茶叶在较高起点上发展，加之环境条件得天独厚，茶叶品质优异，市场卖价坚挺，更促进了肯茶产业发展，茶叶生产已成为肯尼亚的支柱产业和外汇收入的重要来源。

2014年，肯尼亚茶叶种植面积20万公顷，比2000年增长8万公顷。

自2000年以来，斯里兰卡茶叶种植面积长期稳定，2014年，茶叶种植面积18.8万公顷，位居全球第四。

斯里兰卡是南亚印度洋中的岛国，境内中南部多山，气候温和、雨量充沛，是茶树生长的理想环境。斯里兰卡主要茶叶产区集中在中南部地区的高原上。不同产区的茶叶通常按照海拔高度分为三个类型：高地茶（high-grown，海拔1200米以上的产区）是高档茶，一般占全国茶叶产量的35%左右；中地茶（mid-grown，海拔600~1200米）是中档茶，占25%左右；低地茶（low-grown，海拔600米以下）是低档茶，占40%。由于该国得天独厚的地理位置和气候条件，红茶品质优良，色味俱佳，颇受消费者青睐。

越南是一个以农业为主的国家，茶叶在越南的种植已经有三千多年的历史，在越南的 61 个省中，有 50% 以上的省份种植茶叶。茶园主要集在北部山区（海拔 600 米以下）和中部地区（海拔 300~500 米）。主要茶区是越南首都河内附近。

近年来，越南茶叶产业发展迅速，茶叶种植面积稳步增加，从 2000 年的 8 万公顷增至 2014 年的 12.5 万公顷，增长 56.3%。目前越南是世界第五大茶叶种植国。

第三节　茶叶产量五大国

中国是世界茶叶生产最多的国家，2014 年茶叶产量 209.5 万吨；居第二至第五位的国家和产量分别为：印度 120.7 万吨，肯尼亚 44.5 万吨，斯里兰卡 33.8 万吨，越南 17.5 万吨。

印度茶叶生产起源于 19 世纪中叶，20 世纪初印度茶叶产量已达 10 万吨以上，超过中国。20 世纪 70 年代印度茶叶生产有了更大发展，产量显著增加。1976 年印度茶叶产量突破 50 万吨大关，1978 年又增加到 60 万吨以上，10 年后突破 70 万吨大关。90 年代印度茶叶产量继续增加，1998 年增至 87.41 万吨的创纪录水平，随后两年有所减少，但仍在 80 万吨以上。

2014 年，印度茶叶产量 120.7 万吨，占世界茶叶总产量的 23.3%；茶叶出口 20.4 万吨，占世界茶叶出口总量的 11.2%，位居世界第四。印度茶叶以红茶为主，近年也生产少量绿茶。红茶按加工方法不同，分为 CTC 和 ORTHODOX 两大类。2014 年印度茶叶消费达 90 万吨，是世界第二大茶叶消费国。

肯尼亚十分重视茶叶加工新技术和机械化的采用。1958 年肯尼亚就在新建立的茶场采用在印度最先使用的先进的洛托凡揉切机，早早进入 CTC 茶市场。除了著名的马里宁茶园（Marinyn，制作和出口传统红茶）和米奇马卡鲁茶园之外，其他茶园均只生产 CTC 茶。近年来肯尼亚也开始种植绿

茶，但面积很小。

肯尼亚茶叶加工主要在加工厂完成。超过95%的加工厂采用CTC方法加工茶叶。这些茶厂都已实现全程自动化，有能力连续处理大批量的茶青。加工先初制，鲜叶首先通过一台38厘米的洛托凡揉切机，然后通过一条由3台CTC制茶机组成的加工线。切后的半成品直接送往发酵盘，发酵80~90分钟之后，通过振荡槽送往干燥机。从干燥机出来的茶叶被输送到麦德尔顿拣梗机、粗纤维提取机，最后是真正分类整理的振动筛选机。

自1963年独立以来，肯尼亚的茶叶产量从1.8万多吨增长至2014年创纪录的44.5万吨，已成为继印度、中国之后世界上第三大茶叶生产国。

茶叶是斯里兰卡的主要经济支柱和创汇产品，年出口29万吨，出口到世界上100多个国家和地区，出口创汇达6亿美元以上，国内每年消费茶叶2万吨左右。

斯里兰卡不但努力提高红茶品质，而且不断增加茶类品种以增加它在国际市场上的竞争力。除生产传统红茶外，还生产CTC茶、绿茶、乌龙茶和有机茶等。同时通过包装和深加工等形式使茶叶产品增值。近20年来，斯里兰卡的包装茶、袋泡茶和速溶茶等附加值高的茶叶出口呈直线上升趋势，而散装茶的出口数量不断下降，从而明显提高了出口茶叶的平均价和创汇能力。

越南茶叶生产历史悠久，茶产业的可持续发展对越南整个经济发展发挥着很大的作用，特别是对山区中游区的扶贫作用。近年来，越南政府采取了一系列措施改善茶产业发展环境，如引进先进生产技术和设备建设先进茶叶加工厂，允许外商在越南投资设立以外销为主要目的的茶叶公司，从中国和日本购买优质的茶叶树种提高其茶叶质量，采取进口生化除虫剂、禁止茶农使用不符合国际绿色环保标准的农药等措施来加速越南茶叶与国际市场的接轨，增强其国际市场竞争力。在政府的大力推动下，越南茶叶产业发展迅速，茶叶产量快速增长。2000年，越南生产茶叶6.4万吨，占世界茶叶总产量的2.2%，位居全球第九位；2014年，越南生产茶叶17.5万吨，占世界茶叶总产量的3.4%，成为世界第五大产茶国。

越南的茶叶主要有绿茶和红茶两个品种，其中红茶主要用于出口，绿茶则主要用于国内消费。绿茶是越南人日常生活中不可或缺的饮品。越南茶叶丰富多样，除了越南国内原有的品种之外，至今已引进了 40 多个质量高、香味浓郁可口的新品种。目前越南已加工出 15 个种类的商业茶叶，现已有 6 个种类的出口茶叶，其中红茶、茉莉花茶、乌龙茶受到许多国家的喜爱。

第四节 茶叶生产趋势分析

当前，全球茶产业发展良好，茶产品需求日新月异，品质不断改善，作为全球最流行的健康饮品之一，茶产业发展前景明朗。

据联合国粮农组织预计，世界茶叶生产将继续保持增长态势，绿茶增速明显。2024 年红茶产量将达 429.5 万吨，比 2014 年增长 119.3 万吨，年均增长 3.3%，主要增长来自印度、中国、斯里兰卡；绿茶产量将达 374.3 万吨，比 2014 年增长 211 吨，年均增长 8.6%，主要增长来自中国、越南。

随着生产水平的提高和不同消费群体的差异化需求，茶叶生产国将更加注重产品的多样性和多元化，针对特殊市场和需求生产不同产品。

由于生产工艺的进步、科技发展水平的提高以及市场竞争的需要，茶叶生产国将更加重视提高产品的科技含量和附加值。

针对消费市场对茶叶品质越来越关注，特别是农药残留等问题已成为制约茶叶贸易的重要因素，茶叶生产国将更加重视改善生产条件，提升茶叶品质，特别是降低农药残留，推广绿色有机产品。

需要指出的是，全球茶叶生产会受到多种因素的制约，包括气候变化、全球变暖以及茶叶生产国政治、经济形势变化等的影响。但随着健康理念不断深入人心，具有温和药理功能的茶叶必将受到更多人的喜爱。

B.4
茶叶消费和需求报告

第一节 五大洲茶叶消费情况

近几年来,全球茶叶市场基本处于一个供略大于求的状态,但统计数据显示,2014年全球茶叶消费总量达500万吨(见图1)。在世界主要国家或地区中,亚洲的茶叶消费基本上保持着稳定的增长势头,其余各州包括独联体的茶叶消费状况基本与往年持平,波动不大。从各大洲茶叶消费比例来看,2010~2014年亚洲每年的茶叶消费量占全球茶叶消费总量的70%以上(见图2),牢牢占据着茶叶消费大市场,大洋洲的茶叶消费占比基本上可以忽略不计(见图3)。

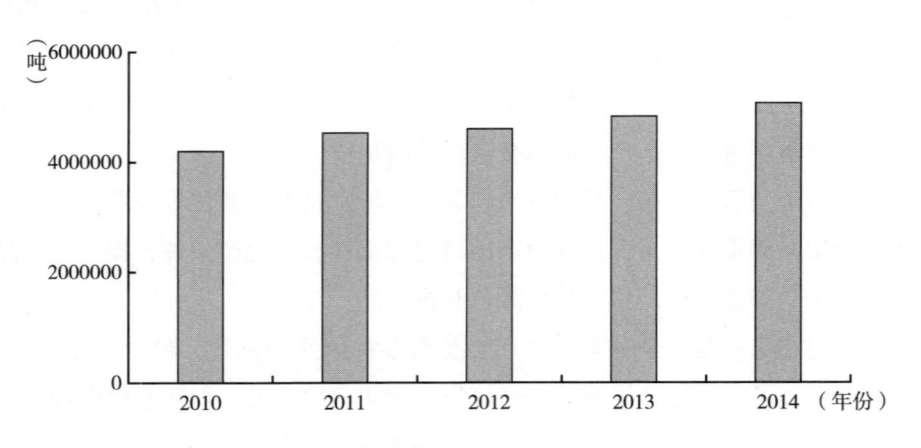

图1 全球消费总量(2010~2014年)

产茶国家的内销和发展中国家的茶叶消费近年来增长较快,发达国家的消费比重有所下降。就五大洲以及独联体的茶叶消费情况来看,亚洲茶业市场独领风骚,主要有以下几个方面的原因:(1)亚洲作为世界茶叶主要生产地，自古至今形成了饮茶生活习惯和悠久的茶文化，这构成了茶叶持续消费的内在驱动因素；（2）亚洲地域广泛，拥有庞大的人口规模，占世界60%的人口构成了庞大的消费市场；（3）亚洲近年来经济持续稳定增长，成为世界上经济最具活力的地方，人们的生活水平不断提升，对于茶的消费也随之不断增加。亚洲巨大的消费群体、良好的经济发展趋势以及悠久的茶文化将在未来促进亚洲的茶叶消费进一步增加。

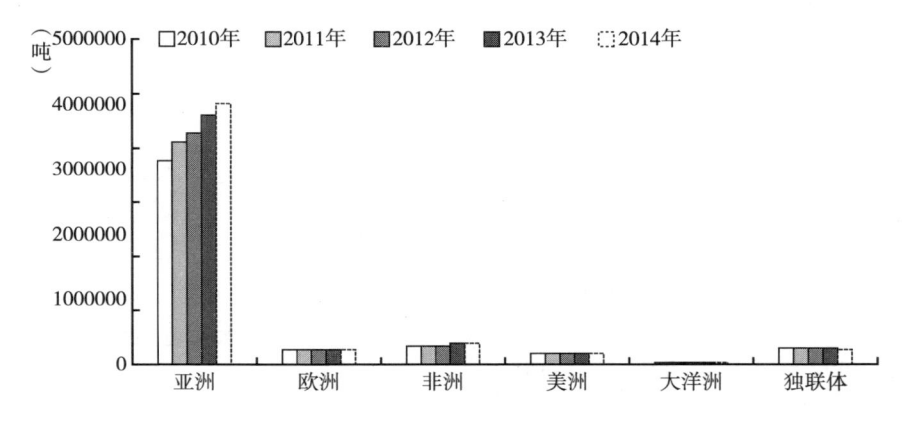

图 2　世界主要地区茶叶消费情况（2010～2014 年）

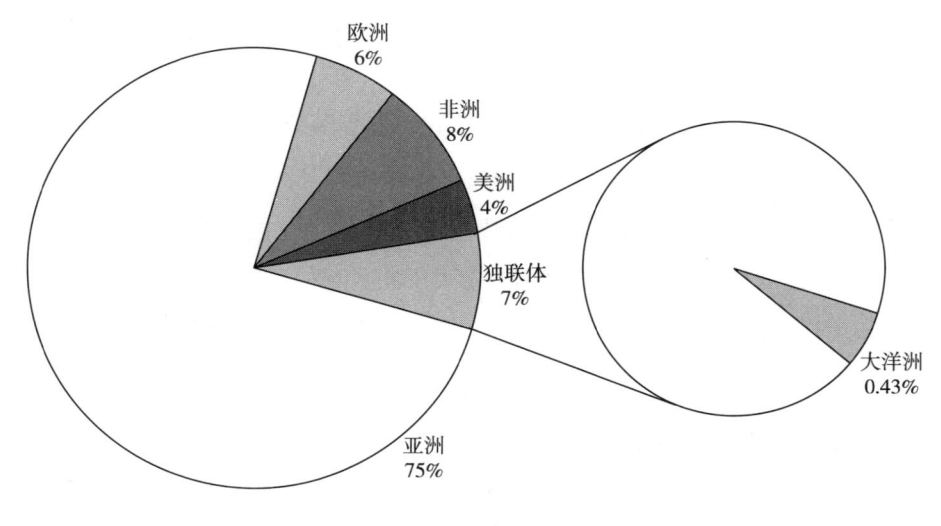

2010 年

欧洲
5%

非洲
7%

美洲
4%

独联体+
大洋洲
5%

亚洲
79%

大洋洲
0.35%

2014年

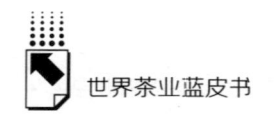

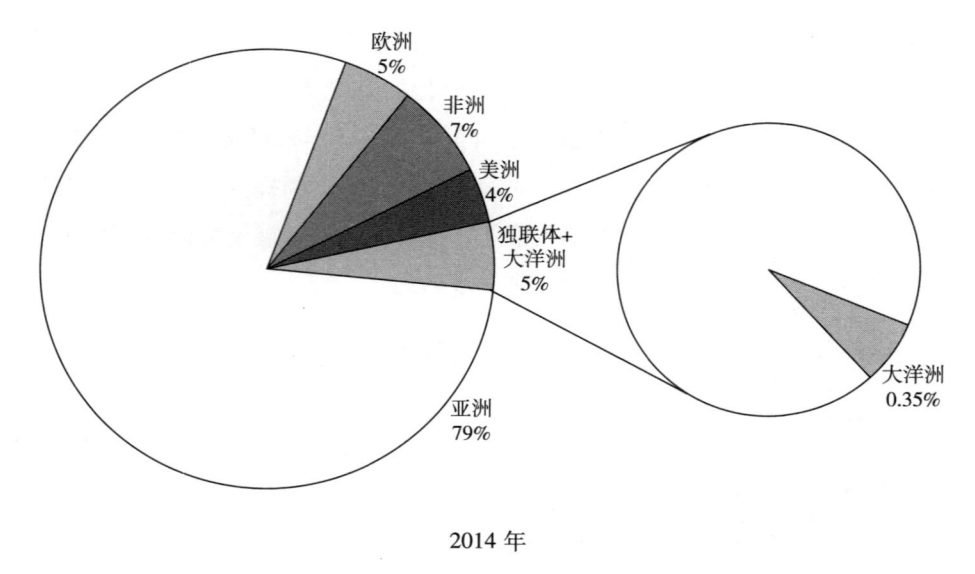

图3　世界各地区茶叶消费占比

注：大洋洲2010年和2014年的消费总量仅分别约为1.80万吨、1.77万吨，占世界比重分别为0.43%、0.35%，几乎可以忽略不计。
数据来源：根据ITC公布的数据计算得出。

第二节　茶叶消费总量和人均消费量五强国

目前，茶叶消费遍及世界五大洲近160多个国家和地区，全球有近20亿人饮茶。根据国际茶业委员会（ITC）公布的数据，世界主要国家和地区2012～2014年连续三年平均茶叶消费量前五位的主权国家分别是中国、印度、土耳其、巴基斯坦、美国，其中，中国的年平均消费总量达153.7万吨，印度以年均消费90.8万吨排在第二，土耳其、巴基斯坦、美国分别以年均消费总量23.681万吨、13.192万吨、12.833万吨位列第三、第四、第五位。从这三年的人均消费量来看，土耳其、阿富汗、利比亚、摩洛哥、英国分别以3.18千克、2.73千克、2.7千克、1.81千克、1.74千克成为世界人均茶叶消费五强国，其中土耳其的人均茶叶消费量为3.18千克，是世界上人均茶叶消费最多的国家。

中国茶叶消费总量世界第一,主要原因是中国的人口基数大。但是在人均消费量上,几个主要产茶国如中国、印度、斯里兰卡等相对来说都比较低。但中国和英国相比,虽然中国的人均消费与英国还有很大差距,但是英国人均茶叶消费呈逐年下降趋势,中国的茶叶人均消费则逐年上升(见图4)。

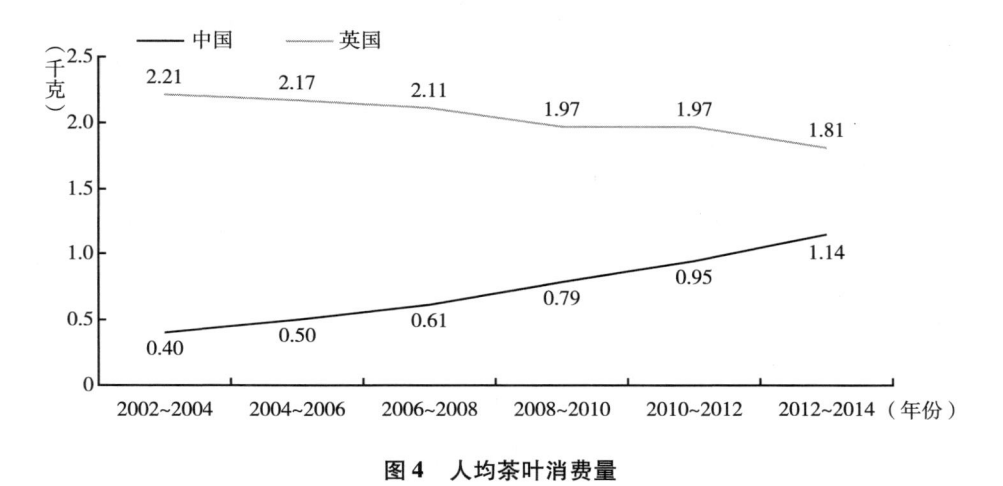

图4 人均茶叶消费量

世界各国和地区居民消费茶叶的嗜好不同,在茶叶消费的结构上也呈现出明显的不同,欧美国家主要消费红茶,中国、日本、韩国、北非和中亚一些国家主要消费绿茶。目前,世界传统的饮茶方式日渐向着多样化和有益健康的方向发展,除了传统的茶叶产品外,袋泡茶、速溶茶、茶饮料、香味茶、去咖啡碱茶、有机茶、草药茶等新兴茶产品越来越受到消费者的青睐。随着全球健康意识的整体增强,作为健康饮料的茶叶声誉日增,世界范围内的茶叶需求不断增长。

第三节 中国城市茶叶消费行为

茶叶地域性强、经济价值高、制作技术要求高、商品率高,是中国历史悠久的经济作物。与大米、水稻等粮食作物不同,茶叶并非人民生活的必需品：对于民众而言，吃粮食是生存问题，而泡茶则是生活品质问题。人民的生活水平决定了泡不泡茶、泡什么茶，而收入情况、健康理念甚至于文化氛围等一系列经济、社会问题又决定了人民的生活水平，故中国的经济发展程度影响着人民对茶叶的消费，反之，人民对于茶叶的消费行为也在一定程度上体现了中国的发展水平。

根据国家统计局的数据，茶叶类农村居民消费价格指数于2013年、2014年分别提升了2.8%、2.4%，均高于同年茶叶类城市居民消费价格指数的上涨幅度。虽然农村茶叶消费的基数必定小于城市，但这样的消费趋势也恰恰说明农村居民在茶叶的需求上有显著的提高。根据这一点，许多关于茶叶消费的研究资料中认为农村人口基本不进行茶叶消费的观点是不严谨的。但统计数据有一定的时间跨度，在十几年前乡村发展未成熟的时期，农村人口的茶叶消费量的确少之又少，故本书所界定的城市茶叶消费仅局限于狭义上的城市人口消费行为。

从人均消费量来看，近些年中国的人均茶叶消费量呈稳步增长态势（见表1），国际茶叶委员会（ITC）数据显示，2010年中国人均茶叶消费量达到0.83千克，虽然中国茶叶人均消费量增长迅速，但与科威特、英国、爱尔兰等国的人均消费量相比还有较大差距。目前全国茶叶零售均价大体在150～200元/千克，高端礼品茶均价在600～1000元/千克，全国茶叶总销售额大体应在3000亿元。其中，全国名优茶与大宗茶销量占比估计分别在43%和57%；销售额占比中，名优茶约占66%，大宗茶约占34%。

表1 20年来中国人均茶叶消费数量、消费额与均价情况

年 份	1995	2000	2005	2006	2007	2008
消费量(千克/人)	0.22	0.23	0.23	0.24	0.28	0.28
消费额(元/人)	7.85	12.64	19.19	22.15	27.38	31.79
均价(元/千克)	35.68	54.95	83.43	92.29	97.79	113.54

从人均消费额来看，在消费量增长缓慢的前提下，消费额却有较大幅度的上涨。出现这种趋势有两种可能：一是茶叶单价上涨；二是居民对茶叶的

品质需求提高。就茶叶单价来说，2013年茶叶生产价格指数上涨0.5%，2014年则上涨了5.5%，这说明生产成本在逐年提高，且无证据表明茶叶市场饱和，需要不正常的压价促销行为，故可以大体推断茶叶单价处于上升趋势。另一方面，据不完全统计，在2005年愿意购买散装低品质茶叶的消费者占58.3%，而至2015年，这样的消费者仅占21.2%。人们更倾向于购买精致、品质高的茶叶。以此来看，我们有理由相信这两点可能共同发挥作用使消费额呈现较高上升趋势。

茶叶消费受经济水平的影响，这主要体现在两个方面：宏观上，一个地区的茶叶消费与经济水平有一定联系；微观上，一个家庭的茶叶消费也与经济水平有一定联系。

首先在宏观上，以省份作为标准划分地区。本文利用相关系数法验证地区经济发展水平与茶叶消费水平是否有关联、有什么样的关联。首先选取几个代表省份，并将其人均地区生产总值以及城镇居民人均茶叶消费支出列出（见表2）。

表2 代表省份人均地区生产总值与城镇居民人均茶叶消费支出

地区	人均地区生产总值（元）	城镇居民人均茶叶消费支出（元）
北京市	73856	89.53
上海市	76074	28.72
贵州省	9855	16.04
云南省	12570	30.61
甘肃省	12421	24.20
辽宁省	31739	44.33
福建省	29755	58.51
浙江省	41405	29.14
江苏省	40014	23.33

数据来源：中国统计局及《中国茶叶统计资料》。

经计算，可算出相关系数 $r = 0.524$（过程参见表3），则可初步得出结论，地区经济与茶叶消费有中度相关性。

表3 相关系数计算

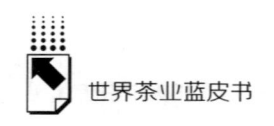

序号	人均地区生产总值(元)(X)	城镇居民人均茶叶消费支出(元)(Y)	X^2	Y^2	XY
1	73856	89.53	5454708736	8015.621	6612328
2	76074	28.72	5787253476	824.8384	2184845
3	9855	16.04	97121025	257.2816	158074.2
4	12570	30.61	158004900	936.9721	384767.7
5	12421	24.2	154281241	585.64	300588.2
6	31739	44.33	1007364121	1965.149	1406990
7	29755	58.51	885360025	3423.42	1740965
8	41405	29.14	1714374025	849.1396	1206542
9	40014	23.33	1601120196	544.2889	933526.6
合计	327689	344.41	16859587745	17402.35	14928626

微观上来看家庭经济水平也在一定程度上影响着茶叶消费行为（见图5）：茶叶的消费量随着经济水平的提高而稳步提高，但总体消费量相差不大。而从消费金额来看，最高收入户的68.45元/人是困难户9.95元/人的近7倍。综上所述，家庭经济水平主要影响茶叶消费档次，而对茶叶消费量影响不大。分地区来看，中等收入户中人均年茶叶消费金额最高的为广东的74.07元/人，最低为江西的7.21元/人，其他经济收入阶层在不同地区消费量也有较大差异。经数据比对显示，不同城市阶层人均年茶叶消费金额与各城市城镇居民人均茶叶消费支出有直接关联，说明个人在茶叶上的消费与整个地区的经济水平息息相关。

至于茶文化与茶叶消费的关系很难用数学关系来表示其相关性，但列举宏观上对各省茶文化的分析以及微观上个人学历水平对茶叶消费影响的分析数据，能够展现茶文化对茶叶消费的巨大推动力的冰山一角。

为了比对各省茶文化对茶叶消费的影响，我们列出高于全国城镇居民人均茶叶消费支出平均水平的省份北京、天津、河北、辽宁、安徽、福建、山东、广东、云南（见图6），茶文化兴盛的安徽、福建、云南、广东等地赫然在列。这里依然得强调茶文化概念不好界定，各地都有相应的茶文化，但公认的茶文化浓郁的地方人均茶叶消费支出也相对较高。不可否认其中也有

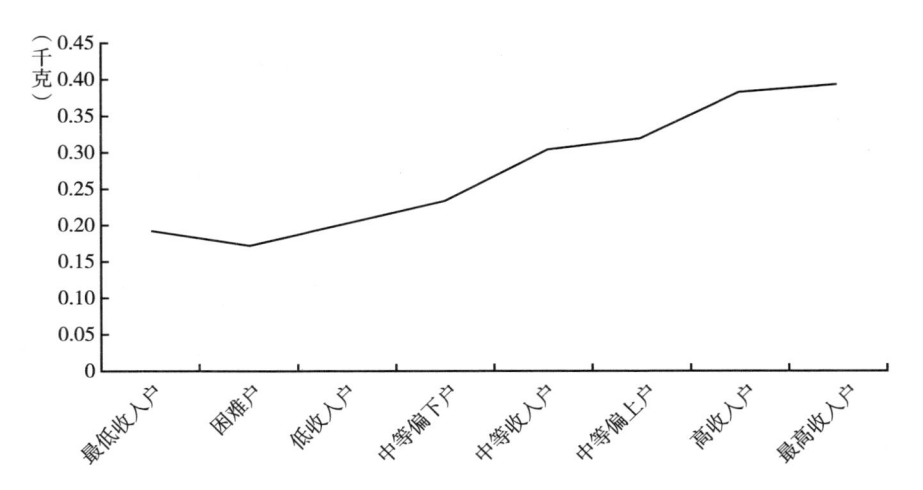

图5 中国城镇居民家庭人均年茶叶消费量

数据来源：《中国茶叶统计资料》。

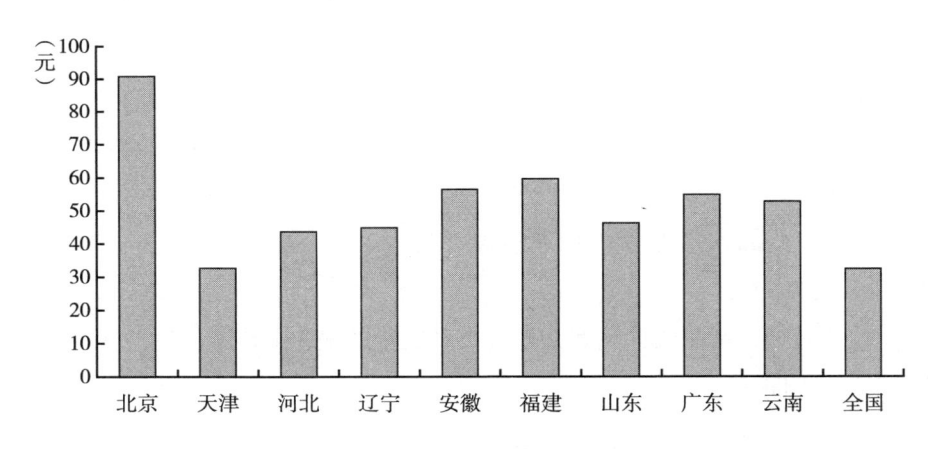

图6 各城市人均茶叶消费支出

数据来源：《中国茶叶统计资料》。

一定的经济、政治因素的影响，但客观来说，如果一个省的茶叶文化相对成熟，那么此省对茶叶的消费也会相对较大。

另一方面，数据分析显示，学历越高，人均茶叶消费金额也越高（见图7）。据不完全统计，86%的人认为茶文化对其饮茶行为有着较大的促进作用。

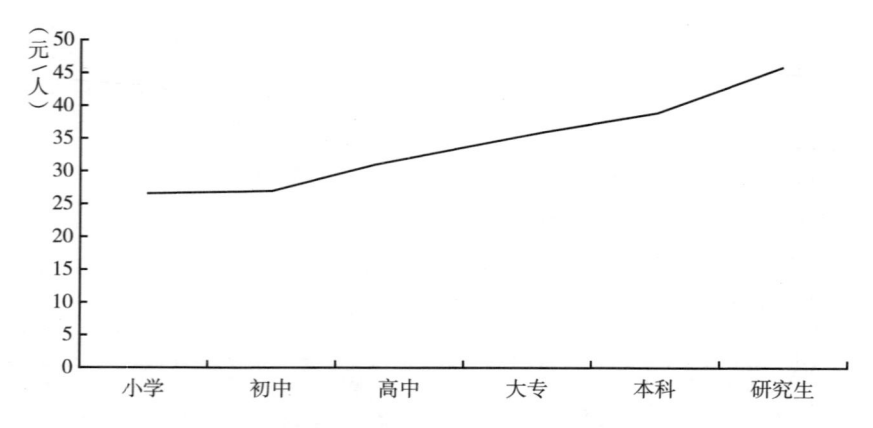

图7　全国城镇居民不同文化程度家庭人均年茶叶消费金额

数据来源：《中国茶叶统计资料》。

第四节　世界茶叶消费特点和趋势

1950年世界茶叶总消费51.8万吨，当时世界总人口为25.1亿人，世界人均茶叶消费为206克，2000年世界茶叶总消费达到315万吨，世界总人口为58.4亿人，世界人均茶叶消费量为506克，人均消费量增长了145%。

饮茶习惯是影响人们消费茶叶种类和数量的最主要因素。每个国家的饮茶习惯是不同的。

伊拉克人不喝绿茶，喜喝红茶；不喝泡的茶，只喝煮的茶，因为煮的比泡的味道浓。政府、企业有专门负责煮茶的工人，公共场所、饭店、餐厅有茶供应，喝茶相当普及。

在科威特，主要饮红茶，酷爱"浓强鲜"风味的红茶，佐以糖、牛奶煮饮，从早到晚大概会饮三五次。

土耳其人爱喝茶，煮茶方式是用一大一小两个壶，大壶烧水，小壶泡茶后再煮片刻，分到各人杯中再加糖，搅拌数下就可饮用。土耳其的茶馆，是都市与农村的社交场所，有传播中心的功能。人不可一日无茶，一早起床，甚至还没洗漱，就先喝一壶茶，揭开一天生活的序幕。土耳其人喜爱喝红茶，并且喜欢当着客人的面夸耀自己煮茶的功夫。煮茶用铜壶，燃料是木炭。到处有茶馆。点心店也兼营茶叶。茶馆的服务员，手托托盘，上放一杯茶，给挨门挨户的店铺送茶。在茶馆对面或附近工作的人，吹下口哨、吆喝一下、打个手势，服务员就会把茶送到。在车站和码头，也有红茶供应。在学校、机关、企业，都有专人煮茶、卖茶、送茶。

巴基斯坦有1.85亿人口，是一个饮茶成风的国家。有"以茶代酒、以茶消腻、以茶提神、以茶为乐、客来敬茶"的饮茶习俗，主要喝红茶。一般用煮法，用过滤器滤去茶渣，将茶汤倒入杯中加牛奶、糖，但不加薄荷。每家都有一套完整的茶具。饮茶时也配点心。1972年，进口4万吨；1982年，进口7.25万吨；1984年茶叶输入量为10万吨；1993年，进口12.53万吨；2000年之后，几乎每年都有不同程度的增长。按人均1.1千克计算，总量为15万吨以上。年人均饮茶1400杯，年人均消费量1~5千克（参见表4、图8）。

表4　巴基斯坦茶叶进口量

单位：万吨

年份	数量	年份	数量	年份	数量
1975	5.20	2001	10.68	2011	12.61
1983	8.67	2005	13.93	2012	13.12
1990	10.58	2008	10.74	2013	12.66
1993	12.53	2009	11.77	2014	13.78
1997	8.69	2010	12.03		

印度人口超过12.67亿人，年产茶叶84万吨，内销55万吨，人均0.6千克。以红茶为主，奶茶中放羊奶，茶奶比是1∶1。还有的印度人喝"调味茶"，在茶中加一些生姜片、茴香、丁香、肉桂、槟榔和豆蔻。客人来时常配有水果和茶点。

伊朗有7800万人口，主要消费红茶，年均消费量增长较稳定。伊朗人

图8 巴基斯坦茶叶进口量

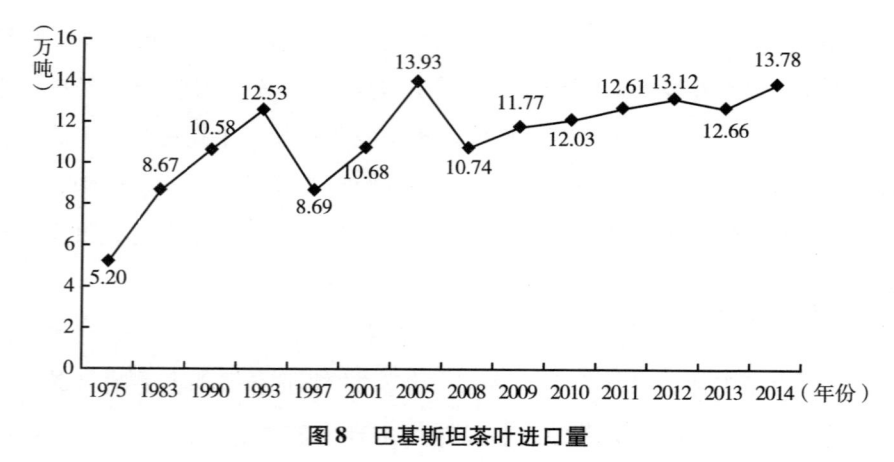

将喝茶视为生命里一道不变的美丽风景。大大小小的茶室遍布全国。伊朗茶叶进口情况见表5和图9。

表5 伊朗茶叶进口量

单位：万吨

年份	数量	年份	数量	年份	数量
2001	8.82	2006	4.96	2011	6.65
2002	8.61	2007	5.61	2012	7.05
2003	7.77	2008	6.16	2013	8.00
2004	7.17	2009	5.05	2014	6.06
2005	4.30	2010	5.50		

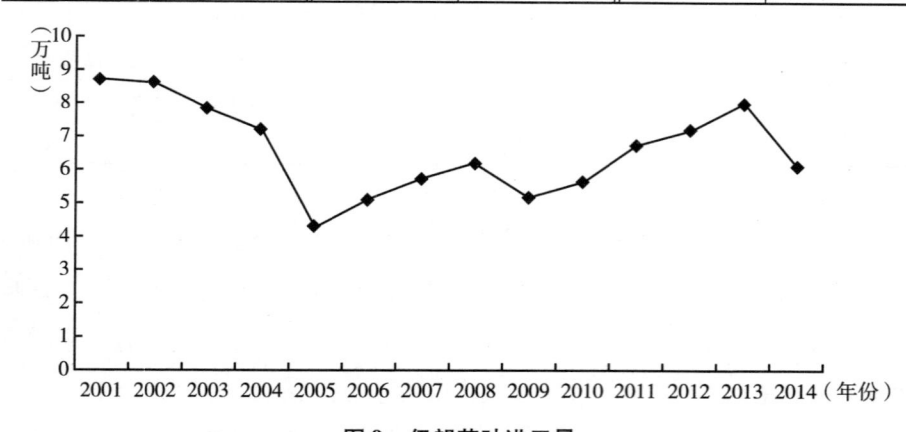

图9 伊朗茶叶进口量

美国有大约3.19亿人口。美国的茶叶市场，18世纪以武夷茶为主，19世纪以绿茶为主，20世纪后以红茶为主，袋泡茶占55%。美国人喜喝加柠檬的冰红茶，是一个嗜"冷"的社会，因为生活节奏快，饮冰茶省时方便，卡路里低，不含酒精，咖啡因的含量比咖啡少，有益于身心健康，有益于消除疲劳，保持体形健美，所以美国的茶叶饮品十分流行。美国是第二大茶叶消费国。主要有四大茶类，袋泡茶、速溶茶、加香料茶和冰茶。2002~2004年，美国进口红茶下降1.4%，进口绿茶上涨103.5%，总进口增长4.8%。茶叶市场垄断性强，形成进口商—拼配包装商—批发商—零售商或超级市场的茶叶销售体系。特种茶市场前景看好，如绿茶、白茶、风味茶和加强型功能茶。各类特种茶如添加香料和干果的品种，年销售额也迅速增加到5亿美元。美国茶叶消费的支撑点有四个：一是美国人不太懂茶，大多喝马虎茶，要求方便、卫生、营养、保健；二是茶饮料成倍增长；三是靠广告宣传；四是依四种生活水平（饥饿、温饱、小康、富裕）选择茶叶。美国茶叶进口情况见表6和图10。

表6　美国茶叶进口量

单位：万吨

年份	数量	年份	数量
2001	9.28	2006	11.12
2002	9.48	2010	12.68
2003	9.57	2012	12.56
2004	9.79	2013	13.01
2005	10.57	2014	12.91

俄罗斯有1.44亿人口，95%的居民有饮茶的习惯。每年消耗茶叶总量在18万~20万吨，人均1.3千克。其中中国茶占4%，印度茶占60%~70%，斯里兰卡茶占33.3%，印度尼西亚茶占5.4%，越南茶占2.4%。俄罗斯绝大多数人爱喝红茶，1/3的人偶尔喝水果茶、绿茶、乌龙茶和花茶；69%的人喝茶爱加糖，9%的人爱加柠檬，4%的人爱加奶或鲜奶油，4%的人加炼乳、薄荷或白兰地；86%的人按照老传统用茶壶煮茶，然后用茶引子

图 10　美国茶叶进口量

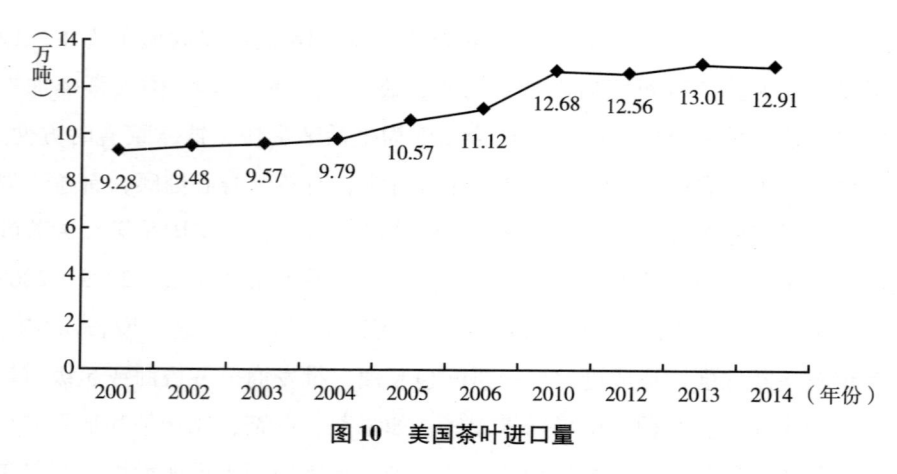

兑开水饮用。老一辈人喜欢中国茶，特别是中国的绿茶、花茶等。以中国茶叶的小包装出售，市场前景不可估量。俄罗斯茶叶进口情况见表 7 和图 11。

图 11　俄罗斯茶叶进口量

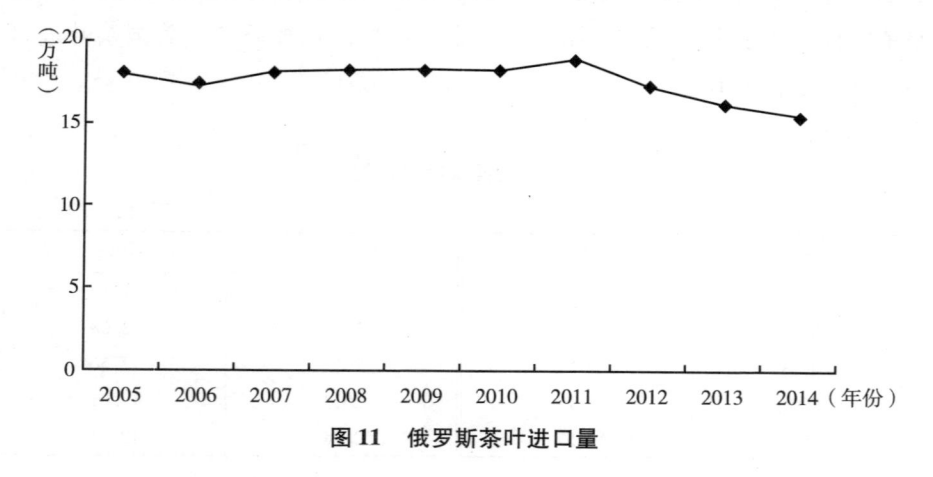

表 7　俄罗斯茶叶进口量

单位：万吨

年份	数量	年份	数量
2005	17.95	2010	18.16
2006	17.29	2011	18.80
2007	18.12	2012	17.11
2008	18.18	2013	16.03
2009	18.22	2014	15.40

英国有6450万人口。英国的茶叶消费非常稳定,1985年,80%的人日均饮茶3.56杯,年人均3千克,茶叶消费量占饮料总消费量的一半。茶叶是饮料市场的第一选择,66%的人平均每天饮茶2.83杯,93%的消费者每天饮用茶。2001年,英国传统茶叶市场萎缩,主要茶叶品牌销量下降了6%,绿茶、有机茶下降4%和3%,而草茶、果茶上升了13%。许多英国人甚至连洗澡也不忘冲上一杯茶躺在浴缸里享用。2002年,英国的波鲁克邦、里昂、太湖和合作社四大茶商销售量占60%,还有团宁和立得两家大公司。而中国的茶叶经销企业和经销商很多,绝大多数销售额、出口额都很少。英国对中国绿茶及乌龙茶的需求有增长之势。英国茶叶进口情况见表8和图12。

表8 英国茶叶进口量

单位:万吨

年份	数量	年份	数量	年份	数量
2001	13.55	2006	16.13	2011	15.45
2002	13.28	2007	15.65	2012	14.45
2003	13.02	2008	15.71	2013	13.75
2004	12.74	2009	14.78	2014	10.67
2005	15.39	2010	14.98		

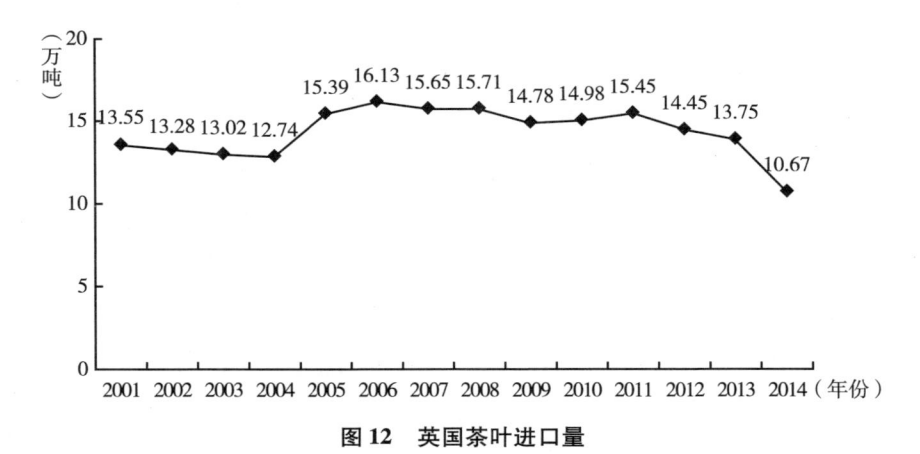

图12 英国茶叶进口量

当然就消费因素来讲,气候地理、人口密度、地理位置以及交通环境都会影响茶叶消费。在经济较为发达地区茶叶消费种类多、数量大、档次高,

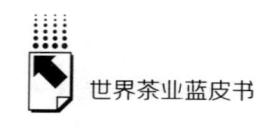

而处于严寒或酷热地带的国家也会形成特定的茶类消费群体。虽然全世界的经济发展水平差异较大,但是茶叶消费的地理特征决定了各国都有不同的市场潜力。

第五节 世界茶叶未来需求预测

世界茶叶产量将稳步增长。一方面是因为茶叶种植面积的扩大,另一方面是由于科技的进步使茶园单位面积产量提高,如1995年世界茶叶单产为每公顷962千克,2008年增加到了1124千克。2011年世界茶叶总产量达到429.92万吨,其中印度98.83万吨,占了全球产量的22.99%;中国162.32万吨,占37.76%;斯里兰卡32.86万吨,占7.64%;肯尼亚37.79万吨,占8.79%;越南17.8万吨,占4.41%;印度尼西亚11.97万吨,占2.78%;6个主要产茶国的茶叶总量占到当年世界总产量的84.37%。在世界茶叶总产量中,红茶所占份额最大,约占总产量的75%,红茶中的90%以上为红碎茶。绿茶主要产于中国和日本。

世界茶叶消费格局随着传统饮茶方式的变化,在向多样化和有益健康的方向发展,表现在消费领域不断扩大,消费方式日益多样化,除了传统的茶叶产品外,袋泡茶、速溶茶、茶饮料、香味茶、脱咖啡因茶、有机茶、花草茶等新兴茶产品受到更多消费者的青睐。由于人们健康意识的不断增强,作为健康饮料的茶叶声誉日增,世界范围内的茶叶需求不断增加。世界茶叶委员会在分析世界茶叶消费的发展趋势后认为,产茶国家的内销和发展中国家的茶叶消费近年来增长较快,发达国家的消费比重有所下降,世界茶叶消费总量还将持续增长。产茶国茶叶内销与出口的比例在1930年为3∶7,到2008年为7∶3。这说明随着人均收入水平和消费水平的提高,作为发展中国家的多数产茶国的国内消费结构发生变化,对茶叶的需求日益增加,从而使自销和出口的比例发生了变化。今后一段时期内,红茶消费仍将占主导地位,但消费增长减慢,比重将下降,绿茶、特种茶和无公害茶需求增加,低档渣茶需求将减少。具有多种营养、药用价值和生理保健功效的新兴茶叶产品将是茶产业未来新的增长点。

回顾2004～2013年的十年间,由于生产率的提高和茶叶种植面积的扩大,全球茶叶产量以年均4.08%的速度增长,与此同时,茶叶消费量以年均3.81%的速度增长。但在2014年,全球主要茶叶出口国同时遭遇干旱,使国际供应出现严重不足,这一情况甚至延续到了2015年的第一季度,供不应求似乎为生产国提供了机遇。但从贸易的角度看,由于供求失衡,国际茶叶价格在2014年已经上涨近35%,且2015年夏季的茶叶价格进一步上升,因此导致一些国际买家(特别是新兴市场的买家)放缓购买。

拍卖是国际茶叶市场上最主要的交易方式,近30年来,70%的茶叶是通过茶叶拍卖市场成交的。目前,世界茶叶交易中心主要集中在印度、斯里兰卡和非洲的主要产茶国。国际著名的茶叶拍卖市场有:斯里兰卡科伦坡茶叶拍卖市场、印度加尔各答拍卖市场、肯尼亚蒙巴萨拍卖市场、孟加拉国的吉大港拍卖市场、印度尼西亚的雅加达拍卖市场等。

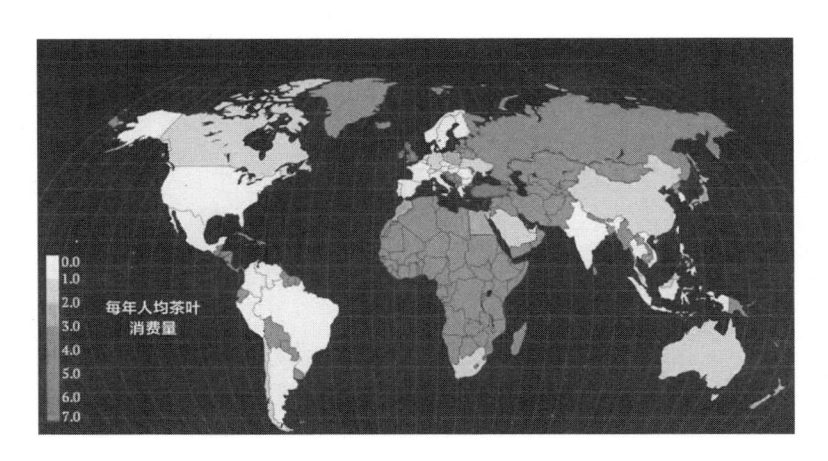

图13 全球较大的茶叶消费国

近年来,茶的流行趋势是:全球消费者更重视茶叶对于人体健康的好处。加入各种茶叶成分的风味饮料将更加流行。养生的目的促使消费者做出偏向有利于身体健康的选择。注意到消费者的健康需求,中国绿茶、乌龙茶、黑茶渐渐成为国际市场消费的新宠,尤其关于绿茶对人体增加免疫力和

增强抵抗力的大量研究成果见诸报端，以及数十亿人对茶叶养生的亲身体验，使茶饮更为流行。

茶叶的经济状况不仅与全球经济环境有关（即汇率问题），还包括原产国的自留量，当然还与人口的数量有关。茶叶产量也是一个消费指标。产量影响市场价格，价格越高，总量越少。

根据人口大国的数据分析，五年内的茶叶消费将不会有太大变化，只是将有越来越多的人喜爱上喝茶。

B.5 茶叶贸易报告

第一节 世界茶叶贸易总量

进入21世纪以来，世界茶叶贸易量平稳上升，但占全球茶叶总产量的比重有所下降。2000年，全球茶叶出口132.2万吨，占全球茶叶总产量的45.1%；2014年，全球茶叶出口182.7万吨，占全球茶叶总产量的35.3%，出口量比2000年增长38.2%，年均增长2.3%。亚洲和非洲是茶叶出口主要地区，2014年，亚洲出口茶叶106.2万吨，占58.1%；非洲出口67.8万吨，占37.1%。主要出口国分别为肯尼亚499380吨、斯里兰卡317885吨、中国301484吨、印度204597吨、越南132000吨，占比分别为：27.3%、17.4%、16.5%、11.2%、7.2%。上述五国茶叶出口占全球的80%。

2014年，全球茶叶进口量165.8万吨，比2000年的127.2万吨增长30.3%，年均增长1.90%。主要进口国家和地区分别为：俄罗斯154000吨、巴基斯坦137877吨、美国129165吨、英国106340吨、埃及103252吨，占比分别为9.3%、8.3%、7.8%、6.4%、6.2%。上述五个国家和地区的茶叶进口占全球的38%。

目前，国际茶叶贸易量约为185万吨，占世界茶叶总产量的42%左右，其中红茶年均贸易量超过100万吨，约占世界茶叶贸易总量的75%。近年来，绿茶的国际贸易量有逐年上升的趋势。2011年全球七大茶叶出口国的茶叶出口量分别是：肯尼亚42.13万吨，中国32.26万吨，斯里兰卡30.13万吨，印度19万吨，越南14.30万吨，阿根廷8.62万吨，印度尼西亚7.55万吨。

第二节 五大洲茶叶贸易情况

亚洲是世界主要的茶叶种植、生产、消费和出口地区，茶叶出口占全球

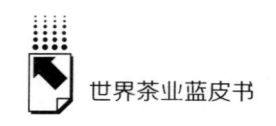

一半以上，斯里兰卡、中国、印度和越南是主要出口国。进入21世纪以来，亚洲茶叶出口量稳定增长，但所占比重有所下降。2000年，亚洲茶叶出口90.6万吨，占全球出口总量的68.5%；2014年，亚洲茶叶出口106.2万吨，占全球出口总量的58.1%，出口量比2000年增长17.2%，年均增速为1.1%。

非洲是世界重要的茶叶种植、生产和出口地区，其中肯尼亚为全球最大的茶叶出口国，乌干达、马拉维和坦桑尼亚也位居茶叶出口国家和地区前十名。进入21世纪以来，非洲茶叶出口快速增长。2000年出口35.2万吨，占全球出口总量的26.6%；2014年出口67.8万吨，占全球出口总量的37.1%，出口量比2000年增长92.6%，年均增速4.8%，高于全球茶叶出口2.3%的年均增速。

阿根廷是南美洲主要的茶叶生产和出口国，主要生产用于拼配的红茶，主要出口国是美国和智利。2000年，阿根廷茶叶出口49794吨，占南美洲茶叶出口的90.9%；2014年，阿根廷出口茶叶76111吨，占南美洲茶叶出口的97.7%，出口量比2000年增长52.9%，年均增长3.1%，略高于全球茶叶出口年均增速。南美洲的厄瓜多尔、巴西和秘鲁也有少量茶叶出口。

此外，前独联体国家格鲁吉亚、大洋洲的巴布亚新几内亚也有少量茶叶出口。

第三节 茶叶主要进出口国情况

一 主要出口国

（一）肯尼亚

肯尼亚是非洲最大的茶叶生产国和出口国。1963年独立时，肯尼亚茶叶年出口量仅有1.5万多吨，目前已成为世界上最大茶叶出口国。

肯尼亚1963年独立以后，在议会要求下于1964年成立了肯尼亚茶叶开发局（KTDA），负责管理新兴小茶场的加工和销售。1980年，肯尼亚茶叶开发局成为世界上最大的茶叶出口商，产量超过3.6万吨，同时还代表小茶农管理着30家茶厂。2000年前后，肯尼亚茶叶开发局已经拥有44家正在运转的茶厂，加工的成品茶超过11万吨，其中80%~90%用于出口。近年来，肯尼亚大力发展茶叶加工，减少对茶叶原材料的出口，尽量多出口肯尼亚自己品牌的成品茶。

茶叶是肯尼亚的第一大出口商品，每年为肯尼亚带来十多亿美元的出口收入。茶叶行业外汇收入占该国外汇总收入的26%以上，并直接或间接为300多万人提供了就业机会。

进入21世纪以来，肯尼亚茶叶出口保持快速增长态势，并一直保持最大出口国地位。2014年肯尼亚出口茶叶49.9万吨，年均增长6.1%，远远高于世界茶叶出口年均增长2.3%的水平。巴基斯坦是肯尼亚茶叶最大进口国，其次为埃及、英国、独联体、阿富汗等国家和地区。2014年，肯尼亚茶叶出口前十位的国家（地区）分别是：巴基斯坦10.6万吨、埃及10.2万吨、英国6.3万吨、阿富汗4.5万吨、独联体国家4.2万吨、美国4.1万吨、苏丹2.8万吨、也门1.7万吨、伊朗8257吨、波兰6714吨（见表1）。

肯尼亚蒙巴萨市是非洲茶叶的出口港。蒙巴萨茶叶拍卖中心聚集了来自马拉维、坦桑尼亚、乌干达、卢旺达、布隆迪、津巴布韦以及非洲其他产茶小国的茶叶。非洲另一茶叶拍卖中心在马拉维的LIMBE市。

表1 2000~2014年肯尼亚茶叶出口情况

单位：吨，千美元

年份 国别（地区）	2000		2001		2002		2003		2004	
	出口量	出口额	出口量	出口额	出口量	出口额	出口量	出口额	出口量	出口额
英国	53555	110285	62218	104447	59755	94637	52000	83226	53474	86659
独联体国家	77	190	502	844	4811	7494	7223	13270	13702	26449
阿富汗	13240	31566	21329	43848	24700	43436	35035	64576	28948	51155
巴基斯坦	57941	126897	63185	110751	63138	103938	72008	123078	84340	142680
也门	6652	14724	8768	16533	13941	14122	8820	15085	10772	17946
埃及	43326	91221	48838	81976	52286	82948	47826	72638	84106	128324
苏丹	8317	14291	11109	15181	10544	14200	10961	15508	17447	23243
其他国家（地区）	—	—	—	—	—	—	—	—	—	—
合计	216990	460713	258118	450705	272459	431712	269768	451167	333802	548750

续表

国别(地区)\年份	2005		2006		2007		2008		2009	
	出口量	出口额	出口量	出口额	出口量	出口额	出口量	出口额	出口量	出口额
英国	53217	80152	46429	95075	58501	108263	69211	150359	64179	158831
独联体国家	17545	31113	16493	36706	21385	48277	27170	70842	23328	36178
阿富汗	21336	37662	18841	40397	28978	61504	25801	61544	33443	97951
巴基斯坦	98301	165092	84498	178583	79818	163606	61299	142727	54639	147192
阿联酋	10646	18642	11420	2442	13778	27709	17155	39122	12783	35292
埃及	77931	114317	78789	156372	67421	128940	99638	235704	75392	185803
苏丹	21197	28865	17560	30716	24946	48145	22985	46644	25476	54564
其他国家(地区)										
合计	348276	555456	312156	644997	343703	685625	383445	899160	342482	899848

国别(地区)\年份	2010		2011		2012		2013		2014	
	出口量	出口额	出口量	出口额	出口量	出口额	出口量	出口额	出口量	出口额
英国	73035	190215	68316	187385	59312	168120	63374	155577	63275	112449
独联体国家	26726	83082	30465	96985	33185	110837	36391	110956	42344	104076
阿富汗	49336	151848	44447	148217	41808	150984	41976	182219	45446	115620
巴基斯坦	76211	216271	80811	245620	90394	289916	95056	257714	105680	242668
阿联酋	22158	60731	22604	65877	23844	73712	28059	75800	41462	94437
埃及	93218	254917	79955	232606	88830	270223	95537	241507	101947	228409
苏丹	31238	72605	26120	55339	24884	53253	30273	70942	27793	52725
其他国家(地区)	—	—	—	—	—	—	—	—	—	—
合计	441021	1233576	421272	1231935	430205	1328007	494347	1328431	499380	1150097

数据来源：根据国际茶叶委员会年度统计数据整理编制。

（二）斯里兰卡

茶叶是斯里兰卡的主要经济支柱和创汇产品，国内每年大约消费茶叶2万吨左右，其余均用于出口，2014年出口创汇15.6亿美元。斯里兰卡不但努力提高红茶品质，而且不断增加茶类品种以增加它在国际市场上的竞争力。除生产传统红茶外，斯里兰卡还生产红碎茶（CTC）、绿茶、乌龙茶和有机茶等。同时通过包装和深加工等形式使茶叶产品增值。近20年来，斯里兰卡的包装茶、袋泡茶和速溶茶等附加值高的茶叶出口呈直线上升趋势，而散装茶的出口数量不断下降，明显提高了出口茶叶的平均价和创汇能力。

2000~2003年，斯里兰卡茶叶出口量位居世界第一，2004年居第二位，仅次于肯尼亚；2009~2013年，中国茶叶出口增加，斯里兰卡居第三位。斯里兰卡出口茶以红茶为主，约占总出口量的99%。2014年，斯里兰卡茶叶出口31.8万吨，再次超过中国成为世界第二大出口国，出口产品均为红茶。

斯里兰卡茶叶主要出口亚洲的土耳其、伊朗、伊拉克、叙利亚、科威特，欧洲的俄罗斯、阿塞拜疆，非洲的利比亚，这些国家近年来每年进口数量均超过1万吨。2014年，斯里兰卡茶叶出口前十位的国家（地区）分别是：土耳其4.5万吨、俄罗斯4.4万吨、伊朗2.9万吨、伊拉克2.4万吨、阿联酋1.9万吨、叙利亚1.3万吨、利比亚1.24万吨、科威特1.21万吨、阿塞拜疆1.1万吨、日本8977吨（参见表2）。

斯里兰卡茶叶已经成为国民经济的支柱之一，外汇收入约占该国外汇总收入的1/3左右。所以斯里兰卡政府对茶叶生产和出口非常重视。斯里兰卡茶叶行业原来由种植园部和商贸部分别管理茶叶的生产和销售，多头管理，效率低下。为改变这种状况，政府成立了斯里兰卡茶叶局，直属种植园部，管理茶叶生产和销售，并负责斯里兰卡红茶的拍卖和海外营销宣传，斯里兰卡茶叶的生产和加工得到很大发展。近几年来，斯里兰卡茶叶的出口量一直稳步上升。斯里兰卡茶叶行业从业人员共约150万人。

斯里兰卡出口的茶叶中有95%以上通过科伦坡茶叶拍卖市场成交。科伦坡茶叶拍卖市场是目前世界上最大的茶叶拍卖市场。科伦坡茶叶拍卖市场由科伦坡茶叶贸易协会协调管理。

近年来，斯里兰卡还对中国的茶叶市场进行了研究，根据中国消费者饮茶习惯的改变欲增加对中国的红茶出口。目前，斯里兰卡是中国最大的茶叶进口国，2014年进口7800吨，金额3897万美元。

表2 2000~2014年斯里兰卡茶叶出口情况

单位：吨，千美元

国别（地区）	年份	2000		2001		2002		2003		2004	
		出口量	出口额	出口量	出口额	出口量	出口额	出口量	出口额	出口量	出口额
英国		10051	21072	8080	17133	7455	14830	6988	12095	5307	11678
俄罗斯		44951	101384	48391	105193	53779	114116	54891	121595	54769	124192
美国		3658	10633	2998	9157	3053	11507	3324	10607	3346	13336

续表

国别(地区)＼年份	2000		2001		2002		2003		2004	
	出口量	出口额	出口量	出口额	出口量	出口额	出口量	出口额	出口量	出口额
阿联酋	39946	90810	34130	78413	30904	71308	27414	62562	29420	72467
伊朗	12388	31281	11781	28148	14864	33037	13834	29960	20360	53308
叙利亚	21319	47174	24811	53910	30145	63205	28513	58281	28775	62420
土耳其	20012	46822	16958	42453	16287	40065	19051	44974	25056	65676
其他国家(地区)	127165	-3411	139518		128444	291568	135079	313294	121222	297487
红茶合计	279490	662851	286667	649893	284931	639636	289094	653368	288255	700564
绿茶合计	643	3411	836	4781	1054	—	1473	—	2349	—
总计	280133	666262	287503	654674	285985	639636	290567	653368	290604	700564

国别(地区)＼年份	2005		2006		2007		2008		2009	
	出口量	出口额	出口量	出口额	出口量	出口额	出口量	出口额	出口量	出口额
俄罗斯	51832	131544	58041	150316	47561	159521	43896	182526	41440	161492
科威特	2708	8135	2531	7626	2503	8032	7511	22735	10078	30219
阿联酋	37251	96369	43743	105460	43566	131532	44945	157351	30549	117433
伊朗	24886	67683	27838	75608	31716	105539	31027	132063	27713	125178
约旦	12042	24142	9473	22043	5865	17922	14290	49865	13399	48722
叙利亚	27617	64483	30573	77538	27288	87321	26114	108744	29476	129007
土耳其	16769	45047	13344	34414	14459	45784	15858	57492	15698	59291
其他国家(地区)	—									
红茶合计	296034	769433	311402	830880	290794	960254	293538	1195092	275991	1115746
绿茶合计	2735	—	3515	—	3460	—	3931	—	3892	29316
总计	298769	769433	314915	830880	294254	960254	297469	1195092	279883	1145062

国别(地区)＼年份	2010		2011		2012		2013		2014	
	出口量	出口额	出口量	出口额	出口量	出口额	出口量	出口额	出口量	出口额
俄罗斯	44338	193163	48539	217942	46650	205342	45683	233691	43555	222498
科威特	10803	35774	9088	29364	7278	22462	16022	49861	12146	42234
阿联酋	29195	130112	21238	95433	11240	47286	17531	78612	19217	84758
伊朗	27471	132859	30929	154360	38111	175161	38416	189035	29260	156501
伊拉克	13558	49983	22596	81508	23464	83269	22267	86365	24442	89068
叙利亚	26141	113790	28755	124330	24712	103701	21059	93764	12849	59750
土耳其	18452	72240	19171	76812	23129	89788	32202	140733	44732	208830
其他国家(地区)	—									
红茶合计	293585	1277462	298771	1335904	303599	1303418	309199	1462994	317885	1558716
绿茶合计	2798	22055	2500	22090	2441	21278	—	—	—	—
总计	296383	1299517	301271	1357994	306040	1324696	309199	1462994	317885	1558716

数据来源：根据国际茶叶委员会年度统计数据整理编制。

（三）中国

中国是世界上最为重要的茶叶出口国，年出口茶叶 30 余万吨，出口市场 120 余个（具体见表3、表4、表5）。进入 21 世纪以来，中国茶叶出口稳步增长。2000 年，茶叶出口数量 22.8 万吨，金额 3.5 亿美元，出口至 94 个国家和地区。2014 年，中国茶叶出口数量 30.2 万吨，出口金额 12.7 亿美元。出口数量年均增长 2.0%，出口金额年均增长 9.7%。出口至 126 个国家和地区，前十一位的出口市场及出口数量分别是：摩洛哥 58996 吨、多哥 16892 吨、乌兹别克斯坦 16387 吨、美国 15302 吨、阿尔及利亚 15010 吨、日本 14550 吨、毛里塔尼亚 14096 吨、俄罗斯 13933 吨、塞内加尔 13332 吨、德国 12542 吨、中国香港 10237 吨。

绿茶是中国出口的主要茶类，约占出口总量的 70%。近年来，随着绿茶的健康属性越来越被国际社会认可，其在茶叶消费中所占比重进一步提高。2000 年，中国绿茶出口 15.5 万吨，占茶叶出口总量的 68.2%。2014 年，中国绿茶出口 24.9 万吨，占出口总量的 82.7%，出口量年均增长 3.4%，高于茶叶总出口量的年均增长率。主要出口市场是：摩洛哥 58535 吨、多哥 16883 吨、乌兹别克斯坦 16328 吨、阿尔及利亚 14996 吨、毛里塔尼亚 14096 吨、塞内加尔 13188 吨、俄罗斯 11026 吨、德国 8758 吨、喀麦隆 7099 吨、美国 6148 吨。

红茶是中国出口的重要茶类。近年来，由于中国茶叶生产成本不断增加，价格优势逐步消失，加之国际红茶市场竞争激烈，中国红茶出口不增反降，在国际红茶市场所占份额下降。2000 年，中国红茶出口 29449 吨，2014 年出口 27753 吨。主要市场是：美国 8022 吨、中国香港 3357 吨、德国 3041 吨、巴基斯坦 2070 吨、俄罗斯 1933 吨。

乌龙茶、普洱茶、花茶等其他茶类是中国特种茶，由于受到饮茶习惯差异及检测标准等因素的影响，出口数量不多，甚至出现下降趋势。2000 年，特种茶出口 42887 吨，主要市场是：日本 25404 吨、中国香港 8061 吨、美国 2407 吨、马来西亚 1306 吨、德国 1174 吨。2014 年，特种茶出口 24554 吨，主要出口市场是：日本 11986 吨、中国香港 3864 吨、马来西亚 1137 吨、美国 1133 吨、俄罗斯 974 吨。

表 3 2000～2014 年中国茶叶出口情况

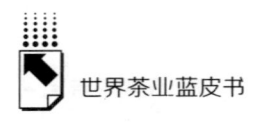

单位：千克，美元

年份 国别(地区)	2000 出口量	2000 出口额	2001 出口量	2001 出口额	2002 出口量	2002 出口额	2003 出口量	2003 出口额	2004 出口量	2004 出口额
摩洛哥	43630185	66465777	38659228	57132504	44244092	61395026	49256801	77211531	49551849	86069437
多哥	4525080	6904269	2998288	3503589	1423780	1500186	2472104	2789730	1941230	3588257
乌兹别克斯坦	12636292	14441058	15570975	16319056	15527143	16981589	17554203	8879899	17652373	9558371
美国	5914260	10850388	7933604	12628793	7414654	11143548	16646325	20212336	17287958	24232247
阿尔及利亚	32679547	73486631	39600560	90320929	31912443	71698067	27588169	58485480	8176258	15659389
日本	5449140	8731588	4957180	6474627	4188913	6322496	7478740	14047370	37403011	83922269
毛里塔尼亚	3816346	4428580	9602812	7873601	13558138	11392620	14938366	14780270	8922120	19597587
俄罗斯	11745700	18850878	7795727	11891475	5706321	7753026	6517614	8301710	14820970	16850732
塞内加尔									7404750	11564204
德国	5449625	11157679	5689594	10238062	5355154	10400765	4463579	9591845	5502807	10723488
其他国家(地区)										
合计	227760248	347342204	249678009	342073901	252278803	331894317	259953700	367375195	280196382	436881866

年份 国别(地区)	2005 出口量	2005 出口额	2006 出口量	2006 出口额	2007 出口量	2007 出口额	2008 出口量	2008 出口额	2009 出口量	2009 出口额
摩洛哥	52644235	98478620	56788462	109853578	57563953	116549093	50314711	121342820	58484658	142825015
多哥	1428385	2691826	2279113	5132094	3593364	8110328	5271024	15007808	8105975	23806759
乌兹别克斯坦	19286920	10141934	19026008	10299700	20385595	17019399	23213056	26562267	22322160	26358303
美国	18259537	29500374	18787482	35377066	19962170	39365949	22230093	45259431	19334832	40197049
阿尔及利亚	11364189	21065034	10938911	22999248	10725996	23849578	12110556	29021750	12743860	34678431
日本	34586343	79781378	27668354	65695264	25336912	64897641	21161869	55875191	18982812	50244663

续表

年份	2005		2006		2007		2008		2009	
国别（地区）	出口量	出口额	出口量	出口额	出口量	出口额	出口量	出口额	出口量	出口额
毛里塔尼亚	8614913	18151921	8888254	21643704	10567257	27970410	10322720	31361764	10332233	32414200
俄罗斯	14896783	20541273	16590056	27046730	17925557	33801852	16160839	33869859	20627475	35538575
塞内加尔	9981275	16664710	7075067	16949193	9300726	23295901	7841369	24775336	8418469	25756542
德国	4702735	11129985	6574209	15773146	8480915	19625549	7754633	24304543	5936041	17877834
其他国家（地区）	—	—	—	—	—	—	—	—	—	—
合计	286616621	484531873	286724521	547447051	289538971	607624106	296945786	682444767	302949945	704999159

年份	2010		2011		2012		2013		2014	
国别（地区）	出口量	出口额	出口量	出口额	出口量	出口额	出口量	出口额	出口量	出口额
摩洛哥	61243711	156679581	63587809	189537343	55763009	182566642	61190976	211570552	58996243	211522630
多哥	8764073	24683882	9985880	33362512	12178132	44397628	12188819	50286597	16892530	75434307
乌兹别克斯坦	18577698	23494039	18552078	31824432	25856342	51140762	23415133	52838185	16387677	38008572
美国	24820698	55632952	23861786	66044254	24320660	85906276	22077681	90719761	15302842	83244168
阿尔及利亚	11881291	30691353	15913702	46576332	14393685	46811334	13356217	48768650	15010213	56190108
日本	19456203	56308758	18098794	54510629	17319884	57679876	17551544	66978684	14550002	60638630
毛里塔尼亚	11750126	39795455	12325810	44778183	12512646	48921593	18189520	73845049	14096595	61791989
俄罗斯	21251259	46682630	17874396	53865178	15298049	51347897	13525902	52637217	13933247	48971881
塞内加尔	6278061	20832327	5652550	21881261	7767433	31112380	10218980	44664864	13332028	59766269
德国	9056853	26324961	9802520	32038367	9278232	33067638	10114505	42050676	12542484	48532108
其他国家（地区）	—	—	—	—	—	—	—	—	—	—
合计	302440403	784180446	322580303	965133745	313483849	1042142357	325775179	1246863153	301484162	1272983724

数据来源：根据国际茶叶委员会年度统计数据整理编制。

表4 2000～2014年中国绿茶出口情况

单位：千克，美元

年份 国别(地区)	2000 出口量	2000 出口额	2001 出口量	2001 出口额	2002 出口量	2002 出口额	2003 出口量	2003 出口额	2004 出口量	2004 出口额
摩洛哥	43621716	66436747	38597133	57032120	44170437	61261540	49245801	77197756	49455080	85858517
多哥	4525080	6904269	2989708	3485774	1423780	1500186	2472104	2789730	1941230	3588257
乌兹别克斯坦	5914260	10850388	7933604	12628793	7403654	11128824	16523573	8354208	16776745	9105629
阿尔及利亚	5449140	8731588	4957180	6474627	4188913	6322496	8764814	13825221	8155058	15630615
毛里塔尼亚	11654700	18685588	7795727	11891475	5682921	7718864	7478740	14047370	8922120	19597587
塞内加尔	1550655	1631246	2045563	1982995	3427600	3690465	6517614	8301710	7404750	11564204
俄罗斯	2312845	4516262	2118691	3657124	2676379	4659421	4367123	5750020	4861976	7336242
德国	286100	205122	472760	160876	966852	523015	2242133	4168918	3455073	6023335
喀麦隆							1410905	1117372	2427105	1002991
美国	3000831	2973596	5691163	4943586	4954335	4979951	6727810	7591772	7186542	9854793
其他国家(地区)										
合计	155325256	217867734	163162997	199525450	170355986	202925048	181728581	241122606	196205731	294387263

年份 国别(地区)	2005 出口量	2005 出口额	2006 出口量	2006 出口额	2007 出口量	2007 出口额	2008 出口量	2008 出口额	2009 出口量	2009 出口额
摩洛哥	52486811	98134294	56512055	109036209	57460536	116302974	50217391	121106571	58296851	142320815
多哥	1428135	2690166	2279113	5132094	3593364	8110328	5270517	15005294	8105975	23806759
乌兹别克斯坦	18668050	9822150	18866210	10217290	19974067	16639912	22501440	25834389	21834860	25701868
阿尔及利亚	11344919	21029389	10896581	22930318	10722728	23824144	12090380	28962911	12665610	34508816
毛里塔尼亚	8614913	18151921	8888254	21643704	10567257	27970410	10297370	31299490	10332233	32414200
塞内加尔	8981275	16664710	7075067	16949193	9279276	23247133	7827428	24720268	8408476	25698213

续表

年份 国别（地区）	2005		2006		2007		2008		2009	
	出口量	出口额	出口量	出口额	出口量	出口额	出口量	出口额	出口量	出口额
俄罗斯	5777962	10050662	7694299	14705365	9922423	20487755	9829751	21253474	11589944	21629780
德国	3324484	7123582	4827222	11278518	6971106	14694537	5646483	16210297	4346845	12005281
喀麦隆	2674793	1034587	4821645	1640093	3125320	1440715	5193480	3177449	5141899	4105917
美国	7544504	11597955	10061994	17704021	9581076	17562083	6689911	14018553	3480806	13592497
其他国家（地区）	—	—	—	—	—	—	—	—	—	—
合计	206170371	330786783	218737335	390202445	223664409	431334863	223326472	487027501	229325932	524524994

年份 国别（地区）	2010		2011		2012		2013		2014	
	出口量	出口额	出口量	出口额	出口量	出口额	出口量	出口额	出口量	出口额
摩洛哥	60694982	155457127	62958332	187813474	54978719	180016752	60536422	209454123	58535857	209978669
多哥	8761673	24671342	9985880	33362512	12178132	44397628	12188819	50286597	16883560	75426682
乌兹别克斯坦	18568938	23447720	18463388	31654034	25772062	50893123	23336115	52557573	16328504	37837079
阿尔及利亚	11788051	30563015	15861848	46471804	14373820	46759661	13350217	48756470	14996613	56166170
毛里塔尼亚	11750126	39795455	12325410	44775199	12512646	48921593	18189520	73845049	14096595	61791989
塞内加尔	6268369	20771444	5563718	21367862	7702012	30713708	10155530	44253932	13188608	58752873
俄罗斯	14285733	30737137	12554484	33457940	11066771	32048040	10061942	37751533	11026274	35691550
德国	6869675	17692786	6971812	20851554	6355943	20873385	6850515	25737890	8758554	33258125
喀麦隆	3806748	3533933	9281247	11898099	7754794	11433254	8695740	12193547	7099704	7007609
美国	12273237	24626542	11444061	25831106	11550778	30557702	11440510	36940151	6148329	31120243
其他国家（地区）	—	—	—	—	—	—	—	—	—	—
合计	234187435	566835758	257441957	706384322	248653741	755665974	264490867	932493145	249176774	952601208

数据来源：根据国际茶叶委员会年度统计数据整理编制。

表5 2000~2014年中国红茶出口情况

单位：千克，美元

年份 国别（地区）	2000		2001		2002		2003		2004	
	出口量	出口额	出口量	出口额	出口量	出口额	出口量	出口额	出口量	出口额
美国	7213723	7003808	7299837	6989602	8649007	8001742	8315314	8128511	8514397	8220137
中国香港	1341379	2635866	1025120	1807680	1519139	3223547	1444433	2605946	1738329	2893055
德国	1962727	3595178	2668179	4131056	1829207	3157885	1253074	2458876	1436709	2454535
巴基斯坦	1771660	1109516	3873490	1958046	1790001	803617	1383686	527253	379568	220703
俄罗斯	2076642	2474409	7264884	5512913	9311581	6344343	9007776	6270721	8276830	6163736
缅甸	155955	175547	244780	250483	468316	415151	846101	942959	1253919	1691890
澳大利亚	7854	10350	2270	4230	5963	20500	7708	21486	1622	7910
蒙古	639944	239060	700151	222902	811817	250293	269920	75055	219600	65999
泰国	—	—	4	14	32	806	—	—	15	191
日本	548337	1079214	451633	932334	340534	738872	590753	1027198	431048	919834
其他国家（地区）	—	—	—	—	—	—	—	—	—	—
合计	29449005	36086246	40926848	41275304	40828436	38807421	37771541	36312362	39370561	41179804

年份 国别（地区）	2005		2006		2007		2008		2009	
	出口量	出口额	出口量	出口额	出口量	出口额	出口量	出口额	出口量	出口额
美国	8426896	8388318	7460984	9662290	9070632	11250877	11057959	14477963	8832813	12898325
中国香港	3381767	4583829	4755798	6760973	3372939	5903159	3798406	7339035	3405343	7995309
德国	960425	1971671	1510133	3328319	1167581	2979802	1498007	4725223	1211359	3055799
巴基斯坦	3213575	1858246	1242980	734772	2358421	1363239	8124436	5445429	6590300	4800686
俄罗斯	7145170	6051678	7313575	7511729	6072109	7615178	5017126	7304011	7736196	9665217
缅甸	1246388	1898240	455295	767192	450308	974050	974409	1809530	1897731	3446370

续表

年份 国别(地区)	2005 出口量	2005 出口额	2006 出口量	2006 出口额	2007 出口量	2007 出口额	2008 出口量	2008 出口额	2009 出口量	2009 出口额
澳大利亚	2826	20393	58817	216644	21093	136934	121086	1302337	190157	2137596
蒙古	392220	173157	621260	279552	1387368	660433	1727363	1104344	1675812	1225428
泰国	28	31	12840	47141	105772	100268	446887	421149	277347	298852
日本	390250	1211079	404986	1106054	262853	767163	338148	1077037	293600	910844
其他国家(地区)	—	—	—	—	—	—	—	—	—	—
合　计	35847171	39944061	31538449	42450819	30262143	43182950	40276996	62347916	40089538	64370009

年份 国别(地区)	2010 出口量	2010 出口额	2011 出口量	2011 出口额	2012 出口量	2012 出口额	2013 出口量	2013 出口额	2014 出口量	2014 出口额
美国	10262110	18630919	11203000	27992233	11289617	31202524	9502286	34250369	8021571	33673604
中国香港	4172939	13554106	4313782	18446721	3899719	17597460	3267910	20879894	3356973	29975511
德国	1701534	4578768	2289892	6945200	2258368	7882046	2461789	9031420	3040789	10190040
巴基斯坦	2898891	2451265	1805608	1426827	3165724	2853620	4046800	3681952	2070168	1705986
俄罗斯	5439880	10322849	3894344	12527174	2821484	10871587	2243345	8089345	1932935	7887532
缅甸	2201550	5451894	2275345	6184306	2566753	7632640	2148190	7215721	1910700	11493381
澳大利亚	210202	2767699	811144	7862671	1201899	11541834	1051678	11749443	1323057	15137019
蒙古	1675084	1285106	1686429	1481717	1563691	1590714	1671093	1904358	1050445	1260757
泰国	311641	448515	329136	1111447	442330	1415776	732065	4778494	660174	5453948
日本	165777	586686	470680	1958020	643286	3365017	763997	4209813	641513	4430937
其他国家(地区)	—	—	—	—	—	—	—	—	—	—
合　计	36587935	79812331	35576617	108723785	35847219	118832861	32876560	128365222	27752984	145007643

数据来源：根据国际茶叶委员会年度统计数据整理编制。

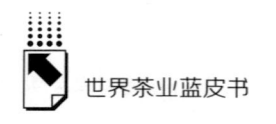

（四）印度

2014年，印度茶园面积56.7万公顷，茶叶产量120.7万吨，占世界茶叶总产量的23.3%，仅次于中国，位居世界第二；茶叶出口20.4万吨，占世界茶叶出口总量的11.2%，位居世界第四。印度茶叶早期以出口为主，随着国内需求的增长，出口比重逐年下降。印度直接或辅助从事茶业的就业人口有240万人。20世纪初叶印度已经发展为世界最大的茶叶生产国（90年代以前同时是世界最大的茶叶出口国），一直延续至2003年。

近一个世纪以来，印度茶叶产量增加6倍，而出口量仅增加60%。这说明印度茶叶市场是一个以内销为主的市场，印度的茶叶消费一般随人口的增加而增加。茶叶在印度早已不是一般的饮料，而是一种生活必需品，其重要性大大超过咖啡。印度的茶叶消费量过去长期以来每年增加2%左右，20世纪的最后几年已发展到每年增加5%左右。

印度茶叶贸易的主要方式是拍卖。印度在19世纪中叶以后就陆续设立了几个产地茶叶拍卖中心，现已增加到6个——加尔各答、古瓦哈蒂、斯里古里、柯钦、古诺尔、科因巴尔。印度政府规定75%左右的茶园所产茶叶必须通过拍卖进入市场。印度茶叶出口通过拍卖的比重20世纪90年代中期已高达85%左右。

2000年以后，印度茶叶出口一直在20万吨左右徘徊，居世界第四位。主要出口市场为：独联体、中东、英国等。2014年，茶叶出口数量20.5万吨，金额6.4亿美元。其中出口独联体54284吨、伊朗18681吨、英国18076吨、阿联酋16498吨、巴基斯坦15787吨、美国12838吨（见表6）。

表6 2000~2014年印度茶叶出口情况

单位：吨，千美元

国别（地区） \ 年份	2000年		2001年		2002年		2003年		2004年	
	出口量	出口额	出口量	出口额	出口量	出口额	出口量	出口额	出口量	出口额
英国	20931	45555	16102	31121	20875	38852	19764	36156	17606	34736
独联体国家	95022	158895	82210	132592	62553	93924	58684	89448	48505	81936

续表

国别(地区)\年份	2000年 出口量	2000年 出口额	2001年 出口量	2001年 出口额	2002年 出口量	2002年 出口额	2003年 出口量	2003年 出口额	2004年 出口量	2004年 出口额
美国	6023	14662	4520	10645	5702	12862	7233	17407	5781	15600
阿联酋	22112	57859	23349	62219	26436	63967	23675	59119	24744	59649
伊拉克	10866	17138	16864	23812	44165	59258	13364	17729	24732	28552
巴基斯坦	3336	6255	3306	4418	3695	4566	5751	5670	3526	3441
肯尼亚	1822	1980	815	862	962	920	3486	3016	9987	10344
其他国家(地区)	44241	104187	32691	73882	33699	72365	38320	92167	45076	110585
合计	204353	406531	179857	339551	198087	346714	170277	320712	179957	344843

国别(地区)\年份	2005年 出口量	2005年 出口额	2006年 出口量	2006年 出口额	2007年 出口量	2007年 出口额	2008年 出口量	2008年 出口额	2009年 出口量	2009年 出口额
英国	21220	40928	23132	46902	17856	39882	19138	48540	15700	43010
独联体国家	48130	89024	49100	92519	53496	113575	54024	131457	55700	140870
美国	7345	21091	6893	19105	7968	22761	7840	26183	8790	34260
阿联酋	26540	61669	21882	48487	24551	58947	24804	64925	20040	59570
伊拉克	35820	43656	41334	46772	2537	3236	5109	15399	16200	42540
阿富汗	3060	3365	7411	8855	8264	10435	10739	17428	12520	19640
伊朗	6620	16017	8667	20029	13139	35237	15898	48266	11230	36020
其他国家(地区)	—	—	—	—	—	—	—	—	—	—
合计	195028	392406	215672	420021	175841	415633	200070	527786	189000	534800

国别(地区)\年份	2010年 出口量	2010年 出口额	2011年 出口量	2011年 出口额	2012年 出口量	2012年 出口额	2013年 出口量	2013年 出口额	2014年 出口量	2014年 出口额
英国	18126	56613	19361	65683	20232	67108	15899	51916	18076	56090
独联体国家	56672	158637	60321	178567	57920	179084	54199	160565	54284	145884
美国	9632	36497	12313	61558	10940	57918	13209	61446	12838	55658
阿联酋	22150	73844	19224	70581	18273	63776	22103	74808	16498	52698
伊朗	15241	57019	13695	57922	14420	53781	23068	99277	18681	81330
巴基斯坦	20348	27732	25198	35621	21646	37088	19374	32477	15787	23512
埃及	5811	11347	5659	10530	9729	19605	7485	15166	8187	14825
其他国家(地区)	—	—	—	—	—	—	—	—	—	—
合计	218660	639289	213174	685350	206188	683286	215540	713490	204597	642254

数据来源：根据国际茶叶委员会年度统计数据整理编制。

（五）越南

茶叶产品是越南的支柱性出口产品，在国际市场上具有竞争优势，以美国、中国台湾、俄罗斯为主要出口市场，并向其他市场逐步发展。越南是21世纪以来茶叶出口增长幅度最大的国家。2000年，越南出口茶叶5.6万吨，2014年达13.2万吨，位居世界第五，比2000年增长137.2%，年均增长6.4%，远远高于全球年均增长2.3%的水平，也高于肯尼亚的年均增速。2014年主要出口市场是：中国台湾（20900吨）、阿富汗（19600吨）、中国（14600吨）（见表7）。

表7 2000~2014年越南茶叶出口情况

单位：吨，千美元

国别（地区） 年份	2000年		2001年		2002年		2003年		2004年	
	出口量	出口额	出口量	出口额	出口量	出口额	出口量	出口额	出口量	出口额
德国	1183	1224	2055	2209	2933	2901	—			
波兰	2468	1982	2551	2159	2670	2248	—			
俄罗斯	1785	2036	4777	4401	3622	3640	—			
美国	452	374	1033	790	2247	1736	—			
伊拉克	18592	30599	22561	29198	14368	23058	—			
日本	1859	2946	1223	1655	2967	2988	—			
中国台湾	9352	11738	13709	17183	13422	15831	—			
其他国家（地区）	—		—		—		—			
合计	55660	69605	68217	78406	74812	82523	59900	—	70000	

国别（地区） 年份	2005年		2006年		2007年		2008年		2009年	
	出口量	出口额	出口量	出口额	出口量	出口额	出口量	出口额	出口量	出口额
俄罗斯	9846	9777	9985	9678	10971	11484	11093	14543	21000	
美国	1266	1027	1976	1535	3681	2476	3554	2917	5700	
中国	5828	6076	8429	8837	14927	17029	5642	5918	6000	
马来西亚	1967	793	2406	1174	2641	1424	2456	1707	3900	
巴基斯坦	15530	18410	22921	27434	21535	29823	20560	32720	10000	
中国台湾	15263	16866	18938	20970	18618	20343	16657	20331	22000	
美国	1650	2108	1127	1438	2567	4281	4418	7060	3000	
其他国家（地区）	—		—		—		—		—	
合计	87918	96934	105116	110585	110929	130833	104000	146000	95000	

续表

国别(地区) \ 年份	2010年 出口量	2010年 出口额	2011年 出口量	2011年 出口额	2012年 出口量	2012年 出口额	2013年 出口量	2013年 出口额	2014年 出口量	2014年 出口额
俄罗斯	20000		22000		14000		11500		8000	—
美国	5300		4700		8400		9600		7900	
阿富汗	3000		3600		8900		11300		19600	
中国	14000		10000		12000		15400		14600	
印度尼西亚	4600		10000		16000		11400		4500	
中国台湾	25600		19500		22000		22100		20900	
阿联酋	4500		3100		1700		3800		3600	
其他国家(地区)	—		—		—		—		—	
合 计	137970	—	130000		144028	—	140325	—	132000	

数据来源：根据国际茶叶委员会年度统计数据整理编制。

二　主要进口国

（一）俄罗斯

俄罗斯是世界主要茶叶消费国和进口国，95%的居民有饮茶的习惯。俄罗斯人的饮茶习惯由来已久，茶叶是俄罗斯家庭的生活必需品，几乎每家都备有茶炊。俄罗斯茶叶进口经历了一个漫长而曲折的过程，2000年以来一直是世界最大的茶叶进口国。

俄罗斯传统上以消费红茶为主，红茶在俄罗斯占有约86%的市场份额。但是近几年来，俄罗斯人在保留饮用红茶习惯的同时，对其他种类茶叶的接纳水平也明显上升，消费数量和比例都在增加。这种市场格局的变化与俄罗斯人追求一种更加健康的生活方式密切相关。随着减肥风和保健风的兴起，越来越多的俄罗斯人知道并开始尝试绿茶、花茶、乌龙茶。俄罗斯百姓尤其是知识分子知道绿茶、花茶不加糖更有益健康，因此对有保健功能的茶叶特别青睐。此外，新口味的茶叶，如香茶（添加茉莉、蔷薇、柑橘等植物香

料的混合茶）和果味茶（加果味的茶）也对消费者有很大的吸引力。

2000年，俄罗斯进口茶叶15.8万吨，占全球茶叶进口总量的12.3%。此后数年内，俄茶叶进口量稳步增长，2011年达到18.8万吨，但近年有所减少。印度曾是俄罗斯最大的茶叶供应国，2000年出口俄罗斯的茶叶数量占其进口总量的71.7%。由于多种原因，印对俄茶叶出口数量下降，至2014年降至俄进口总量的23.5%，斯里兰卡成最大进口国，肯尼亚出口量快速增长。2014年，俄罗斯进口茶叶15.8万吨，占全球茶叶进口总量9.3%。主要供应国是：斯里兰卡（43600吨）、印度（37200吨）、肯尼亚（27600吨）、中国（13900吨）、越南（10700吨）（见表8）。

表8 2000~2014年俄罗斯茶叶进口情况

单位：吨，千美元

国别(地区)＼年份	2000年		2001年		2002年		2003年		2004年	
	进口量	进口额	进口量	进口额	进口量	进口额	进口量	进口额	进口量	进口额
印度	113468	—	71355	—	55519	—	48863	—	42995	—
斯里兰卡	27654	—	54239	—	63708	—	69457	—	71460	—
印度尼西亚	3824	—	7492	—	13061	—	13692	—	16924	—
中国	2896	—	9581	—	14017	—	145748	—	13185	—
越南	446	—	4157	—	4720	—	4246	—	7586	—
肯尼亚	96	—	810	—	5101	—	7983	—	9611	—
格鲁吉亚	4700	—	3665	—	3046	—	3245	—	2179	—
其他国家(地区)	—	—	—	—	—	—	—	—	—	—
合计	158290	—	154626	—	164367	—	168577	—	172021	—
国别(地区)＼年份	2005年		2006年		2007年		2008年		2009年	
	进口量	进口额	进口量	进口额	进口量	进口额	进口量	进口额	进口量	进口额
印度	36176	—	38198	—	44476	—	45774	—	45788	—
斯里兰卡	70668	—	72340	—	71379	—	65108	—	54257	—
印度尼西亚	20352	—	15088	—	10874	—	15925	—	18462	—
中国	14938	—	13803	—	15942	—	15933	—	18609	—
越南	10193	—	10387	—	12596	—	13605	—	20099	—
肯尼亚	13337	—	11820	—	15058	—	15638	—	15033	—

续表

国别(地区) \ 年份	2005年		2006年		2007年		2008年		2009年	
	进口量	进口额	进口量	进口额	进口量	进口额	进口量	进口额	进口量	进口额
独联体国家	378	—	1206	—	1875	—	2056	—	2579	—
其他国家(地区)	—	—	—	—	—	—	—	—	—	—
合　计	179577	—	172926	—	181272	—	181860	—	182230	—

国别(地区) \ 年份	2010年		2011年		2012年		2013年		2014年	
	进口量	进口额	进口量	进口额	进口量	进口额	进口量	进口额	进口量	进口额
印度	46010	—	48969	—	46000	—	40400	—	37200	—
斯里兰卡	54403	—	52570	—	47000	—	44600	—	43600	—
印度尼西亚	13453	—	18188	—	14000	—	10800	—	9600	—
中国	19653	—	20809	—	15300	—	13900	—	13900	—
越南	19217	—	23306	—	14000	—	11500	—	10700	—
肯尼亚	14577	—	13871	—	19500	—	21700	—	27600	—
独联体国家	4078	—	3659	—	3600	—	3900	—	3200	—
其他国家(地区)	—	—	—	—	—	—	—	—	—	—
合　计	181637		188097		171129		160300		158400	

数据来源：根据国际茶叶委员会年度统计数据整理编制。

（二）巴基斯坦

巴基斯坦是重要的茶叶进口国，多年进口量超过10万吨，仅次于英国和俄罗斯，位居世界第三。由于受国内政治经济因素影响，巴茶叶进口量起伏较大。2000年，巴进口茶叶11.1万吨，居世界第三；2005年进口大幅增长至13.9万吨，为世界进口最多的国家；此后逐年减少，2009年进口量仅为8.6万吨。2014年，巴基斯坦进口茶叶13.8万吨，居世界第二，比2000年增长23.7%，年均增长1.5%。主要供应国是：肯尼亚（90862吨）、印度（16692吨）、卢旺达（7269吨）、布隆迪（4517吨）、印度尼西亚（3976吨）（见表9）。其中肯尼亚是巴基斯坦进口茶叶的主要供应国，占市场份额的60%以上。印度是巴基斯坦进口茶叶的重要供应国，2014年出口量比2000年增长2575%，年均增长率高达26.5%。但由于受双边关系等因素影响，进出口数量经常出现较大波动。

表9 2000～2014年巴基斯坦茶叶进口情况

单位：吨，千美元

国别（地区） \ 年份	2000年 进口量	2000年 进口额	2001年 进口量	2001年 进口额	2002年 进口量	2002年 进口额	2003年 进口量	2003年 进口额	2004年 进口量	2004年 进口额
印度	624	1317	2677	4057	3169	3947	5878	6636	4121	4180
孟加拉国	8289	11358	3945	4868	3235	4023	8719	11793	9483	12220
斯里兰卡	4171	8319	2642	5093	2866	5217	3104	6101	2824	6223
印度尼西亚	12079	16219	8176	9400	8780	10188	7340	8610	9558	12433
中国	2418	1926	4928	2773	2679	1697	1808	1107	809	668
中国香港	4	8	—	—	—	—	36	72	13	16
伊朗	161	162	223	188	479	256	639	461	—	—
马来西亚	—	—	21	23	37	49	—	—	99	148
新加坡	1258	2750	1669	2524	905	959	526	755	330	400
越南	4574	5118	2633	3055	2271	2418	4812	4485	3106	3632
其他亚洲国家（地区）	284	445	342	561	254	393	1118	1520	718	837
布隆迪	2483	5432	939	1418	417	654	146	279	2178	3569
刚果/扎伊尔	85	211	14	23	63	214	25	41	20	28
肯尼亚	59508	139525	67740	127333	66677	115384	75005	134423	75862	139610
马拉维	2314	3100	1030	1216	635	808	899	1255	991	1441
卢旺达	3574	7850	1333	2332	1001	1707	651	1146	2672	5044
南非	1768	3094	1419	1935	762	955	411	482	416	522
坦桑尼亚	5271	10705	4395	7331	2168	3432	2484	3810	3086	5453
乌干达	630	1208	268	434	77	106	44	61	767	1222
津巴布韦	904	1304	178	226	117	133	646	738	410	451
其他非洲国家（地区）	700	1185	726	1200	649	933	537	751	584	860
英国	92	182	979	2043	430	482	2930	5018	1753	3108
其他欧共体国家（地区）	120	190	185	314	140	203	415	546	64	86
其他欧洲国家（地区）	13	33	26	33	—	—	13	11	24	38
巴布亚新几内亚	35	31	143	80	—	—	109	78	88	79
其他国家（地区）	67	129	191	331	16	29	14	23	41	62
合计	111426	221801	106822	178791	97827	154187	118309	190202	120017	202330
红茶	109389	219945	105355	177587	95633	152406	116212	188658	118650	200966
绿茶	2037	1856	1467	1204	2193	1781	2097	1543	1367	1364

续表

国别(地区)\年份	2005年		2006年		2007年		2008年		2009年	
	进口量	进口额	进口量	进口额	进口量	进口额	进口量	进口额	进口量	进口额
印度	8539	9421	13262	18315	5651	7195	6435	11424	3379	7145
孟加拉国	6923	9456	3903	5453	6621	8469	6030	10162	1529	3148
斯里兰卡	3271	7050	3507	8150	710	1625	1329	3761	1633	4757
印度尼西亚	9293	12739	9117	14917	5371	8470	6067	10022	3978	7223
中国	4055	2598	1510	1392	2077	2097	7043	4870	5798	4782
中国香港	53	69	154	349	0	—	—	—	—	—
伊朗	107	67	—	—	4	6	—	—	—	—
马来西亚	68	104	52	90	—	—	—	—	—	—
新加坡	363	201	179	233	6	16	—	—	—	—
越南	1640	2199	4155	5343	2748	2155	3466	4423	2869	3956
其他亚洲国家（地区）	1002	1561	1618	3528	248	1480	14	28	—	—
布隆迪	1721	2560	2484	5165	2436	4080	1579	3529	2237	5484
刚果/扎伊尔	391	669	56	89	167	248	95	160	57	97
肯尼亚	91517	164561	65466	138490	66755	131123	54384	130437	48287	126255
马拉维	1081	1543	1467	2664	2598	4544	3652	5771	4520	8336
卢旺达	3469	6230	4050	7994	4724	9676	3671	8392	5301	13424
南非	297	412	420	645	218	442	28	61	252	539
坦桑尼亚	1910	2899	1957	4072	2864	4763	2303	4218	2282	4032
乌干达	2100	3303	2022	3388	2051	3532	1471	3029	2900	5515
津巴布韦	313	425	155	282	41	51	645	910	63	83
其他非洲国家（地区）	800	1230	926	1582	1006	1154	707	1221	535	1102
其他欧共体国家（地区）	101	157	72	119	—	—	—	—	—	—
其他欧洲国家（地区）	101	163	0	—	—	—	—	—	—	—
巴布亚新几内亚	38	30	85	97	19	29	20	28	13	16
其他国家（地区）	108	157	163	253	51	53	177	123	22	15
合计	139261	229804	116780	222610	106366	191208	99116	202569	85655	195909
红茶	137638	227983	115516	221415	105515	190208	97758	201097	84744	194770
绿茶	1623	1821	1264	1195	851	1025	1358	1472	911	1139

续表

年份 国别（地区）	2010年		2011年		2012年		2013年		2014年	
	进口量	进口额	进口量	进口额	进口量	进口额	进口量	进口额	进口量	进口额
印度	19577	26158	23945	33385	20694	33729	16883	28264	16692	21080
孟加拉国	714	1688	1000	1462	1083	1301	288	518	2013	1835
斯里兰卡	549	1932	1058	3557	4676	16175	668	2587	25	99
印度尼西亚	3982	8782	3474	7960	5255	12413	3979	9028	3976	7859
中国	3611	2993	2374	2217	3996	4072	4197	4086	2161	2336
越南	5280	7235	7944	10439	7164	9195	6256	8322	1664	2372
其他亚洲国家（地区）	—	—	40	26	181	223	44	14	42	23
布隆迪	2166	5739	2871	8753	3999	12669	3273	8407	4517	10314
刚果/扎伊尔	56	103	109	212	51	93	72	141	51	81
肯尼亚	68968	197705	64124	203866	69208	233123	78832	228171	90862	219216
马拉维	2770	5391	1752	3533	1389	2600	1436	3184	1470	2927
卢旺达	6440	16559	6948	19321	6192	17745	5823	15250	7269	16245
南非	—	—	—	—	—	—	—	—	22	36
坦桑尼亚	1782	3367	3650	7104	2554	5995	1327	3199	2833	5137
乌干达	3918	7902	4931	9798	3641	7314	1962	6735	2628	4360
津巴布韦	—	—	330	513	653	1240	68	162	132	233
其他非洲国家（地区）	263	543	520	1008	248	564	302	691	1520	2429
阿根廷	269	401	1026	1508	266	435	222	325	—	—
其他国家（地区）	—	—	74	112	—	—	1	1	—	—
合计	120345	286498	126170	314774	131250	358886	126633	319085	137877	296582
红茶	118009	283656	122530	309796	129238	355926	125829	317878	136658	294717
绿茶	2336	2842	3640	4978	2012	2960	804	1207	1219	1864

数据来源：根据国际茶叶委员会年度统计数据整理编制。

（三）美国

美国是世界主要茶叶进口、消费国之一，而且历史悠久，早在美国独立以前的1660年就有欧洲移民将茶叶引进北美殖民地，1767年已有将近90万磅（合400多吨）。此后近二百年间美国茶叶贸易处于波动起伏阶段。20世纪60年代以后美国茶叶进口步入缓慢增加时期，90年代进入快速增长时期。2000年，美国茶叶进口8.8万吨，进口额1.5亿美元。2014年，美国进口茶叶12.9万吨，比2000年增长46.3%，年均增长率达2.8%，高于全球进口年均增长率，是世界第三大茶叶进口国；进口金额4.4亿美元，比2000年增长198.1%，年均增长率为5%。

美国茶叶市场以消费红茶和绿茶为主，其中红茶占消费总量的90%以上，但近年来绿茶进口和消费快速增加，所占比重有所上升。2000年，美国进口红茶80696吨，约占进口总量的91.4%；进口绿茶7594吨，占进口总量的8.6%。2014年，美国进口红茶112854吨，占进口总量的87.4%，进口绿茶16311吨，占进口总量的12.6%。由此可见，美国茶叶市场绿茶消费在增加。除红、绿茶外，美市场也进口少量乌龙茶、花茶以及其他保健茶。

美国几乎从所有茶叶生产国进口茶叶，2014年的主要供应国是：阿根廷50306吨、中国16771吨（其中红茶8948吨、绿茶7823吨）、印度14360吨、越南8559吨、马拉维8258吨（见表10）。其中阿根廷是美国最大的进口来源地，美国从阿根廷进口茶叶约占其市场份额的40%。

表10 2000~2014年美国茶叶进口情况

单位：吨，千美元

国别(地区)	年份	2000年		2001年		2002年		2003年		2004年	
		进口量	进口额	进口量	进口额	进口量	进口额	进口量	进口额	进口量	进口额
红茶	印度	4798	12683	5028	13110	5398	14076	7086	19134	6646	19457
	斯里兰卡	3988	12161	3154	10675	3262	13142	3544	13553	3549	15368
	印度尼西亚	7008	7424	6348	6892	5457	5953	5423	5739	6193	6681
	中国	9683	11735	8421	10757	9273	12653	9687	13759	10053	13418
	马拉维	4728	10461	5826	12601	5051	10515	4056	7020	3449	3715
	德国	1942	9038	2679	10714	2896	11583	4434	19953	5084	21802
	阿根廷	35129	30369	39820	32696	37818	31817	33908	24377	38406	29280
	其他国家(地区)	—	—	—	—	—	—	—	—	—	—
	红茶合计	80696	126331	86497	133968	84156	136258	82116	139058	87717	149588
绿茶	印度	278	895	418	1094	360	1052	385	1280	435	1447
	中国	4500	7199	7235	9119	6520	10560	8667	15073	8020	17981
	日本	329	3392	334	2817	430	3048	734	3879	834	4496
	其他国家(地区)	—	—	—	—	—	—	—	—	—	—
	绿茶合计	7594	22664	10171	23613	9318	24813	12058	32361	11767	37570
进口合计		88290	148995	96668	157581	93474	161071	94174	171419	99484	187158

续表

	年份 国别（地区）	2005年		2006年		2007年		2008年		2009年	
		进口量	进口额	进口量	进口额	进口量	进口额	进口量	进口额	进口量	进口额
红茶	印度	7315	24099	8239	29204	8501	26526	8934	32473	9789	35270
	斯里兰卡	3384	16857	3887	19464	3058	15731	2878	15812	2807	13640
	印度尼西亚	5931	7284	6341	9165	7100	9687	6672	9604	6798	10877
	中国	10999	15657	9581	17948	10293	22287	14322	33510	12916	24623
	越南	1521	1217	1938	1918	3577	2548	3641	2858	5110	5041
	德国	3863	20553	4607	22730	4334	20066	5437	26579	4771	24002
	阿根廷	37140	33859	40706	38470	39861	37804	45314	42791	39608	47354
	其他国家（地区）	—	—	—	—	—	—	—	—	—	—
	红茶合计	85914	—	89098	—	91159	—	99904	—	95625	—
绿茶	印度	617	2152	585	2979	561	2102	614	2682	604	3331
	中国	8717	25888	11891	35411	11122	32710	9403	27765	8546	26642
	日本	531	6149	741	13691	1115	17958	1011	17789	1416	20998
	德国	1750	9730	2120	13731	2264	16802	2216	15162	1165	6686
	其他国家（地区）	—	—	—	—	—	—	—	—	—	—
	绿茶合计	14146	58015	18474	86903	18237	91016	16845	86867	15236	80987
	进口合计	100060	223723	107572	281829	109396	288412	116749	318821	110861	308346

	年份 国别（地区）	2010年		2011年		2012年		2013年		2014年	
		进口量	进口额	进口量	进口额	进口量	进口额	进口量	进口额	进口量	进口额
红茶	印度	11420	42999	11957	50098	11237	45844	12729	54217	13548	53043
	斯里兰卡	3450	18787	3549	20855	3793	21425	4238	25642	4612	28509
	印度尼西亚	6308	12153	5660	11717	4105	8765	4089	8478	3788	7346
	中国	11705	27957	12785	40809	12938	42891	10709	44877	8948	44533
	越南	4587	5041	4248	4907	7162	8266	7804	9385	8559	10092
	马拉维	2927	5554	4348	7256	3729	6060	4473	8732	8258	14950
	阿根廷	48058	62938	49761	69375	49161	76410	50069	85367	50306	84250
	其他国家（地区）	—	—	—	—	—	—	—	—	—	—
	红茶合计	104667	275368	108054	302137	106087	300588	107623	327393	112854	332399
绿茶	印度	689	3957	606	3512	890	3666	1036	3747	812	3967
	中国	15140	41643	13570	44330	12631	47952	14234	54222	7823	42742
	日本	1392	23209	1419	31164	1244	28594	1700	33010	1865	30452
	德国	1228	7159	699	4617	775	5189	732	5624	528	4868
	其他国家（地区）	—	—	—	—	—	—	—	—	—	—
	绿茶合计	22169	103277	19415	126215	19566	113594	22534	125734	16311	111761
	进口合计	126836	378645	127469	428552	125653	414182	130157	453127	129165	444160

数据来源：根据国际茶叶委员会年度统计数据整理编制。

（四）英国

英国人以喜爱饮茶闻名于世。早在17世纪，英国便开始茶叶进口和转口贸易，并很快成为世界茶叶贸易的重要集散地。20世纪50年代英国茶叶年进口量曾达到25万吨的创纪录水平。尽管由于咖啡、其他软饮料的竞争以及茶叶本身消费方式的变化，20世纪70年代以来英国茶叶进口量和消费量有所减少，但茶叶在英国饮料市场上始终占据着第一的位置。

英国是非产茶国，消费的茶叶全部依靠进口，20世纪90年代一直是世界第一大茶叶进口国，人均消费茶叶位居全球前列。2000年进口量为15.6万吨，位居世界第二，但近年来逐年减少。2014年，英国茶叶进口12.8万吨，位居第四。主要供应国是：肯尼亚（65462吨）、印度（20460吨）（见表11），上述两国占进口总量的67.1%，比2000年的51.4%增加近16个百分点。2014年，英国人均消费茶叶1.81千克，位居全球第四。

表11　2000～2014年英国茶叶进口情况

单位：吨，千美元

国别(地区) \ 年份	2000年		2001年		2002年		2003年		2004年	
	进口量	进口额	进口量	进口额	进口量	进口额	进口量	进口额	进口量	进口额
印度	25919	62711	23600	49593	22903	44554	22442	45168	22142	52079
斯里兰卡	9356	17566	6380	13440	6902	13131	6671	12117	5880	13303
印度尼西亚	16353	23793	13220	17073	17002	20158	13312	18304	13949	18983
中国	4242	8130	4921	9424	5706	9076	5524	7555	6587	11956
肯尼亚	54183	116417	71845	126958	74319	126680	67913	114331	71905	131046
马拉维	25687	45576	9831	13939	12788	18501	8943	14140	10340	16802
阿根廷	2410	2285	4786	3852	3395	2591	3799	2449	4520	3318
其他国家(地区)	—	—	—	—	—	—	—	—	—	—
合　计	155907	313749	164555	288866	166521	281953	156590	269422	156199	291719

续表

国别(地区) \ 年份	2005年 进口量	2005年 进口额	2006年 进口量	2006年 进口额	2007年 进口量	2007年 进口额	2008年 进口量	2008年 进口额	2009年 进口量	2009年 进口额
印度	21794	47555	27635	60436	20288	49468	21327	55932	19165	51780
印度尼西亚	12440	17625	13950	22649	10226	17245	9793	18022	10512	21429
中国	6743	12748	7999	19037	7525	19690	7694	22451	6879	20783
肯尼亚	73933	121048	73542	148464	84520	148049	78142	177298	81935	199603
马拉维	8243	12634	5980	10569	4695	6869	6040	9370	3111	6111
南非	1396	3381	2947	6723	3599	7244	6125	12425	3944	8417
阿根廷	2794	1861	5379	4060	4338	3658	4868	5743	3566	3209
其他国家(地区)	—	—	—	—	—	—	—	—	—	—
合计	153394	273233	161310	331678	156504	307625	157155	367932	147850	367332

国别(地区) \ 年份	2010年 进口量	2010年 进口额	2011年 进口量	2011年 进口额	2012年 进口量	2012年 进口额	2013年 进口量	2013年 进口额	2014年 进口量	2014年 进口额
印度	20980	63479	24084	74790	30696	90609	18970	61428	20460	65611
斯里兰卡	2297	11889	1754	10584	2302	12625	1428	11037	1578	12504
印度尼西亚	9996	23362	11257	27540	10562	31582	7720	20973	4237	8498
中国	8018	26650	6143	20345	3289	10985	3135	11283	3205	12483
肯尼亚	78749	211572	71129	212642	67179	192221	66133	187386	65462	162425
马拉维	4864	9534	13451	26805	8068	15943	7782	16501	3780	7023
坦桑尼亚	4381	12422	4961	11968	3605	8568	2871	7505	4236	8647
其他国家(地区)	—	—	—	—	—	—	—	—	—	—
合计	149810	420614	154500	461285	144575	438429	137571	422847	128126	373250

数据来源：根据国际茶叶委员会年度统计数据整理编制。

（五）埃及

埃及是重要的茶叶进口国。当地居民喜欢喝浓厚醇洌的红茶，但不喜欢在茶汤中加牛奶，而喜欢加蔗糖。埃及人从早到晚都喝茶，无论朋友谈心，还是社交集会，都要沏茶，糖茶是埃及人招待客人的最佳饮料。

21世纪以来，埃及茶叶进口增长较快。2014年，埃及进口茶叶10.3万吨，比2000年增长63.0%，年均增长率为3.6%，远远高于全球平均增长率1.9%。2014年主要供应国是：肯尼亚（91204吨）、印度（5825吨）、斯里兰卡（2673吨）、中国（1148吨）（见表12）。其中肯尼亚是埃及最大供应国，长期以来一直占市场份额的90%左右。

表 12　2000~2014 年埃及茶叶进口情况

单位：吨，千美元

国别(地区)＼年份	2000 年		2001 年		2002 年		2003 年		2004 年	
	进口量	进口额	进口量	进口额	进口量	进口额	进口量	进口额	进口量	进口额
印度	475	692	128	179	241	—	105	134	23	—
斯里兰卡	4581	5988	2440	3285	361	—	146	299	988	—
印度尼西亚	342	399	312	400	387	—	107	124	1205	—
中国	299	418	114	158	76	—	85	83	524	—
肯尼亚	56623	91208	52268	93653	76059	—	47853	77835	61829	—
马拉维	29	43	24	41	130	—	343	531	—	—
坦桑尼亚	—	—	—	—	—	—	810	1179	5371	—
其他国家(地区)	—	—	—	—	—	—	—	—	—	—
合计	63355	100000	56403	99823	78942	—	49860	80426	71803	—

国别(地区)＼年份	2005 年		2006 年		2007 年		2008 年		2009 年	
	进口量	进口额	进口量	进口额	进口量	进口额	进口量	进口额	进口量	进口额
印度	300	—	500	—	2600	—	13000	—	5000	—
斯里兰卡	1000	—	3000	—	1500	—	900	—	1200	—
印度尼西亚	900	—	900	—	1100	—	1200	—	900	—
中国	700	—	100	—	400	—	970	—	600	—
肯尼亚	69000	—	72000	—	62000	—	90300	—	69000	—
马拉维	—	—	400	—	300	—	240	—	200	—
坦桑尼亚	—	—	—	—	70	—	—	—	—	—
其他国家(地区)	—	—	—	—	—	—	—	—	—	—
合计	73500	—	78500	—	69000	—	107000	—	77600	—

国别(地区)＼年份	2010 年		2011 年		2012 年		2013 年		2014 年	
	进口量	进口额	进口量	进口额	进口量	进口额	进口量	进口额	进口量	进口额
印度	5300	—	5000	—	8900	—	6900	—	5825	—
斯里兰卡	1200	—	2200	—	3300	—	1800	—	2673	—
印度尼西亚	1100	—	800	—	1500	—	1200	—	220	—
中国	1000	—	1000	—	1300	—	1400	—	1148	—
肯尼亚	84000	—	73400	—	81400	—	87500	—	91204	—
马拉维	300	—	800	—	370	—	380	—	27	—
坦桑尼亚	10	—	170	—	600	—	420	—	160	—
其他国家(地区)	—	—	—	—	—	—	—	—	—	—
合计	93500	—	84000	—	98400	—	100700	—	103252	—

数据来源：根据国际茶叶委员会年度统计数据整理编制。

第四节 世界主要拍卖市场情况

一 肯尼亚、印度、斯里兰卡和印度尼西亚等国茶叶拍卖基本情况

（一）茶叶生产和出口在全球均具重要地位

肯尼亚是非洲最大的茶叶生产和出口国，也是世界最大的茶叶出口国。2014年，肯尼亚茶叶产量为44.5万吨，占全球茶叶产量的8.6%，成为继印度、中国之后世界上第三大茶叶生产国；茶叶出口49.9万吨，占世界茶叶出口总量的27.3%，位居第一。印度是世界上仅次于中国的第二大茶叶生产国和消费国，2014年，印度茶叶产量120.7万吨，占世界茶叶总产量的23.3%；茶叶出口20.4万吨，占世界茶叶出口总量的11.2%，位居第四。斯里兰卡是世界茶叶出口大国，其锡兰红茶已成为著名的国际品牌。2014年斯里兰卡茶叶产量33.8万吨，占全球茶叶产量的6.5%，位居第四；茶叶出口31.8万吨，占世界茶叶出口总量的17.4%，位居第二，出口额居世界第一。印度尼西亚茶叶生产量、消费量与肯尼亚、印度和斯里兰卡相比规模较小，2014年茶叶产量13.2万吨，占全球茶叶产量的2.6%，位居第六；茶叶出口6.6万吨，位居第七。上述国家都是全球重要的茶叶生产和出口国，而且茶叶生产和贸易对这些国家的经济、出口与就业都有重要影响。

（二）建立和形成了比较完善的茶叶拍卖交易中心

肯尼亚每年出口大量的红茶，主要通过茶叶拍卖市场蒙巴萨来完成，每年的拍卖交易量为交易总量的83%。拍卖是印度茶叶贸易的主要方式，年茶叶拍卖量为50万吨左右，占到全国茶叶产量的50%。19世纪中叶以后世界各地陆续建立了7个拍卖中心，加尔各答为其中最大的拍卖中心，也是印度茶叶局所在地。斯里兰卡出口茶叶的97%是通过拍卖交易实现的，全国仅在科伦坡设立了一家茶叶拍卖中心，是当今世界上最大的拍卖市场之一。印度尼西亚全国唯一的一家茶叶拍卖中心设在雅加达，每年茶叶拍卖量在7万吨左右，拍卖的茶叶主要由6家国家种植园生产，产量占到全国茶叶产量的50%以上。

（三）茶叶拍卖交易制度发挥了良好作用

拍卖有效促进了这些国家茶叶产业的发展。一是掌握了茶叶在国际市场的定价权。利用拍卖的竞价机制和价格发现功能，有效提高了拍卖茶叶的价格，并成为其他交易方式茶叶价格的参照系。二是有效带动了茶叶出口。茶叶拍卖中心具有很强的辐射作用，能把分散的种植户、茶叶加工厂组织起来，吸引全球茶叶采购商，建立起集中的平台，大大节约了出口的议价成本和时间成本。同时，提供了相应质量保障及结算担保服务，为出口提供了便利，维护了较好的出口价格和秩序。三是有利于培育国际知名品牌。拍卖的价格发现、品质保证等功能，有利于培育茶叶知名品牌，斯里兰卡的锡兰红茶品牌经过茶叶拍卖的助推已成为国际茶叶品牌。肯尼亚早在1927年就首次在英国伦敦拍卖市场销售，1956年在首都内罗毕成立了自己的茶叶中心，来挑战伦敦拍卖市场的权威，1969年该中心搬到港口城市蒙巴萨。

二 肯尼亚等国茶叶拍卖中心的基本做法

（一）建立了买卖双方稳定参与的拍卖交易平台

上述国家通过建立茶叶拍卖中心，有效地将分散的茶叶种植园主、茶叶加工厂和茶叶采购商组织聚集在一起，形成了较为稳定的竞价拍卖系统。

一是以会员制为基础。这些国家的茶叶拍卖中心均以会员制为基础，在会员基础上欢迎其他参与者，形成了比较稳定的拍卖交易参与者。蒙巴萨是世界第二大茶叶拍卖中心，拍卖市场常年逢星期一、星期二进行交易，整个

拍卖是在东非茶叶贸易协会的安排下进行的。东非茶叶贸易协会的成员包括：经纪人、购买商、生产商、包储商和包装商。印度加尔各答茶叶拍卖中心经常参加拍卖的会员有 100 多家，印度的贸易公司一般都在拍卖市场拥有席位，定期参加拍卖活动。斯里兰卡科伦坡茶叶拍卖中心会员有 450 家，其中经常参加拍卖的买主（出口商）有 150 多家。印度尼西亚雅加达茶叶拍卖中心有 41 家会员，其中 6 家是国外采购商的代理。

二是通过代理商将分散的茶叶种植园主、加工厂组织起来。经纪公司作为生产者的代理人，负责拍卖活动的组织。他们具有茶叶专业知识和营销能力，是拍卖双方重要的桥梁和纽带。目前印度有 15 家比较活跃的经纪公司，为 700 多家茶叶种植园和加工厂服务，每家经纪公司都代理若干茶叶种植园。印度尼西亚由于茶叶生产商集中在 6 家国有企业，因此可以直接拍卖而无须经纪公司参与。

（二）制定了完善的交易规则和管理制度

这些国家有关茶叶的法律法规较为完善。肯尼亚茶叶迅速崛起与本国制定了极为有效的茶叶政策密切相关。肯尼亚非常重视茶叶生产、加工、销售、质量等的管理。肯尼亚拥有一个活跃的研究开发体系，70% 的财政开支来自茶农交给肯尼亚茶叶委员会的茶税，其余的来自肯尼亚茶叶研究基金会。这些政策措施促进了肯尼亚茶产业迅速发展，也保证了茶叶的质量。20 世纪 50 年代印度通过了专门的《茶叶法》，规定由商工部对茶叶的生产、流通实施监管，由茶叶局负责制定发展规划、生产经营和出口管理。《茶叶法》对茶叶的生产、流通以及技术研发等各个环节都做了详细的规范。斯里兰卡于 1976 年通过了茶叶法案，成立斯里兰卡茶叶局负责茶叶产业发展，对生产、流通实施监管，建立了从业者注册管理制度，向全球推广锡兰红茶品牌等，委托并授权科伦坡茶叶拍卖中心开展拍卖活动。印度尼西亚则由政府授权联合营销协会组织茶叶拍卖活动，主要国有茶叶种植企业必须参加。另外，这些国家的拍卖中心都制定了比较完善的茶叶拍卖交易规则和管理制度，对茶叶拍卖参与双方的条件、拍卖流程、拍卖茶叶的标准、交货付款、信用监督等与拍卖交易相关的内容进行了明确细致的规定,保证了拍卖活动的有序进行。

(三)政府给予指导和支持,按市场机制运行

上述国家政府部门一方面积极推动茶叶拍卖发展,另一方面又注意发挥拍卖市场的交易功能,让茶叶拍卖中心按照市场机制运行。肯尼亚1950年成立了肯尼亚茶叶委员会,1964年成立了肯尼亚茶叶开发局(KTDA),KTDA负责管理茶叶的生产与加工,保证茶叶质量,还负责管理资金融通,与世界银行、肯尼亚政府、石油输出国组织等联系密切,同时,也是世界上最大的茶叶出口商。KTDA的地位举足轻重,对肯尼亚茶产业的发展起着巨大的推动作用。印度商工部下属印度茶叶局对茶叶拍卖进行统一监管和指导。斯里兰卡茶叶局也对科伦坡茶叶拍卖中心进行监督和指导。这些国家积极采取措施支持茶叶拍卖中心的发展,如印度在拍卖市场建立初期,其《茶叶法》规定,印度茶叶产量的75%以上必须通过拍卖方式交易,少部分特种茶由于生产量及需求量较小,允许通过一对一的方式进行非拍卖交易。由于政府强制推行,印度茶叶拍卖份额最高曾达到茶叶总产量的85%。2000年左右,印度对《茶叶法》进行了修订,不再要求茶叶必须进入拍卖市场,但茶叶拍卖的方式已被市场所接受。同时,印度出台了鼓励拍卖的税收政策,对于通过拍卖方式交易的茶叶征收的交易税率为1%,远低于对非拍卖交易征收的4%的税率。斯里兰卡规定茶叶经纪公司和贸易公司必须在茶叶局进行注册,并且获得拍卖交易的席位后才具备茶叶出口的资格,因此有利于使拍卖成为茶叶出口的主渠道。但茶叶拍卖中心的日常拍卖活动则由专门运营管理机构或协会等按市场机制进行运作,政府不进行干预。

(四)注重质量、标准、物流、仓储等方面配套发展

经过长期实践,印度、斯里兰卡等国已经建立了较为完善的拍卖市场体系,伴随着茶叶拍卖中心的发展和完善,相应的配套设备和服务也发展起来。茶叶拍卖中心制定的茶叶质量、数量、规格等标准和提供的仓储监管、

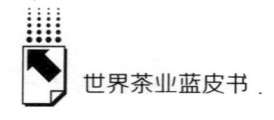

检验检测、包装、物流服务等配套功能，保证了拍卖的茶叶货真价实，保证了茶叶的品质，运输便捷，服务周到，购买方便。茶叶拍卖中心还建立了完善的保证金、结算、交割、付款制度，拍卖中心承担一定的担保责任，茶叶生产者交易货款回笼快并且有保障，这也是吸引茶叶生产者通过拍卖方式销售的重要优势之一。

（五）积极探索发展网络拍卖

印度加尔各答茶叶拍卖中心在做好现场拍卖的基础上，积极运用互联网信息技术，每周3天开展茶叶网络拍卖。世界各国的拍卖参与者可到现场通过计算机进行网络拍卖，也可在事先办理认证和履约保证金等手续前提下，在任何连接互联网的地方参与拍卖。网络拍卖提高了拍卖效率，扩大了竞买人的范围，增加了价格竞争，是茶叶拍卖交易方式的有益探索。

B.6
茶叶质量、标准和品牌报告

第一节 中国茶叶质量标准建设情况

标准对促进技术进步、规范生产和贸易行为、促进产业有序发展、提高经济效益、保证产品质量、维护消费者利益等具有重要作用。目前，中国已建立起了以国家标准和企业标准为主体、行业标准和地方标准为补充的茶叶标准体系。从总体上讲，中国的茶叶标准数量多、涉及面广、技术水平较高，对推动茶叶产业发展起到了巨大的作用。但是，中国的茶叶标准还存在与生产和贸易发展需求不相适应的问题。

一 现行茶叶标准情况

近年来，中国大力开展茶叶标准的制修订工作，基本形成了"横向到边，纵向到底"的标准体系。从横向来说，茶叶标准可以按茶叶生产过程或茶叶质量控制阶段划分为八类：一是生产、加工和管理标准，包括茶树种子、苗木、生产加工标准；二是质量安全标准；三是产品标准；四是包装、标签和贮运标准；五是检测方法标准；六是机械标准；七是实物标准；八是其他相关标准。这八类标准涉及整个茶叶产业链，基本实现了全程标准化管理的目标。从纵向来说，中国茶叶标准分四个层次，即国家标准、行业标准、地方标准和企业标准。这四个层次标准以国家标准和企业标准为主体，行业标准和地方标准为补充，构成了中国茶叶标准体系的层次框架。目前，中国的茶叶及相关标准情况如下。

（一）国家标准

据初步统计，截至2014年底，中国涉及茶叶的国家标准，不包括与其

他食品通用的检测方法标准，共有100余项。其中，生产、加工和管理标准约16项，质量安全标准约4项，产品标准约38项，包装、标签和贮运标准约6项，检测方法标准约36项，其他相关标准若干项。

（二）行业标准

行业标准由各行业主管部门制定和发布，包括农业、供销、商业、进出口检验检疫、轻工、环境保护、林业、机械等涉及茶叶管理职能或管理权限的主管部门制定的规范茶叶生产、加工和贸易的各种标准。据不完全统计，截至2014年底，中国涉及茶叶的主要行业标准约有130项。其中，茶叶生产、加工和管理标准约29项，质量安全标准约6项，产品标准约9项，包装、标签和贮运标准约9项，检测方法标准约42项，其他部分为机械标准和其他相关标准。

（三）地方标准

由全国各茶叶主产区和主销区的省、自治区、直辖市制定和颁布的各类茶叶标准，估计大约有500项。其中，仅浙江省就有近100项。茶叶地方标准一般都是综合性标准，包括茶树种苗、栽培、加工等一系列标准。另外，食品安全法实施后，各地相继出台了不少食品安全地方标准。

（四）企业标准

茶叶企业根据其生产和销售需要制定的企业标准，应按照卫生部《食品安全企业标准备案管理办法》和各省、自治区、直辖市的相关规定，到省级卫生行政部门备案。据估计，目前全国经备案的茶叶企业标准，有万余项。企业标准主要是产品标准。

二 茶叶标准体系建立情况

不断建立和完善茶叶标准体系，对中国的茶叶产业发展具有重要意义。全国茶叶标准化技术委员会通过收集、整理、评估和归纳中国现行的与茶叶相关的国家标准和行业标准，根据国家标准体系建设的相关要求和规则，制定了三个茶叶标准体系表。一是国家标准体系（茶叶）框架表。此表涵盖除茶叶机械标准以外的全部国家标准和行业标准。二是全国茶叶标准化技术委员会标准体系框架表。此表规定了全国茶叶标准化技术委员会的标准化工作范围，用于指导中国茶叶生产加工全过程的标准化工作。三是茶叶标准体系表。此表将已有的标准、正在制定（尚未发布）的标准和预计未来将要制定的标准综合在一起，进行标准体系的规划设计，形成标准体系的基本架构。其内容有两个部分，第一部分为层次结构框图，包括茶通用标准、茶类通用标准、各茶类的再加工产品标准等三个层次；第二部分为各层次标准明细表。以上三个茶叶标准体系表作为中国茶叶标准体系的蓝图，是编制茶叶标准制修订计划的依据，是确保茶叶标准科学化、合理化的基础，是相关机构和部门开展茶叶标准化工作的指导性技术文件。

第二节　国际、国外茶叶标准化情况

一　国际茶叶标准

国际食品标准主要由联合国粮农组织（FAO）、国际食品法典委员会（CAC）和国际标准化组织（ISO）制定。目前，国际食品法典委员会（CAC）制定了茶叶农残限量指标16项；国际标准化组织（ISO）制定了ISO 3720：2011《红茶——定义和基本要求》、ISO 11287：2011《绿茶——定义和基本要求》、ISO 6079：1990《固态速溶茶——规格》等3项国际茶叶产品标准，以及ISO 1572：1980《茶——已知干物质含量的磨碎样制备》等21项国际茶叶检测方法标准。

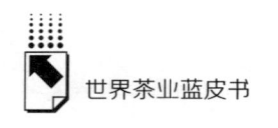

二 国外茶叶标准

（一）国外茶叶标准类别

国外茶叶标准包括茶叶安全标准、茶叶产品标准和茶叶检测方法标准三类。茶叶安全标准主要体现在相关技术法规或指令中，如日本的食品卫生法，欧盟的 2000/42/EC、2003/69/EC 指令等。茶叶产品标准主要是红茶标准。全世界有 50 余个产茶国，有 130 余个茶叶消费国。国际茶叶市场以红茶贸易为主，因此，全世界大部分国家采用了 ISO 3720 标准，包括世界主要茶叶出口国印度、斯里兰卡和肯尼亚等，以及某些主要进口国，如英国。茶叶检测方法标准较多，每个茶叶进口国和出口国都制定了必需的茶叶检测方法标准。

（二）主要茶叶出口国家和地区的标准

制定茶叶标准的主要出口国家和地区有印度、斯里兰卡、肯尼亚和日本等。印度早在 20 世纪 50 年代就制定了茶叶法，提出了多种农药、重金属、毒素的限量规定，制定了评茶术语、红茶品质规格等国家标准。斯里兰卡制定了有关红茶、速溶茶叶等产品的国家标准，并规定所有茶叶在生产过程中或出口时，都要受茶叶局监管，不符合法令的低劣茶叶，不得出口。肯尼亚茶叶质量受肯尼亚国家标准局监管，标准局还制定了红茶和一些农药残留的限量标准。日本茶叶标准有《茶叶质量》《取样方法》《检验方法》《包装条件》等标准，并规定了茶叶中农药残留限量 283 项；其他农业化学品残留限量均应符合≤0.01 毫克/千克的标准。

（三）主要茶叶进口国家和地区的标准

制定茶叶标准的主要进口国家和地区有美国、澳大利亚、英国、法国、德国、俄罗斯、韩国等。美国的《茶叶进口法案》规定，所有进入美国的茶叶,不得低于美国茶叶专家委员会制定的最低标准样茶。澳大利亚的进口管理法规定,禁止进口泡过的茶叶、掺杂使假的茶叶、不适合人类饮用的茶叶、有损健康和不卫生的茶叶。英国政府将 ISO 3720 等标准转换为英国的国家标准;并规定凡在伦敦拍卖市场出售的茶叶,必须符合这些标准,否则就不能出售。法国采用 ISO 3720 标准,并十分重视茶叶中代用品的鉴别,其茶叶国家标准有 16 项。德国政府采用 ISO 3720 标准,并且制订有 DIN 10801 – 1995《茶叶和固体茶萃取物、咖啡因含量测定 HPLC 法》等十余项严格的检验方法标准。俄罗斯茶叶标准包括《供出口的绿茶砖——技术条件》《茶——术语和定义》《制茶工业——术语和定义》等。韩国对茶叶产品的检测项目达到 39 项,包括农残限量等卫生安全指标。

三 标准造成的绿色壁垒

(一)欧盟标准

2000 年 4 月 28 日,欧盟发布了新欧盟指令 2000/24/EC,共增加茶叶农药残留限量 10 项,改变限量 6 项,对于茶叶的农药残留限量做了较大修改,同时要求各成员国于 2000 年 12 月 31 日前将其转变为本国的法规,并于 2001 年 1 月 1 日执行该指令。至 2001 年 7 月 1 日,欧盟对茶叶中规定要执行的农药残留限量已达 108 项。随后,欧盟又陆续出台新的茶叶农药残留限量标准,至 2003 年,欧盟茶叶农药残留限量新标准达到了 193 项。此外,2000 年 6 月 22 日,欧盟茶叶委员会发布指令 2000/42/EC,将氰戊菊酯限量提高到 0.05 毫克/千克;2002 年 12 月 16 日颁布的新标准中将乐果由 0.2 毫克/千克变为 0.05 毫克/千克,同时还新增加了 S – 421(八氯二丙醚)、阿维菌素等农药残留限量标准。2007 年 12 月,欧盟茶叶委员会公布了欧盟茶叶农药残留的新标准,该标准对 2007 年 2 月 26 日欧盟颁布的 2007/12/EC 指令进行了大量更改,涉及的项目共有 227 项,其中 207 项的限量为目前仪器能够监测到的最低标准,占 91.2%。2008 年 7 月 29 日,

欧盟新的食品中农药残留标准（EC149/2008）正式执行，在有关茶叶农药残留最高限量标准方面，对二溴乙烷、二嗪磷、滴丁酸、氟胺氰菊酯和敌敌畏等5种农药残留的控制更加严格；同时，新增170种与茶叶生产密切相关的农药残留标准。此后，欧盟每年对标准进行多次修订，项目越来越多，指标越来越严，许多农药残留限量标准采用其仪器检测低限LOD作为茶叶中农药残留限量标准。

目前，欧盟（EC 396/2005）对于茶、咖啡、草药茶、可可（商品编号0600000）大类的农残限量标准为387项；而对于干茶、发酵茶、野茶（商品编号06100000）类商品的农残限量标准为454项。

（二）日本标准

2006年5月29日，日本政府正式实施《食品中农业化学品肯定列表制度》。该制度提高了食品中农药残留和污染物的控制标准，其中有关茶叶的农药残留量及污染物限量项目，从原来的80多项增加到276项。与此同时，该制度还调整了农药残留量的检测方法，用"全茶"检测法代替了过去一直采用的"茶汤法"。截至2014年4月，日本肯定列表对茶叶中有规定的农残限量指标有264项，另有19项农药在所有食品中不得检出，其他无限量规定的项目则同欧盟一样，实行≤0.01毫克/千克的统一标准。

（三）其他国家和地区标准

美国、澳大利亚、韩国、南非、中国台湾、中国香港等国家和地区也不断增加茶叶中农药残留的检测种类，不断提高茶叶中农药残留限量标准，不断增加对进口茶叶中非茶类杂物、重金属、放射性物质、黄曲霉素和微生物等的检验项目。

第三节 世界茶叶品牌建设情况

通常情况下，企业产品参与市场竞争有三个层次，第一层次是价格竞争，第二层次是质量竞争，第三层次是品牌竞争。21世纪以来的世界茶叶已进入品牌竞争时代。在经济全球化和信息化迅猛发展的今天，品牌已是先进生产力和竞争力的重要体现，其意味着高质量、高品位、高附加值、高利润、高市场占有率，好的品牌可以使企业产品或服务更有竞争力。

一 国外茶叶品牌建设情况

（一）世界级茶叶品牌——立顿

联合利华位列世界500强企业之中，是世界三大食品和饮料公司之一，也是世界上最大的茶叶生产销售公司，多年来致力于茶的种植、加工、购买、拼配、包装和销售，以及茶产品品牌建设，具有丰富的生产、经营、发展茶及茶饮料的经验。联合利华在印度的阿萨姆、南非、肯尼亚和坦桑尼亚均有茶园，年产量共超过7万吨，其旗下的立顿是当之无愧的世界第一茶叶品牌。

"立顿红茶"是汤姆斯·立顿爵士1890年在英国创造的品牌，畅销全球120多个国家，在袋泡红茶市场上拥有80%的市场份额。在世界五大洲市场占有率达40%~60%，其在中国市场的发展就是依靠了品牌影响力。有一个形象而直观的形容立顿的品牌影响力的说法："你的心脏每跳动一次，全世界就有1252杯立顿热红茶被饮用，119罐立顿冰红茶被消费；而立顿每年销售的茶叶净重量相当于约1.4万头成年非洲大象的体重。"

（二）国外知名茶叶品牌

茶叶产销的日益国际化，造就了一批批具有时代性和标志性的茶叶品牌，其中国外较为知名的部分茶叶品牌见表1。

表 1　国外知名茶叶品牌

序号	品牌名称	品类	产地	备注
1	Harney&Sons	拼配茶	美国	1983年成立,英国宫殿专用茶
2	Seasons Tea	水果茶	德国	高端果茶,以其新颖时尚的独特口味风靡欧洲,是德国人精益求精态度的完美体现
3	TWG	拼配茶	新加坡	顶级新加坡风味茶,历史悠久的亚洲著名品牌
4	Twing	袋泡茶	英国	第一个把茶叶带进英国的三百年老字号品牌,英女王饮点特供茶
5	Dilmah	袋泡茶	斯里兰卡	斯里兰卡的袋泡茶
6	GoodEarth	有机花草茶	美国	精选有机原料的优质花草茶,是美国探险和创新精神的完美结合,同时是环保主义者和地球卫士们的首选
7	Chaitime	印度	研磨茶	创建于1897年。它的信条是与茶行业同呼吸、共生长
8	Girnar	印度	袋泡茶	印度著名老字号

第四节　提升茶叶品质、标准、品牌的对策建议

提升茶叶品质、标准、品牌的过程实质上是茶叶品质提升、标准完善健全和品牌价值增值的过程。而提升品牌的影响因素贯穿茶叶的种植、生产、加工和销售过程,可以说茶叶产业链中的每个环节都会影响到品牌的塑造。而因为产业链实质上是价值增值链,所以品牌价值的增值贯穿于整个茶叶品质链中。

一　提升茶叶品牌、品质的对策建议

(一)种植环节

种植环节作为茶叶产业链中的首要环节,也是茶叶品牌价值链的起始环节,种植环节对于品牌的塑造起着基础性作用。加强对茶树种植环节的管理能有效控制品牌的塑造。

产品品质在品牌中起着最为重要的作用，茶树品种的选取是影响品质的首要因素。优良品种的选取能为品牌价值创造增值，形成品牌竞争优势。因此，中国相关的茶树育种和推广单位应积极培育和推广茶树无性系良种，提质增量，从源头确保茶叶质量，稳定品牌根基。

其次，茶园生态环境可以从自然和人为两方面考虑。在自然环境方面，茶树为常绿灌木，主要分布在亚热带及热带的部分地区，具喜光怕晒、喜湿怕涝和喜酸怕碱的特性，产品品质受温湿度、降雨量、海拔、光照等影响较大，一般丘陵地区较为适合茶叶的种植。譬如，中国南方的丘陵地区、印度东北部地区等。茶园选址时，既要遵从茶树生长习性，又要保护茶园的原生态。人为环境主要体现在人类对自然环境的影响上，工业的发展带来的环境污染涉及空气污染、水污染、土壤污染、噪声污染，而这些都会对茶树的生长产生不利影响。因此，应注意对茶园周围生态环境的保护，营造防护林，不在茶园受影响范围内进行工业建设，防止人为污染对茶叶品质的影响。

（二）生产加工环节

1. 改进采制加工方式

采制加工方式和茶叶质量息息相关，也是品牌价值链上的重要环节。传统手工采茶和初制效率低下，产品品质不稳定，不适宜茶叶规模化生产。为实现茶叶产业化、品牌化和标准化生产，改进茶叶采制加工方式主要应从两方面着手。

一是应加快生产设备的研发和更新换代。世界主要产茶国中，斯里兰卡、印度、日本等国家的茶叶机械化和专业化程度较高，而中国多数茶厂仍处于半机械化水平，存在设备陈旧、安全隐患多等问题，自动化和连续化加工设备较少。为有效提高生产效率，减少安全隐患，节时省工，提高产业化水平，加快适宜中国茶叶生产的加工设备的研制与更新换代刻不容缓。

二是要实行清洁化加工模式。中国制茶的传统热源以煤炭为主，加工车间粉尘噪声多、生产环境较差的产品易受煤烟或机油等污染。近年来，随着

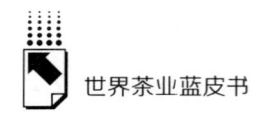

茶叶清洁化生产工作的推进，各地相继出台了一系列茶厂清洁化改造和以电代燃等政策、法律和法规，并取得了较大进步，今后在茶叶清洁化生产流水线和新型绿色节能环保能源等方面还需进一步加强。

2. 注重新技术的应用

技术创新不仅包括加工技术上的推陈出新，更重要的是在新产品的研发上。近年来，开发新型茶产品，主要是将茶元素融入其他食品的加工中，呈现出抹茶口味，例如抹茶冰淇淋、抹茶饼干、抹茶口味月饼等，这主要得益于超微细粉技术的应用。再如，香味茶是融入了花果香味的茶，如玫瑰红茶、荔枝红茶等，中国香味茶的普及还有待加强。同时，还应注意开发茶叶的医疗保健功能，降糖茶就深受糖尿病患者的欢迎。在茶叶深加工产品上，以"香飘飘""冰红茶""冰绿茶"为代表的茶饮料在市场上深受广大消费者欢迎。当将茶产品与新技术有效结合，从而研发出茶叶深加工和综合利用产品时，茶叶的经济价值会得到迅速提升，品牌价值也会因技术附加值的提高而大幅提升。因此，茶叶企业在进行品牌建设时应该注重新技术的应用。

（三）流通环节

流通环节对于茶叶品牌、品质的提升具有推进作用，应加快改革茶叶流通模式。目前，中国的茶叶流通模式主要是生产者—中间商—消费者这样一个过程，而中间商参与者繁多，例如经纪人、贩运组织、产地/销地批发商、外贸企业、精深加工企业等。如此多的中间环节，无疑加大了茶叶产品的流通成本，导致产品市场竞争力下降。因此改革茶叶流通模式迫在眉睫。

引入第三方物流的茶叶流通模式，可以简化传统的茶叶流通模式中的中间商环节，用第三方物流代替经纪人、贩运组织和批发商的角色，包揽茶叶初加工、包装和运输环节，不仅可以有效地降低茶叶流通成本，而且能提高流通的效率，使流通信息更加容易获取，更能有效协助品牌的塑造。要建立起基于第三方物流的茶叶流通模式，就必须要做好相关的配套工作，比如加强生产的组织化程度，提高人员素质，加强技术培训等。政府也应该加强相关的法规建设，如此才能使新的流通模式更具有现实意义。

在销售环节，要选取适当的企业经营模式。较为普遍的两种经营方式是品牌直营店和品牌加盟连锁店。直营店统一资本、集中管理、分散销售，因此能规范企业形象，在提高品牌知名度和美誉度上更有优势，直接面对消费者，能更快地获取市场信息。因为是企业直接控制，因此公司的营销理念和方针能更有效地施行，但在扩大规模和发展速度上易受到限制。连锁加盟店相比于直营店与企业总部的关系相对松散，不受其严格的控制，在规模的扩大上更具有优势，但因为有了加盟的环节，价格上相对不具有前者的优势，在品牌的塑造上相对薄弱。直营店与加盟店相结合的经营模式，能够很好地取长补短。同时，在互联网快速发展的今天，网络营销也是一个很好的选择方式。企业在经营过程中应在充分了解自身及不同经营模式优劣的基础上，选取适合自身发展的经营模式。

（四）合理利用区域公共品牌和茶文化建设

中国茶企业在茶叶品牌建设时过多依赖区域公共品牌，而忽视了企业自身品牌的塑造。因此，茶企应该合理利用区域公共品牌，在政府拥有的区域公共品牌"母品牌"下，进一步打造属于企业自己的"子品牌"；而政府负责打造茶叶"母品牌"，培植行业龙头企业。这样才能实现政府与企业双双发力，母子品牌相互结合的品牌发展战略，达到事半功倍的效果。

茶企品牌建设应与茶文化相结合。在我们这个具有悠久历史的产茶大国，茶文化已经深深融入中华文化中，成为其中不可缺少的一部分。在各地政府茶文化建设中，茶企应充分利用契机，搭政府便车塑造自己的企业品牌。

（五）茶叶标准体系

从食品安全角度讲，标准化关系到茶叶的质量安全；从品鉴角度讲，茶叶标准关系到茶叶等级的划分。目前行业中，茶叶标准数量较多，主要包括国家标准、行业标准、地方标准和企业标准，这些标准分别对茶叶卫生安全、感官评审、检测、加工技术等做出规定，部分标准存在标龄长而不适于

现在生产的状况。因此应规范茶叶标准，使之规范化、有序化，避免企业生产过程中的措手不及，使产品质量得到严格把关。

1. 建立标准化茶叶产品的营销体系

已经获得绿色食品、有机食品及其他认证的茶叶可在超市、茶叶专卖店及连锁店和大型的茶叶批发市场里实行专柜、专区销售；积极开拓营销渠道，广泛利用展会、产品发布会甚至新闻媒体等来拓宽营销渠道，建立标准化茶叶产品的营销新体系，从而使标准化的茶叶产品能够在竞争日益激烈的市场中发挥其价格上的优势，充分调动茶叶企业和茶农标准化生产的积极性。

2. 优化茶叶标准结构

建立关于茶叶质量安全的生产管理体系和质量安全可追溯体系，使企业从种植、加工到运输各个环节都能严格按照标准来管理，根据国际标准制定的原则和标准实施的惯例，加快中国现行茶叶标准的制定和完善工作，尽快使中国的茶叶标准与国际接轨。

3. 建立茶叶标准化推广体系

要实现全面的茶叶标准化，离不开标准化的实施和推广，标准化推广体系是实施茶叶标准化过程中最重要的一环。茶叶标准化推广体系至少应涵盖以下几个方面。

科技体系：将茶叶标准融入茶叶技术中，并向茶农进行广泛的传授，使茶叶生产者不仅掌握茶叶方面最新的科学技术，同时对国内外相关的茶叶标准有所了解。

标准化示范体系：政府相关部门要在全国重点产茶省以及重点产茶县积极组织开展茶叶标准化示范区工作。

监督检查体系：根据标准的实施进度定期对其进行监督检查，建立相关的标准许可制度。为了保证标准能够有效地实施，相关监督部门要对生产企业进行质量审查和标准审核。同时，要不断提高检测技术，完善监督管理手段，提高监督检测水平。

宣传体系：加大实施茶叶标准化重要意义的宣传力度，增强人们对标准化的了解，提高人们对标准化的重视程度。

咨询体系：做好信息收集和咨询工作，包括国内外茶叶标准，ISO、CAC和WTO等国际组织的检测方法等方面的最新情况，及时调整中国的标准规定，尽快与国际标准接轨。要加强各部门的沟通与协作，在真正意义上实现资源共享，并为茶农和茶商以及社会各界人士提供国内国际市场需求的技术标准方面的信息咨询工作。

质量与标准是中国茶叶产业的两块基石，两者相互依存。未来，中国一定要按照"质量兴国"和"标准化"国家战略安排，进一步建立并完善茶叶标准体系，大力提升茶叶产品的质量安全水平。

二 提升茶叶质量安全水平的对策措施

（一）引导消费者树立理性的茶叶质量安全观

要引导消费者了解什么样的茶是真正的好茶，怎样喝茶最健康，进而树立理性的饮茶观。比如，很多消费者爱喝早茶、嫩茶，这就促使许多生产者刻意追求早采和采制单芽茶，采用大棚覆盖、催芽素等各种手段使茶树早发芽。其实这种早茶和单芽茶的香气、滋味以及营养成分一般不如一芽二叶的茶叶，不合理使用催芽素甚至可能对茶叶造成污染。

（二）加大对企业的监管力度

加强对企业生产加工环节的监管，规范茶叶企业的生产行为，提高其主体责任意识。要加强对各地茶叶市场等茶叶流通领域的管理，提高销售者的质量意识和责任意识。尤其重要的是，要加强全社会诚信体系建设。

（三）实施生态战略，走综合防治之路

农药残留超标是目前中国包括茶叶在内的所有农产品存在的主要质量问题。解决农残问题是茶叶产业发展的关键所在，其主要措施：一是对病虫害

要走综合防治之路，加强茶园的生态建设，保持良好的生态环境；二是加强新的农药替代品的开发、引进和试验推广，特别是生物农药、环境友好农药的研究和开发；三是加强对茶园农药使用的指导和监管，确保茶农科学合理使用农药。

（四）加强科研和技术创新，改善生产、加工条件

政府和茶叶企业应进一步加大茶叶科技投入力度，促进技术进步。针对某些地区、某些产品污染物含量超标问题，要从污染源调查、环境治理、改善加工条件等方面着手，从源头加以解决。针对某些茶叶有害微生物含量超标问题，要通过茶叶生产过程危害分析，关键控制点技术的研究和应用，加工工艺的改进，建立机械化、清洁化生产线等方式加以解决。

三 加快茶叶标准化建设的对策

（一）从制度层面，做好顶层设计

标准化工作的依据是法律法规，关键是顶层设计。为此，一要修改完善标准化法律法规和规章，特别是对标准化法及其实施条例，以及相应的《国家标准管理办法》《行业标准管理办法》《农业标准化管理办法》《地方标准管理办法》《全国专业标准化技术委员会管理规定》等一系列法律法规和规章进行修订，进一步明确各种标准制定、颁布、实施和监督的职责，以适应新的发展需要。特别是，应该在《全国专业标准化技术委员会管理规定》中明确，将农业标准、贸易标准、地理标志产品标准等纳入全国专业标准化技术委员会管理范围。二要调整国务院各部门的标准化职责和权限，增强各部门的协调性，扩大标准化行政主管部门的权限。三要国家标准化主管部门和下属的全国专业标准化技术委员会根据标准化的基本原理，进一步完善茶叶标准体系的规划设计工作，不断提高茶叶标准体系与国际、国外标准的接轨度，以及对市场经济的适应性。

（二）进一步梳理、整合现有标准，加大标准制修订力度

应将中国现有的各种茶叶标准做进一步的疏理，废除不合时宜的标准，修改那些交叉重复和矛盾的标准。在此基础上制定一批缺失的标准。使茶树良种繁育标准，茶园开垦标准，茶树种植标准，农药使用标准，肥料施用标准，鲜叶采摘、分级分等和质量标准，茶叶良好加工规范，茶叶企业管理规范，产品标准，包装、标签、贮存、运输和销售标准等各种标准，配套齐全、相互协调，建立起覆盖整个茶叶产业链的科学的标准体系。

（三）尽快制定茶叶质量安全国家标准

参照 GB 5420 - 2010《食品安全国家标准——干酪》、GB 10765 - 2010《食品安全国家标准——婴儿配方食品》等标准的制定模式，由国家单独制定《食品安全国家标准——茶叶》，并定期修订完善。制定该标准，一要借鉴发达国家建立食品安全保障标准体系的经验；二要充分考虑茶叶国际贸易的需要，使中国茶叶标准逐步与主要茶叶进口国的茶叶安全保障体系接轨；三要考虑中国茶叶产业的实际情况，能有效控制茶叶质量安全；四要及时跟踪和评估国外相关法规和茶叶标准的变化情况，定期或不定期加以修订。

（四）加强标准的宣传、实施和监督力度

一项新标准制定颁布后，相关部门和机构应加强宣传，并抓好实施工作；特别是对茶树栽培、农药使用、肥料施用等涉及茶农的标准，必须及时组织力量进行大力宣传。同时，国家和地方相关部门应通过抽查等方式，对标准的实施情况进行有效监督。

参考文献

1. 郑国建：《中国茶叶产品质量安全状况》，载中国茶业年鉴编辑委员会编《中国

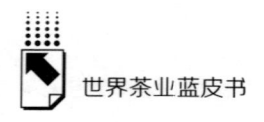

茶业年鉴》（2012 卷），中国农业出版社，2012，第 43~44 页。

2. 翁昆、方晨等：《茶叶标准体系研究》，《中国茶叶加工》2011 年第 4 期。

3. 国际食品法典委员会（Codex Alimentarius Commission，CAC）[DB]，http://www.codexalimentarius.net。

4. 国际标准化组织农业食品技术委员会茶叶分技术委员会 ISO/TC34/SC8 [DB]，http://www.iso.org。

5. 欧盟委员会（European Commision，EC）[DB]，http://ec.europa.eu。

B.7
涉茶产业发展报告

第一节 茶饮料生产业

一 茶饮料生产业概述

美国于1950年研发速溶茶为最早的茶饮料,到20世纪60年代开始规模化、工业化生产冰茶。20世纪80年代初日本首先开发和生产罐装茶水饮料,随后开发出纯茶饮料和保健茶饮料。中国茶饮料生产于1993年起步,随着一些大型食品企业参与茶饮料的开发与生产,中国茶饮料生产逐步迈向新台阶。近年来中国茶饮料消费市场的发展速度更是惊人,几乎以每年30%的速度增长,到2014年茶饮料占饮料消费市场15%以上的份额。2014年国际市场上即饮茶年销售额达500亿美元以上,① 生产茶饮料的国家主要有日本、美国、英国、印度尼西亚、中国等。其中,日本以生产绿茶、乌龙茶饮料为主;美国主要生产冰茶饮料;印度尼西亚以生产花茶饮料为主;中国以生产绿茶、红茶饮料为主;中国台湾地区茶饮料发展迅猛,位居当地各种饮料之首,以生产乌龙茶和绿茶饮料为主。②

二 茶饮料产品分析

(一)产品种类分析

中国国家标准《GB21733-2008茶饮料》按产品风味将茶饮料分为茶

---

① 资料来源:Food DIVE, April 29, 2015, RTD tea is ready to guzzle a larger beverage market share.
② 柏雪宇:《论我国茶饮料市场现状及发展策略》,《福建茶叶》2016年第3期。

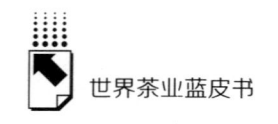

饮料（茶汤）、调味茶饮料、复（混）合茶饮料、茶浓缩液。其中茶饮料（茶汤）分为红茶饮料、绿茶饮料、乌龙茶饮料、花茶饮料和其他茶饮料。调味茶饮料分为果汁茶饮料、果味茶饮料、奶茶饮料、奶味茶饮料、碳酸茶饮料和其他调味茶饮料。

日本茶饮料主要包括5种，即乌龙茶饮料、红茶饮料、绿茶饮料、混合茶饮料（薏仁、大麦等多种素材混合）和麦茶饮料。[①] 而美国《饮料工业》把茶饮料分为"袋泡茶/散装茶"和"灌装/瓶装茶"。[②]

（二）产品包装分析

茶饮料包装不仅会影响茶饮料的生产灌装工艺和消费者对茶饮料的视觉选择，还会影响茶饮料的货架期品质，因此受到生产厂家的高度重视。目前，世界使用的茶饮料包装主要有玻璃瓶、金属易拉罐、纸铝塑复合砖型利乐包、聚酯瓶（PET）等。[③]

PET瓶质量轻、价格低、饮用方便，还具有加工方便的特点，可以赋予包装产品独特的色调，提高吸引力，同时增加茶饮料的稳定性，防止茶饮料中的物质被氧化，国内外茶饮料市场应用PET瓶包装最为广泛。金属三片罐的加工适应力强、损耗小、阻隔性优良、包装印刷色彩鲜艳，但成本高，且灌装茶对内涂膜要求严格。纸铝塑复合砖型利乐包，是目前台湾较流行的一种包装形式，由多层材料复合而成，虽然在国内茶饮料市场占比不大，但其成本较低，且随着包装材料和纸塑包装样式的不断创新，发展前景广阔。

（三）产品价格分析

我国茶饮料的价格相对比较稳定，以500毫升左右PET瓶装的茶饮料为例，零售价格大都在3～5元左右，比茶饮料新推出市场时的价格有所下降，这种现象的出现可能与生产设备升级、加工工艺改进有关。

[①] 《茶饮料为什么在日本卖得那么好》，联商资讯，2016年6月28日。
[②] 《在美国什么茶叶卖得好——美国茶消费市场剖析》，中华合作时报，2013年5月13日。
[③] 《茶饮料包装现状和未来发展趋势》，中国食品机械网，2014年5月。

消费者对茶饮料求新求异的需求使茶饮料品类的生命周期越来越短,由原来的3~4年变成2年左右,每年都需推陈出新,造成企业研发成本加大,营销成本占比也越来越高。[①] 因此,茶饮料的市场竞争虽然激烈,但是出现价格战的可能性不大,而且茶饮料的价格竞争将可能走出过去低价位竞争的格局,形成中、高价位竞争的局面。

三 茶饮料供需结构分析

(一)茶饮料产销分析

2009年中国茶饮料产量超过700万吨,2011年产量已超过900万吨,[②] 2014年茶饮料占饮料市场产量份额的15.27%。据AC尼尔森资料统计显示,2010年茶饮料(不含奶)销售额增长16.7%,2011年茶饮料(不含奶)销售额增长0.2%,2012年茶饮料(不含奶)销售额负增长4.7%,2013年同比下降5.7%,2014年同比下降3.6%,2015年同比下降0.7%。茶饮料销售额连续4年呈现负增长趋势,市场持续疲软,消费者饮料品类间的转移明显,趋向清凉、健康饮料和包装水等品类的消费。[③]

(二)茶饮料消费者分析

2015年中国质量协会联合全国用户委员会对中国茶饮料消费者进行满意度调查,调查结果(表1)显示:2015年茶饮料行业消费者满意度得分72分,与2014年持平;感知质量(包括茶饮料的口味、口感、色泽、包装等方面)得分73分,较2014年提升1分;安全信心程度达到68分,同比有所上升;品牌忠诚度不高,仅为67分。这与饮料消费市场的特点有关,由于每年的饮料品类都在增加,同时消费者的需求也在不断变化,消费者对

---

① 凡:《2013年饮料行业发展特点》,《福建轻纺》2014年第3期。
② 资料来源:前瞻望,2014年8月8日,前瞻百科-茶饮料。
③ 资料来源:康师傅控股有限公司、统一企业中国控股有限公司2010~2015年报。

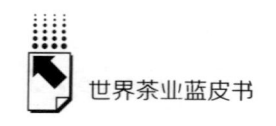

茶饮料的忠诚度难以达到一个比较高的水平；安全信心程度为 68 分，较符合消费者的安全预期。

表1　2010～2015 年中国茶饮料行业消费者满意度测评结果

年度	消费者满意度指数	感知质量	品牌忠诚度	安全信心程度
2010	74	76	—	—
2011	71	73	—	—
2012	72	74	—	—
2013	69	69	64	66
2014	72	72	66	65
2015	72	73	67	68

注：各指标满分均为 100 分。
数据来源：中国质量新闻网，2015 年 9 月 9 日。

茶饮料消费者年龄层分布调查结果显示，茶饮料的主要目标消费群年龄为 15～24 岁，其次是 25～34 岁，这两个年龄段消费者成为茶饮料的消费主体。[①] 茶饮料企业要着力关注这一年龄区间消费群体的需求动向。

针对含糖量满意度的调查显示，消费者对含糖量关注度越来越高，表现为对无糖和低糖产品需求越来越旺盛。消费者对含糖量的关注度为 43%（即 43% 的消费者在选购产品时会关注含糖量）。不同年龄和性别的消费群体对含糖量的关注度有所区别，24 岁以下的消费者不关注含糖量的比例达 70% 以上，男性消费者中对于茶饮料含糖量关注度最高的年龄区间在 40～49 岁，为 65%，而女性消费者关注含糖量比例较高的则分布于 50 岁以上和 30～39 岁这两个区间，关注度分别为 68% 和 66%。[②]

调查数据显示，90 后和 00 后在所有饮料的消费中拥有较强的消费能力，占到饮料消费市场的 30% 左右。这部分消费者除了注重饮料的口感，还喜欢产品的新鲜包装，并关注产品时尚广告。[③] 因此，抓住年轻消费群体

---

① 《2014 年我国茶饮料发展现状和趋势》，中国产业洞察网，2014 年 4 月 21 日。
② 《全国茶饮料消费者满意度调查结果公布》，中国质量新闻网，2015 年 9 月 9 日。
③ 《2015 年饮料行业不可不知的几大趋势》，饮料行业网，2015 年 10 月 1 日。

的性格特征，打造各具特色的茶饮料品类，有利于这些年轻消费者的消费需求向茶饮料品类转移。

（三）茶饮料行业市场结构分析

市场结构是指一个行业内部买方和卖方的数量及其分布、产品差别程度和新企业进入该行业难易程度的综合状态。因此可以用市场集中程度、产品差别程度和进入退出壁垒这三个指标对茶饮料行业市场结构加以分析。

1. 市场集中程度

中国国内茶饮料市场品牌集中化的趋势较为明显，统一、康师傅、娃哈哈、三得利等的市场占有率达到九成左右，销售排名前10位的茶饮料品牌占有超过96%的市场份额。茶饮料市场集中度CR4为75.4%，属于极高寡占市场，[①] 其中，康师傅和统一占据茶饮料市场的领导地位。

从表2可以看出，康师傅和统一在茶饮料市场的占有率呈现逐年提高的趋势，2015年两个品牌的茶饮料市场占有率超过80%，我国茶饮料出现双寡头垄断的市场格局，市场品牌集中度越来越高。

表2 康师傅、统一茶饮料市场占有率（以销售量为基准）

单位：%

品牌	2011年	2012年	2013年	2014年	2015年
康师傅	45.8	44.2	51.8	53.9	55.4
统 一	19.4	22.7	24.6	—	24.8

资料来源：2011~2015年康师傅控股有限公司年报；2011~2015年统一企业中国控股有限公司年报。统一2014年茶饮料市场占有率未见公布。

品牌以康师傅、统一两大品牌为市场主导，产品则以冰红茶、冰绿茶为市场主导。据调查，重度消费者（指每周饮用3次以上）最经常饮用的产品依次为康师傅冰红茶、统一冰红茶、康师傅冰绿茶和统一绿茶，占比分别

---

① 《2015年我国饮料业现状及竞争格局分析》，中国报告大厅，2015年5月26日。

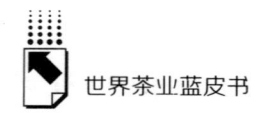

为35.7%、25.1%、21.3%和10.5%，①表现出较高的茶饮料品类集中度。

2. 产品差别程度

如今茶饮料市场的品牌越来越多，品类越来越丰富，茶饮料企业竞争激烈，各企业都在根据不同消费群体的产品诉求进行产品研发，以求在茶饮料市场占有一席之地。企业一方面走传统路线抓住传统消费市场，产品主要有冰红（绿）茶、红（绿）茶、乌龙茶、铁观音等，另一方面进行产品创新吸引年轻消费者，例如加入各种水果调制果茶饮料，如蔓越莓茶饮料、卡曼橘茶饮料、柚子茶饮料等。目前，低糖和无糖茶饮料的品类逐渐增多，同时引入冷泡法新工艺，包装也逐渐个性化。但是从表3可以看出，各个品牌之间相同或者类似产品依然较多，因此，茶饮料企业特别是新进入者要重视利基市场，进行产品差异化设计。

表3　主要茶饮料品牌及产品种类

品牌	产品种类	规格	包装
康师傅	绿茶、红茶、乌龙茗茶、铁观音、冰红（绿）茶、劲凉冰红（绿）茶	240毫升、310毫升、350毫升、500毫升、550毫升、600毫升、1升、2升	PET、利乐包、易拉罐
	茉莉果茶、浓浓柠檬绿（红）茶、柚子绿茶、蜂蜜绿茶、茉莉蜜茶、茉莉清茶、茉莉果茶、柚子绿茶	250毫升、450毫升、550毫升、500毫升、600毫升、1升、2升	PET、利乐包
	一刻馆奶茶、经典奶茶	250毫升、450毫升、500毫升、550毫升	PET、利乐包
统一	冰红（绿）茶、绿茶、乌龙茶	250毫升、310毫升、500毫升、1升、2升	PET、利乐包、易拉罐
	缇拉图、小茗同学	450毫升、480毫升	PET
	奶茶、阿萨姆小奶茶、阿萨姆奶茶	250毫升、360毫升、500毫升	PET、利乐包
娃哈哈	龙井绿茶、冰红（绿）茶		
	卡曼橘绿茶、卡曼橘冰红茶、水果绿（红）茶、蓝莓冰红茶、蜂蜜柚子茶、蜂蜜茉莉绿茶、茉莉香茶、茉莉蜜茶	500毫升	PET
	特浓抹茶、港式奶茶、呦呦奶茶、呦呦锡兰奶茶	400毫升、500毫升	PET

---

① 《2014年中国茶饮料行业发展现状及趋势》，中国产业洞察网，2014年4月。

续表

品牌	产品种类	规格	包装
农夫山泉	东方树叶系列、打奶茶系列、茶π果味茶系列、苏打红茶、农夫茶	500毫升、320毫升、520毫升	PET
天喔茶庄	金红袍、金普洱、金观音、冰红茶	350毫升、500毫升	PET
	冷泡卡曼橘绿茶、冷泡柠檬红茶、冷泡杧果红茶、柠檬红（绿）茶、蜂蜜绿茶、蜂蜜蔓越莓茶、蜂蜜菊花茶、蜂蜜柚子茶、蜂蜜雪梨茶、炭烧奶茶	250毫升、480毫升、500毫升	PET、利乐包
三得利	黑乌龙茶、乌龙茶	350毫升、500毫升	PET
麒麟	午后奶茶	500毫升	PET

资料来源：网络资料汇总统计，2016年8月。

3. 进入退出壁垒

从生产角度分析，生产所需原材料、设备和人力的直接成本不高，形不成较高的壁垒，但销售和技术却能对新进入者造成一定的市场壁垒。在销售方面，卖方的垄断程度较高，大品牌的茶饮料企业投放广告力度大，形成明显的品牌优势，使消费者形成消费偏好甚至影响品牌忠诚度，同时这些大品牌企业已经形成比较稳定的销售渠道，对新进入者也造成了一定的排挤效应。在技术方面，大品牌茶饮料企业在产品配方和生产工艺方面申请专利形成知识产权，建立起行业模仿的技术壁垒，限制了新厂商的进入。

由于茶饮料企业生产所需的直接生产成本不高，终端产品为快消品，积货较少，因此企业的沉没成本较低，且中国政府对茶饮料生产业的退出干预政策少，所以茶饮料企业退出壁垒较低。茶饮料市场具有较高的进入壁垒和较低的退出壁垒，有利于提高资源的配置效率，稳定市场收益，形成良好的竞争环境。

四　茶饮料生产业存在问题及对策

（一）茶饮料业生产技术问题及对策

1. 茶饮料品质稳定性

近年来茶饮料加工技术随着茶饮料行业的发展与一些现代食品工程高新

技术相结合，产品质量不断提升，但是茶饮料在生产、贮藏过程中仍存在三大技术难题：一是茶汤易浑浊沉淀（茶乳酪）；二是茶饮料加工过程中香气易损失；三是茶饮料在加工或贮藏过程中色泽不稳定。

在改善茶汤澄清度方面，一是可以采用微胶囊技术利用β-环状糊精作为包埋剂包埋茶多酚、咖啡碱等，对目标物进行隔离保护，从而有效减少茶乳酪形成；二是可以采用酶技术酶解茶乳酪形成的反应前体物质（如茶多酚）或直接酶解茶乳酪，从而降低茶乳酪的生成量；三是可以采用低温冷泡法，减少茶多酚、咖啡因等物质的浸出，[1] 从而减少茶乳酪的形成。采用低温灭菌技术减少香气挥发，采用微胶囊技术包埋香气物质减少香气损失，以及利用香气回填技术将浸提、过滤或灭菌过程中回收的香气重新回填至茶饮料，这些技术的应用对提高茶饮料香气有良好效果。茶饮料在加工和贮藏过程中易因色泽物质被氧化发生褐变，添加抗氧化剂可有效减少褐变的发生，也可添加水果汁，利用水果中天然的维生素C作为抗氧化剂，如加入新鲜柠檬汁或猕猴桃汁，不仅具有抗氧化性还能改善茶汤本身的色泽，同时可对包装物的透光率进行改进，减少光线对茶汤有色物质的影响。

2. 茶饮料品质鉴定技术分析

茶饮料中香气、滋味的传统评价方式以专业感官审评人员的感官评定和理化指标检测为主，但感官评定不仅受到审评人员个体差异的影响，还受到审评人员身体状态和心理状态的影响，且重复性较差。而理化检测虽能够对茶饮料的化学成分进行定量、定性分析，但无法将理化指标与人的嗅觉、味觉感受相关联，更无法评价物质之间的相互作用。[2] 所以需要寻找更简便、快捷、准确的鉴定方法。电子舌和电子鼻技术将在茶饮料品质鉴定中发挥独特的优势，但随着茶饮料产品种类的不断增加，对电子舌和电子鼻提出了更高的准确辨识要求。因此建立完善、科学的

---

[1] 《冷泡法对绿茶茶汤香气品质的影响》，中国茶叶学会，2016年8月13日。
[2] 唐平、许勇泉、汪芳等：《电子舌在茶饮料分类中的应用研究》，《食品研究与开发》2016年第37（11）期。

茶饮料分析模型（数据建模）来提高准确性和复检性尤为重要。同时将电子舌技术和电子鼻技术相结合，从不同角度对同一样品进行识别，可提高对茶饮料辨识的准确性。

（二）市场竞争

茶饮料的市场规模和增长速度给茶饮料生产者带来了一定的发展空间，但随着竞争者的不断加入，竞争加剧，抢占市场份额成了茶饮料企业生存发展的根本。茶饮料市场同质化（产品同质化、主题同类化、群体同一化）程度明显，加大了抢占市场份额的难度，产品要想从市场中脱颖而出，品类细分和产品差异化设计显得尤为重要。随着大数据时代的到来，茶饮料企业更好、更快、更真实地捕捉到实时的消费者需求、市场动向，及时调整、设计出符合市场需求的产品成为可能。

茶饮料企业需集中资源于特定的细分市场，研发出适合目标消费群体的产品系列，或者根据某个区域市场的独特特征，及时调整产品定位、广告策略和渠道选择等，以获得较好的市场效果。产品差异化战略有利于市场消费者认可茶饮企业所生产产品价值的独特性，有利于提高消费者的品牌忠诚度。企业可根据茶饮料的实用功能、心理功能和社会功能进行差异化设计。

五 茶饮料生产业发展建议

首先是原料的创新，从茶叶原料到搭配辅料均需积极创新。使用多元化的茶类，例如使用绿茶、红茶、乌龙茶和黑茶等茶类中的一种或者多种，并从原料来源深究茶叶原产地、品种、加工工艺，突出产品特色，以达到产品的差异化设计目的。消费者的健康意识推动了搭配辅料的创新。搭配辅料来源广泛，有水果、谷物、草本植物甚至香辛料等。这些辅料的协调加入不仅能提升茶饮料的风味、口感，更可为茶饮料提供附加保健功能，为茶饮料品类延伸提供无限可能。茶饮料中的含糖量和卡路里也受到消费者的极大关

注,未来对低糖和无糖茶饮料的需求将加大,低糖或无糖天然甜味剂的选择和使用将成为茶饮料零卡路里的关键控制点。因此,天然植物源的甜味剂(如甜菊糖苷)将成为茶饮料甜味剂市场的焦点。

其次是加工工艺的创新。茶饮料中的健康成分容易受到加工工艺的影响,加工不当会降低饮用价值,影响产品品质,不利于产品的推广。因此,对加工工艺的研究以及创新产品标准是茶饮料生产中最重要的一环。不仅如此,工艺的革新也将影响产品风格,使之形成具有特色的差异化产品。例如日本在绿茶的鲜萃榨取技术上已经达到稳定,产品基本上都能保持绿茶的营养与原汁原味,这成为追求茶饮料"本真、自然"的消费者的不二选择。2015年统一(中控)在中国推出转型新产品"小茗同学",颠覆传统工艺,采用冷泡工艺(聚焦冷泡不苦涩),控制冷泡工艺的核心技术,使产品鲜爽、醇厚、不苦涩,符合目标消费者的口味需求,2015年3月上市以来,不断创出销售佳绩。

再次是包装的创新。包装是产品与消费者沟通的渠道,体现产品的功能特点、品牌价值和企业文化,承担着吸引消费者、产生销售力的功能。茶饮企业可根据细分市场进行有针对性的包装设计,满足消费者的个性需求,提升消费者的购买欲。例如可以进行包装文化创新,康师傅推出NBA纪念罐冰红茶,罐身印有10支NBA球队的LOGO,激起球迷和收藏控们的强烈收集欲,从而提升了销售量。

最后是产品销售渠道的创新。茶饮料作为快消品,常采用传统的渠道进行销售,企业通过加强对渠道的控制和开发,可使原有的分销网络更加健全,加大终端市场的铺货率。但在把握传统销售渠道的同时需进行渠道创新,挖掘潜在的消费者。电商渠道是一个重要的销售渠道,企业强强联手也是渠道创新的有效方法之一,企业之间可利用各自的优势扩大产品优势,加大市场占有率。例如康师傅和百事可乐、星巴克等合作伙伴进行创新技术交流与能力建设,还与上海迪士尼进行战略合作,在创造品牌活力的同时产品的饮用时机和场合的延伸也得到了很好的诠释。

无论产品经历怎样的创新,品质是最根本的保证,应建立健全茶饮料产品的安全生产机制，建设产品追溯信息系统，提升产品追溯能力，确保茶饮料的安全、营养与健康，推动茶饮料生产业健康、可持续发展。

第二节 茶食品生产业

一 茶食品发展的必要性分析

茶食品是指将茶粉、茶汁或从茶叶中提取的天然活性成分等加入食品原料加工而成的食品，具有天然、营养、健康的特点。传统茶叶消费市场一直局限于传统的冲泡饮用模式，缺乏变化及新鲜感，在年轻消费者中失去了市场竞争力。为了使茶叶能更加有效地被利用，以及创造更多的茶叶市场份额，开发茶叶多元化消费形态，是促销茶业发展的最有效方式之一。茶食品将茶和饮食完美结合，充分保留了原茶的香郁和营养成分，符合现代人追求方便快捷和营养健康的需要。发展茶食品生产业不仅符合当今食品行业的发展方向，而且能够有效促进茶叶产业链的拓展和延伸，对茶产业的转型升级和可持续发展具有重要的推动作用。

传统意义上的茶食是包括茶食品在内的糕饼点心的统称，是一个泛指名称。而在茶学界，茶食则指用茶掺和其他食品原料，调制成茶菜肴、茶粥饭等茶食品，即指含茶的食物。食用茶叶的依据在于它具有较高的营养价值和丰富的保健成分。但茶叶的热量不高，不适合作为主食，最适宜作为特殊营养成分或风味物质添加到食品中。将茶叶用于食品加工制作，其目的主要有四：一是利用它所含的氨基酸、蛋白质、矿物质和维生素等营养成分，强化食品营养；二是利用茶叶中的某些功能性成分（茶多酚、茶氨酸、茶多糖、γ-氨基丁酸等），使食品添加茶叶或茶提取物后增加某些保健功效；三是利用茶叶中的多酚类物质具有很强的抗氧化性能这一特点进行食品的加工制造；四是通过添加茶或茶提取物，赋予食品特殊的茶风味。

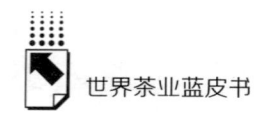

二 茶食品的形式和种类分析

国内外市场上含茶食品种类丰富，形式多样，具体可以分为以下几类。

（一）茶餐类

自古以来茶就是一种纯天然健康的保健养生佳品，随着茶文化的发展，品茶的优雅也开始向美食延伸，从而形成了茶与菜肴完美搭配的茶餐。将茶融入日常餐饮美食中，可让消费者在享受美食的同时也能感受到浓郁的茶文化。茶叶入肴的方式一般有四种，一是将新鲜茶叶直接入肴；二是将茶汤入肴；三是将茶叶磨成粉入肴；四是用茶叶的香气熏制食品。茶餐之道追求的是清俭朴实、淡雅怡悦的境界。每道菜肴、点心都含有茶，并利用茶特有的清香进行调味除腻，入口清香，茶香似有却无。

茶餐主要可以分为茶主食和茶菜肴两大类。

1. 茶主食：茶主食是指在原有主食的基础上加入茶成分再加工而成的主食。主要有茶饭、茶面包、茶粿、茶饺子等。茶饭、茶粥的做法是用水冲泡茶叶得到茶汤，再用茶汤来煮饭、煮粥。茶面包是取茶叶泡成的浓茶水和面，发酵制成面包。茶饺子是在肉馅内掺入乌龙茶包制而成。这些茶主食清香爽口，倍受欢迎。在日本，茶泡饭是民众不可或缺的日常食品之一，它作为一种主食类快餐食品在二战以后迅速发展起来。

2. 茶菜肴：茶菜肴是将茶叶作为主料或辅料烹制而成的各类菜肴。茶菜中茶的味道与菜的本味相辅相成，不仅色泽鲜艳增进食欲，还可降火、利尿、提神、去腻，具有增加营养、促进消化、防治疾病等功效。在我国台湾地区有茶元宝、祁门红茶鸡丁、碧螺春比萨、香茶沙拉、冻顶乌龙茶豆腐等茶食品。我国江浙地区采用西湖龙井茶制成的西湖龙井牛肉、龙井虾仁等菜肴都别具一格、各有风味。在英国、印度、俄罗斯和日本等国，也有将茶加入食品烹饪的传统与习俗。

（二）含茶休闲食品类

休闲食品是指人们在闲暇、休息时所吃的一类非主食类食品，如膨化食品、坚果、糖果、肉制速食品等。含茶休闲食品，一般可以分为以下十大类。

1. 含茶谷物休闲食品（烘焙类、膨化类、油炸类）；
2. 茶糖果巧克力类；
3. 含茶坚果炒货；
4. 含茶熟制休闲豆制品；
5. 含茶休闲素食蔬果（包括干制蔬果和湿制蔬果）；
6. 含茶肉干肉脯；
7. 茶果冻；
8. 含茶果脯蜜饯；
9. 含茶西式甜点；
10. 其他。

主要含茶休闲食品种类及品牌见表4。

表4 主要含茶休闲食品种类及品牌

种类	产品形式	主要品牌
含茶谷物休闲食品	茶汁面包、茶味薯片、茶月饼、茶饼干等	天福、华祥苑、乐事、龙润茶业
茶糖果巧克力类	红茶酥糖、绿茶牛轧糖、绿茶口香糖、抹茶巧克力等	天福、雀巢、宇智抹茶、绿箭
含茶坚果炒货	绿茶瓜子、绿茶杏仁等	天福、良品铺子、恰恰
果脯蜜饯类	茶香橄榄、绿茶青梅、绿茶金橘等	八马茶业、天福茶食
含茶西式甜点	抹茶冰淇淋、红茶布丁、绿茶提拉米苏等	和路雪、哈根达斯、星巴克

资料来源：网络资料汇总统计，2016年8月。

含茶休闲食品的加工，主要是在传统食品工业的设备和工艺基础上进行不断改进和创新，将茶叶或茶叶提取物与食品加工原料融为一体，形成独特的风味，让消费者在品尝美味食品的同时又能尽享茶香，同时食品具有一定

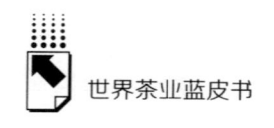

的保健作用，一举多得。目前以茶叶提取液为原料或佐料的休闲食品不断问世，品种也越来越多。

（三）茶保健食品类

茶保健食品的保健功能较为全面，最常见的是辅助降血脂、减肥、增强免疫力、通便和缓解体力疲劳等。茶保健食品中茶成分的添加形式主要分为以茶叶加入和茶叶提取物加入两种。我国前期开发茶保健食品的原料以茶叶添加为主，尤其是绿茶，例如，市场上的绿茶左旋肉碱胶囊、华北牌灵芝绿茶胶囊等。最近这几年以茶叶提取物为原料的保健品数量逐步增加，其中以茶多酚为主，茶色素等其他提取物所占比例较小。随着茶叶加工提取技术的不断发展，茶保健食品的开发也从使用单一茶叶原料向使用茶提取物原料逐步转变，以茶叶提取物为原料的产品数逐年上升，[①] 例如汤臣倍健牌左旋肉碱茶多酚荷叶片，都邦牌玉竹茶色素胶囊等。

三 国内外茶食品发展状况分析

（一）国外茶食品发展状况

国内外许多茶学、食品、医药等方面的专家学者都致力于对茶叶用途与功效的研究开发。在茶食品生产方面，欧美、日韩等国家的经验值得我们学习和借鉴。1950年美国发明了速溶茶，这被认为是茶饮料开发之先河，到20世纪60年代则实现了冰茶规模化生产。80年代初日本研发并生产了罐装茶饮料，此后，日本将茶叶深加工技术延伸到食品加工领域，相继研发了各种茶食品，涉及茶糕点、茶酒、茶酱和茶豆腐等。作为饮食一体的完美结合物，茶食品已在国际市场上走俏多年，在欧美、日韩和我国台湾地区茶食品有着很高的认知度和认可度。

---

① 周继红等：《茶相关保健食品的开发现状》，《中国茶叶加工》2015年第4期。

茶叶不但含有大量营养物质，而且兼具多种保健功效，因此被认为是"最佳天然保健食品"。日本充分认识并利用这一天然食品，不仅积极提倡饮茶，还不断研制开发了深受消费者青睐的茶食品，其中最有影响的当属对抹茶的利用和传承。日本许多知名的食品企业如皇家食品、明治制果等都已推出了系列抹茶食品，并深受市场喜爱，产品包括抹茶冰淇淋、抹茶奶饮料、抹茶润喉糖、抹茶巧克力以及抹茶面条、抹茶寿司等。可以说，目前世界上最受欢迎的茶食品是含抹茶的各类加工食品。

（二）我国茶食品发展状况

在我国，将茶或茶提取物用于食品加工的研究始于20世纪70年代。对于我国国内市场而言，在2008年以前，茶食品并不为消费者所熟悉，部分茶商或茶企销售茶食品仅仅是为了满足饮茶搭配的需要。尽管茶食品行业属于我国茶叶行业的组成部分之一，但其建设和发展却并不被人们所重视。自2008年以来，随着人们对茶叶深加工技术认识的不断深入，以及各项茶事活动的宣传推介，茶食品在国内市场的地位开始转变和提升，越来越多的相关企业开始重视并进入茶食品的产销体系当中。据统计，2012年我国各类茶食品企业达500多家。[①]

近年来，各个茶叶生产地政府对于茶产业发展的扶持力度不断加大，茶食品行业作为茶产业的组成部分之一，其建设和发展也受到相关政府部门的高度关注和大力扶持。目前，许多与茶相关的政府部门均把推动茶食品及茶叶加工产业发展等相关内容编入当地茶产业发展规划中。例如，《中国茶叶产业"十三五"发展规划（2016~2020年）》关于茶叶产业"十三五"期间的发展重点强调，要转变发展方式，积极引入新技术、新设备，推进茶叶深加工，加大茶叶综合利用，将产业链延伸到食品等领域，增加附加值。[②]

[①] 中国茶业流通协会：《我国茶食品行业发展综述》，2012年4月。
[②] 中国茶业流通协会：《中国茶叶产业"十三五"发展规划（2016年~2020年）》，2016年1月。

各级地方政府也相继印发了茶产业发展规划,其中都指出,实施茶产业结构调整,重点支持茶叶龙头企业开发茶食品。①②

四 茶食品产销情况分析

(一)茶食品生产企业分析

随着我国茶叶种植面积和产量持续多年快速增长,我国茶叶企业在产品设计、研发方面更加注重科技化投入和多元化产出,有力推动了茶叶深加工技术领域的快速发展,以茶食品、茶饮料、含茶营养保健品等为代表的茶叶深加工产品已逐渐被市场消费者所认知和青睐。

国内外含茶食品企业主要分为两大类:一类是食品生产企业,为扩充市场份额,向功能性食品方向进军,其中向食品中添加茶或茶提取物是主要形式之一,如雀巢、联合利华、格力高、可口可乐等。另一类是传统茶叶生产加工企业,在生产销售茶叶的同时,将大部分的茶叶下脚料或者中下等茶叶用于茶食品的制作,降低生产成本,延伸产业链,提升市场份额,如天福集团、华祥苑、龙润茶业等。两类企业各有其优势。食品企业在食品生产设备、人员研发、食品质量安全监管方面更加专业全面,而传统茶叶企业在茶叶资源、茶叶生产加工工艺等方面具有较强的实力。

随着近几年茶食品市场需求的不断增多,我国茶食品行业整体呈现出快速发展的态势,各类茶食品企业数量不断增加,行业规模进一步扩大。但由于茶食品属于新兴行业,目前具有一定生产和经营规模的茶食品企业数量并不多。福建天福茶业集团属于国内茶食品企业的佼佼者,旗下茶食品厂以生

---

① 《山东省人民政府办公厅关于印发蜂业、烟叶、茶叶、桑蚕、中药材5个特色产业发展规划的通知》《山东省人民政府公报》,2014年2月。
② 《河南省人民政府办公厅关于印发河南省茶产业发展规划(2011~2020年)重点任务分解方案的通知》《河南省人民政府公报》,2011年5月。

产卫生、天然、健康的绿色茶食品为宗旨，选用上乘原材料和先进的加工工艺，严把产品质量关，生产的茶食品具有低糖、低脂的特点。现有六大类300多种茶食品，包括糖果类、糕点类、茶果类、蜜饯类、炒货类、冲泡类，其中大部分为茶味食品，有自主开发的专利产品和先进生产设备。由于产品开发因迎合消费者口味而多样化，天福茶食2015年的销售收入达2.21亿元，同比2014年增长了约2.8%，茶食品销售收入占其总销售收入的14.6%，比重呈上升趋势。[①] 天福茶食品曾两次被指定为亚太经合（APEC）会议大会用品及礼品，成功地代表中国茶食品走上了世界舞台。

（二）茶食品销售渠道分析

尽管近年来国内市场上逐渐出现了茶糖、茶蛋糕等茶食品，但目前茶食品的销售渠道还主要集中在一些特殊的场合，如茶馆、茶叶专卖店、茶企业专设的网店等。进入普通商场、超市的茶食品相对较少，消费者购买困难。一方面，消费者对茶食品认识不足，购买意识较弱；另一方面，茶食品生产企业对于茶食品的广告宣传还比较少，这有待政府、企业、媒体等加强对茶食品营养健康的宣传，正确引导大众消费。

此外，部分茶食品以代工（OEM）食品的形式进行销售。由于茶食品生产有别于茶叶生产，二者在工艺设备上存在一定差异，且食品生产在安全和质量方面要求更为严格，因此，目前国内大部分开展茶食品业务的茶叶企业尚未进行自主研发生产，而是采用代工生产方式，企业自身仅负责产品销售。目前，在我国茶叶企业中仅有天福集团、华祥苑、萧氏集团等少数综合实力较强的茶叶企业可进行自主生产和向其他茶业企业销售茶食品。例如：天福集团食品厂为星巴克、联合利华等大型企业代工生产茶食品；华祥苑旗下福建珍好吃食品有限公司，就为吴裕泰、中闽魏氏、信阳市文新茶叶等知名茶企代工生产茶食品。另外，还有部分茶食品也通过旅游商品渠道进行销售，例如：印象大红袍有限公司的OEM茶食品，就主

---

① 《天福（开曼）控股有限公司2015年度报告》。

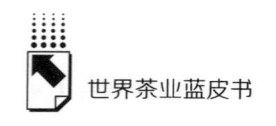

要以旅游商品形式销售。

从销售渠道上看，茶食品销售渠道仍然有其局限性，亟待进一步延伸，新的销售模式也亟待拓展。

（三）茶食品消费市场分析

随着茶食品行业的不断发展，越来越多不同品牌和不同品种的茶食品开始进入大众视野，例如：茶月饼、茶瓜子、茶蜜饯、茶果酱、茶酸奶、茶肉脯等。市场调查显示，茶食品价格与普通食品相比普遍偏高，如100克的天福茶味凤梨酥售价是14~18元，而普通品牌凤梨酥则在5~8元左右，价格高了125%~160%。但是，较高的价格并没有使消费者冷落了茶食品，相反，茶食品的消费市场却很广阔，消费者的消费热情不减。茶食品现已逐渐发展成为高端食品。特别是在福建、广东、上海、浙江、山西、四川等地，茶食品近年来持续热销。茶食品行业相关统计资料显示，我国茶食品市场当前的主流产品主要有：茶味饼干、茶味糖果和茶味果脯三种。其中，茶味饼干的销量最多，约占茶食品市场销量的68%。[1]

我国茶食品市场广阔，还有待进一步开发。据统计，2011年，我国茶食品市场销售额为7亿元，预计2016年会达到21.36亿元，[2] 并且将以每年15%~20%的速度递增。随着消费者保健意识的增强和对新风味的追求，今后茶食品产业必将获得更大的发展，前景广阔。

五 茶食品生产业存在的问题及对策

茶食品产业逐渐形成了政府推进、企业参与、市场拉动的良好局面，一系列数据、成果也展示了茶食品行业的巨大潜力，独特的风味和特有的保健功效使其在品目繁多、竞争激烈的食品消费市场上抢占了一席之地。同时，

---

[1] 中国茶业流通协会：《我国茶食品行业发展综述2》，2012年4月。
[2] 中国茶业流通协会：《我国茶食品行业发展综述2》，2012年4月。

我国茶食品生产业的发展远落后于美日等发达国家，自身发展也存在诸多问题：一方面，权威部门没有建立统一的茶食品生产技术标准，产品质量不规范，质量监控无从入手；另一方面加工技术水平落后，缺乏创新，使茶食品品质不佳，缺乏市场竞争力；另外，茶食品的销售拘泥于传统形式，市场认知度不足，严重制约了茶食品生产业的发展。

我国茶食品生产业要重视这些问题并着手解决，以提升我国茶食品行业的核心竞争力，进而推动茶食品行业健康、可持续发展。

一是建立标准，规范市场。

我国茶食品市场鱼龙混杂，产品质量参差不齐，容易造成监管漏洞。应尽快建立茶食品国家标准，确定茶食品的分类，规范茶食品的生产加工，使茶食品的生产和管理有法可依，有据可循。同时，应进行行业细分，建立统计数据，科学引导茶食品生产业朝标准化、现代化方向发展，进一步提升茶食品产业的整体质量安全水平，为我国茶食品走出国门、走向世界奠定基础。

二是注重研发，善于创新。

当下市场消费群体多元化，消费者在追求食品健康风味的同时，更青睐品种新、包装新、风味好的产品。企业应该始终走在科技创新的前沿，注重科研投入，加强与高校等科研机构的合作，及时把最新科研成果转化成生产力。在茶食品生产中应注重传统技术与新兴技术的联合运用，如低温提取技术、超微粉碎技术、非热力杀菌、冷冻浓缩、冷冻干燥等，以提高生产效率，提升产品品质。

三是拓宽渠道，加强宣传。

天然、健康、新口味的茶食品正被越来越多的消费者认可，茶食品就像一股清泉流入食品消费市场，并将影响食品市场的未来消费动向。茶食品企业在创新产品形式、丰富产品口味的同时，还应加强对茶食品保健功能和营养价值的宣传，提升市场认知度，引导市场新型消费观念。同时，要解放思想，全力拓展茶食品的销售渠道，例如尝试平台入驻、电商OTO模式、微商模式的综合运用，丰富茶食品的流通体系。彻底改变目前茶食品销售渠道

单一、市场知名度不高的现状。

茶食品作为一种新型复合食品，不仅风味独特，而且健康营养，同时具备防病、抗衰老、美容、益智等多种保健功效。这正迎合了现代人对于低热、营养、保健、便捷等方面的多元饮食需求。可以说，21世纪是茶的世纪，也将开启茶食品生产业崛起的新纪元。

第三节　茶业发展的知识产权保护与法律保障

知识产权作为无形资产，在现代已成为一项重要的财富来源，而知识产权意识淡薄是长期以来制约我国茶业发展的一个重要阻碍因素。我国自20世纪80年代建立知识产权法律保护制度以来，同时进入了国际保护体系，目前已经加入了一些较为重要的国际组织及国际公约，为我国茶业发展中的知识产权保护提供了较强的法律保障。

一　知识产权保护的特性给茶业发展带来的影响

知识产权作为一种民事权利，既包含了一般民事权利的特点，同时具有一些自身的特性。了解知识产权的特性，有利于茶企业加强对知识产权的管理，提升企业竞争力。

（一）地域性

知识产权不同于普通的财产权，各国（地区）对知识产权的保护是相互独立的，除签有国际公约或双边互惠协定外，经一国法律所保护的某项权利只在该国范围内发生法律效力。所以权利人都可以在取得权利的不同地域范围内分别行使其权利。可分地域取得和行使是知识产权区别于其他民事权利的最重要的特征之一。发达国家的大公司利用这一点，在凡有市场利益的国家和地区申请专利权、商标权和其他知识产权，实施知识产权圈地战略，把知识产权的作用发挥到了极致。而我国的企业则很少到外国申请知识产权，因此，即使在我国取得了知识产权，也无法在其他国家获得相应的保护，实际上也丢掉了在广大国际市场上的商业利益。

（二）时间性

知识产权具有一定的期限，只在规定期限内受法律保护。各国法律对保护期限的长短可能一致，也可能不完全相同。有些企业并没有意识到必须在有限的保护期内尽早地实现经济收益，也没有意识到有些已过保护期的知识产权是可以无偿利用的，因此可能受到损失。

（三）法定性

知识产权是法定权利，而不是自然权利。知识产权对一个国家的经济文化和科技发展具有重大影响，各国都根据自己的国情，从有利于本国经济和科技发展的角度出发设计自己的知识产权制度。所谓法定性，是指知识产权的种类、内容、取得和变动方式等都须依照法律的规定，当事人不得自由创设。所以，要想在不同的国家获取知识产权保护，就必须了解相应国家的法律规定，根据各国具体的法律规定提出专利、商标等申请。

（四）独占性

独占性又可称为垄断性。除知识产权人同意或法律规定外，权利人以外的任何人不得享有或使用该项权利。另外，除了商业秘密外，对同一项知识产品，不允许有两个或两个以上同一属性的知识产权并存。这种独占性保障了知识产权人可以获取绝对的经济利益，但是，这种独占性要受到地域性和时间性的制约。

二 茶业相关知识产权概述

世界已迈入知识经济时代，茶业竞争也越来越体现为知识产权的竞争，

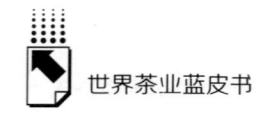

如果忽视了茶业中相关知识产权的申请、保护及运用，则必然会在日益激烈的市场竞争中处于劣势地位。

与茶业有关的知识产权大致包含以下几种类型。

（一）商业标志权

商业标志是指在工商业领域中具有标识商品来源、质量功能的标记，包括商标权、商号权、地理标志权等。

商标是区别于他人商品或服务的标志。它具有特别显著的区别功能，从而便于消费者识别。它是一种无形资产，代表着商标所有人生产或经营的质量信誉和企业信誉、形象。生产经营者的竞争就是商品或服务质量与信誉的竞争，其表现形式就是商标知名度的竞争，商标知名度越高，其商品或服务的竞争力就越强。

商号权又称企业名称权，是指企业依法对其登记注册的名称所享有的权利。企业名称经核准登记后，具有排斥他人以同一或相似之名称进行登记的效力。企业名称能标示商品来源，象征信誉，良好的信誉是企业投入相当的人力、物力、财力后的结果，它会大大促进企业的发展，增强企业在市场上的竞争力，为企业带来丰厚的利润。

地理标志是指，标示某商品来源于某地区，该商品的特定质量、信誉或者其他特征主要由该地区的自然因素或者人文因素所决定的标志。地理标志主要用于鉴别某一产品的产地，只有商品来源地的生产者才能使用该地理标志。商品来源地所有的企业、个人只要其生产的商品达到了地理标志所代表的产品的品质，均有权使用该地理标志。因此，地理标志权具有一定的公共性。

（二）专利权

专利权是发明创造人或权利受让人对特定的发明创造在一定期限内依法享有的独占实施权。专利权的客体包括发明、实用新型和外观设计三种。有关茶的制备技术、提取技术、加工工艺技术、加工机器、工艺流程、茶叶外包装设计等，只要符合专利法规定的条件，均可以向国家专利局提出专利申请。一旦申请通过审批，茶企或个人即可在专利有效期内独占地享有相应的权利，获得较高的市场竞争优势地位。专利权人一方面可以通过自己实施专利获取利润，另一方面也可以通过许可或转让专利获取利润。

（三）商业秘密

商业秘密是指不为公众所知悉、能为权利人带来经济利益，具有实用性并经权利人采取措施进行保密的技术信息和经营信息。商业秘密是企业的财产权利，它关乎企业的竞争力，对企业的发展至关重要，有的甚至直接影响到企业的生存。茶业的商业秘密主要表现在制茶技术、客户名单等方面。

（四）著作权

著作权又称版权，是指作者及其他权利人对文学、艺术和科学作品享有的人身权和财产权的总称。茶业著作权主要用于与茶相关的作品，比如：书籍、广告语、宣传图片照片等。另外，福建正山堂茶业有限责任公司把《正山堂金骏眉红茶茶艺十八道》进行了版权登记。

（五）植物新品种权

植物新品种是指经过人工培育或者对发现的野生植物加以开发，具备新颖性、特异性、一致性、稳定性，并有适当命名的植物新品种。完成育种的单位和个人对经授权的品种享有排他的独占权。2014年"陕茶1号"获国家植物新品种权证书，陕西省农业厅发文在全省适宜区推广种植，并推荐参加全国第5轮茶树品种区域试验，表现突出。①

（六）非物质文化遗产保护

非物质文化遗产是指各种以非物质形态存在的与群众生活密切相关、世

---

① 《"陕茶1号"获国家植物新品种权证书》，http：//sx.sina.com.cn，2014年9月3日。

代相承的传统文化表现形式。中国人植茶、制茶、饮茶已有上千年的历史，茶不仅彰显着特定历史、区域或族群的生活方式和文化结晶，甚至成为中华文明的重要象征。目前我国已建立起国家、省、市、县四级非物质文化遗产名录体系，在这些非遗项目中有不少是制茶技艺方面的，比如：武夷岩茶（大红袍）制作技艺、花茶制作技艺、绿茶制作技艺等；与茶直接相关的项目，比如：宜兴紫砂陶制作技艺、龙泉青瓷烧制技艺、湖南省辰溪县茶山号子等；还有为茶文化增添雅趣的民间文学、民间音乐、民间舞蹈、传统戏剧、曲艺、民间美术等。

三 茶业知识产权目前在国内可寻求的法律保障

（一）商业标志权

注册商标所有人对其商标具有专用权，受到法律的保护。未经商标权所有人的许可，任何人不得擅自使用与该注册商标相同或相类似的商标，否则，即构成侵犯注册商标权所有人的商标专用权，将承担相应的法律责任。

《企业名称登记管理规定》第 6 条第 1 款规定："企业只准使用一个名称，在登记主管机关辖区内不得与已登记注册的同行业企业名称相同或者近似。"企业名称权因登记而创设，可据以排斥他人使用同一名称经营相同业务。擅自使用他人已经登记注册的企业名称或者有其他侵犯他人企业名称权行为的，被侵权人可以要求侵权人停止侵权，或者请求主管机关责令侵权人停止侵害。如有损害，该企业名称权享有人可以请求赔偿。被侵权人也可直接向人民法院起诉。《企业法人登记管理条例》和《企业名称登记管理规定》对企业名称权的保护，主要体现为工商行政管理机关作为企业名称登记主管机关，可通过行政手段，处罚侵犯他人企业名称权的行为。行政处罚措施包括：责令停止侵权行为、罚款、没收非法所得、扣缴营业执照等。

在我国，目前共有三个国家部门对地理标志进行注册、登记和管理。国家工商总局商标局通过集体商标或证明商标的形式进行法律注册和管理，国家质检总局和国家农业部以登记的形式对地理标志进行保护和管理。

（二）专利权

专利申请一旦提出并通过审批，茶企或个人即可在专利有效期内独占地享有相应的权利，获得较高的市场竞争优势地位。专利权人一方面可以通过自己实施专利获取利润，另一方面也可以通过许可或转让专利获取利润。

（三）商业秘密

需要特别注意的是，在制茶技术方面，专利保护与商业秘密的保护不能并存，二者只能择其一，两者的保护方式和获得保护的条件是不相容的。获得专利保护的前提是公开技术内容，而商业秘密保护的前提是该技术不为公众所知悉。专利因公开而易于被他人抄袭模仿，但其具有很强的垄断性，只要获得专利，他人即不得未经权利人许可进行营利性实施；商业秘密虽然不易被他人抄袭模仿，但独占性较弱，不能排斥他人拥有并实施相同的技术，而且一旦该技术被公之于众，则权利将不复存在。所以，茶企应在二者间权衡利弊，慎重选择。

（四）著作权

在我国，著作权采取的是自动保护的原则，茶文化方面的相关作品只要具备独创性即可受法律保护，版权登记虽不是必要条件，但是可以为作品未来维权提供比较有利的证据。

（五）植物新品种权

当植物新品种权人的权利被他人侵犯时，可以寻求行政保护或者司法保护。行政保护是指被侵权人可以请求省级以上人民政府农业或者林业行政主管部门进行处理，省级以上农业、林业行政主管部门根据这一请求，可以依

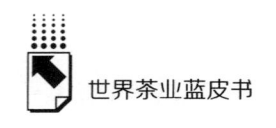

法对侵权人的侵权行为进行行政处理。植物新品种权的司法保护有行政诉讼、民事诉讼和刑事诉讼三种形式。

（六）非物质文化遗产保护

近年来茶领域的非遗申报和保护，启蒙了茶产业的文化意识和保护意识，对茶产业向纵深发展、打造中国茶的历史质感、发掘茶产业的丰厚底蕴，都具有重大意义。《中华人民共和国非物质文化遗产法》已经于2011年6月1日起实施，对于茶业而言，该法从法律上推动和保障了茶文化的传承、研究、宣扬与振兴。

我国相关政府部门网站及其他知识产权相关网站的数据显示，我国茶业知识产权综合实力呈稳步上升趋势。近年来茶业专利、商标、地理标志的申请授权量整体呈现上升趋势，但是在非物质文化遗产和植物新品种权方面发展比较弱。[1]

四 茶业知识产权跨国保护中涉及的几个重要知识产权公约

经济全球化、贸易自由化的不断发展，促使知识产权在国际贸易中的地位和作用越来越突出。一些发达国家利用其先进的知识成果，通过知识产权的转让和许可，使附带知识产权的农产品的出口大幅增长。[2] 我国是茶叶种植、生产和销售大国，几个重要的知识产权公约在一定程度上有助于解决茶业知识产权跨国保护的问题。

1883年的《保护工业产权巴黎公约》与1886年的《保护文学艺术作品的伯尔尼公约》，开创了通过多边国际条约协调各国知识产权法律的先河。此后，知识产权的国际多边条约不断涌现，且日渐细密，如今全球性的知识

---

[1] 欧阳威、罗爱静、谢文照、罗京亚、许泽华：《2004~2013年我国茶业知识产权的发展》，《中华医学图书情报杂志》2015年第5期。
[2] 何忠伟、隋文香：《农业知识产权教程》，知识产权出版社，2009，第213页。

产权国际多边条约已达到 30 个左右。一些主要国际多边条约,都已得到了世界上主要国家的遵守。这些国际公约中所确立的一些重要原则和规则,对于国际贸易中茶业知识产权的跨国保护意义重大。

(一)《保护工业产权巴黎公约》

我国于 1994 年 1 月 1 日成为《巴黎公约》的第 64 个成员国。《巴黎公约》的保护范围是工业产权,包括发明、实用新型、外观设计、商标权、服务标志、厂商名称、产地标记或原产地名称以及制止不正当竞争等。

《巴黎公约》确立了若干重要原则和规则,比如:国民待遇原则,即公约各成员国必须在法律上给予公约其他成员国相同于其本国国民的待遇。优先权原则,即凡在一个缔约国申请注册的商标,可以享受一定期限的优先权,在优先权期限内如申请人再向其他成员国提出同样的申请,其后来申请的日期可视同首次申请的日期。独立性原则,即申请和注册条件由每个成员国的本国法律决定,各自独立。比如,已经在一成员国取得专利权的发明或者取得商标权的商标,在另一成员国不一定能获得;反之,在一成员国遭到拒绝的专利申请,在另一成员国则不一定遭到拒绝。另外,《巴黎公约》是最早提出驰名商标保护的国际公约,它要求无论驰名商标本身是否取得商标注册,公约各成员国都应禁止他人使用相同或类似于驰名商标的商标,拒绝注册与驰名商标相同或类似的商标。对于以欺骗手段取得注册的人,驰名商标的所有人的请求期限不受限制。

(二)《保护文学艺术作品的伯尔尼公约》

1992 年 10 月 15 日我国成为《伯尔尼公约》成员国。公约保护的作品范围是缔约国国民的或在缔约国内首次发表的一切文学艺术作品。公约既保护精神权利,又保护经济权利。关于精神权利,它只规定了作者的署名权和修改权,而没有规定发表权。关于经济权利,公约规定了翻译权、复制权、公演权、广播权、朗诵权、改编权、录制权和电影权。现行的公约的核心是规定了每个缔约国都应自动保护在伯尔尼联盟所属的其他各国中首先出版的作

品和保护其作者是上述其他各国的公民或居民的未出版的作品。联盟各国必须保证使属于其他成员国国民的作者享受该国的法律给予其本国国民的权利。

（三）《专利合作条约》

《专利合作条约》简称 PCT。专利申请人可以通过 PCT 途径递交国际专利申请，向多个国家申请专利。PCT 的主要目的在于，简化以前确立的在几个国家申请发明专利保护的方法，使其更为有效和经济。1994 年 1 月 1 日，中国正式加入《专利合作条约》。

（四）《马德里协定》及有关《议定书》

《马德里协定》1891 年 4 月 14 日签订于西班牙的马德里，我国在 1989 年 10 月 4 日成为该协定缔约方。《商标国际注册马德里议定书》则是于 1989 年 6 月 27 日在西班牙的马德里获得通过并于 1996 年 4 月 1 日生效的。

商标国际注册马德里体系是一个建立国际商标注册的制度和体系，允许商标申请人根据该商标在原属国的基础注册或基础申请并通过其在原属国的商标注册机构递交给世界知识产权组织国际局并通过其提供的中转服务完成在世界其他缔约国同时申请注册的过程。这一体系设立的初衷和目的是使商标权利人简化商标国际注册的程序并降低国际注册成本，在相对短的时间内，在所需国家或地区获取商标注册保护。相对于直接去各个国家单独逐一提出国际商标注册，该体系不仅手续简便，节省时间，费用相对低廉，为很多企业，特别是中小企业获取多国商标国际注册提供了可能性和捷径，同时由于不必单独在不同的国家聘用当地律师提供专业服务，可以免去大量的翻译和公证费用，因而可以降低商标国际注册所需的成本。

（五）《与贸易有关的知识产权协定》

虽然已经签订的有关保护知识产权的一系列国际协议对于知识产权的国际保护起到了重要作用，但仍然存在许多问题，《与贸易有关的知识产权协定》在一定程度上解决了这些问题。1986 年 9 月发起乌拉圭回合谈判的部长宣言决定,关贸总协定缔约方应谈判达成一项多边协议,确定知识产权保护的原则和规则,以促进知识产权的发展,并且使知识产权执法程序不至于成为不公平的贸易障碍。该协定于 1995 年 7 月 1 日生效,自 2001 年 12 月 11 日起对中国生效,被称为目前保护水平最高、最有影响力的知识产权国际公约。该协议明确了知识产权的效力、范围和使用的标准,规定了民事和行政程序及救济、临时措施、刑事程序、争端的防止和解决等。[①]

[①] 《与贸易有关的知识产权协定》,载《中华人民共和国知识产权法律法规全书》,法律出版社,2015,第 591 页。

专题报告

Special Reports

B.8
世界茶字冠名来源

第一节　寰球茶字语言来源

一　中国"茶"字音形义的演变

中国是最早发现茶与利用茶的国家，在不同历史时期、不同地域对茶的称谓以及"茶"字的书写形式不同。饮茶并不只是一种"柴米油盐酱醋茶"的生理需要，它蕴含着深厚的民族文化，无数诗人、学者、艺术家为我们留下了大量以茶为主题的诗、歌、书、画。茶文化是中华民族灿烂文化的组成部分，而对茶字起源的考证，则是对茶文化研究的基础。

（一）"茶"字出现以前茶的几种名称的探讨

对茶的最早记载使用的是"荼"字。"荼"（音 tu）字最早出现于《诗经》。古文中"荼"字的含义较多，指茶、野菜、茅草、荆棘等，一字多义。在长沙出土的一枚汉印上刻有"荼陵"两字，这枚石印成于汉武帝时，是迄今发现较早的有关"茶"字的实物印证，这是与茶叶关系极其密切的地方，它证明了"荼"字是"茶"字的初始写法。《汉书》地理志中还载有"荼陵"的地名，就是现在湖南的茶陵，是汉开始设置的县，设县而以茶命名，必定茶是该县的特产，那这茶自不会指到处都能生长的苦菜，应是指茶而言，所以这也可认为是关于茶的记载。茶陵古称荼乡，今称茶陵，陆羽也曾说"荼陵者，所谓陵谷生茶茗焉"。南宋魏了翁在《邛州先茶记》中说："茶之始，其字为荼"。现普遍认为"荼"字是"茶"字的前身，汉代开始借用"荼"字指茶，源于蜀地方言。在唐代以前，对茶的各种称呼中用得最多、最普遍，影响最深的是"荼"字。

古代物名都是只用一个字的单字词，当一个新的物品出现时需要命名，大约是先定音，再造字。无合适造字，则要借字，这是假借之法。尤其是一些晚出的事物，造字可能反不如假借利便，所以借旧字做新物名就是很自然的事了。茶这一物的表示，就是采用了假借之法，借用一个同音字或近义字。经过了几个朝代漫长时间的借名借字之后，使用过"槚""茗""荈""蔎"等字，才从"荼"变到"茶"，这样就造成了"茶、槚"等同物异字的混乱状态。① 这些记载是否所指的就是茶，也就引起了争论。因此对古代书籍中的这些记载是不是指茶而言，不能一概而论，应根据原文的文义来确定。文献中常提到的关于茶的单字别称主要有以下几种。

"槚"字（音 jia、guo、gu）代表茶，始见于西晋郭璞的《尔雅·注》："槚，苦荼。"② "槚"本指高大的乔木型茶树。据考证，公元前 2 世纪长沙马王堆一号墓（公元前 160 年）和三号墓（公元前 164 年）的随葬清册中都有槚字的异体字，这说明在公元前 2 世纪以前槚字已普遍使用。

"荈"字（音 chuan、tuan）是一个古老的"茶"字，专指茶。意为采

---

① 龚淑英、李仲先：《"茶"字的字源学考证》，《农业考古》1993 年第 2 期。
② 姚国坤、程启坤：《"茶"字源再考》，《中国茶叶》1992 年第 5 期。

摘后期的老茶叶及其制品。南北朝《魏王花木志》中说："荈，……其老叶谓之荈。"明代陈继儒在《枕檀》中说"茶树初采为茶，老为茗，再老为荈"。《凡将篇》中有"荈茶"一词，从汉代到南北朝时用得较多，一般都与荼茗等字并用。隋唐以后，"荈"字已少用，逐渐被"茗"字所替代。

"茗"字（音 ming）出现在"荼""槚""荈"字之后，而比"茶"字早。最早出现在吴人陆玑《毛诗·草木疏》中："蜀人做茶，吴人做茗。"汉代以后用得较多，尤其自唐之后，在诗词、书画中最为多见。现已成为茶的别名，常为文人所用，有古雅之感。

"蔎"字（音 she）用来表示茶，主要出现在唐代陆羽《茶经》注释中："杨执戟云：蜀西南人谓荼曰蔎。"是指汉代杨雄在《方言》中所说的。①

同时，诧、姹、选等单字也是茶的别称。而水厄、皋芦、瓜芦、物罗、过罗、清友、不夜侯、余甘氏等也是茶的别称。

（二）茶字的出现及其由来

在上文提到，"荼"字古代比较普遍地用来作为茶名。原来荼主要是作为苦菜的名称，被作为茶名的假借字，是由于当时口语上荼和茶的读音相近之故。而"茶"字形以及音 cha 的出现，作为一个专有名词代表一种植物，是有其历史原因的。随年代变迁，茶叶生产的发展，茶的饮用日益普遍，需要用到茶字的场合也越来越多，因此也自然日益感到荼和茶二物同名易于混淆的不便。这样，把荼和茶的名称区分开来，既有需要，且由于读音的分化，也有了另创一字的可能。②

"茶"字形的形成，从一名多物的"荼"字中分化出来，减笔而成"茶"字，演变成特定的专有名词"茶"。史料表明，"荼"字演变成"茶"字，始于汉代，在汉代著作《汉印韵合编》中可以发现在"荼"字形中有"帮"和"茶"的书写法，这说明已经出现了"茶"字形。但当时"茶"

---

① 陈宗懋、杨亚军：《中国茶经》，上海文化出版社，2011。
② 龚淑英、李仲先：《"茶"字的字源学考证》，《农业考古》1993 年第 2 期。

字使用不多，还处在"荼""茶"通用的状态中。

到了唐朝，"茶"字的音、形、义才逐渐被确认下来，取代过去"荼，槚、荈"等同物异名的这几个字。"茶"字形的形成除了上文汉代著作中始出现，在唐代成书于735年的《开元文字音义》一书中也出现了"茶"字，作为重要的史料证据表明茶字的来源。陆羽在《茶经》"一之源"的注中已经说明："从草，当作'茶'，其字出《开元文字音义》。"①

而"茶"字之所以能沿用至今，成为一个专有名词，与约公元780年唐代问世的历史上第一部茶叶专著陆羽《茶经》的普及和影响力有很大的关系。陆羽《茶经》注释了"茶"字的起源，并已经使用了"茶"字的书写形式，称："茶，其名一曰茶，二曰槚，三曰蔎，四曰茗，五曰荈。"南宋魏了翁在《邛州先茶记》中说："惟自陆羽《茶经》、卢仝《茶歌》、赵赞《茶禁》以后，则遂易荼为茶。"明代杨慎在《丹铅总录》中也认可此说法，他也说"茶，即古荼字也。周《诗》记荼苦，《春秋》书齐荼，《汉志》书荼陵。颜师古、陆德明虽已转入茶音，而未易其字文也。至陆羽《茶经》、玉川《茶歌》、赵赞《茶禁》以后，遂以茶易荼"。唐代陆羽的《茶经》因普及和影响力大，倡导并固定了"茶"字的形体，使"茶"字更快地为世人接受，从此一个茶字写到如今，成为完全的今体字。

而"茶"发音为cha，始于中国古代造字先定音之故。在音韵上说，荼字在虞韵，茶字在麻韵，而古音不分虞麻韵，也就是虞麻两韵的字古时读音相近而在同一韵中，因此才有荼字之始假借同音字"茶"这一说法。饮茶习惯逐渐普及全国之时，正是外族入侵，并且引起汉族人民较大规模由黄河流域向长江流域迁移的年代［即从东晋开始到隋统一中国止（公元317～589年）］，由于汉族南北迁移的交流和外族语言的影响，汉语发生了较大的变化，虞麻韵的字分化成两韵也在这一段时间逐渐形成。如梁大同九年（543年）顾野王的《玉篇》卷十三草部，对"荼"字就注有应该读为"途"和"茶"两种切音。后唐代的颜师古首先提出：自汉代起，"荼"当

---

① 刘勤晋：《茶文化学》，中国农业出版社，2014。

茶叶解释时读 cha。① 因此"茶"字的音、形逐渐被确认并被世人接受和使用。但是唐岱岳观王圆题名碑，犹两见荼字，足见唐人尚未全用茶字，茶字仍然有多种写法。清代学者顾炎武考证后认为，茶字的形、音、义的确立，应在中唐以后。②

（三）世界各国对茶的称呼

茶是中华民族对人类文明的伟大贡献之一。现今，茶成为风靡世界的三大无酒精饮料之一，全世界近60个国家种茶，饮茶嗜好遍及全球。寻根溯源，世界各国引种的茶种，茶字的书写和发音，以及所饮茶叶、饮茶方法等都是直接或间接从中国传播出去的。③

世界各国对茶的称呼直接或间接地受到我国各地对茶的称呼的影响，主要从我国古代对外贸易港口所在地的广东、福建等地的方言音译转变而来。广东一带的人把茶念为"Cha"；而福建一带的人又把茶念为"Te"。广东的"Cha"经陆地传到东欧；而福建的"Te"是经海路传到西欧的。因此，茶在发音上基本可分为两大类。④

第一类，由于茶叶是从我国海路传播去的西欧等各国，其发音近似于我国福建闽南沿海地区的"tey"、"tui"、"te"音，⑤ 如马来"the"、斯里兰卡"they"、南印度"tey"、英国"tea"、法国"the"、德国"tee"、荷兰国"thee"、瑞典"te"、西班牙"te"、丹麦"te"、意大利"te"、芬兰"tee"等。

第二类，茶叶从我国陆路向北、向西传播到的国家和地区，其发音近似于"cha"音，如日本"cha"、⑥ 蒙古"chai"、西藏"ja"、伊朗"cha"、土耳其"chay"、希腊"te-ai"、阿拉伯"chay"、俄罗斯"chai"、波兰"chai"、葡萄牙"cha"等。

---

① 周香琴：《茶及"茶"字源流考》，《三峡大学学报》（人文社会科学版）2009年第S1期。
② 程义：《从文物看"茶"字的演化》，《中国文物报》2014年8月15日。
③ 陈宗懋、杨亚军：《中国茶经》，上海文化出版社，2011。
④ 刘勤晋：《茶文化学》，中国农业出版社，2014。
⑤ 李晶、郭菲：《茶在英语语言与文化传播中的呈现与分析》，《福建茶叶》2016年第5期。
⑥ 李霞：《略谈日语中的茶文化和"茶"字的表现》，《福建茶叶》2016年第6期。

第二节　国际茶树分类冠名

（一）茶树在植物分类中的地位

植物分类是一种专门学科，各物种的分类与命名都要按国际统一法规进行。植物界的分类，自林奈开始，采用了阶元系谱法表示各类植物起源演化系统及其相互间的亲缘关系，并首创属、种连用的物种命名法，为后来的植物分类奠定了基础。自林奈在18世纪对茶命名之后，到1935年国际植物学会第六次会议，虽然对茶树的属、种学名做了统一规定，但之后对茶树如何分类，仍有不同的看法。[①] 至1981年张宏达的茶树系统分类为止，200多年来，对茶的分类始终存在争议。随着大量茶树种质资源的被发现，视野的不断扩大，模式标本的大量增多，以及植物分类法的发展与进步，茶树分类由简至繁、由粗到细、由表及里地朝着逐步完善与系统的方向发展。

郭元超将茶树分类的演变历史分为三个阶段加以概述。[②] 第一阶段1753～1822年，是茶树分类的奠基阶段，同时又播下了混乱的种子。通过林奈等人的分类，茶树在科、属的地位上确定下来，而且种名基本上以中国东南产地的模式标本（多数为武夷区系产的灌木中小叶茶或岭南小乔木大叶茶）为分类依据。第二阶段1823～1953年，是个争论不休的混乱时期，同时是最后确定归属的时期。也即在印度阿萨姆区发现所谓野生茶树起，至1953年在荷兰召开国际植物学会时止（正式确定茶树属、种名称），前后经历130年。第三阶段1955～1981年，是茶树分类的新发展阶段。新中国成立后，我国广大茶区随着茶树品种资源材料的广泛调查整理，进一步发掘了许多新类型、新品种。尤其在我国南方和大西南茶区，近缘、野生茶树的广泛分布与大量新型材料的被发现，提供了丰富多彩的新型模式标本，为茶树的

[①] 陈炳环：《茶树分类研究的历史和现状》，《中国茶叶》1983年第5期。
[②] 郭元超：《茶叶植物分类的演变与发展》，《福建茶叶》1993年第3期。

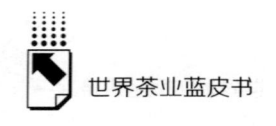

系统鉴定与分类创造了有利条件。

目前的茶树分类工作，以英国皇家植物园的 R. J. Sealy（席勒）1958 年发表的《山茶属植物的修订》和张宏达教授 1981 年发表的《山茶属植物的系统研究》两本专著为代表。目前茶树在植物学上的分类地位，根据前人研究和张宏达教授专著《山茶属植物的系统研究》的结果，可以列为：

植物界 Botania

胚子植物门 Embryophyto

种子植物亚门 Spermatophyto

双子叶植物纲 Dicotyledoneac

原始花被亚纲 Archlamydeae

山茶目 Theales

山茶亚目 Thealesdeae

山茶科 Theaceae

山茶亚科 Theainae

山茶族 Theeae

山茶亚族 Camellinae

山茶属 Camellia

茶亚属 Subgenus Thea

茶组 Section Thea

茶系 Series Sinensis

茶种 Camellia Sinensis（L.） O. Kuntze[1][2]

（二）主要的茶组植物分类系统

在茶树分类的演变中，其科以上的植物学地位是没有争论的。但在属、组、种和变种四个阶元之间却随着时间的推移和事物本身的发展，有着不同

---

[1] 陈兴琰：《茶树植物学分类的历史和展望》，《茶叶科学简报》1985 年第 4 期。
[2] 高继银：《山茶属植物主要原种彩色图集》（中英对照版），浙江科学技术出版社，2005。

程度的争议。由于物种的学名是用属和种的双名加上命名者的姓名所组成的，因而属和种的变化必然引起茶树学名的变化。自 1753 年林奈首次把茶树学名命名为 Thea Sinensis L 以来，根据我国植物分类学家钱崇澎 1950 年的统计：用以指茶树的学名有 21 个，但公认的是 Camellia Sinensis（L.）O. Kuntze。中国农科院茶叶研究所陈炳环 1983 年查阅国内外有关文献统计发现，茶有 3 个属名，20 个种名，3 个亚种和 15 个变种名，还有 4 个类型 6 个族，茶树在植物学中分类地位的复杂和混乱可见一斑。[1] 而茶树分类如此混乱的原因主要有两点，一是新的物种不断地、更多地被发现，冲击着分类学者的固有认识，有必要进行不断的修改；二是植物分类学不断进步，植物分类从传统的形态分类向生物化学、细胞学和分子系统分类发展，茶树的新的分类系统逐步形成。

自 1753 年林奈以 Th. Sinensis L. 为模式建立了茶属 Genus Thea L. 至今，在茶树种内分类上衍生出了众多的分类系统。其中比较著名的有席勒系统、张宏达系统、闵天禄系统以及陈亮和虞富莲 2000 年提出的新的分类系统。[2]

席勒系统：席勒在其专著《山茶属的修订》中肯定了山茶属本属总的 82 种，并保留了 20 种资料不全或系统位置不明确的茶种。在其专著中，山茶属被分为 12 个组，其中茶组植物有茶 C. Sinensis（L.）O. Kuntze，包括茶 C. Sinensis var. Sinensis 和阿萨姆茶 C. Sinensis var. Assamica（Masters）Kitamura，滇缅茶 C. Irrawadiensis Barua，大理茶 C. Taliensis（W. W. Smith）Melchior，细柄茶 C. Gracilipes Merrill ex Sealy 和毛肋茶 C. Pubicosta Merrill 5 种 2 变种。

张宏达系统：20 世纪 80 年代，张宏达教授对山茶属近 200 种植物进行系统研究，提出了新的茶组（树）分类系统。张宏达教授根据山茶属植物的系统研究将山茶属分为 4 个亚属。茶树居于茶亚属下面 8 个组之一的茶

---

[1] 陈兴琰：《茶树植物学分类的历史和展望》，《茶叶科学简报》1985 年第 4 期。
[2] 陈亮、虞富莲、杨亚军：《茶树种质资源与遗传改良》，中国农业科学技术出版社，2006。

组。依据子房室数、花柱分裂数和子房茸毛的有无，茶组之下分为四个系：五室茶系 Ser. Quinquelocularis Chang、五柱茶系 Ser. Pentastylae Chang、秃房茶系 Ser. Gymnogynae Chang、茶系 Ser. Sinensis Chang，共42个种4个变种。[1] 张宏达对茶组的分类系统表明，各个种的界限较清楚，系统联系很紧密。其专著《山茶属植物的系统研究》对我们了解山茶属的性质具有重要的参考价值。

闵天禄系统：20世纪90年代，在张氏系统的基础上闵天禄对茶组和秃茶组 Sect. Glaberrima Chang 共47个种3个变种做了进一步研究，把秃茶组归入茶组，把原属于茶组的毛肋茶归入离蕊茶组 Sect. Corallina Sealy，并对茶组植物做了较大的订正和归并，最终只保留了12个种6个变种。后来又将紫果茶 C. Purpurea Chang et Chen 归入厚轴茶 C. Crassicolumna Chang，增加了分布于老挝的老挝茶 C. Sealyana Ming。[2][3] 12个种分别为：大厂茶 Camellia Tachangenesis F. C. Zhang、广西茶 C. Kwangsiensis Chang、大苞茶 C. Grandibracteata Chang et Yu、大理茶 C. Taliensis（W. W. Smith）Melchior、厚轴茶 C. Crassicolumna Chang、秃房茶 C. Gymnogyna Chang、紫果茶 C. Purpurea Chang et Chen、突肋茶 C. Costata Chang、膜叶茶 C. Leptophylla S. Y. Liang et Chang、毛叶茶 C. Ptilophylla Chang、防城茶 C. Fangchengensis S. Y. Liang 和茶 C. Sinensis（L.）O. Kuntze；6个变种分别为：毛萼广西茶 var. Kwangnanica（Chang et Chen）Ming、光萼厚轴茶 var. Multiplex（Chang et Chen）Ming、疏齿秃房茶 var. Remotiserrata（Chang et Chen）Ming、阿萨姆茶 var. Assamica（Msaters）Kitamura、德宏茶 var. Dehungensis（Chang et Chen）Ming 和白毛茶 var. Pubilimba Chang。

陈亮和虞富莲系统：他们根据对茶树种质资源的多年系统研究，对200多份野生大茶树的地域性特征特性的调查分析和对茶组植物分子系统学的研究结果认为，茶组植物虽没有那么多种，却存在衍化程度不同、性状各异、

---

[1] 张宏达：《茶树的系统分类》，《中山大学学报》（自然科学版）1981年第1期。
[2] 闵天禄：《山茶属茶组植物的订正》，《云南植物研究》1992年第14（2）期。
[3] 闵天禄：《世界山茶属的研究》，云南科技出版社，2000。

杂交亲和力差异、利用价值不一的多个种、变种。因此，他们在张氏系统的基础上，以子房室数（3室、5室）、花柱分裂数（3裂、5裂）和子房茸毛的有无为主要依据，结合中轴大小、果皮厚度、花冠大小、花萼茸毛及树型、枝叶等形态特征，将茶组植物归并为大厂茶 C. Tachangenesis F. C. Zhang、厚轴茶 C. Crassicolumna Chang、大理茶 C. Taliensis（W. W. Smith）Melchior、秃房茶 C. Gymnogyna Chang 和茶 C. Sinensis（L.）O. Kuntze5 个种，在茶下分阿萨姆茶 C. Sinensis var. Assamica（Msaters）Kitamura 和白毛茶 C. Sinensis var. Pubilimba Chang2 个变种。①

---

① 陈亮、虞富莲、杨亚军：《茶树种质资源与遗传改良》，中国农业科学技术出版社，2006。

B.9
世界茶树物种渊源和分布

第一节 茶树源地地质变迁

一 茶树在植物分类系统中的位置

在植物分类系统中，茶树属被子植物门（Angiospermae）、双子叶植物纲（Dicotyledoneac）、山茶目（Theaceae）、山茶属（Camellia）、茶组（sect. Thea）。自瑞典植物学家林奈1753年定茶树学名为 Thea sinensis L.起，茶树公认的植物学名为 CameLlia Sinensis（L.）O.Kuntea。茶树的起源目前尚无确切的依据与定论。学者们根据植物学家构建的植物进化系谱图和20世纪80年代初云南省地矿局在云南省景谷县发现的渐新世"景谷植物群"中的宽叶木兰（Magnolialatifolia）化石，在比较了宽叶木兰所处的生态条件、形态特征与野生大茶树的相似性后，推论茶树是由第三纪的宽叶木兰和中华木兰（M. mioclnica）进化而来的。

二 茶树源地地质变迁

古地质变化表明，约在2亿年以前，地球板块漂移，造成地质分裂，形成劳亚古北大陆和冈瓦纳古南大陆，两大陆之间是地中海。劳亚古北大陆为热带植物区系，一切高等植物的发源地均在劳亚古北大陆。我国西南地区位于劳亚古北大陆的南缘，临近泰提斯海，在地质上的喜马拉雅造山运动发生前，这里地势平坦，气候炎热，雨量充沛，是当时热带植物的大温床，是高等植物最适宜的发源地。山茶科山茶属植物起源于白垩纪至新生代第三纪的劳亚古大陆的热带与亚热带地区,至今已有6000万~7000万年。在距今1000万年的第三纪末至第四纪初,发生了喜马拉雅造山运动,形成了青藏高原的隆起。地面的大面积抬升和河流的切割,造成了错综复杂的地貌和小气候环境。中国云南省境内山地辽阔,约占全省总面积的94%,西部为横断山脉纵谷区,怒山、高黎贡山、哀牢山、无量山等数列高大山系横贯境内南北,怒江、澜沧江、元江等几条主要水系穿插其中,地形变化多端,高差悬殊,使整个地形出现了自西北向东南呈阶梯状递降的态势,造成了高纬度高海拔相结合、低纬度低海拔相一致的自然地貌,从而加剧了气候的差异,无论平面和垂直气候的分布都有寒、温、热三带气候变化,自然条件十分复杂,从而影响了我国西南地区植物区系与植被的变化,也形成了云南独特的种类繁多的植物区系。按照生物发展的规律,任何植物都必然要选择朝着自己有利的方向发展下去,茶树也不例外,仍然选择在温暖湿润的亚热带地区来生存和繁衍。在其后第四纪以来的几次冰河时期,我国西南地区特别是云南南部地区,未受到冰川的直接袭击,这一地区的气候依然处于温暖湿润之中,使许多植物幸存下来。至今云南仍有高等植物1.8万余种,占全国高等植物的50%以上,故云南被誉为"植物王国"。正如我国著名植物分类学家关征镒教授所指出:"我国的云南西北部、东南部、金沙江河谷、川东、鄂西和南岭山地,不仅是第三纪古热带植物区系的避难所,也是这些区系成分在古代分化发展的关键地区。……这一地区是它的发源地。"苏联学者乌鲁夫亦指出:"许多属的起源中心在某一个地区的集中,指出了这一植物区系的发源中心。"我国西南地区是世界上山茶科山茶属植物最集中的地区,表明我国西南地区是山茶科山茶属的发源地区与发源中心。

第二节 茶树物种起源中心

自从1753年瑞典植物学家林奈把茶树定名为 Thea Sinensis L.,茶原产中国似无疑义,可是自从1824年英国人勃鲁士在印度阿萨姆沙地耶发现野

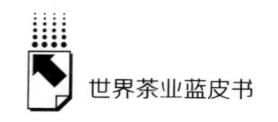

生茶树，并宣称印度是茶树原产地之后，这个问题便一直存在争议。国外有"阿萨姆"说、"伊洛瓦底江源"说、"东南亚"说、"中国西南部"说等说法。国内学者虽都认为茶原产中国，但究竟源于何地，有否起源中心，说法仍不一。有的认为在云贵高原，有的认为在云南西南部。有"西双版纳中心"说，亦有"川、黔毗邻山区"说。最近还有人提出"巴山峡川神农架"之说。目前，已有很多国家的植物学和茶学研究者分别从自然环境的变迁、茶籽化石的发现和野生茶树的分布等方面论证认为，中国西南地区是茶树的原产地。

一 茶籽化石证明中国西南是茶树起源地

1980年7月，中国西南贵州省晴隆县农业局高级农艺师卢其明在晴隆和普安两县交界处碧痕镇新庄村营头的大山上发现了一枚疑是茶籽的化石。经贵州省茶叶科学研究所茶树育种专家刘其志研究鉴定，从化石形状看，"有明显的种脐，种脐旁边有三个胚珠的印迹，这块化石茶籽共有三粒，其中有两粒发育正常，有一粒为发育不全的茶籽，亦有明显的种脐存在，初步认为是化石茶籽"。之后送中国科学院南京地质古生物研究所做国内最权威的鉴定。1988年10月4日，中国科学院南京地质古生物研究所的鉴定报告认为："化石标本的外形，大小，其种脐，其周边，稍突起，种脐旁有凹痕，种子顶端扁平或微凸，这些特征与现代四球茶的种子最相似，化石可归属于四球茶；时代：晚第三纪至第四纪。"鉴定确定为第三纪末第四纪初的珍稀古茶树资源四球茶树的茶籽化石。茶籽化石的出现，是茶树起源、茶树原产地最有说服力的实物佐证。茶界许多学者认为这块化石是全球迄今唯一的茶叶种子化石，是茶树起源于贵州的主要证据。

二 中国已发现许多野生大茶树

中国古代就已发现许多野生大茶树，不少古籍中就曾记载发现的野生大

世界茶树物种渊源和分布

茶籽化石图片　　　　　野生大茶树图片（来自网络）

茶树。例如，西汉初年之前即成书的《尔雅》中就曾提到古代野生大茶树。晋代作品《神异记》中记述了汉代浙江余姚四明山瀑布岭有野生大茶树。唐代陆羽的《茶经》中有"茶者，南方之嘉木也，一尺、二尺，乃至数十尺，其巴山峡川有两人合抱者，伐而掇之"的记载，宋子安编著的《东溪试茶录》中有"柑叶茶，树高丈余，径七八寸"的记载。明代云南《大理府志》中有"点苍山……产茶树高一丈"的记载。清代郝懿行编撰的《尔雅注疏》中有"今茶树高数丈，小乃数尺"的记载。《广西通志》中有"白毛茶……树之大者二丈，小者七八尺"的记载。可见，我国古代很早就已发现大茶树并将其记载在古籍中。

中华人民共和国成立至今，已在云南、贵州、四川、广西、广东、海南、江西、福建、台湾、湖南、湖北、重庆等12个省区市的200余处发现野生大茶树和大茶树群落以及古茶园，至少已发现了茶树品种132个，遗存株数数以百万计。其中最有代表性的野生大茶树近百株，主要分布在滇南、滇西南一带，滇、桂、黔毗邻区，滇、川、黔毗邻区，粤、湘、赣、闽毗邻区，少数散见于湖北、台湾和海南，并以云南南部和西南部为最多，其次是贵州、广西、四川、福建。云南地区茶树多属高大乔木型，具有典型的原始形态特征，并且大多与山茶科植物混生。而粤、湘、赣、闽毗邻区是我国苦茶资源集中地区，其中尤以南岭山脉两侧最丰富。

257

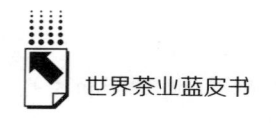

三 中国西南地区野生大茶树资源最集中、数量最多、性状最古老

云南省是现今世界上已发现野生古大茶树资源最集中、面积最大、数量最多的地区，发现了性状最古老的野生型、过渡型、栽培型古茶树群落和茶树王。据不完全统计，目前云南省有 47 个县境内发现有古茶树群落、古茶园和古大茶树，树高在数米至数十米不等的有 130 余处，基部干径 100 厘米以上的有 42 株，树干直径在 100 厘米以上的就有 30 株，50～100 厘米的有 300 余株。邦崴、巴达山、南糯山等大茶树并列为中国三大茶树王，它们是野生型、过渡型、栽培型茶树王，是我国古茶树最珍贵的遗存，是活的文物。

根据植物分类学的分类依据，全世界有山茶科植物 28 属 749 种，中国有 15 属 500 余种；世界上有山茶族 240 个种，中国有 210 个；世界上有山茶属 220 个，中国有 190 个，云南有 55 个，独有 30 个；世界上茶科植物有 23 属 380 余种，中国有 15 属 260 余种，绝大部分在云南有分布。至今全世界发现茶组植物 40 个种，中国占 39 个种，其中云南 33 个种，25 个种为云南独有，并有 17 个新种、1 个变种。按照中山大学张宏达教授对山茶属植物的分类，世界茶组植物已发现有 4 个系 37 个种 3 个变种，分布在我国的就有 4 个系 36 个种 3 个变种，其中分布在云南有 33 个种，3 个变种，并且有 24 个新种和 1 个变种是世界茶谱中尚无记载，为云南独有的。分布在云南的茶组植物中，有 28 个茶种 2 个变种以野生型或栽培型状态，集中分布在东经 97°51′（瑞丽）至 105°36′（广南），北纬 21°08′（孟腊）至 25°58′（大理），横跨 4 个纬度的这条带上，并沿着北回归线自西向东延伸，横跨北回归线南、北方向分布，逐渐减少。分布的重点在滇南与滇西南茶区及滇中和滇东的部分茶区。多数茶种以局部分布为主，只有云南茶、普洱茶、大理茶才在全省广泛分布。海拔 1600～2200 米是云南茶种的主要垂直分布地区带，而且是连续状态的，即在这一范围内的任一高度都有茶种分布。

达尔文说过："每一个物种，都有它的起源中心。"茶树不论是大叶种还是小叶种，体细胞的染色体数目都是 15 对（2N=30），虽然大叶种与小叶种在生化成分的含量上有差异，但是在种类上是一致的。这表明世界上的茶树不论大叶种还是小叶种，拥有同一个起源中心。原始的茶树为乔木型大叶种，而目前世界各国栽培的茶树，从形态特征、特性到物质的代谢积累都存在很大的差异。这表明茶树在不断演化，与原产地野生种有所区别。由原始野生茶树向现代栽培型茶树生态结构的演化，是由简单到复杂、由低级向高级、由量变到质变的逐渐演化，历经了一个渐进式的演变过程，这种演化过程受茶树遗传物种先期适应性自然选择的影响。由于遗传基础和遗传性状不同，即使在同一环境下，也不是所有的山茶科植物都能演化成茶种植物，只是其中具有某些先期适应性的茶树遗传物质的某一种或某一分支近缘植物在自然环境影响下，沿着一定的进化方向经自然选择演化而形成。云南邦威古茶树在演化过程中愈来愈接近现代栽培型茶树的综合性状，这不是偶然的现象，而是由量变到质变的一个必然。我国植物遗传学家曾对云南大叶茶的起源做过研究，认为："云南不论野生茶树还是栽培茶树，据了解都不仅具有较原始的解剖结构，而且具有较简单的新陈代谢产物，即茶树的化学组成，仍保持着在物种进化上较原始茶树的类型。"

四 茶树的演化

茶树原产地在云南，地理气候的不同和人工选择的结果，造成了茶叶素质的差异。茶树出现同源分居现象。由西藏山系和云贵高原发源下来的诸河流沿岸山林中，蕴藏着很多野生茶树，各条江河中下游分别流入印度、缅甸、越南各个国家，这些国家的茶树是大叶种，它们和云南茶向西和向南发展是有历史渊源的（不论是印度的"阿萨姆茶种"，还是其他栽培的茶树）。"在云南西南地区的六大茶山中，大叶种的野生大茶树分布相当普遍。"这些茶山的"茶树都隶属大叶种系统"。丁俊之《普洱茶经》一书指出，世界著名植物分类学家张宏达论断，印度阿萨姆茶树源自云南，并提出阿萨姆种应为"普洱茶种"。经过漫长的历史，同源分居的茶树，在各自不同的自然地理环境和不同的气候下，形成了大叶、中叶和小叶种茶树。形成了茶树的

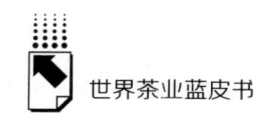

"演化区域"，及茶树"隔离分布"的地带。苏联科学家杰哈姆哈捷认为："茶树中简单儿茶素含量比较多的属原始型的野生种。"经生化分析，云南大叶种野生茶，合成L—表儿茶酚的强度要比合成L—表没食子儿茶酚的强度高一倍；而合成的L—表没食子儿茶酚没食子酸酯亦比合成的L—表没食子儿茶素没食子酸酯多。结果表明，云南大叶种茶树的简单儿茶素含量比较高，具有最古老茶树原始型野生种的生物化学特征，这是世界茶树起源地的又一证据。另陈亮博士对云南24份野生茶树的DNA采用RAPD的分析结果表明，其遗传多样性高达95.4%，远比印度、日本、韩国、肯尼亚茶树丰富。

五 众多调查研究表明印度不可能是茶树原产地

众多调查研究表明，1823年英国勃鲁士在印度发现一株阿萨姆种的野生茶树后就断定印度是茶树原产地是一种错误认识。因为，在植物区系上，无论在古生代、中生代，还是新生代的第三纪，中国和印度都不属于一个植物区。印度属寒带植物区系，直至新生代第三纪末，印度古陆漂移到了亚洲南缘与中国接壤，它的植物区系才改变为热带植物区系。中国一直是亚热带、南亚热带植物区系，特别是我国的西南地区是当时亚热带的大温床，是高等植物最适宜的发源地。山茶属科，特别是茶树是典型的亚热带植物，其起源只能在亚热带植物区，不可能起源于热带植物区。因此，中国云南是茶树原产地，印度不可能是茶树原产地。1935年，印度茶叶委员会组织的科学调查团，对印度沙地耶（Sadiya）山区发现的野生大茶树进行调查研究，植物学家瓦里茨（Wallich）博士和格里费（Griffich）博士都断定，勃鲁士发现的野生大茶树与从中国传入印度的茶树同属中国变种。英国人金敦·瓦特在1950年就曾指出，印度"野生茶的来源（地），可能是英国人统治时期被喝茶的移居人所废弃的小块茶地"。英国人哈勃亦认为印度大茶树是"栽培类型"。英国植物学家席勒在《山茶属的修订》一书中认为："掸邦人对当地茶树来源的介绍，说是其父亲从很远的东方带来种在阿萨姆的。"历史上印度阿萨姆原属我国云南地区，后被英国殖民者划入印度，印度的阿萨姆茶种是早年云南景颇族人从云南带去的，其栽培茶树的特征与云南大叶种相同，属于 Camellia Var. assamica 种。可见阿萨姆种茶树与云南大叶种茶树同祖同宗，是普洱茶种的一个变种。张宏达教授在考证英国皇家植物园各大标本馆后认定，"印度的茶树与中国云南广泛栽培的大叶茶没有区别"。

六 国内外多数学者认为中国西南地区是茶树的原产地

在过去的1个多世纪中，先后有英国、俄国、法国、中国和日本等国的科学家，从茶树的地理分布、遗传变异和亲缘关系等不同的角度，就茶树原产地问题进行了大量的调查研究，绝大多数学者认为，中国西南地区是茶树的原产地。1892年美国学者韦尔须（J. M. Walsn）的《茶的历史及其秘诀》、威尔逊（A. Wilson）的《中国西部游记》，1893年俄国学者勃列雪尼德（E. Bretschneit）的《植物科学》、法国学者金奈尔（D. Genine）的《植物自然分类》，1960年苏联学者杰姆哈捷的《论野生茶树的进化因素》等有关报告，均认为中国是茶树的原产地。20世纪70~80年代，日本学者志村桥和桥本实从形态学、遗传学等角度证实茶树原产地在中国的云南、四川一带。1922年，当代茶圣吴觉农在《中华农学会报》上发表"茶树原产地考"一文，以有力的证据驳斥了某些国外学者否认中国是茶树原产地的历史事实。我国著名茶学家庄晚芳教授从社会历史的发展、大茶树的分布与变异、古地质的变化、"茶"字及其发音、茶的对外传播等方面对茶的原产地问题进行了深入的研究，认为茶树的原产地在我国的云贵高原以大娄山脉为中心的地域。我国著名茶学家陈椽教授从茶叶生化等方面论证指出，我国云南是茶树原产地。我国茶树育种学奠基人陈兴琰教授在其主编的《茶树原产地——云南》一书中以大量的调查事实和科学论据，指出云南西南部是茶树的起源中心和演化变异中心。中国农业科学院茶叶研究所从事茶树种质资源研究的虞富莲、谭永济研究员与云南省农业科学院茶叶研究所从事茶树种质资源研究的王平盛研究员等，1981~1984年对云南全境的茶树品种资源进行考察，共发现茶组植物31个种和2个变种（后闵天禄把这些种归并为8个种和6个变种），其中有24个种为云南独有，有17个种为新种，有1个变种为新变种。从云南茶种的分布规律和形态特点，论证了我国是茶树原产地，云南是茶的起源中心。福建省农业科学院茶叶研究所从事茶树种质资源研究的郭元超研究员认为，现今野生茶树及其近缘种的分布区似是南移西迁的结果，茶树原产地初始的中心应比现今分布中心地带稍北偏东一些。其三角点应为川东南、滇东南、桂西北。1993年4月，来自日本、韩国、新加坡、马来西亚、印度尼西亚、美国及中国等地的100多位专家和学者，在云南思茅召开的中国茶树保护研讨会上一致通过了《保护古茶树倡议书》，宣布："中国是茶树的原产地，茶的故乡。"中国华南大学丁俊之教授在印度茶叶协会主办的英文月刊《阿萨姆评论和茶讯》1993年6月号、7月号全文连载"论中国普洱茶特色"一文，并配图云南邦崴千年古茶树，表明其是"中国是世界茶源"的物证。有力地证明了"印度是世界茶源"是错误的。2013年5月25日，国际茶叶委员会（ITC）主席、英国人诺曼·凯利博士（DR. NORMAN KELLY）签名刻授"世界茶源"牌匾，在2013年的国际茶叶大会上授予中国云南省普洱市。这意味着国际茶叶委员会纠正了英国人百多年前的错误。至此，"中国是茶叶原产地"已成定论。

参考文献

1. 陈杖洲等：《丰富的古茶树资源是世界茶树原产地的最好证明》，《农业考古》2007年第10期。
2. 徐嘉民：《贵州"茶籽化石"给我们带来了什么》，《茶博览》2014年第5期。
3. 陈椽：《中国农业科学》，《中国云南是茶树原产地》1979年第1期。
4. 庄晚芳：《茶树原产于我国何地》，《浙江农业大学学报》，1981年第7卷第3期。
5. 虞富莲：《论茶树原产地和起源中心》，《茶叶科学》1986年第6（1）期。
6. 谭永济：《茶种在云南的分布与茶树原产地》，《中国茶叶》1986年第3期。
7. 王平盛等：《云南茶树种质资源研究的成就和展望》，《中国茶叶》2001年第8期。
8. 陈亮等：《利用RAPD进行茶组植物遗传多样性和分子系统学分析》，《茶叶科学》2002年第22（1）期。

9. 刘枫、程启坤等：《新茶经》，中央文献出版社，2015。

10. 王平盛等：《中国野生大茶树的地理分布、多样性及其利用价值》，《茶叶科学》2002 年第 22（2）期。

12. 郭元超：《茶树原产地考评》，《茶叶科学简报》1988 年第（2）、（3）期。

13. 郭元超：《野生茶树种群的形态与分布研究》，《福建省农科院学报》1989 第 4 卷第 2 期。

第三节　现存茶树野生物种

中国是世界茶树的原产地，已知中国有 12 个省、自治区、直辖市（含台湾）的 200 多处现存有茶树的种质资源——野生大茶树（Wild tea camellia）。在中国东南茶树原产同流隔离分布区域称之为"苦茶"或野生茶。它是非人工栽培的，也不是过去人工栽培而后抛荒的荒野茶。当代自 20 世纪 50 年代以来，中国各地茶叶专家陆续开展调查研究，发现了大量现存的野生大茶树，它们多生存于原始大森林或深山密林中，是经由自然繁衍而生存下来的群落，有的是砍后重长的大小植株。这些丰富的大茶树种质资源，是世界茶树起源的活化石，是研究世界茶树物种进化和选育新品种的重要种质资源。中国蕴存着世界上最古老、最广阔、最高大、最丰富的野生大茶树。中国野生大茶树约分布于东经 96°51′~120°40′，北纬 18°54′~31°24′，海拔 400~2600 米的区域，现存最大野生茶树干径 1.85 米，最高 18.5 米，最老树龄高达 3750 年，它展示了茶的祖国是古老野生大茶树种质资源的天然大宝库。

一　现存野生茶树分布

20 世纪 50 年代至 21 世纪初，中国在云南（滇）、贵州（黔）、广西（赣）、四川（川）、福建（闽）、江西（赣）、广东（粤）、重庆（渝）、湖北（鄂）、湖南（湘）、海南（琼）、台湾（台）等省区市约 116 个县 200 多处陆续发现野生茶树种质资源。汉代王浮的《神异记》、陶弘景的《杂录》，东晋的《广卅记》，南北朝何法盛的《南越志》，唐代陆羽的《茶

经》、李白的《答族侄僧中孚赠玉泉仙人掌茶》、陈藏器的《本草拾遗》（约8世纪），宋沈括的《梦溪笔谈》（1093年左右）、梅尧臣的《和永叔尝新茶诗》、宋子安的《东溪试茶录》（1064年前后）、乐史的《太平寰宇记》，明代李时珍的《本草纲目》（1578年）、吴震方的《岭南杂记》（1705年）、《大理府志》、《滇南杂记》，朱应奎和魏时应的《翼学编》（1608年），清代郝懿行的《尔雅注疏》，以及《贵州通志》和《续黔书》等古籍、方志、茶书、诗文等，都有关于大茶树或大叶茶、苦茶的记载，特别是在南方发现尤多。20世纪以来，中国各地亦不断发现野生大茶树。据不完全统计，从20世纪50年代后至21世纪初，上述各省均发现了大量野生大茶树的种质资源，其中茶树原产地云南省有世界上最大的野生大茶树，干径达143.5厘米，树高最高为18.5米，另有媒体报道发现有干径185厘米的大茶树（栽培型）。干径50厘米以上的野生大茶树在滇、黔、桂、闽、川等省（区）现均有存在。尤其是地处东南的茶树原产隔离分布区域——福建省。自1983年以来，在蕉城区（原宁德县）武夷山、寿宁、屏南、尤溪、漳平、连城等多个县（市）发现了野生茶树，其中特别在闽东宁德市蕉城区虎贝乡姑娘坪森林中先后多处发现了野生大茶树群落，有砍后重长的，其遗桩树干直径达53厘米。中国当今尚存活的世界上最古老、最高大、最多样的野生大茶树种质资源，不仅是人类研究茶树进化的活化石，还是培养繁育新茶种的宝贵的活种源（已发现的有56株）。

（一）云南野生茶树资源

云南省是世界茶树原产地之一，是世界上野生茶树分布最多最丰富的区域，现存野生大茶树位处北纬21°58′~27°24′，海拔1000~2600米的区域。自1950年始，云南省勐海茶叶研究所开展调研，率先在西双版纳市勐海县发现了南糯山主干干径138厘米、树高5.5米的大茶树。1951年《中国茶讯》和其他刊物也先后发表报告和有关文章，曾引起国内外专家、学者的重视，有不少人曾到此考察，尤其是日本研究人员林屋新一郎夫妇于1980年专程到此考察。自20世纪50年代至80年代，先后有苏正（勐海茶研所)、张芳赐（云南农业厅），还有丁谓然、陈兴琰及云南茶研所、云南农业大学、红河外贸局等茶叶科研工作者深入云南各地调研，在勐海县巴达大黑山、苏湖、曼松，景谷县振太，镇康县岔路寨，大关县昭通，金平县老寨，师宗县五洛河等地发现了古老大茶树。其后，更有许多科技人员及热心者先后爬山越水进入云南考察调查，取得大量野生茶种质资源的第一手资料。他们发现的不仅有原始型、过渡型的野生大茶树，还有栽培型的大茶树。既有独株，也有多株，还有数十万株的野生大茶树群。据字光亮《云南古茶树种质资源和群落分布》（2007年）记载，云南在27个县境内发现1米以上干径的古茶树有16棵。分别是：临沧地区凤庆县的香竹箐栽培型古茶树，干径1.85米；红河州金平县的野生型古茶树，干径1.8米；保山地区保山市的高黎贡山野生型古茶树，干径1.38米；保山地区农陵县镇安乡小田坝余家寨的镇安过渡型古茶树，干径1.38米；普洱地区镇源县千家寨的龙潭野生型古茶树，干径1.2米；临沧地区凤庆县腰街乡新源村的新源野生型古茶树，干径1.15米；保山地区龙陵县镇安乡小田坝子三社的田坝过渡型古茶树，干径1.15米；普洱地区澜沧县富东乡邦崴村的邦崴过渡型古茶树，干径1.14米；临沧地区凤庆县大寺乡岔河村羊山社的羊山栽培型古茶树，干径1.13米；保山地区保山市潞江乡德昂旧寨的过渡型古茶树，干径1.08米；大理州永平县伟龙村的伟龙过渡型古茶树，干径1.07米；保山地区保山市高黎贡山的挂蜂岩野生型古茶树，干径1.07米；西双版纳州勐海县的南糯山栽培型古茶树，干径1.04米；临沧地区双江县勐库镇的帮骂野生型古茶树，干径1.03米；西双版纳州勐海县巴达大黑山的巴达野生型古茶树，干径1.03米；普洱地区镇源县的千家寨野生型古茶树，干径1.02米。这些粗壮高大的古茶树实属世界罕见。

（二）贵州野生茶树资源

贵州省是野生茶树的主要分布地之一，现存野生茶树已发现的主要有15个县16处，地处东经104°27′~107°54′，北纬25°6′~28°54′的区域，野生茶产地海拔400~2000米。20世纪80年代以前，茶叶科技工作者叶知

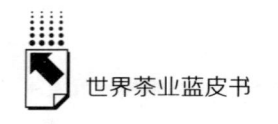

书、祝敬奇和刘其志、林蒙加（湄潭茶科所）等曾先后深入考察调研。其后又有科技人员继续调查。目前已知在贵州兴义现存的野生大茶树中最大干径为80厘米，高达9.7米，桐梓的大茶树最高达15米，其主要产地为婺川、道真、盘县、晴隆、兴仁、兴义、普安、安龙、习水、赤水、桐梓、仁怀、金沙、雷山、丹寨等县。

（三）广西野生茶树资源

广西壮族自治区，是野生茶树的主要分布地之一，它地处中国华南，野生大茶树位于东经105°18′~111°15′，北纬22°05′~24°30′的区域，野生茶生长地海拔700~1760米，广西与云南、贵州接壤，其西部是野生大茶树的主要产地，分布于百色、靖西、宁明、尤卅、隆林、扶绥、田林、那坡、德保、上思、博白、金秀、钟山、贵港、凌云、龙胜等16县20多处。广西农业厅陈爱新，中国农科院茶叶研究所陈炳环、虞富莲等科技人员曾在贵州茶区调研发现现存的野生大茶树，最大干径62.1厘米，最高15.8米。

（四）四川野生茶树资源

四川省位于中国中南部，也是野生大茶树的主要分布区之一，其野生大茶树分布于东经102°51′~106°12′，北纬28°03′~30°36′，海拔600~1500米的区域。其产地有崇庆、合江、古蔺、叙永、宜宾、崇州、筠连、荥经、雷波、南桐等地十余处。20世纪60年代后，茶叶科技工作者陈彬藩、刘祖生、赵学仁（浙江农业大学）、郑承春等先后在筠连、宜宾及川南一带发现野生大茶树，1980年四川省茶科所钟渭基在《四川茶叶》季刊上发表《四川野生大茶树的调查》，指出在四川省东南部的古蔺发现古蔺大茶树，为四川最大的大茶树，干径50厘米，树高10米，树幅6米。

（五）福建野生茶树资源

福建省地处中国东南部，有"茶树品种王国"之称，是世界茶树原产"隔离分布"地带，为野生茶树的主要分布地之一。1957~1980年，福建省茶叶研究所郭元超和中国茶叶研究所俞永明等科技人员在安溪蓝田、宁德霍童、福鼎太姥山等地发现少部分野生茶树，1983年后詹梓金（福建农林大学）、周玉璠（福建省茶叶学会）及各茶区黄志农、黄征槐、郑康麟、吴洪新、陈荣坤、陈详明、朱秀眉等先后在10个县区32处发现野生大茶树。该省发现野生茶树种质的地区，位于东经116°35′~120°15′，北纬24°28′~27°40′之间的区域，海拔500~1200米。按纬度划分全省可分为东北部野生茶分布区即蕉城区、福鼎市、屏南县、寿宁县、武夷市、尤溪县；闽西南野生茶分布区即安溪县、平和县、连成县、漳平市。产于蕉城区虎贝乡姑娘坪的多为砍后新生的野生大茶树群落，其中石门硖一株大茶树遗桩最大干径达53厘米，树高最高的为10米。还有蕉城区贵村一株大野茶遗桩干径达52厘米。这些野生大茶树年代久远。

（六）江西野生茶树资源

江西为野生茶树分布地之一，其产地位于东经114°16′~116°16′，北纬24°55′~26°51′的寻乌、崇义、定南、广昌、宁都、安远、信丰等7县。产于寻乌县南磨山的"南磨山野茶"最大干径为23厘米，树高最高为12.0米，树幅为5.1米。

（七）广东野生茶树资源

广东省位于岭南，已发现野生茶树分布地4地5处。其野生茶树产地位于东经112°54′~114°15′，北纬22°25′~25°07′的区域，主要分布于龙门、台山、乐昌、乳源等县，产于乳源柳坑的一株野生茶树最大干径达31厘米，树高为7.5米，树幅为8.0米。

（八）重庆野生茶树资源

重庆位于中国中南部，已发现野生茶树分布地有3地4处。其野生茶树产地位于东经106°12′~108°54′，北纬29°~31°24′的区域内，主要分布于江津、南川金佛山、巫溪等地。曾由四川大学等科技人员调查发现，产于重庆江津的"江津大茶树"最大干径达35厘米，树高为8米，树幅为5.9米。

（九）湖北野生茶树资源

湖北省地处华中，已发现野生茶树分布地有2地3处，其产地位于东经109°24′~110°24′，北纬29°54′~30°24′的区域，主要产地为恩施、鹤峰等地。产于湖北鹤峰走马的最大野生茶树干径达26厘米，树高4.1米，树幅为5.2米。

（十）湖南野生茶树资源

湖南省地处华中，已发现野生茶树分布地有2地2处，其产地位于东经112°57′~113°51′，北纬25°28′~26°30′的区域，主要产地在宜章、炎陵等地。产于湖南炎陵县船形的"酃县苦茶"，最大干径20厘米，树高×树幅=4.9米×2.8米。

（十一）海南野生茶树资源

海南省地处华南海岛，已发现野生茶树分布地有2地2处，其产地位于东经109°36′~109°54′，北纬18°54′~19°03′的区域，主要分布在海南省琼中、通什五指山。产于通什五指山的"五指山野茶"，其最大干径为35厘米，树高11.4米，树幅7.7米。

（十二）台湾野生茶树资源

台湾已发现野生茶树分布地有1地5处，其产地位于东经120°42′左右，北纬23°57′~24°，海拔900~1700的区域，主要分布于台湾南投眉原山不同海拔的地区。其野生茶树的最大干径为40厘米，树高10米，为世界野生茶树最东部分布区。

二　现存野生茶树名录

在世界茶树原产地——中国，大量野生大茶树的发现，为人类植物的物种保护和利用立下了生物历史丰碑。现将已知的"现存野生茶树种质名录"列为表1、表2。

表1 中国野生茶树种质资源分布表

序号	省（区、市）	分布地 县（个）	分布地 处（个）	经纬度 东经	经纬度 北纬	海拔（米）	最大干径（厘米）	最高树高（米）	最大树幅（米）	发现地点
全国合计	12	116	173	96°51'(云)~120°40'(台)	约18°54'(琼)~31°24'(重)	400~2600	185	18.5	16.4	
1	云南	44	67	96°51'~104°27'	21°58'~27°24'	1000~2600	185	18.5	16.4	凤庆
2	贵州	15	16	104°27'~107°54'	25°06'~28°54'	400~2000	143.5	9.7		龙潭
3	广西	16	20	105°18'~111°15'	22°05'~24°30'	700~1760	80.0	15.8	13.0	兴义纸厂
4	四川	10	10	102°51'~105°48'	28°03'~30°36'	600~1500	62.1	10.0	6.0	百色大将
5	福建	10	32	116°21'~120°09'	24°16'~27°24'	500~1200	50.0	5.3	5.2	古蔺黄荆
6	江西	7	7	114°16'~116°16'	24°55'~26°51'		53.0	10.0	5.2	宁德姑娘坪
7	广东	4	5	112°54'~114°15'	22°21'~25°07'		23.0	12.0	5.1	寻乌南磨山
8	重庆	3	4	106°12'~108°54'	29°54'~31°24'		31.0	7.5	8.0	乳源柳坑
9	湖北	2	3	109°24'~110°24'	29°54'~30°24'		35.0	8.0	5.9	江津
10	湖南	2	2	112°57'~113°51'	25°48'~26°30'		26.0	4.1	5.2	鹤峰走马
11	海南	2	2	109°36'~109°54'	18°54'~19°03'		20.0	4.9	2.8	炎陵船形
12	台湾	1	5	120°42'左右	23°57'~24°	900~1700	35.0	11.4	7.7	通什五指山
							40.0	10.0		南投眉原山

资料来源：（1）以上除福建省外，均引自《中国茶叶大辞典》（陈宗懋）中的发现地，经纬度由本书作者对地图册确定；（2）福建省的资料引自《闽茶概论》；（3）云南、贵州、四川等省部分引自《中国茶史散论》（庄晚芳）；（4）这些省（区、市）还有一些现存野生茶树，因无详细记载，故未收入本表，其分布地未统计在内。

表 2 现存野生茶树种质（云南省）

茶名	分布地点	树高（米）×树幅（米）	干径（厘米）	叶长（厘米）×叶宽（厘米）	主要形态特征
腾冲野茶	云南腾冲上云	7.7×2.5	29.3	15.7×6.7	乔木型。叶椭圆形，叶面平滑，叶质厚，色深绿。芽叶绿色，茸毛稀少或无毛，芽色微紫。花径4.8厘米，花瓣7瓣，花柱头5裂，子房有毛。果径3.6厘米，种径1.9厘米。
镇安老茶	云南龙陵镇安	13.2×5.2	123.0	13.9×6.6	乔木型。叶椭圆形，叶厚，色深绿，有光泽。芽叶有毛。花大，花径5.8厘米，花瓣11瓣，花柱5裂。子房有毛。果径3.0厘米，种径1.5厘米。
小田坝大树茶	云南龙陵镇安	9.0×4.8	41.4	15.6×6.9	乔木型。叶椭圆形，叶厚，色深绿，有光泽。芽叶绿色少毛。花大，花径5.3厘米，花瓣11瓣，花柱5裂。
硝塘大树茶	云南龙陵江	7.5×4.7	64.0	15.4×6.8	乔木型。叶椭圆形，叶厚软，色深绿。芽叶黄绿色，少毛。花大，花径5.9厘米，花瓣9瓣，子房多毛，花柱5裂
小坡头大树茶	云南龙陵龙山	7.7×3.8	41.0	11.3×5.2	乔木型。叶椭圆形，叶软，色绿。芽叶黄绿色，多毛。花径4.2厘米，花瓣9瓣。子房毛特多，花柱5裂。种径2.4厘米，果皮粗糙。
梁河大山茶	云南梁河大厂	10.0×6.0	70.0	14.3×4.9	乔木型。叶长椭圆形，叶质厚，叶色绿，有光泽。芽叶绿色，无毛。花大，花径6.5厘米，花瓣11瓣，花柱5裂。子房毛特别多。种径3.4厘米。
勐嘎野茶	云南潞西勐嘎	17.0×4.0	33.1	15.6×7.5	乔木型。叶椭圆形，叶质薄软，色暗绿。芽叶淡红色，无毛。花径4.3厘米，花瓣12瓣，子房有微毛，花柱5裂。果径4.7厘米，果皮厚0.4厘米。种径1.8厘米。
花拉厂大茶树	云南潞西江东	9.0×4.7	65.0	13.1×5.4	乔木型。叶椭圆形，色绿。芽叶淡红色，花多。花径3.7厘米，花瓣9瓣。子房多毛，花柱3~4裂。果径3.0厘米，种径1.3厘米，制茶质优。
弄岛野茶	云南瑞丽弄岛	4.0×3.0	22.0	17.0×6.7	乔木型。叶长椭圆形，色绿，有光泽，叶质厚脆。芽叶淡红色，无毛。花径4.5厘米，花瓣5瓣。子房多毛，花柱5裂。果径5.3厘米，果多为5室，种径超过1.9厘米。
王子树野茶	云南陇川王子树	6.0×2.0	30.0	12.5×5.5	乔木型。叶椭圆形，色绿，叶质厚脆。芽叶绿色，无毛。花径4.3厘米，花瓣9瓣，子房多毛，花柱5裂。果径3.7厘米，种径1.5厘米。

续表

茶名	分布地点	树高(米)×树幅(米)	干径(厘米)	叶长(厘米)×叶宽(厘米)	主要形态特征
护国野茶	云南陇川护国	5.0×2.5	36.6	14.7×6.6	乔木型。叶椭圆形,色绿,有光泽,叶有革质。芽黄绿色,无毛。花大,花径6.4厘米。子房毛特别多,花柱以5裂居多。种径1.6厘米。
观音山红芽大叶	云南陇川邦外	2.2×1.0	6.4	12.4×5.9	小乔木型。叶椭圆形,叶色绿,质脆。芽叶淡红色,无毛。花大,花径4.1厘米。子房无毛,花柱3裂。果径2.8厘米。种径1.5厘米。制茶质优。
昔马山茶	云南盈江昔马	5.0×2.5	17.0	13.4×5.2	乔木型。叶椭圆形,色绿,叶质厚。芽叶浓红色,无毛。花大,花径5.0厘米。子房毛特别多,花柱5裂。果径3.7厘米,多5室。种径1.4厘米。
原头茶	云南昌宁温泉	6.3×6.2	50.0	17.0×6.7	乔木型,叶姿开张。叶椭圆形。叶质较软。芽叶黄绿色,毛特多。花径3.9厘米。子房无毛,花柱3裂。果径2.6厘米。种径1.6厘米。制茶质优。
报洪茶	云南昌宁温泉	8.0×4.1	58.0	13.7×6.2	乔木型。叶椭圆形,色绿,叶质厚脆。芽叶黄绿微紫,少毛。花径5.9厘米,花瓣11瓣。子房多毛,花柱5裂。果径3.1厘米,果皮厚。种径1.2厘米。
柳叶青	云南昌宁右甸	13.3×6.2	80.0	13.0×4.7	乔木型。叶长椭圆形或披针形,嫩叶主脉微红。芽叶绿带紫红色,多毛。花径4.8厘米,花瓣9~11瓣。子房多毛,花柱5裂。果扁球形,果径3.0厘米。种径1.3厘米。
白芽口茶	云南昌宁右甸	7.2×2.8	37.0	11.4×3.5	乔木型。叶长椭圆形,色绿有光泽,叶脉络不显明。芽黄绿色,无毛。花径5.8厘米,花瓣5~11瓣。子房多毛,花柱4裂。果径1.9厘米。种径1.3厘米。
郭大寨大山茶	云南凤庆郭大寨	7.9×2.7	47.0	12.3×7.5	乔木型。叶卵圆形,色绿,有光泽,叶质中。芽加黄绿带紫红色,微毛。花大,花径6.8厘米,花瓣12~14瓣。子房多毛,花柱5裂。果径3.8厘米,种多5至。种径1.7厘米。

续表

茶名	分布地点	树高（米）×树幅（米）	干径（厘米）	叶长（厘米）×叶宽（厘米）	主要形态特征
本山大树茶	云南凤庆新源	16.0×7.8	115.0	(19.0~22.6)×(6.8~5.2)	乔木型。树姿开张。叶长椭圆形或披针形，叶柄紫色。芽叶无毛。子房无毛，花柱5裂。果大，果柄长1.7~2.0厘米。种径1.6厘米，种皮黑褐色，粗糙。
黑茶	云南云县茶房	8.5×4.3	27.0	15.5×6.6	乔木型。叶椭圆形，叶质较厚，叶缘1/3下无叶齿。芽叶黄绿色，毛特多。花径4.8厘米，花瓣7~9瓣。子房有毛，花柱3~5裂。果径2.8厘米。种径1.6厘米。
勐稿茶	云南云县涌宝	10.9×7.0	98.7	16.2×8.2	乔木型。叶椭圆形，色深绿，叶质厚脆，叶缘1/3下无叶齿。芽叶绿带微红色，微毛。花大，花径6.0厘米，花瓣8~12瓣。子房多毛，花柱5裂。果径3.0厘米。种径1.6厘米。
大苞茶	云南云县茶房	12.1×5.0	67.0	14.0×5.4	乔木型。叶披针形，色绿，较大。芽叶黄绿色，无毛。花径4.7厘米，花瓣8瓣。苞片2对，宿存，有毛。子房微毛，花柱5裂。果径3.0厘米。种径1.7厘米。种皮较粗糙。制茶质优。
老苦茶	云南临沧忙畔	9.6×6.6	75.5	13.5×6.2	乔木型。叶椭圆形，叶质中，叶柄微红色，叶缘1/4下无叶齿。芽叶绿带微红色，花特多。花径6.4厘米，花瓣11瓣。子房毛多，花柱5裂。
冰岛野茶	云南双江勐库	9.4×3.5	60.0	13.0×7.5	乔木型。叶卵圆形，革质，色深绿，有光泽。芽叶绿色，无毛。花特大，花径7.0厘米。花瓣10瓣。子房毛特多，花柱3~5裂。果径4.2厘米，果皮厚。1.6厘米。
永德大树茶	云南永德明朗	8.7×4.9	70.0	13.1×4.3	乔木型。叶披针形，色黄绿，叶质厚脆。芽叶黄绿带微红色，无毛，花大，花径5.2厘米，花瓣11瓣。子房毛特别多，花往4~5裂。果径3.7厘米。种径1.6厘米。

续表

茶名	分布地点	树高（米）×树幅（米）	干径（厘米）	叶长（厘米）×叶宽（厘米）	主要形态特征
镇康大山茶	云南镇康忙丙	9.5×4.0	60.0	13.0×5.3	乔木型。叶长椭圆形，色绿，有光泽，叶质脆。芽叶绿带微红色，无毛，花径4.8厘米，花瓣9瓣，子房毛特多，花柱4~5裂，种径1.5厘米，种子红棕色，种皮粗糙。
涩茶	云南马关八寨	6.8×4.9	63.7	19.8×6.4	乔木型。叶披针形，色黄绿，较软。芽叶绿带微紫色，多毛。花大，花径5.2厘米，花瓣12瓣，花柱5裂，萼片有毛，果径3.9厘米，果皮厚0.4~0.7厘米。种皮1.5厘米。
西畴箐茶	云南西畴蚌谷	3.3×2.1	10.0	15.5×6.0	小乔木型。叶长椭圆形，色暗绿，较厚脆。芽叶褐绿，多粗毛。花特大，花瓣13瓣，有毛，子房大，有毛，宿存，有毛，花柱4.1厘米，果轴长2.6厘米，果皮厚0.5厘米，种径1.6厘米。茶味苦。
麻栗坡野茶	云南麻栗坡老君山	15.0×7.0	40.0	16.2×6.2	乔木型。叶长椭圆形，深绿，有光泽，叶质较厚脆。芽叶褐色，多毛。花大，花径6.4厘米，花瓣10~13瓣，多毛，子房少毛，花柱5裂，萼片有毛，果大，果径4.9厘米，柄短，果皮厚0.9~1.6厘米，果轴长2.0厘米。种径1.7厘米。
奎布茶	云南麻栗坡八布	4.1×3.9	22.0	16.6×5.6	小乔木型。叶长椭圆形，色深绿，有光泽，叶质厚脆。芽叶黄绿色，毛特多。花特大，花径3.8厘米，花瓣8瓣，子房多毛，花柱3裂，萼片有毛。果径3.7厘米。
广南野茶	云南广南者兔	5.7×7.0	33.8	18.3×6.4	乔木型。叶椭圆形，色深绿，有光泽，叶质厚脆。芽叶多毛。花大，花径6.1厘米，花瓣10瓣，子房多毛，花柱5裂，萼片3~5裂，萼片红色，芽毛，果径3.6厘米。
屏边野茶	云南屏边和平	1.7×5.7	66.0	15.3×6.2	乔木型。花大，花径6.0厘米，花瓣11~13瓣，子房多毛，鳞片红色，花柱5裂，果径3.7厘米，果梗粗0.6厘米，果皮厚0.7厘米，种径1.9厘米，肾形，有棱角。

续表

茶名	分布地点	树高（米）×树幅（米）	干径（厘米）	叶长（厘米）×叶宽（厘米）	主要形态特征
老黑树	云南屏边玉屏	13.0×7.6	56.0	17.2×6.0	乔木型。叶长椭圆形，色深绿，叶质较厚脆。芽叶黄绿色，多毛。花大，花径6.3厘米，花瓣11~14瓣。子房多毛，花柱5裂，花梗多厚。果大，果皮厚0.5厘米，果径4.4厘米。
紫果茶	云南屏边玉屏	3.0×1.5	7.0	17.8×7.3	小乔木型。叶长椭圆形，色黄绿，芽叶黄绿色，无毛。花径5.1厘米，花瓣11瓣。子房多毛，花柱3裂，花瓣4.9厘米。果大，果皮绿带紫茄色，扁球形或三角形。种径2.0厘米，肾形或三角形。
哈尼田大树茶	云南金田哈尼田	17.2×4.2	77.0	15.9×6.9	乔木型。叶椭圆形或卵圆形，叶质硬脆，叶缘下部无叶齿。芽叶绿带红色，茸毛特多。花大，花径5.4厘米，花瓣11瓣。子房多毛，花柱5裂，果皮厚0.6厘米。果大，果径5.9厘米。种径1.8厘米。
金平苦茶	云南金平铜厂	8.6×3.4	32.0	23.9×8.9	乔木型，最低分枝高3.5米。叶特大，叶长椭圆形，叶色深绿，叶质胶脆。芽叶黄绿色，茸毛较多。花大，花径4.2厘米，花瓣5瓣，子房多毛，花柱3裂。果径3.8厘米。种径1.8厘米。
浪堤茶	云南红河浪堤	7.8×3.8	43.0	14.7×6.8	乔木型。叶椭圆形，叶片基部半圆形，多毛。花大，花径5.7厘米，花瓣10瓣。子房无毛，花柱4~5裂，柱头多毛。果径3.0厘米。种径1.5厘米。
阿波黎山野茶	云南红河车古	16.0×11.3	55.1	15.6×6.9	乔木型。叶椭圆形，叶质胶脆。芽叶毛少。花径5.4厘米，花瓣8~11瓣。子房多毛，花柱5裂，柱头毛有。果径3.0厘米。种径1.5厘米。
车古茶	云南红河车古	8.3×7.2	86.0	16.6×6.5	乔木型。叶椭圆形，叶质厚脆。芽叶黄绿色，多毛，芽叶花瓣均有毛。花径4.1厘米，花瓣9瓣。子房毛多，花柱3裂。果径4.2厘米，种径1.8厘米。制茶质优。

274

续表

茶名	分布地点	树高(米)×树幅(米)	干径(厘米)	叶长(厘米)×叶宽(厘米)	主要形态特征
云龙山大叶茶	云南建水云龙山茶场	1.2×3.2	23.0	14.0×4.9	小乔木型。叶椭圆形,叶色深绿,芽叶黄绿色,多毛。花径4.1厘米,花瓣6瓣。子房多毛,花柱3裂。萼片有毛。果径2.8厘米,种径1.4厘米。制茶质优。
绿春野茶	云南绿春骑马坝	10.0×5.0	64.7	22.0×8.2	乔木型。叶特大,椭圆形,叶色深绿,芽叶黄绿色,子房毛特多,花柱3裂。叶脉多达17对。
花山大树茶	云南景东花山	9.6×8.2	90.0	13.6×4.5	乔木型。叶椭圆形,叶色深绿,叶质软厚,芽叶黄绿色,多毛。花径4.8厘米,子房多毛,花柱3裂,柱头有毛。果径3.6厘米,种径1.8厘米。
石门大茶树	云南景东林街	21.6×5.0	83.4	15.1×6.8	乔木型。最低分枝高2.5米。叶椭圆形,叶色深绿,叶质脆。芽叶黄绿色,多毛,花大,花径5.5厘米,花瓣11瓣,花柱5裂。
振太大茶树	云南镇沅振太	9.6×6.7	80.0	18.0×7.9	乔木型。叶特大,椭圆形,叶质较硬脆。芽叶黄绿色,多毛。花径4.6厘米,花瓣11瓣,花柱3~5裂。果径4.6厘米,种径2.1厘米。
千家寨大茶树	云南镇沅和平	25.6×22.0	112.0	14.0×5.8	乔木型。最低分枝高3.6米。叶大,芽叶微紫色,叶质厚有革质,叶长椭圆形,深绿。花径5.7厘米,花瓣14瓣,子房多毛,花柱5裂,下部有毛。萼片有毛。果径3.1厘米,种径1.5厘米。
怕令野茶	云南澜沧营盘	26.5×9.1	57.3	16.4×7.7	乔木型。叶长椭圆或卵圆形,色黄绿,质软,微红色,微有,有微毛。花径4.5厘米,花瓣13瓣,叶缘1/2~1/3处无叶齿。芽叶绿色,多毛。花径4.6厘米,花瓣12瓣,叶质厚软,叶面微隆,子房多毛,柱头有毛。
邦崴大茶树	云南澜沧富东	11.8×9.0	114.0	13.3×5.3	乔木型。叶长椭圆形,色绿,叶质厚软,叶面微隆,芽叶黄绿色,多毛。花径4.6厘米,花瓣12瓣,有微毛,子房多毛,花柱4~5裂。果径2.8厘米,果皮有微毛。

续表

茶名	分布地点	树高(米)×树幅(米)	干径(厘米)	叶长(厘米)×叶宽(厘米)	主要形态特征
景谷野生大茶树	云南景谷正兴	20.0×16.5	87.9	16.9×7.0	乔木型。叶椭圆形,深绿,有光泽,叶质软。芽叶绿色,无茸毛,鳞片淡红色。
巴达大茶树	云南勐海巴达大黑山	23.6×8.8	60.0~100.3	(12~17)×6.0	乔木型。叶椭圆形,色绿,有光泽,叶质较脆。鳞片和芽叶均无毛,黄绿微紫色。花特大,花径7.1厘米,花瓣14瓣,有毛,子房毛特多,花柱5裂,有毛,果径3.8厘米,果皮0.4厘米。
苏湖大树茶	云南勐海苏湖那哈山	11.3×6.1	92.0	10.6×4.6	乔木型。叶椭圆形,深绿,叶面平,叶身稍内折,叶质较厚,叶脉10~12对。茶味苦涩。
曼松大茶树	云南勐腊曼松	13.4×6.1	35.0~113	(11.5~15.0)×4.6	乔木型。叶披针形,深绿,有光泽,叶质厚,叶面平。芽叶绿色,无茸毛。
勐腊大叶茶	云南勐腊易武	11.7×4.4	88.0	15.6×6.3	乔木型。叶长椭圆形,色绿,叶质软,叶片主脉明显。鳞片和芽叶均多毛,黄绿色。花径4.6厘米,花瓣5~8瓣,子房毛特多,花头微毛。
镇雄大树茶	云南镇雄杉树	8.6×6.0	41.4	19.4×7.2	乔木型。叶特大,长椭圆形,色绿,有光泽,叶质厚有革质。花瓣8~9厘米,子房无毛,花柱3裂。果径2.6厘米,种径1.3厘米。
疏齿茶	云南威信旧城	3.5×1.8	6.4	15.2×5.5	小乔木型。叶长椭圆形,色绿,叶大,花瓣5.4厘米,叶质中,叶齿浅疏。芽叶黄绿色,毛特多。每厘米2.5~3.0个,子房无毛,花瓣8~11瓣,花柱3~5瓣。
威信大茶树	云南威信旧城	5.3×4.4	15.3	11.4×4.9	乔木型。叶椭圆形,叶质中。芽叶黄绿色,茸毛多。花径4.3厘米,花瓣8瓣,子房毛特多,花柱3~4裂。果径2.1厘米,果呈茄、肾、梅等形状。
高树茶	云南盐津兴隆	4.0×2.5	35.0	11.9×5.6	小乔木型。叶椭圆形,叶质厚脆。芽叶红褐色,多毛,白带微红色。子房有毛,花柱3裂。花径4.0厘米,花瓣8瓣,花便短,紫绿色。

续表

茶名	分布地点	树高(米)×树幅(米)	干径(厘米)	叶长(厘米)×叶宽(厘米)	主要形态特征
富源大茶树	云南富源老厂	7.5×7.6	51.3	17.5×6.6	乔木型。叶长椭圆形,叶面平,有光泽。芽叶黄绿色,少毛。花特大,花径8.0厘米,叶质中,花瓣11瓣,白色,富肉质。子房无毛,花柱5裂,花柱长粗。果径3.4厘米,呈多种形状。
师宗大茶树	云南师宗伍洛河	11.2×6.1	63.1	12.7×4.8	乔木型。叶长椭圆形,叶面平,有光泽。芽叶黄绿色,无毛。花大,花径5.4厘米,花瓣9~12瓣,白色,子房无毛,花柱5裂,花柱长粗,果径3.6厘米。果和种子均有多种形状,种子似油茶,种皮粗糙。
新平野茶	云南新平者竜	15.0×5.0	54.1	15.8×7.2	乔木型。叶椭圆形,有光泽,叶质中。芽叶绿色,稀毛。花大,花径6.0厘米,花瓣9~12瓣,白带黄色。子房多毛,花柱4~5裂,果径3.0厘米。种径1.6厘米。
峨毛大叶茶	云南新平者竜	7.5×5.0	48.0	9.5×4.0	乔木型。叶椭圆形,叶面隆起,色绿。芽叶绿色,茸毛特多。花萼多毛,花瓣5~7瓣,白带绿色。子房毛特多,花柱三裂,果径3.3厘米。种径1.6厘米。
元江野茶	云南元江岔街	5.2×3.4	56.0	13.5×5.9	乔木型。叶椭圆形或卵圆形,深绿,有光泽,叶质厚脆。芽叶绿色,子房毛特多,花大,花径6.1厘米,花瓣8~10瓣,白带绿色。种径5.1厘米,梅花形。果大,果径1.8厘米。
元阳野茶	云南元阳大坪	15.7×6.3	57.3	13.2×5.9	乔木型。叶椭圆形,深绿,叶质脆,叶齿浅稀。芽叶淡绿色,多毛。花大,花径3.2厘米,花瓣12瓣,子房多毛,萼片多毛,花柱5裂,果径5.9厘米,皮厚0.8~1.0厘米。最大种径2.1厘米。
伟龙茶	云南水平狮子	10.0×10.0	107.0	12.4×6.1	乔木型,鳞片有毛。叶卵圆形,叶面隆起,色绿,有光泽,叶质厚脆,叶缘下部无齿,芽叶无毛,花大,花径5.2厘米,花瓣8~12瓣,子房毛特多,花柱5裂。果径3.8厘米。

续表

茶名	分布地点	树高(米)×树幅(米)	干径(厘米)	叶长(厘米)×叶宽(厘米)	主要形态特征
摆夷茶	云南澜沧新政	4.0×2.2	30.0	13.9×5.8	乔木型。叶椭圆形，深绿，叶质厚脆。花大，花径6.2厘米，花瓣9~11瓣，白带黄色。子房毛稍多，花柱5裂。芽叶微毛。
感通茶	云南大理感通寺	6.8×2.7	23.0	11.0×6.0	乔木型。叶卵圆或椭圆形，色绿，叶质厚。花大，花径5.1厘米，花瓣9~10瓣。子房多毛，花柱3~5裂，以5裂居多。芽叶无毛。
单大人茶	云南大理荷花	5.1×5.2	42.0	11.9×5.6	乔木型。叶椭圆形，色绿，有光泽，叶质厚脆，叶缘1/3处无叶齿。芽叶无毛。花径4.0厘米，花瓣9~10瓣。子房多毛，花柱5裂。果径3.2厘米，果皮有绿和紫色。
南华大茶树	云南南华干龙潭	6.1×4.6	40.0	14.2×6.1	小乔木型。叶椭圆形，深绿，有光泽，叶质厚脆。花特大，花径7.1厘米，花瓣11~13瓣。子房多毛，花柱4~5裂。
楚雄大茶树	云南楚雄清水河	9.6×7.6	81.9	14.7×7.6	乔木型。叶卵圆形，叶质较软。芽叶有毛。花大，花径5~6厘米，花瓣11瓣。萼多毛。子房多毛，花柱4~5裂。种径1.7厘米。
双柏大茶树	云南双柏老厂	11.5×9.7	84.9	18.3×7.7	乔木型。叶大、长椭圆形，叶质较厚脆。花大，花径5.4厘米，花瓣9瓣，花萼有毛。子房多毛，花柱3~4浅裂。果径2.9厘米。种径1.7厘米。
南糯山大茶厂	云南勐海南糯山	5.5	138	15.0×6.3	
景谷大茶树	云南景谷振太	4.5~12.5	63.0	12×4.5	茶味特苦。
镇康大茶树	云南镇康岔路寨	11.0	72	15.5×7.5	花特大，枯头分裂，味稍苦，当地不作为茶饮。
大关大茶树	大关县昭通	10.68	30.5	11.5×5.5	群众称"原茶"。
金平大茶树	金平老寨	17.9	86.0	12.5×5.0	果大壳厚，呈扁形。
师宗大茶树	师宗五洛河	25.0	52	12.5×5.0	花果大，花冠直径6.5厘米，果直径3.4厘米。

续表 现存野生茶树种质（贵州省）

茶名	分布地点	树高（米）×树幅（米）	干径（厘米）	叶长（厘米）×叶宽（厘米）	主要形态特征
盘县苦茶	贵州盘县老厂	(7.0~10.0)×(3.0~4.0)	15.0~40.0	18.2×7.2	乔木型。叶椭圆形，色绿，有光泽，叶面平，叶质厚较脆。芽叶黄绿色，无毛。子房无毛，花柱5裂。果径2.6厘米。种径1.4厘米，种皮粗糙。
道真大树茶	贵州道真	13.0×7.7	35.7	21.2×9.4	乔木型。叶特大，叶椭圆形，色黄绿，叶面平，叶质软，芽叶粗壮有毛，花萼有毛。
赤水大树茶	贵州赤水	12.0	57.3	(11.0~15.0)×(5.0~7.0)	乔木型。分枝稀。叶椭圆形，叶面隆起，叶质软。芽叶黄绿或粉红色。种子肾形。
桐梓大树茶	贵州桐梓	(10.0~15.0)×(6.0~8.0)	20.0~40.0	14.5×6.0	乔木型。叶椭圆形，叶色黄绿，子房多毛，叶齿浅稀。芽叶黄绿色，多毛。花径3.7厘米，花白色，花柱3~5裂。果顶突尖。果球形，种脊有棱。
普白大树茶	贵州普安白沙	(9.0~13.0)×(2.0~5.0)	16.0~22.0	(13.0~19.0)×(5.0~6.0)	乔木型。最低分枝高7.0~10.0米。叶形有长椭圆、倒卵形、披针形。花径4.8厘米，花瓣9~17瓣。子房绿色，无毛或极少有毛。花萼无毛，花柱5裂。果梗粗大。果似橘形。果径1.5~2.0厘米。
兴义大茶树	贵州兴义纸厂	3.9~9.7	36.0~80.0	(10.6~4.5)×(4.2~5.5)	乔木型。叶椭圆形、长椭圆形等，叶色绿，有光泽，叶质较厚，无毛或无毛。花大，花径6.3厘米，花瓣8~10瓣。花柱5裂。子房无毛。果径3.4厘米，柿形，果皮厚0.2厘米。种径1.7厘米，肾形。芽叶黄绿色，无毛或少毛。

续表

茶名	分布地点	树高(米)×树幅(米)	干径(厘米)	叶长(厘米)×叶宽(厘米)	主要形态特征
半坡大树茶	贵州晴隆碧痕	7.0×4.0	25.0	15.8×3.8	乔木型。叶椭圆形。芽叶黄绿色,无茸毛。花大,花径5.9厘米,花萼无毛,花瓣9~13瓣,白色,子房无毛,花柱5裂,果皮厚0.3厘米。种径1.4厘米。
习水大树茶	贵州习水东皇	8.0~10.0		(15.0~20.0)×(5.6~7.2)	乔木型。叶长圆形,叶色深或黄绿,革质,叶面隆起,叶姿下垂。芽叶革毛稀少。
务川大树茶	贵州务川	(3.0~5.0)×(2.0~3.0) 高6~7	20	(11.0~13.0)×(6.0~7.0)	小乔木型。叶卵圆形或椭圆形,叶脉7~12对,叶面隆起。芽叶黄绿色,少数紫红色,茸毛少。花瓣4.0~5.5厘米,花柱3裂,果近球形。种子肾形。
七舍大苦茶	贵州兴义七舍	7.2×5.2	28.8	12.5×5.1	小乔木型。叶椭圆形,色绿,无茸毛,叶面较平,叶齿稀钝。芽叶绿色,无毛或少毛。花径4.0~5.0厘米,花瓣8~10瓣。子房有毛,花柱3~5浅裂。果径3.5厘米。种径1.6厘米。
都匀贵定等大树茶	黔南都匀独山、贵定	7.9			有的不含咖啡碱,如黄叶茶;有红树茶或红花茶,枝红褐色。
盘县兴仁等大树茶	黔西南、盘县、普安、晴隆、兴仁等	7~9	大的55	(8~20)×(4~5)	果皮厚,果柄粗,果形为柄状;有少含咖啡碱的。
江县、丹寨等大树茶	黔东南、江县、翠屏、丹寨县、雷山县	10 6~7			果柄长,每年只刈一次;咖啡碱少。

续表　现存野生茶树种质（广西壮族自治区）

茶名	分布地点	树高（米）×树幅（米）	干径（厘米）	叶长（厘米）×叶宽（厘米）	主要形态特征
中东大茶树	广西扶绥中东	(2.7~7.0)×(2.0~3.6)	6.3~20.1	(15.4~16.4)×(6.4~7.1)	乔木型。叶椭圆形，深绿，有光泽。芽叶黄绿色，茸毛少。花径3.9~4.4厘米，花瓣7瓣。子房多毛，花柱3裂，果径3.0厘米。种径1.9厘米。
凤凰大茶树	广西上思凤凰山	20.0	31.8	(13.0~16.0)×(4.0~5.0)	乔木型。叶披针形或长椭圆形，叶色黄绿，叶大。花大，花径6.3厘米，芽叶黄绿色，茸毛较多。花萼、花瓣均有茸毛。子房少毛，花柱2~3裂。果锥形或三角形。
雷电茶	广西钟山清塘	(2.0~5.0)×(1.0~1.5)	6.4~15.9	(14.0~17.0)×(4.5~5.0)	乔木型。叶披针形，叶厚革质，叶齿粗浅。芽叶黄绿色。花萼、花瓣有毛。花径4.3厘米。
博白大茶树	广西博白那林	2.1×(1.6~4.2)	20.0~40.0	(10.7~12.9)×(4.5~4.9)	小乔木型。叶椭圆形，叶质较厚脆。芽叶黄绿色，少毛。花径3.1~4.7厘米，花瓣6瓣。花柱1.0~1.7厘米，花柱3裂。果径2.6~3.3厘米，种径1.5~2.0厘米。
土霸王	广西贵港黄练	1.2×1.6	6.0~10.0	10.7×4.8	小乔木型。叶长椭圆形，叶色黄绿，革质，嫩芽叶蓝紫色。花萼有毛，花瓣有毛。花径4.7厘米。子房有毛，花柱3~4裂，雄蕊多达332枚。果径2.1~3.5厘米，种径1.5厘米。
秦王老山白毛茶	广西田林利周	(2.0~5.7)×5.4	37.2	13.9×5.1	小乔木型。叶长椭圆形，叶色黄绿，少光泽，叶面强隆起，叶细密而浅。芽叶黄绿色，茸毛特多。花小，花径1.7厘米。花萼有毛，花瓣有毛，花柱3~4裂。种径1.5厘米。

续表

茶名	分布地点	树高（米）×树幅（米）	干径（厘米）	叶长（厘米）×叶宽（厘米）	主要形态特征
金秀白牛茶	广西金秀罗香	(0.5~1.0)×(0.3~1.0)	3.0~16.0	(11.4~17.0)×(5.0~6.1)	小乔木型。叶椭圆形或长椭圆形，叶色绿，有光泽，革质，芽叶绿色少毛，花小，花径2.3厘米，花瓣6瓣，子房多毛，萼片多毛，花柱3裂。果径2.4厘米。种径1.5厘米，有肾形、三角形等。
古兰茶	广西金秀中良	1.5×1.1	4.0	10.0×4.0	小乔木型。叶椭圆形，色绿，叶质中，芽叶黄绿色，革毛少。花径4.5厘米。花多多毛，子房有毛，花柱3裂。果径2.6厘米。种径1.3厘米。
后山茶	广西龙州弄岗	(0.5~2.0)×(0.1~1.0)	3.5	(9.8~18.5)×(4.8~8.4)	小乔木型。叶椭圆形或长椭圆形，深绿，有光，叶面微隆，叶质较软，花瓣6瓣，白带绿色，子房有毛，花柱绿色，花柱3裂。花径3.4厘米。种径1.2厘米。
巴平大茶树	广西百色大楞	15.8×13.0	62.1	15.1×5.4	乔木型。最低分枝高1.7米。叶长椭圆形，色绿，叶面微隆，芽叶绿色，多毛。花大，花径5.2厘米，花瓣9瓣，子房多毛，花柱4~5裂。果径5.0厘米。
隆林大茶树	广西隆林德峨	8.0×3.0	14.0	15.4×6.4	乔木型。最低分枝高4.9米。叶长椭圆形，色绿，有光泽，叶面平，叶质较厚，芽叶绿色，多毛。花径4.5厘米，花瓣8~13瓣，子房无毛，花柱4~5裂。种径1.8厘米。球形。
那坡大叶野茶	广西那坡坡荷	4.5×2.0	17.0	17.8×6.5	小乔木型。叶长椭圆形，色绿，有光泽，叶质较厚，芽叶绿色，有毛。花径5.6厘米，花瓣13瓣，子房无毛，花柱4~5裂。花萼无毛。
百青茶	广西靖西安宁	5.0×3.0	18.5	14.4×5.2	乔木型，最低分枝高2米。叶披针形，色绿，叶面微隆，叶质较软。芽叶绿色，多毛。花萼有毛，花径3.4厘米，子房多毛，花柱3裂。果径2厘米。种径1.0厘米。

282

续表

茶名	分布地点	树高(米)×树幅(米)	干径(厘米)	叶长(厘米)×叶宽(厘米)	主要形态特征
靖西野茶	广西靖西古龙山	2.1×1.7	10.2	11.7×4.4	灌木型。叶长椭圆形,色绿,叶面微隆,有革毛。花萼有毛。子房多毛,花柱3裂。芽叶绿带微紫色,有茸毛。花径3.2厘米。叶身稍内折。种径1.5厘米。果径2.5厘米。
德保野茶	广西德保黄连山林场	6.0×2.0	16.0	18.7×7.0	乔木型。叶长椭圆形,色绿,有光泽,叶面平,叶身平,叶质较软。芽叶绿色,有绒毛。子房多毛,花萼无毛。
板逐茶	广西宁明板棍	5.5×2.5	11.8	10.9×4.6	小乔木型。叶椭圆形,色绿,叶面微隆,叶身平,叶质较软。芽叶绿色,少毛。花径2.7厘米。子房多毛,花柱3裂。花萼无毛。果径2.9厘米。种径1.2厘米。
爱店大茶树	广西宁明爱店	9.0×4.0	23.0	16.2×6.6	乔木型,最低分枝高2.6米。叶长椭圆形,色绿,有光泽,嫩枝、芽叶多毛。花多毛。花径3.1厘米,花瓣7瓣。子房多毛,花柱3裂。果径3.0厘米,三角形或肾形。种径1.6厘米,球形。
大明山大叶茶	广西大明山	13～14	21	16.6×5.7	树龄30年,叶质较厚,结实少。
凌云大叶茶(白毛种)	广西凌云	9.96	25	(12.2～19.2)×4.9	叶成11～12对,白毛多,果皮薄。
桂北大叶种	桂北(龙胜海红等处)	4.2	17.4	(15.5～20)×(5～7)	枝略下垂,花大,果大,壳厚坚硬。

续表　现存野生茶树种质（四川省）

茶名	分布地点	树高（米）×树幅（米）	干径（厘米）	叶长（厘米）×叶宽（厘米）	主要形态特征
万家大茶树	四川崇州万家	(6.0~10.0)×(3.0~5.0)	10.0~30.0	(10.0~17.0)×(4.5~8.4)	小乔木型。叶倒披针、长椭圆或卵形，叶面较平，大，花径7.3厘米，花瓣9瓣。子房多毛，花柱3裂。果似油茶。种径1.2×1.5厘米，种皮光滑。
筠连大母树	四川筠连	(4.3~4.6)×3.6	7.0~9.5	13.3×5.0	乔木型。分枝稀，最低分枝高1.3~1.9米。叶椭圆形，色深绿，叶面平。花萼有毛。花径4.2厘米，花柱3裂
黄荆大茶树	四川古蔺黄荆	(5.0~10.0)×6.0	50.0	(11~20)×(6~12)	乔木型。分枝稀，最低分枝高1.5米。叶椭圆形，色绿，叶面平，革质，叶齿粗稀，叶柄微红。芽叶黄绿色，少毛。花大，花径6.0厘米，花瓣8~10瓣。花柱3~5裂
黄山苦茶	四川宜宾横山茶场	13.6×13.0	33.0	14.5×6.7	乔木型。叶长椭圆形，色绿，有光泽，叶质厚，叶齿浅稀。芽叶黄绿色，花瓣9瓣。花径4.2厘米，花柱3裂。1986年死亡。
崇庆枇杷茶	四川崇庆	4~10	8~34	(10~20)×(6~8)	枝直立，叶柄色红。
荥经枇杷茶	四川荥经	4~7	13~34	15.10×6.36	同上
雷波大茶	四川雷波	3~7	8~15	21×9	叶片较长，柄红色。
南桐大茶	四川南桐	4~8	9~22	10×4	叶片下垂，柄红。
江大茶	四川	13.5	35	14×6	叶片厚，柄红。
南川金佛山大茶	四川南川	10以上	11~35	12×5	含咖啡碱，柄红。

续表 现存野生茶树种质（福建省）

茶名	分布地点	树高（米）×树幅（米）	干径（厘米）	叶长（厘米）×叶宽（厘米）	主要形态特征
霍童大茶树	福建蕉城霍童小坑	6.4	19.0	16.7×6.4	分枝离地1.7米，叶椭圆或倒披针形，长宽比2:6。
仙嶝山野生茶1号	福建蕉城霍童仙嶝山	4.1×3.0	15.0	(9~13.1)×(3.6~6.0)	主干直立，表皮细微灰白，分枝呈平伸，斜生。叶柄平均0.2~0.9厘米，齿数21~41对，叶脉7~11.5对，叶色浓绿或深绿。栅栏组织单层。
仙嶝山野生茶2号	福建蕉城霍童仙嶝山	4.5×4.0	28.0	(10.9~15.0)×(4.9~6.1)	
山西湾野茶1号	福建蕉城山西湾	1.6×1.1	3.2	(9~12)×(3.5~4)	分枝高10厘米，叶长椭圆形，叶色深绿，叶脉8对，锯齿29~31对（欠后重生）。
山西湾野茶2号	福建蕉城山西湾	1.2×0.8	3.2	11×3.5	分枝高20厘米，叶长椭圆，叶色深绿，叶脉7对，锯齿30对（欠后重生）。
长濑岔野茶	福建蕉城洪口库山	2.8×1.5	4.3	(9~12.9)×(3.2~4.8)	半乔木，叶长椭圆形。
瓮窑顶野茶	福建蕉城霍童瓮窑顶	1.7×0.6	2.0	8.6×3.1	半乔木，叶长椭圆形，叶色黄绿，叶脉8对，锯齿39对（欠后重长）。
大车坪1号苦茶	福建蕉城八都洋头	3.7×3.2	10.5	(12~16.5)×(4.3~5)	叶茎褒状，叶尖锐长，叶柄有红晕，叶脉11对，叶齿16~22对，苦味。
大车坪2号苦茶	福建蕉城八都洋头	2.5×1.3	—	(12.5~14)×(4.8~5.4)	叶椭圆，叶尖骤尖，叶内隆起，浓绿，叶脉8对，叶齿28对，芽叶为香型。
中栏际苦茶1号	福建蕉城八都洋头	1.9×1.85	11.0	15.6×4.8	叶长椭圆，叶尖突尖特长，叶色淡绿，叶脉8~10对，叶齿27对（欠后重生）。

续表

茶名	分布地点	树高（米）×树幅（米）	干径（厘米）	叶长（厘米）×叶宽（厘米）	主要形态特征
萌窑里苦茶	福建蕉城八都闽坑	3.2~6.2	20.0	15.5×6.1	采摘要爬上树，1958年被砍。
贵村大野茶	福建蕉城九都贵村		31.2~52.0（遗桩）		遗桩重长二分枝（一枝径围69.93厘米，叶色绿，柄较长，叶红色，脉8~10对）。
姑娘坪苦茶	福建蕉城姑娘坪	6.0×3.6	16.2	11~13×4.0~6.0	乔木，芽梢肥壮，淡绿或墨绿，叶薄有光泽，叶脉8~9对，齿44~48对，苦味。
石门硖大茶树（闽JCY0009）	福建蕉城姑娘坪	5.3×5.2	53.0（遗桩）	13×4.7	乔木，叶渐尖，花瓣6瓣，子房有毛,3室，柱头2~3叉，柱高1厘米，花丝222枚，雌蕊低于雄蕊0.3厘米。
坪岗头大茶树（闽JCY0010）	福建蕉城姑娘坪	10.0×4.5	28.0（遗桩）	14.1×4.74	乔木，叶渐尖头，叶绿，蕾少，茶果2.3室，果球形或肾形，叶脉10~14对，齿18~32对。
石门硖大茶树（闽JCY0011）	福建蕉城姑娘坪	1.8×0.4	2.5	10.3×3.9	乔木，叶隆起，光滑，深绿，齿浅钝35~40对，花冠1.5×1.5厘米，花萼5片，柱3叉，子房有毛,3室，花粉黄色，柱高1厘米，花丝205条。
石门硖大茶树（闽JCY0012）	福建蕉城姑娘坪	2.4×2.0	11.7	12×3.9	乔木，叶长椭圆，叶齿张浅钝42~48对，叶脉10~14对。
石门硖大茶树（闽JCY0013）	福建蕉城姑娘坪	3.3×1.6	19.0	14.5×4.7	乔木，叶锐尖，叶渐尖头，叶深绿，齿密浅钝37~51对，叶脉9~12对。
石门硖大茶树（闽JCY0014）	福建蕉城姑娘坪	3.1×1.4	8.0	12.1×4.3	乔木，叶锐尖，长椭圆，叶绿，齿密浅钝24~37对，叶脉11~14对。
石门硖大茶树（闽JCY0015）	福建蕉城姑娘坪	3.7×1.4	11.0	12.8×4.0	乔木，叶渐尖，长椭圆，黄绿色，齿密浅钝25~40对，叶脉8~11对。

续表

茶名	分布地点	树高(米)×树幅(米)	干径(厘米)	叶长(厘米)×叶宽(厘米)	主要形态特征
坪岗头大茶树(闽JCY0016)	福建蕉城姑娘坪	3.3×0.8	2.2	14.4×5.2	乔木,叶锐尖,椭圆形,深绿色,齿密浅钝24~42对,叶脉10~16对。
太姥山野生茶(1)	福建福鼎太姥山顶	6.2×4.5	18.0	10.8×4.3	花瓣数7个,花丝210条,柱3裂,柱长1.4厘米,雌蕊比雄蕊高0.2厘米,子房有毛。
太姥山野生茶(2)	福建福鼎太姥山顶	3.8×1.95	10.0	11.9×4.6	花瓣数6个,花丝252条,柱3裂,柱长1.3厘米,雌蕊比雄蕊高0.2厘米,子房有毛。
武夷野生茶	福建武夷天子地峰	3.0×1.5	10.0	(7.3~11)×(3.4~7)	叶渐尖,肉厚,色浓绿,叶背浅绿,脉不对称7~11对,齿37~42对(欹后重长)。
路后坑大茶树	福建寿宁平溪	6.5~7	17	(7.3~11)×(3.4~7)	乔木。
任里苦茶	福建屏南黛溪	3.0~2.8	12.5	16.6×5.4	半乔木,叶水平着生,椭圆形,叶脉10对,叶面光滑,苦味。
汤川古茶树	尤溪县汤川	5.31		16.7×6.4	灌木状,叶聚尖,叶脉9~10对,叶苦,叶片厚260微米。
坂面古茶树	尤溪县坂面	3.5		(11.5~17.3)×(4.5~6)	小乔木,叶聚尖,叶脉9~10对,叶苦,叶片厚180微米。
南(蓝)田古茶树	安溪蓝田福顶山	6.3×2.7	18.0	11.8×5	树冠集中,顶部有伞,树皮光,灰绿,癸尖长,齿14~18对,脉6~9对。味苦,欹后重长。
企山野生茶	安溪企山山顶	3.2×2.7	7.0	13.5×5.7	树皮灰色,叶尖突尖或渐尖,齿34对,脉10对,花冠3.8×3.1厘米,花瓣7~8瓣,花丝195~305枚,柱3叉,子房有毛,小群落零星分布。
漳州野生茶	安溪县虎丘	5.3		12.9×4.9	叶脉10对,聚尖,长,苦味。
剑斗野生茶	安溪县剑斗	4.25		19.5×8.5	叶脉9对,渐尖,味苦。
亳山野生茶	漳平市官田	5.00			叶脉8~9对,聚尖,苦味。

续表

茶名	分布地点	树高（米）×树幅（米）	干径（厘米）	叶长（厘米）×叶宽（厘米）	主要形态特征
南洋野生茶	漳平市南洋	7.35			味苦。
连城笔架山1号野茶	连城县宣和乡	3.96×(2.7~3.2)	7.3	12.1×4.3	叶稍隆，叶脉6~8对，齿20~30密浅，柱头1/2叉，花粉浅黄。
连城笔架山2号野茶	连城县宣和乡	5.31×(3.3~5.2)	8.8	12.8×4.8	叶稍隆，叶脉8~9对，齿32~36密浅，柱头1/3叉，花粉浅黄。
连城笔架山3号野茶	连城县宣和乡	4.87×(3.7~4.8)	8.5	13.4×4.6	叶隆起，叶脉9对，齿25~30对，柱头1/3叉，花粉橙黄。
洋地单株野生茶	连城县宣和镇水路坑源	8.0×(5.1~9.3)	15.6	14.9×5.1	叶平滑，叶脉7~9对，齿24~34浅稀，柱头1/3叉，花粉橙黄。
新泉上罗地野生茶	连城县新泉	2.9×(1.4~2.0)	6.4	14.3×4.8	叶平滑，叶脉9~11对，齿24~51密浅。
梧溪苦茶	漳平梧溪华兴内小邦柯	5.3×2.5	10.2	18.4×6.7	小群落16株散布，叶脉16对，齿25粗浅，长椭圆，稍头略弯，曲似水仙。
北寨风仔塞苦茶	漳平北寨风仔塞	4.6×4.2	28.7	16×8	群落100多株，叶脉12对，齿35浅粗，叶似政和大白茶。
北寨石牛栋苦茶	漳平北寨石牛栋	7.35×5.5	41.4	16×6.5	群落15株，叶脉15对，齿25浅钝，叶浓绿无茸毛，叶形似水仙。
姑田野生茶	连城县姑田镇	8.0		14.84×5.08	叶脉8~9对，聚尖，苦味。
宣和野生茶	连城县宣和乡	5.31		12.85×4.77	叶脉8~9对，聚尖，苦味。
芦溪野生茶	平和县连结村	4.2		13.74×4.42	野生向栽培过渡，大叶，色浓绿，长椭圆，叶脉10~11对，聚尖锐长。

续表 现存野生茶树种质（江西省）

茶名	分布地点	树高（米）×树幅（米）	干径（厘米）	叶长（厘米）×叶宽（厘米）	主要形态特征
南磨山野茶	江西寻乌	12.0×5.1	23.0	14.2×6.3	乔木型。最低分枝高1.9米。叶椭圆形，色绿。芽叶茸毛较多。花径3.8厘米，花瓣7瓣，花柱3裂。
笠麻嶂野茶	江西崇义	5.2×3.4	14.0	12.1×4.8	乔木型。叶长椭圆形，色绿。芽叶多毛。花径3.9厘米，花瓣7瓣，花柱3裂。
赤穴大茶树	江西寻乌	6.0×6.5	18.5	11.6×4.6	乔木型。最低分枝高1.4米。叶椭圆形，色黄绿。叶面平。花径4.7厘米，花瓣6瓣，花柱3裂。
丰州野茶	江西崇义	5.1×3.4	10.1	13.6×5.2	乔木型。叶长椭圆形，色绿。叶面平。花径3.6厘米，花瓣7瓣，花柱3裂。
上山尾野茶	江西定南龙塘	4.2×2.9	10.2	12.4×6.9	乔木型。叶长椭圆形，色深绿。叶面平或微隆。芽叶有毛。
猫咪茶	江西广昌	3.1×2.1	8.9	15.7×5.8	小乔木型。叶椭圆形，色黄绿。叶面平。花径3.7厘米，花瓣8瓣，花萼无毛。花瓣7瓣，花柱3裂。
翠微茶	江西宁都	4.2×1.7	9.1	8.6×3.9	小乔木型。叶椭圆形，色绿。叶面微隆，叶质较软。花径3.6厘米，花瓣7瓣，花柱3裂。
安远苦茶	江西安远龙布	1.5×1.0	6.0	11.6×4.6	灌木型。叶椭圆形，色绿。叶面多毛，子房多毛，花瓣7瓣，花柱3裂。芽叶绿紫色，少茸毛。花径3.9厘米，果径2.4厘米，种径1.4厘米，种皮较粗糙。
横坑苦茶	江西信丰	3.8×2.7	5.5	13.6×5.5	乔木型。叶椭圆形，色绿，叶脉8～12对。芽叶茸毛少。花径4.4厘米，花瓣7瓣。花柱3～4裂。

续表 现存野生茶树种质（广东省）

茶名	分布地点	树高（米）×树幅（米）	干径（厘米）	叶长（厘米）×叶宽（厘米）	主要形态特征
龙门毛叶茶	广东龙门南昆山	—	—	20×6.9	乔木型，叶大，长椭圆形，叶色黄绿，叶面微隆，叶质较厚硬，芽叶绿带微紫色，茸毛密生。
白云野茶	广东台山大隆洞	4.5×3.1	20.0	12.1×5.1	小乔木型，叶色绿，叶面微隆，嫩梢和叶背均密生茸毛，果多为单室，芽叶草毛，果径1.5厘米，花萼5片，花冠2.8厘米。
龙山苦茶	广东乐昌龙山	(3.2~4.6)×(1.7~3.6)	23.0	13.2×5.2	乔木型，分枝较密，叶长椭圆形，叶面平，色黄绿，叶尖椭尖，芽叶黄带紫色，有茸毛。花较大。
乳源大叶	广东乳源洛阳	(5.4~10.0)×(3.0~7.0)	20.0~30.0	(14.8~16.1)×(4.9~5.6)	乔木型，叶长椭圆形或披针形，叶面平或微隆，色深绿有光泽，叶质中，花柱3裂，花径3.5厘米，花瓣7瓣。
乳源苦茶	广东乳源柳坑	(7.0~7.5)×(3.0~8.0)	12.0~31.0	14.7×5.4	乔木型，叶长椭圆形，色绿，叶面隆起，叶质中，叶脉9对，芽叶茸毛少，果和种子少。

续表 现存野生茶树种质（重庆市）

茶名	分布地点	树高（米）×树幅（米）	干径（厘米）	叶长（厘米）×叶宽（厘米）	主要形态特征
江津大茶树	重庆江津	8.0×5.9	35.0	13.5×6.0	乔木型，分枝稀，最低分枝高1.6米。叶椭圆形，叶柄红色，叶面平。
南川大茶树	重庆南川金佛山	(6.3~10.6)×(3.3~5.9)	20.1~33.1	(14.0~20.0)×(4.5~10.0)	乔木型，叶长椭圆形或倒卵圆形，色深绿或绿，叶柄微绿，叶质硬，芽叶黄绿色，少毛。
南桐大茶	重庆南川	(3.9~7.5)×(1.3~4.1)	9.0~22.0	9.8~4.3	小乔木型，分枝稀，叶椭圆形，叶柄微红，叶面平。
巫溪大茶树	重庆巫溪尖山	5.3×1.5	15.0	10.6×5.3	乔木型。叶椭圆形，叶质厚脆，叶面平，花柱3裂，花径4.0厘米，花瓣7瓣，子房多毛，花柱3裂。果径2.0厘米。

续表 现存野生茶树种质（湖北省）

茶名	分布地点	树高（米）× 树幅（米）	干径（厘米）	叶长（厘米）× 叶宽（厘米）	主要形态特征
花枝茶	湖北恩施屯堡	2.1×3.0	4.0	12.4×5.6	灌木型。叶椭圆形，叶面微隆，叶质软。枝弯曲成S形。芽叶绿色多毛。花径4.0厘米，花瓣4~6瓣，白带绿色。子房多毛，花柱3裂。果径2.4厘米。种径1.2厘米。
走马大茶树	湖北鹤峰走马	4.1×5.2	26.0	11.5×4.3	小乔木型。叶长椭圆形或披针形，色黄绿，叶面平，叶质软。芽叶黄绿色，多毛。花径3.6厘米，花瓣7瓣。子房多毛，花柱3裂。果径2.3厘米。
鸡冠茶	湖北鹤峰下坪	2.2×2.4	8.0	11.3×4.5	灌木型。叶一边叶齿缺刻大，主脉呈弓状，全叶似鸡冠形。色绿，叶面稍隆起。芽叶黄绿色，多毛。

续表 现存野生茶树种质（湖南省）

茶名	分布地点	树高（米）× 树幅（米）	干径（厘米）	叶长（厘米）× 叶宽（厘米）	主要形态特征
酃县苦茶	湖南炎陵船形	4.9×2.8	20.0	12.4×4.5	小乔木型。叶椭圆形，叶色黄绿或深绿，叶面平，有光泽，叶质柔软。芽叶黄绿色，茸毛板少。花径4.4厘米，花瓣5瓣。花柱3裂。种径1.2厘米。
莽山野茶	湖南宜章	5.8×3.1	11.2	14.4×4.6	乔木型。叶倒卵圆形，叶面平，深绿色。芽叶茸毛多，花萼有毛。花径3.9厘米，花瓣6瓣，花柱3裂。

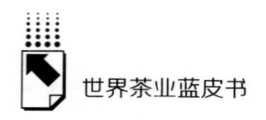

续表 现存野生茶树种质（海南省）

茶名	分布地点	树高（米）×树幅（米）	干径（厘米）	叶长（厘米）×叶宽（厘米）	主要形态特征
黄竹岇野茶	海南琼中	12.0×10.0	24.0	12.2×5.2	乔木型。最低分枝高5.0米。芽叶色绿，中毛。花径2.5厘米，花瓣6瓣。子房毛特多，花柱3裂。花萼有毛。叶椭圆形，叶面平，叶背粗糙，叶齿浅稀钝。
五指山野茶	海南通什五指山	11.4×7.7	35.0	14.9×7.0	乔木型。最低分枝高4.0米。芽叶无毛。果径2.1厘米。叶椭圆形，叶面隆起，叶齿浅稀钝。

续表 现存野生茶树种质（台湾省）

茶名	分布地点	树高（米）×树幅（米）	干径（厘米）	叶长（厘米）×叶宽（厘米）	主要形态特征
眉原山野茶	台湾南投眉原山	高>10.0	20.0~40.0	14.3×4.6	乔木或小乔木型。最高18.0米，干径39.5厘米。叶长椭圆形或披针形，叶色绿，带光泽，叶质较厚，无毛，花柱3裂，裂位1/4。花萼5片，花瓣5~8瓣，白带淡绿色。子房无毛。

注：①形态特征中的量值，除注明者外，均为平均值。②关于茶树的树高（米）×树幅（米）数据，部分茶树仅记载了树高（米）。
资料来源：①《中华茶叶大辞典》（陈宗懋主编，2000年12月）；②《中国茶史散论》（庄晚芳等，1989年7月）；③《闽茶概论》（周玉璠、冯廷佺、周国文、吕宁，2013年4月）。

三 现存野生茶树特性

（一）特性

自第四纪以来，由于地势升高，地质变迁，茶树在2000米以下的褶皱、断裂的山间谷地得以保存下来，同时也产生了同源茶树的隔离分布，由于不同地域的地理、气候等自然条件不同，它们各自适应当地的自然环境条件生存，从而演化成不同的茶树。从中国西部至东部（北纬18°～32°），这条带状区域的不同地区演变的野生茶树特性也有差异。

云南野生茶树特性：云南省西南和南部纬度较低地区的茶树，在湿热多雨的自然条件的影响下，生育较快，树势高大，叶面隆起，多为单层的叶栅栏组织，这里保存了较原始的野生大茶树，有五室茶、五柱茶、大理茶、滇缅茶及普洱茶（栽培型的云南大叶茶）等。据载，这类茶的特性：乔木型，叶长×叶宽为（15～20）厘米×（5.3～8.0）厘米，硬化石细胞主体长×主体宽为（180～200）微米×（22～28）微米，花瓣5～16瓣，子房有毛或无毛，3室或4～5室，花柱3～5裂，种子近球形或肾形。云南大叶茶属普洱茶种很早就由掸族人引种到印度的东北部，现该种后代已传播至赤道南北回归线以外的国家。

贵州野生茶树特性：贵州北部大娄山脉和四川南部边缘一带纬度较高、气温较低而干燥的地区，茶树向适应冬冷、干旱、夏热的自然条件演化，形成较原始的野生茶树。其特性：乔木或小乔木，茶树高约6～13米，叶长×叶宽为（11～21）厘米×（6～9.4）厘米，其叶面隆起，叶黄绿，茸毛少，早生型，叶子栅栏组织为单层，花瓣8～10片，花径4～5厘米，花柱3裂，子房多为3室，亦有4室，果近球形，种子近肾形。

四川大茶树，幼苗出土多呈紫红色，叶柄略呈红色，发芽比当地灌木型种早10～15天，花径5～6厘米，花瓣6～12瓣不等，结实率不高，果多圆形，果皮厚，种子为肾形，尤其宜宾黄山苦茶果皮较粗糙。

东南野生茶树特性：位处中国东南沿海的茶树同源隔离分布的福建、台湾野生茶树因受亚热带海洋气候及自然环境的影响，为较原始的野生大茶树，种类繁多，它们多生长于隐蔽温湿的森林中，为乔木大叶或半乔木型。据载，其主要特征特性有：（1）植株树干直径大小不一，多为伐后重长的，如蕉城区梅鹤姑娘坪有主干直径53厘米的遗桩，蕉城区贵村有干径50厘米的野生大茶树；连城县罗坊有树高11.5米、树幅9.3米的野生大茶树。（2）叶片厚为180~305微米；栅状组织厚度45~100微米，单层海绵组织厚度90~170微米，栅状组织厚度与海绵比值为0.33~0.58。（3）叶形有长椭圆形的，也有椭圆形的。（4）叶色，有黄绿色的也有紫红色的。（5）叶质有硬脆的也有柔软的。（6）叶面有隆起的也有平展的。（7）叶尖多以聚尖、渐尖为主，安溪福顶山、企山茶叶尖为突尖细长。蕉城大车坪野生茶叶柄有红晕。（8）蕉城大车坪2号株及平和野生茶具有高香。（9）茶芽毫，安溪蓝田茶无毫，蕉城霍童野生茶少毫，连城与太姥山的有毫芽。（10）茶汤味型大多为苦味，而安溪剑斗、太姥山的野生茶非苦味。（11）茶花多为短柱，柱头多3叉，雄蕊比雌蕊高的有蕉城仙墩山、安溪企山、福顶山、剑斗、连城罗坊、尤溪汤川等地的茶叶。雄蕊比雌蕊低的有太姥山、连城宣和等地的茶叶，其果实种子独特。武夷山系、鹫峰山系及台湾山系所保存的野生茶树，多数仍保持秃房，萼、瓣与芽叶无毛或仅稀毛等原始特征。

岭南野生茶树特性：在华南岭南以南的桂、粤、琼一带气候受季风影响有干、湿季节之分，气温高，蒸发量大。保存较原始的野生大茶树，多为乔木型，叶背气孔偏少而小，叶面角质层增厚，叶栅栏组织单层，叶面微隆，叶质较厚硬。花径2.5~4.3厘米，花柱3裂，花瓣6~7瓣，子房有的多毛。除五室茶和五柱茶之外，还有苞萼未分化完备的"广西茶"，尚有5室、秃房、果扁球形的"四球茶"。

（二）生化成分

1. 云南野生茶树生化成分

产于云南临沧地区双江县勐库大雪山野生大茶树的生化成分，经农业部野生茶叶质量检测中心进行检验，其最粗大的1号大茶树制蒸青样送检

[对照样（一）是勐库群体种；（二）是云抗10号]，结果据字光亮报道：水浸出物48.3%，对照样（一）为49.8%，对照样（二）为47%；茶多酚29.6%，对照样（一）为34.7%，对照样（二）为28.4%。水浸出物和茶多酚均介于两个对照样之间。氨基酸4.4%，对照样（一）为2.4%，对照样（二）为3.6%，明显高于对照样。咖啡碱3.6%，对照样（一）为4.9%，对照样（二）为4.7%，低于对照样。勐库野生大茶树种生化主要含量优于栽培种。对云南普洱地区镇沅县千家寨古茶树群落七个老叶茶叶样进行含量分析：水浸出物为35%~39.98%，茶多酚为22.21%~36.11%，氨基酸为2.23%~3.56%，咖啡碱为2.19%~3.58%。从上述分析可知，水浸出物、茶多酚、氨基酸、咖啡碱等成分，接近栽培型茶种（见表3）。

表3　云南野生大茶树生化含量表

单位：%

产地茶名	水浸出物			茶多酚			氨基酸			咖啡碱		
	古树含量	对照样一	对照样二	古树含量	对照样一	对照样二	古树含量	对照样一	对照样二	古树含量	对照样一	对照样二
勐库1号大茶树	48.3	49.8	47.0	29.6	34.7	28.4	4.4	2.4	3.6	3.6	4.9	4.7
镇源千家寨古茶树	35.0~39.98			22.21~36.11			2.23~3.56			2.19~3.58		

注：（1）对照样一，指勐库群体种（栽培种）；（2）对照样二，指云抗10号品种。
资料来源：本表据字光亮《云南古茶树种质资源和群落分布》资料制表。

2. 四川野生茶树生化成分

关于四川大茶树的生化成分，据庄晚芳教授检测，宜宾黄山苦茶，其叶子含咖啡碱特少，只有栽培种的26%，简单儿茶素较多。南川大茶树所含咖啡碱只有一般种的76%左右。

3. 福建野生茶树生化成分

关于福建省现存野生茶树的生化成分，郭彤等对宁德蕉城（闽东）、尤溪（闽中）、安溪（闽南）三种野生茶（分别简称宁野、尤野、安野）的测定研究表明，其水浸出物为47.41%~54%、咖啡碱为2.61%~3.06%、儿茶素为137.59毫克/克至156.45毫克/克，显著高于对照种福鼎大白茶。在茶氨酸方面，安野、尤野含量低于福鼎大白茶，而宁野含量高达2.77%，超过福鼎大白茶。其茶多酚含量为40.46%～42.40%，也大大高于福鼎大白茶。专家指出："特别宁野的氨基酸含量较高，咖啡碱含量较低，都是选育新品种中的宝贵性状，通过选择培育或杂交选育有可能获得新品种。"

对照种——福鼎大白茶（简称福大），是中国栽培茶树品种的标准对照品种，其水浸出物、茶多酚、氨基酸、咖啡碱、茶素、儿茶素等大多数组分含量比福建具有代表性（闽东、闽南、闽中）的野生茶树都要低。

相关数据见表4、表5。

表4　福建省野生茶各品种主要生化成分的含量及其LSR检验

类别	水浸出物(%)			茶多酚(%)			茶氨酸(%)			咖啡碱(%)			儿茶素(毫克/克)		
安野	47.41	c	C	40.46	b	B	1.56	d	A	3.05	a	A	154.70	a	A
宁野	50.91	b	B	40.47	b	B	2.77	a	B	2.61	b	B	137.59	b	B
尤野	54.00	a	A	42.40	a	A	1.76	c	A	3.06	a	A	156.45	a	A
福大(ck)	44.97	d	D	25.33	c	C	2.47	b	C	2.19	c	C	102.17	e	C

注：表中若同时出现大写和小写的字母表示不显著，大写字母为0.1%水平，小写字母为0.5%水平。

表5　福建省四种茶儿茶素各组分的比率

单位：%

儿茶素	尤野	宁野	安野	福大(ck)
L-EGC	11.98	15.48	16.42	16.52
DL-EC	8.37	6.38	6.45	5.80
L-EC	6.34	9.50	7.08	6.15
L-EGCG	57.41	53.35	54.33	58.37
L-ECG	15.56	15.31	15.72	13.16

注：上述二表原刊于《福建茶叶》1997年第一期中郭彤、王湘平、詹梓金《福建野生茶的生化成分及利用前景》一文表1、表2。

第四节　茶树隔离分布区域

植物学家瓦维洛夫的物种起源中心学说指出，茶种植物产生变异最多的地方，是这种植物起源的中心地。中国滇、黔、桂三省交界的高原是大茶树变异最多的地区。福建武夷山、鹫峰山的天山—支提山山脉、太姥山、戴云山、博平岭、玳瑁山一带发现有大量野生大茶树或古茶树，茶树变异十分丰富，"茶树品种之多为各省之冠"，有"茶树品种王国"之称。依照植物起源和分布学说，根据福建的地质构造、生态环境、生物及茶树种质资源多样性、野生大茶树的分布等情况来分析，福建省为中国茶树物种起源的"隔离分布"即演化之地。

福建省是中国产茶大省，茶树品种丰富，茶类和名茶最多，不仅产绿茶，而且是中国红茶、乌龙茶、白茶、花茶等特种茶的发源地。它地处中国东南沿海，依山面海，丘陵起伏，东与台湾隔海相望，西依武夷山脉，自然环境利于茶树生长，利于产制优质名茶。

一 茶树同源地质相似

福建省处于新华夏系巨型构造体系的第二隆起折带内，自新生代至中生代全境处于上升阶段，形成火山岩，还有变质岩、砾岩，闽北局部茶区为沉积区、红色沙砾岩。

北部茶区地质以"前震旦系"变质岩（元古代后期，在闽北地区称建瓯群）为主，分布于武夷山、建阳、南平、将乐、邵武、浦城等一带，岩性以片磨岩、片岩为主。

中部及西南部茶区地质，各个年代的地层较齐备，自"震旦系"直至新生代下第三系的沉积岩皆有出露。"震旦系"主要分布于东西部及西南部，为千枚岩、变质砂岩、变粒岩、片岩等。那时海水主要由西南向东北漫进。"下古生界"分布于中部及西南部，岩性有千枚岩、砂岩。"上古生界"广布于中部及西南部，以砂岩、质岩及灰岩为主，组成一个北东向较为完整的盆地。"古生代二迭系"遍及闽西南地区。

东部茶区地质，是中生代的晚侏罗至早白垩世火山岩系。它是继晚古生代海漫以后，中生代早期（三迭纪，又遇福建大的海退程序），由海洋逐渐

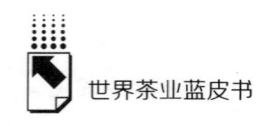

转化为的陆地，古生代晚期（晚侏罗纪至早白垩世即7亿年前），福建地质发展史上出现了一次重大变革，强烈的火山爆发，使大量岩浆喷出地表，局部形成福建东部的大面积分布的火山岩。

沿海茶区地质是新生界第四纪地质，在福建分布面积小，出露零星，全境主要处于上升阶段，正常沉积甚少，沉积主要在沿海地区。

据庄晚芳教授的研究及许多地质学家、植物学家的考察，从古地质变化来看，中国云贵高原许多山区没有受第四纪大地环境很大变化的影响，没有受到冰川的侵袭，因而保存了许多第三纪古老的动植物，山茶科的茶树也得以保存。在第四纪冰川时期，茶树在西南、华南、东南滨海以及川盆南缘的皱褶山谷地带，被全部保存下来，形成许多次生中心。冰期后，茶树重新从保存区扩散开来。由于地理、地质、气候的不同，隔离分居于福建的同源茶树，又各自演化出许多不同的种群。

福建茶区的古地质构造与中国茶树原产区云南的古地质构造，表现出相似性，使福建成为茶树原产的"演化区域"，成为同源隔离地带。

福建省大多数重点茶区的岩性，多为燕山期花岗岩，中生界火山岩、砾岩等。福建省东北部的宁德市，中部的福州市，北部的南平市，中南的泉州市，南部的漳州市，西部的三明市、龙岩市等地多有变质岩。武夷山、建瓯一带有红色沙砾岩，还有部分茶区为沉积岩、砾岩。

从上足见福建省许多地区的地质岩性与云南地区基本相似。

二　福建茶区地理概况

福建简称"闽"，地处中国东南沿海，东临台湾海峡，与台湾隔海相望，西与江西省相邻，南与广东省接壤，北与浙江省相接。

闽西、闽中两大山带构成福建地形的骨架，全省地势总体上西北高东南低，横断面略显马鞍形。两大山带均呈东北—西南走向，与海岸平行。

蜿蜒于闽赣边界附近的闽西大山带，由武夷山脉、杉岭山脉等组成（正山小种红茶、大红袍、武夷岩茶、闽北水仙原产地在武夷山脊），北接浙江仙霞岭,南连广东九连山,长约530多千米,平均海拔1000多米,是闽赣两省水系的分水岭,也是福建最大河流——闽江——的发源地。

闽中大山带斜贯福建中部,被闽江、九龙江截为断续相连的三个部分。闽江干流以北为鹫峰山脉(宁德天山绿茶,坦洋、政和、白琳"闽红"三大工夫红茶,福鼎和政和白茶,原产地均在该山系余脉),自浙江南部入境,从闽北政和、屏南延伸至古田闽江边,海拔700~1500米。闽江与九龙江之间为戴云山脉(安溪铁观音原产地系该山脉南端),是福建中部的主要山脉。

福建古老名茶茶区分布于闽北的武夷山、建瓯、政和一带;闽东的宁德蕉城区中低山的天山(支提山)、福鼎太姥山、福安白云山;闽中福州一带;闽南的南安、安溪、永春、平和、诏安;闽西的漳平一带。

武夷山市,是中国茶树起源在福建境内的演化区域之一。三面环山,向南开口的盆地,为福建海拔最高的武夷山脉绵亘的西北部,黄岗山下有小种红茶源地——星村桐木关,山体多断裂、深切,形成峰岩多姿、河曲幽雅的自然形态和景观。

盛产政和工夫红茶、白毫银针的政和县,东面为鹫峰山北部西坡,山高,陡崖多,峡谷深,海拔在1000~1200米。

宁德天山(古天姥山、霍山)产制中国名茶——天山绿茶和天山红,乃中国茶树起源在福建境内的演化区域之一。天山海拔600~1400余米。

坦洋工夫红茶产地福安市,从北向南倾斜,纵贯中部的交溪沿岸,丘陵、低山、中山呈阶梯状分布,西部为鹫峰山脉东南坡,最高峰为白云山,海拔1449米。

产茉莉花茶的福州闽侯,地势自北和西南向东南倾斜,福建最大河流闽江由西向东流经中部,南部为福州盆地平原,在闽江两岸从盆心至边缘山地,从丘陵低山到中山呈层次性分布,盆地东部为深切峡谷的花岗岩中低山,如鼓山—鼓岭以十几千米的断崖与平原接触,为典型断山,奇岩竞秀,古木参天。

铁观音的起源地安溪县,地处戴云山西南部,西部乃戴云山脉主体部分,千米以上群峰多达88座,西北边境大华尖最高峰1600米,北部为断裂

带。县内大多为中生界火山岩，唯东南、西南和北部有花岗岩出露。铁观音原产地西坪镇处于中南部的安溪支流兰溪。

气候与茶树生长、茶叶品质的优劣等密切相关。尤其是光、热、土、水是茶树生存的重要条件。福建省地处低纬度，又濒临太平洋，受海洋气团的影响较大，形成了亚热带海洋性季风气候。福建气候的主要特征是季风环流强烈，季风气候显著，冬短夏长，热量资源丰富，冬暖夏凉，南部北部温差冬大夏小，雨季与干旱季分明，水资源丰富，各茶区地形复杂，具有气候的多样性，水旱、风寒灾害天气频发，垂直气候变化比较显著，有些大型山的山麓与山顶气候差异很大（从中亚热带，过渡到北亚热带、暖温带、中温带气候），降雨量也随高度而发生变化。其气温自东南部平原向西北部群山逐渐降低，雨量从西北部向东南部逐步减少。大部分茶区年平均气温14.6℃～21.3℃，七月最高气温月平均25℃～29℃，极端最高42.2℃，一月最低气温月平均5℃～13℃，极端最低气温-8.6℃左右。≥10℃活动积温5000℃～7700℃；日较差4.8℃～10.3℃。年日照数1700～2300小时，无霜期235～365天，太阳辐射能106～127千卡/平方厘米。年平均降雨量995～2200毫米，全年雨日100～155天，为全国降水量最多的省份之一。年平均相对湿度70%～86%。

福建茶区受地质成土母质和地带性气候的影响，依地势海拔的升高，土壤类型亦相应变化，形成多样的土壤类型，主要有红壤、黄壤、水稻土、冲积土、盐土、紫色土、黄棕壤、棕色森林土、灰棕壤等12个土类、23个亚类、87个土属、137个土种。其中红壤面积占全省土壤总面积的61.78%，其次是水稻土、黄壤和棕红壤。茶区山脉从基带到高山依次分布着不同类型。海拔200～400米的地带分布着赤红壤，650～800米的地带分布着红壤，800～1200米分布着黄、红壤，1000～1200米以上分布着黄壤，局部平洼山顶分布着山地草甸土。全省茶园大部分分布在红、黄壤土中。闽北部分茶区为紫色土。

土壤特性：pH值一般为4.7～5.5，茶园土壤容重0～40厘米为1.17克/立方厘米，土壤孔隙度50%以上；土壤三相比为43.92：34.12：21.72；土壤有机质含量1%～2%，全N含量为0.044%～0.107%。全P含量为0.019%～

0.044%；全K含量为0.67%~0.73%。高产茶园全N含量为0.036%~0.127%；全P含量为0.022%~0.062，全K含量为0.078%~0.88%。茶园土壤微量元素低于临界值的是有效硼、有效钼等，高于临界值的是有效锌等，铁、锰富集。

茶区生物多样，植物资源丰富。

三 福建茶树种质资源

福建省这个茶树"演化区域"的茶树品种种质资源十分丰富，素有"茶树品种王国"之称，全省现有茶树品种830多种，有19个国家优良种，福建省茶科所还保存有种质资源1000多份，这些都为优良品种的选育打下了坚实基础。

1. 国优省优品种

新中国成立后，福建选育了许多优良品种，其中19个"国优"，有福鼎大白茶、福鼎大毫茶、福安大白茶、政和大白茶、梅占、毛蟹、铁观音、黄棪、本山、福建水仙、大叶乌龙、福云7号、福云6号、福云10号、诏安八仙茶、金观音、黄观音、悦茗香、黄奇等。省优品种有佛手、肉桂、早逢春、福云595号、朝阳、丹桂、九龙袍、春兰、瑞香、早春毫、金牡丹、福云20号、黄玫瑰、紫玫瑰、紫牡丹等。

2. 三大名茶区的种质

各主要茶区都有不同的茶树品种，现以福建省在1982~1986年两次被评为全国名茶区的三大全国名茶区（即福建武夷岩茶、大红袍、正山小种的原产地武夷山；安溪铁观音的原产地安溪县；宁德天山绿茶的原产地蕉城区）为例，列举其品种状况。

武夷岩茶茶区：茶树多属于菜茶类的群体，以肉桂为最大量，有五大名丛，即大红袍、铁罗汉、白鸡冠、水金龟、半天腰。据调查其茶树花名多达800余种，如素心兰、不见天、醉西施、水葫芦、金狮子、赛文旦、过山龙、桃红梅、并蒂兰、绿芙蓉等。

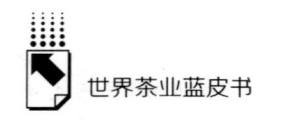

安溪铁观音茶区：当家品种有铁观音、黄棪、本山、毛蟹及佛手等，还有梅占、大叶乌龙、小叶乌龙、绿叶乌龙、红叶乌龙、桃仁等。

蕉城天山绿茶区：过去天山茶区茶树多为天山菜茶群体及其变异种。天山菜茶中小叶种群体有早芽种天山雷鸣茶、早清明茶、半清明茶、清明茶、早春分茶、春分茶，迟芽的有天山谷雨茶、不知春等；大叶种的有天山大叶茶、青潭、留田、梅鹤银针茶等；特种单丛或奇丛，有天山坎下楼"曲枝叶"茶，天山铁坪坑椭叶茶、天山坎下楼栲叶茶、瓜籽茶等。

似此，茶树种质的多样性，在福建各茶区比比皆是。福鼎大白茶为全国茶树标准良种。

3. 野生茶树的资源

自 1957 年至今的半个多世纪中，福建省茶叶科技工作者先后在福建重点茶区的十余个县（区、市）40 余处的原始森林、次生林中发现了野生茶树群落或单株。

闽东北部野生茶区，处于北纬 26°～28°之间，包括闽东宁德市的福鼎太姥山、蕉城天山山脉、闽中尤溪县、闽北武夷山等地。位于全国名茶"天山绿茶"原产地的鹫峰山东南麓的宁德市蕉城区（宁德市）的就有 17 处，分布在虎贝乡梅鹤姑娘坪的门头厂、乌坑、石门硖、岗头坪、岗头等地的原始森林中；霍童镇的小坑、仙墩山、瓮窑里、山西湾；洪口乡库山长濑岔的山林中；八都镇洋头村中栏际、大车坪、闽坑等地的森林中；九都镇贵村林中；还有洋中镇天山章后村、七都镇山村（已被砍伐）等地。其中虎贝乡梅鹤姑娘坪，是福建省现存野生茶群落区域最大、分布最多的地方。在原始森林中随处可见砍后重长的大小植株，每次考察都有新发现。

闽西南野生茶区，处于北纬 24°28′～25°56′，东经 116°35′～118°10′之间，包括闽南的安溪县、平和县，闽西的漳平市、连城县等地。安溪野生茶位于戴云山东南麓的著名铁观音之乡安溪县，先后于龙涓乡的企山、蓝田（即南田）镇的福顶山、虎丘乡的萍州、剑斗镇的剑斗等地发现。福建古茶区的古地质地貌、垂直地形地势、垂直气候和土壤条件、丰富的野生茶树及种质等因素，构成了茶树物种起源隔离分布的良好条件。

B.10 茶叶的主要成分

古生物学研究表明，在亚洲西南及中国云南、贵州、四川一带，与木兰科、樟科等常绿阔叶树一起，混生着一种被称为山茶科山茶属的孑遗植物——茶。在植物分类系统中，茶属于被子植物门（Angiospermae），双子叶植物纲（Dicotyledoneae），原始花被亚纲（Archichlamydeae），山茶目（Theales）、山茶科（Theaceae），山茶属（Camellia），茶种学名为 Camellia Sinesis（L.）.Kuntze。

茶四季常青，在适当的栽培与管理下，一年中可多次萌发新梢，故有"愈采愈发"的自然属性。在自然选择与人工选择下，优越的自然环境促使茶的鲜叶富含丰富的营养与生理活性物质，可对人类健康做出重大贡献。华夏民族慧眼识珠，于3000多年前就发现了其药用和食用功能。唐代伟大的茶学家陆羽（公元733~804年）在他的《茶经》一书中写道："茶之为饮，发乎神农氏，闻于鲁周公。""其名一曰茶、二曰槚、三曰蔎、四曰茗、五曰荈。"茶的发现，传说要归功于华夏民族祖先的炎帝神农氏。但科学考据证明：神农并不存在，而是中国新石器时代后期一个被辱称为"三苗九黎"的民族的代表。他们生活在长江上游"巴山峡川"这一带，即今天的四川、重庆和湖北西部的长江两岸。

第一节 茶鲜叶的化学组成

茶树幼嫩新梢通称鲜叶，其化学成分主要是水、无机物、有机物三大部分（见图1），已知化合物700种以上。其中有机化合物650种以上，除糖类、脂类以及蛋白质与氨基酸等物质外，大多数为次级代谢产物。水为介质，各种有机物和无机物发生物理化学变化，形成各种茶叶特有的色、香、味及保健功能成分。

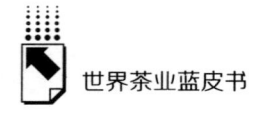

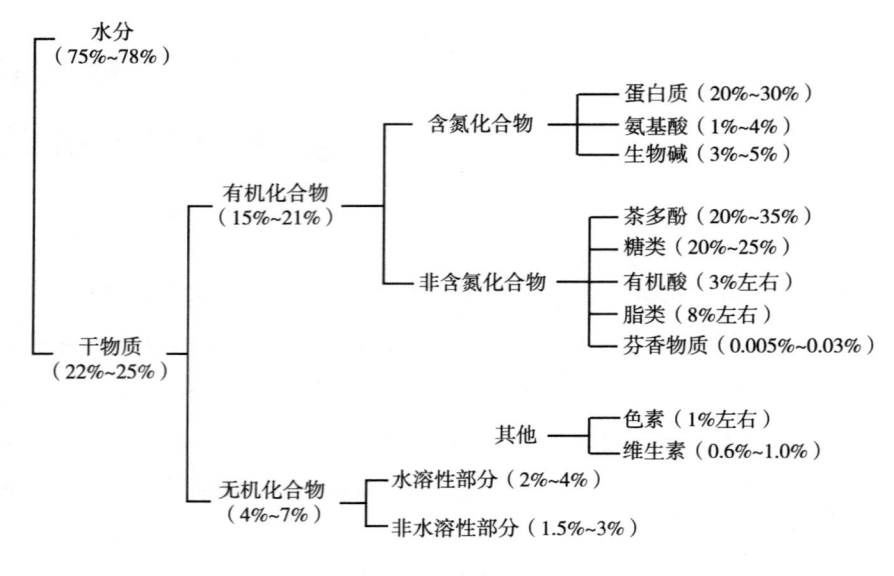

```
                    ┌ 水分
                    │ (75%~78%)
                    │
                    │                              ┌ 含氮化合物 ┬ 蛋白质 (20%~30%)
                    │                              │           ├ 氨基酸 (1%~4%)
                    │           ┌ 有机化合物 ──────┤           └ 生物碱 (3%~5%)
                    │           │ (15%~21%)       │
                    │           │                 │              ┌ 茶多酚 (20%~35%)
                    │           │                 │              ├ 糖类 (20%~25%)
                    │           │                 └ 非含氮化合物 ├ 有机酸 (3%左右)
                    │ 干物质 ───┤                                ├ 脂类 (8%左右)
                    │ (22%~25%) │                                └ 芬香物质 (0.005%~0.03%)
                    │           │
                    │           │                 ┌ 其他 ┬ 色素 (1%左右)
                    │           │                 │      └ 维生素 (0.6%~1.0%)
                    │           │
                    └           └ 无机化合物 ─────┬ 水溶性部分 (2%~4%)
                                  (4%~7%)        └ 非水溶性部分 (1.5%~3%)
```

图 1　茶叶的主要化学组成

一　水分

水分是鲜叶的主要成分之一，占总重量的 75% 左右，随着芽叶生长部位、采摘季节、气候条件、管理措施及品种不同而有差异。芽叶嫩度高，含水量也高；反之，老叶含水量较低。新梢成熟后，老梗老叶含水量只有 50%～60%。鲜叶在雨季含水量较高，高温干旱季节含水量较低。

鲜叶水分以两种形态存在：自由水和结合水。自由水主要存在于细胞液和细胞间隙中，可自由调节体内水分平衡，通过气孔扩散，茶叶可溶性物质茶多酚、生物碱、氨基酸和无机盐等均可溶解于自由水中。自由水占茶叶水分的绝大部分，在制茶过程中，容易转移。鲜叶在摊放或萎凋时，大量蒸发会引起一系列化学变化。茶叶干燥的目的就是使茶叶尽可能失去自由水，以获得茶叶稳定的品质。结合水主要与细胞原生质胶体结合，不能自由移动，也不溶解其他物质，与自由水相比难以蒸发，是成品茶保留的主要水分。茶叶中水分的主要物理性质见表 1。

表1 茶叶水分的主要物理性质

相变性质		其他性质(20℃水)	
名称	数值	名称	数值
熔点(℃)	0.000	密度(g/cm³)	0.998
沸点(℃)	100.000	黏度(Pa.S)	1.002×10^{-3}
临界温度(℃)	373.99	界面张力(N/m)	72.75×10^{-3}
临界压力	22.064MPa	蒸汽压(KPa)	2.3388
熔化热(℃)	40.657KJ	热容量(g·k)	4.1818
蒸发热(100℃)	6.012KJ	热传导(m·k)	0.5984
升华热(0℃)	50.91KJ	热扩散系数(m³/s)	1.4×10^{-7}

二 茶多酚

茶多酚（TPP），又名茶单宁、茶鞣质，主要有黄烷醇类、羟基黄酮类、花色素类、酚酸等。具有2-苯基苯并吡喃的基本结构，统称类黄酮。儿茶素（Catechin）属黄烷醇，是TPP的主要组分，主要包括表儿茶素（EC）、表没食子儿茶素（EGC）、表儿茶素没食子酸酯（ECG）以及表没食子儿茶素没食子酸酯（EGCG）。茶中所含儿茶素类物质经氧化生成的聚合物如茶黄素（TF）、茶红素（TR）和茶褐素（TB）等的基本结构为：

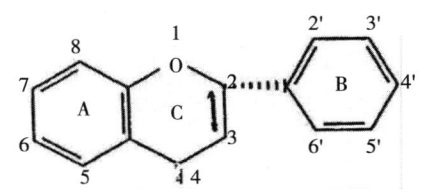

2-苯基苯并吡喃

（1）儿茶素类（图2）

$R_1 = R_2 = H$，儿茶素（简称EC）

$R_1 = OH$，$R_2 = H$，没食子儿茶素（简称EGC）

$R_1 = H$，$R_2 = X$，儿茶素没食子酸酯（简称ECG）

$R_1 = OH$，$R_2 = X$，没食子儿茶素没食子酸酯（简称EGCG）

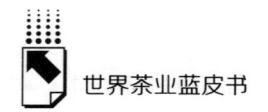

(2) 花色素类

芙蓉花白素　　　　　　飞燕草花白素

(3) 黄酮醇类

山奈酚　　　　　　槲皮酚

杨梅酚

芸香苷（芦丁）　　　　　　槲皮苷

（4）酚酸类

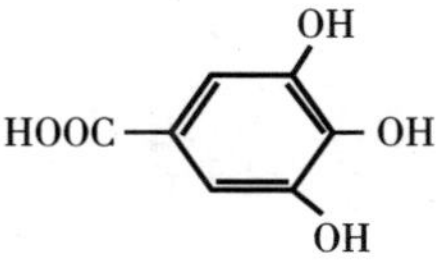

没食子酸

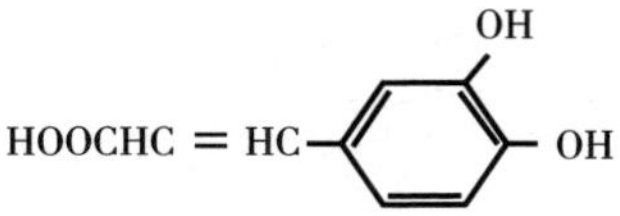

咖啡酸

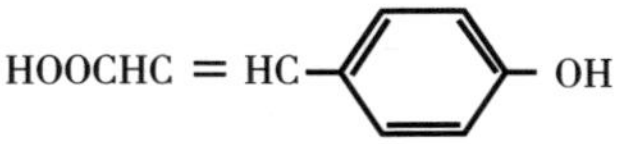

对-香豆酸

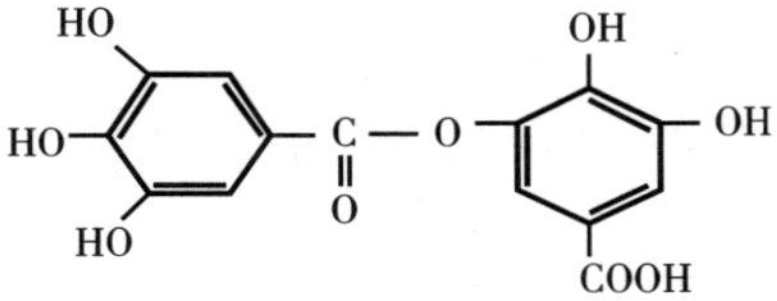

间双没食子酸

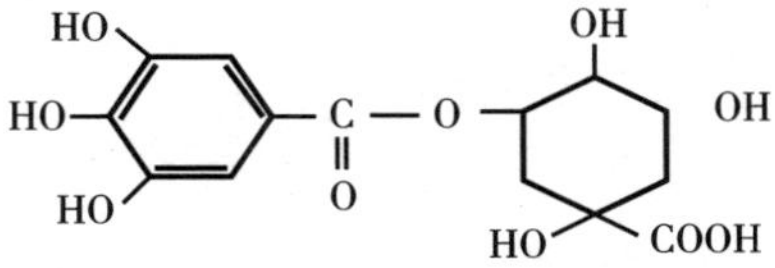

茶没食子酸

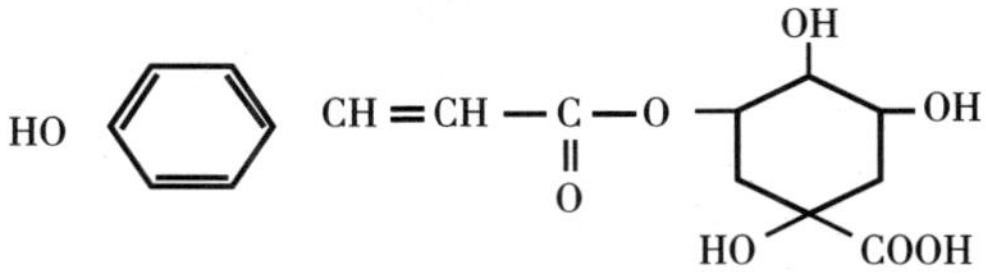

对-香豆-3-鸡纳酸

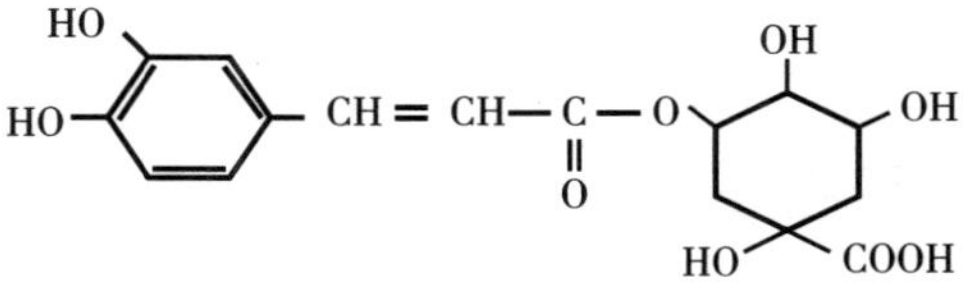

绿原酸（咖啡-3-鸡纳酸）

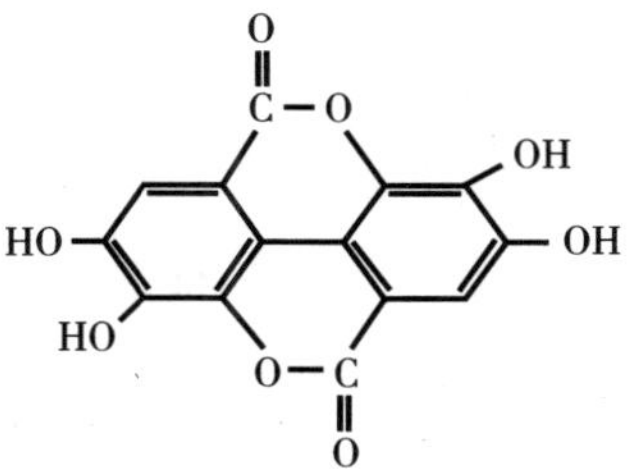

鞣花酸

EC　　　　　　　EGC

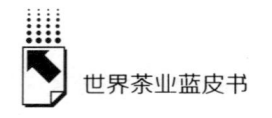

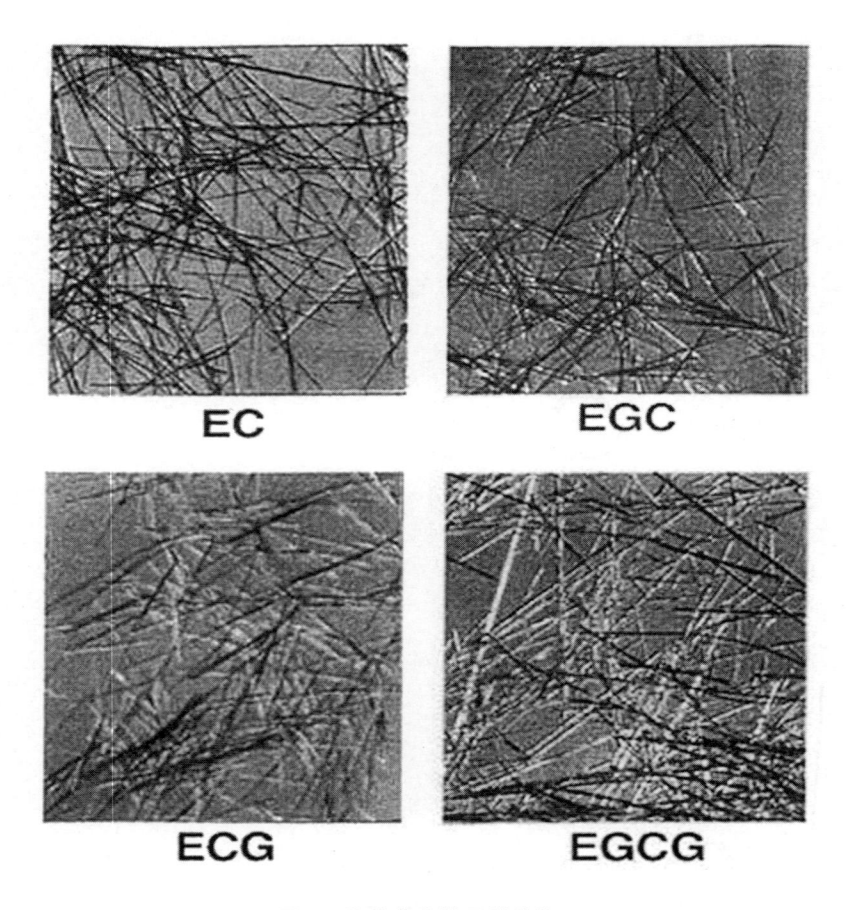

ECG　　　　　　EGCG

图2　儿茶素类的显微结构

三　蛋白质与氨基酸

茶叶中蛋白质占干物质总量的20%～30%，但能溶于水、可直接利用的蛋白质含量仅占1%～2%，这部分水溶性蛋白质是形成茶汤滋味的成分之一。茶叶中的蛋白质大致可分为：①清蛋白：能溶于水和稀盐酸溶液，占总蛋白的3.5%；②球蛋白：不溶于水，能溶于稀盐酸溶液，占总蛋白的0.9%；③醇溶蛋白：不溶于水，能溶于稀酸、稀碱溶液，可溶于70%～

80%的乙醇，占总蛋白的13.6%；④谷蛋白：不溶于水，能溶于稀酸、稀碱溶液，受热不凝固，占总蛋白的82.0%。

氨基酸含量通常为2%~5%。含量不高，但种类很多，游离氨基酸就有25种，其中茶氨酸是茶叶所特有的，其次是人体所必需的赖氨酸、谷氨酸、苯丙氨酸、苏氨酸、蛋氨酸、异亮氨酸、亮氨酸、色氨酸、缬氨酸；此外，还有胱氨酸、半胱氨酸、天冬氨酸、甘氨酸、组氨酸、精氨酸、丝氨酸等（表2）。所有这些氨基酸，对人体都有重要作用。如苏氨酸、组氨酸和赖氨酸，能促进人体对钙、铁的吸收，有防治骨质疏松、佝偻病和贫血的作用；胱氨酸和半胱氨酸有解毒和抗辐射的作用，其中胱氨酸还能促进毛发生长和防止早衰；半胱氨酸则可促进人体对铁的吸收。茶氨酸有扩张血管、松弛支气管和平滑肌，以及强心利尿、提高人体免疫能力等作用。

表2 云南大茶树氨基酸组成

单位：毫克/克

氨基酸 \ 样品	巴达大茶树一芽二叶③	南糯山大茶树一芽一叶④	双江勐库种一芽二叶⑤
亮氨酸	94.90 4.69%	32.20 2.21%	31.00 1.72%
苯丙氨酸	184.32 9.21%	66.85 4.59%	46.88 2.60%
茶氨酸	666.38 32.94%	683.78 46.95%	695.40 38.55%
丙氨酸	240.63 11.9%	174.27 11.97%	237.84 13.19%
谷氨酸	81.37 4.03%	51.50 3.54%	77.41 4.29%
丝氨酸,天冬氨酸	293.26 14.50%	260.54 17.89%	289.16 16.03%
精氨酸	90.04 4.45%	72.61 4.99%	79.89 5/4.43%
天冬酰胺,组氨酸	153.51 7.59%	71.03 4.88%	154.80 8.58%
赖氨酸	216.08 10.68%	43.75 3.00%	191.33 10.61%
合 计	2022.49	1456.53	1803.71

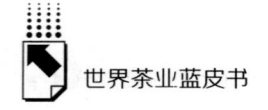

云南乔木大叶种茶氨酸占氨基酸总量的 32.94%~46.95%，而茶氨酸是茶叶中最重要的一种游离氨基酸，不仅对调节茶叶滋味具有重要作用；在增强人体免疫功能、调节代谢方面也具有重要意义。因为茶氨酸进入人体后转变为乙胺，而乙胺能调动人体内免疫 $\alpha-\delta-T$ 细胞的形成，促进干扰素增加，而做出抵御病毒、细菌和真菌侵害的反应。据美国新罕布尔州立大学医学院布可夫斯基（Bukowski）教授的研究，茶氨酸进入人体后可以使人体血液免疫细胞抵御病毒的能力提高5倍。

根据日本诹居和藤本的报告，茶氨酸在肠胃酸性条件下，在体温37℃时，3小时内仍表现出很强的稳定性。这对抑制肠道微生物具有重要意义。同时茶氨酸对人体肾脏谷氨酰胺酶促进磷酸和顺丁烯二酸的活化也具有积极意义，并对咖啡碱的兴奋有一定抑制能力，可以缓和咖啡碱对中枢神经的兴奋作用。

茶氨酸的分子结构如图3所示。

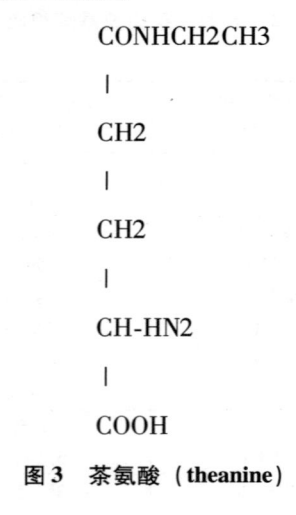

$$
\begin{array}{c}
CONHCH_2CH_3 \\
| \\
CH_2 \\
| \\
CH_2 \\
| \\
CH-HN_2 \\
| \\
COOH
\end{array}
$$

图 3　茶氨酸（theanine）

四　茶叶生物碱

茶叶中含有咖啡碱（又称咖啡因，caffeine）、可可碱（theobromine）、茶碱（theophylline）3种生物碱，都属于甲基嘌呤化合物，是重要的活性物质。茶叶中这三种物质以咖啡碱为主，占干物质含量的2%~4%，可可碱次之，占0.05%，茶叶碱占0.002%。它们的药理作用也非常相似，均具有兴奋中枢神经的功效。

按一般泡茶方法，茶汤中咖啡碱的含量为16~26毫克/100毫升。咖啡碱具有味苦、阈值低及对温度和pH值敏感的特性；随pH值升高和温度升高，其阈值降低，苦味增加。茶叶氨基酸对咖啡碱的苦味有消减作用，在茶汤中，咖啡碱与儿茶素（有重大贡献）形成氢键络合物，其呈味特性改变。在红茶汤中，咖啡碱与茶黄素、茶红素等形成茶乳凝，产生"冷后浑"，同时也可以与茶汤中的绿原酸形成复合物，改善茶汤的粗涩味，提高鲜爽度（咖啡碱的分子结构如图4所示）。

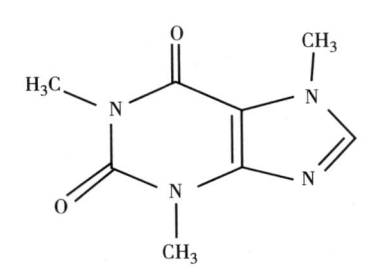

图4 咖啡碱（Caffeine）

茶叶咖啡碱与人工合成咖啡碱对人体的作用有明显差异。合成咖啡碱对人体有积累毒性，而茶叶咖啡碱7小时左右便可以完全排出体外。咖啡碱的主要功效是对中枢神经系统有兴奋作用；通过刺激肠胃，促使胃液的分泌，增进食欲，帮助消化；对膀胱产生刺激作用，协助利尿。在心绞痛和心肌梗死的治疗中，咖啡碱可强心解痉、松弛平滑肌，起到良好的辅助作用。在哮喘病的治疗中，咖啡碱已被用作一种支气管扩张剂。咖啡碱有时也与其他药物混合，提高它们的功效，如能够使减轻头痛药的功效提高40%，并能缩短药物作用的时间。咖啡碱与麦角胺一起使用，治疗偏头痛和集束性头痛，能克服由抗组胺剂带来的困意。

茶碱的主要药理作用与咖啡碱基本相似，但兴奋高级神经中枢的作用比

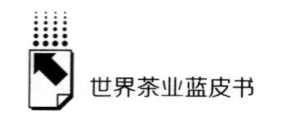

咖啡碱弱，而强心、扩张血管、松弛平滑肌、利尿等作用较咖啡碱强。

可可碱的主要药理作用与咖啡碱、茶碱也基本相近，但兴奋高级神经中枢的作用比上述两者都弱，而其利尿作用的持久性却较强，其强心、松弛平滑肌的作用，强于咖啡碱而次于茶碱。

五 多糖及碳水化合物

茶多糖（TPS）是茶叶中的糖类、蛋白质、果胶、灰分和其他成分等物质组成的类脂和多糖结合的大分子化合物。经分离的精制茶多糖是一种分子量为 $1\times10^4 \sim 5\times10^4$ 的水溶性复合多糖，主要成分有葡萄糖、阿拉伯糖、核糖、半乳糖、甘露糖、木糖及果糖等。研究表明 TPS 是茶叶中具有降血脂和增强人体免疫作用的又一大类功能成分。据王丁刚报道，正常小鼠腹腔注射 25 毫克/千克体重和 50 毫克/千克体重茶多糖，3 小时后血清胆固醇较对照组分别下降 18% 和 24%；给试验高胆固醇血症小鼠口服 50 毫克/千克体重和 100 毫克/千克体重 TPS，20 小时后血清胆固醇比高脂对照组分别下降 34% 和 43%；给试验高胆固醇血症大鼠灌胃 2.25 毫克/千克体重和 45.0 毫克/千克体重 TPS，10 小时后血清胆固醇比对照组分别下降 12% 和 17%，血清甘油三酯降低 15% 和 23%，低密度脂蛋白分别下降 6% 和 29%，高密度脂蛋白均增加 26%。

大量实验证明，茶多糖在鲜叶成熟新梢中含量丰富，一芽二叶含量约为 1%，成熟对夹叶都在 3%~4% 或以上，因此其在降血糖、降血脂、防治糖尿病方面疗效显著，其次在抗血凝、防血栓、保护血象及增强人体免疫力等方面都有不俗的表现。

此外，茶叶中多种碳水化合物的糖苷（如皂素等），除了对茶叶品质色、香、味有独特功能外，对人体健康也有独特作用。实验表明，茶多糖可以大大改善小白鼠的免疫细胞功能，用 50 毫克/千克茶多糖使小白鼠口服后 14 天内即可使处理鼠的脾脏指数和胸腺指数分别增加 5% 和 5.2%。

茶皂素属于三萜五环类皂苷，由皂苷元（即配基）、糖体和有机酸形成，相对分子量为 1200~2800。纯的茶皂素固体为微细柱状的白色结晶，熔点 223℃~224℃。茶皂素结晶易溶于含水的甲醇、乙醇、正丁醇及冰醋酸中，难溶于冷水、无水乙醇，不溶于乙醚、氯仿、石油醚及苯等非极性溶剂。茶皂素味苦而辛辣。

第二节 茶的色、香、味化学

19 世纪初，中国茶曾风靡欧洲，被英国皇室奉为"国饮"。但英国人却为红茶与绿茶是否各属不同栽培品种而争吵不休。女王伊丽莎白为了弄清此事，便派了皇家园艺学会温室部主任罗伯特·福钧（Robert. Fortune）到中国侦察内情。福钧两次潜到安徽、浙江、福建等地历时三年。他不仅弄清了红茶与绿茶的区别在于制法不同，还搜集了大量关于中国茶的情报。1848 年英国东印度公司以年薪 500 英镑为代价聘他再次潜入中国。这次，他不仅偷走了 1 千多斤茶籽和大量茶苗，还掳去十多名茶工到印度大吉岭，使印度种茶获得成功。最终把中国茶挤出欧洲市场。19 世纪英国"茶叶大盗"在中国人眼皮下偷走茶的教训不能忘记。

关于茶叶色、香、味品质形成机理的研究，较重要的是 20 世纪英国皇家科学院院士 E. 罗伯茨（E. Roberts）关于红茶发酵实质论文的发表。20 世纪后期，美国人桑德斯（Samders）、日本人西冈武夫等相继发表了红茶色变原理的研究报告。此后山西贞、伊奈和夫和我国的程启坤、杨贤强等人都对茶叶色香味的变化原理进行过深入研究。

一 茶叶色变原理

茶鲜叶中的叶绿素、儿茶素（属茶多酚）、花色素、花黄素及其氧化物是茶叶在加工中产生色变的主要物质。由于制茶方法不同，茶叶中含量丰富的叶绿素、儿茶素等按氧化降解程度呈不同色变（图5），已故陈椽教授在其《制茶技术原理》（上海科技出版社，1981）中按儿茶素

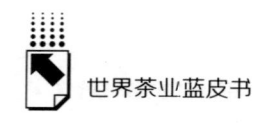

氧化程度不同将制茶方法分为六大茶类，为中国现代茶叶分类法奠定了基础（图6）。

图5 茶多酚氧化聚合过程

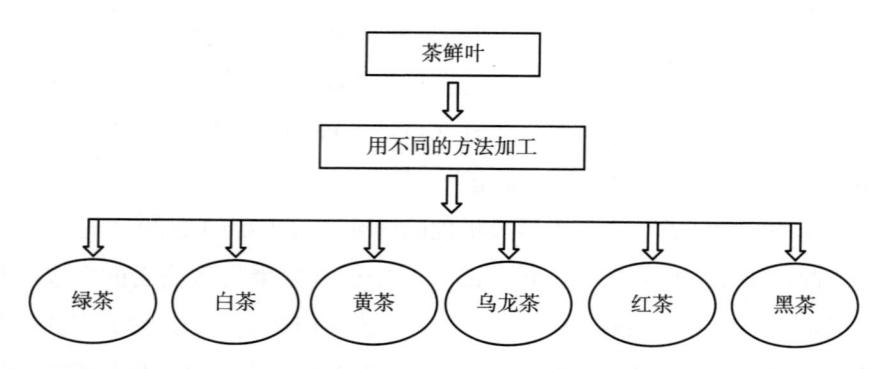

（茶多酚（无色）；邻醌与氧化二聚物（淡黄色）；茶黄素类（橙黄色）；茶红素类（红色）；茶褐素等高聚合物（棕褐色或暗褐色））

茶类	可称作	氧化程度范围	代表性茶叶	代表性茶叶氧化程度
绿茶	不发酵茶	小于10%	龙井	5%
白茶	微发酵茶	5%~15%	白毫银针	10%
黄茶	轻发酵茶	10%~25%	君山银针	15%
乌龙茶	半发酵茶	20%~70%	铁观音	40%
红茶	全发酵茶	70%~95%	祁门红茶	80%
黑茶	后发酵茶	80%~98%	普洱茶	95%

图6 六大茶类分类系统

(一) 叶绿素

叶绿素是以金属镁为核心的含 N 化合物，包括叶绿素 a、b、c、d 四种，茶叶等高等植物含 a、b 两种，叶绿素不溶于水，但溶于乙醇，遇酸、碱或受热发生取代反应。

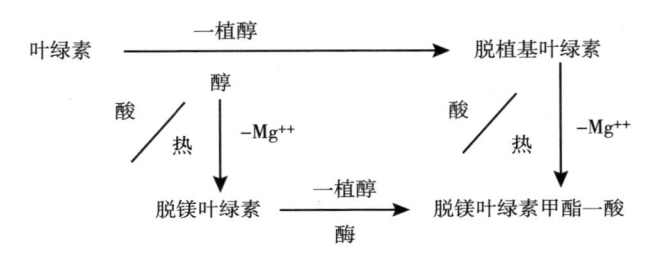

```
叶绿素 ——一植醇→ 脱植基叶绿素
  │酸/热  │醇 -Mg++      │酸/热  │-Mg++
  ↓                      ↓
脱镁叶绿素 ——一植醇→ 脱镁叶绿素甲酯一酸
              酶
```

图 7　叶绿素取代反应

被 H^{++} 取代后的叶绿素称脱镁叶绿素，绿茶加工中的"杀青"工序即有此反应发生；在高温下，叶绿素也易水解，形成叶绿酸与叶绿醇，二者溶于水，但失去荧光，绿茶冲泡后茶易色泽即有二者的参与，但主要是黄酮类氧化产物，故绿茶汤色一般均为黄绿色，而绝非翠绿。

叶绿素在鲜叶中与蛋白质结合形成叶绿体；在制茶过程中，叶绿素从蛋白体中释放出来。游离的叶绿素对光、热敏感。在稀碱中可以皂化水解为鲜绿色的叶绿酸（盐）、叶绿醇及甲醇。

(二) 类胡萝卜素

类胡萝卜素按其组成和性质可分为胡萝卜素类和叶黄素类。

胡萝卜素类的结构特征为共轭多烯烃，易溶于石油醚，微溶于甲醇、乙醇。在茶叶中的含量一般为 0.02%~0.3%。Venkatakrishna 等（1976）从茶鲜叶中分离鉴定出 α-胡萝卜素、β-胡萝卜素等，其中 β-胡萝卜素含量最高。

胡萝卜素在红茶、黑茶的制造过程中含量迅速降低，胡萝卜素在红茶制造过程中可以氧化降解为 β-紫萝酮并衍生出多种香气化合物。

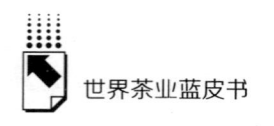

(三）水溶性色素

茶叶中的水溶性色素包括花青素、花黄素以及茶叶加工过程中形成的茶黄素、茶红素等。

1. 花青素

花青素是一类性质较稳定的色原烯衍生物。植物中的花青素多在 C3 位置上带有羟基，且常与葡萄糖、半乳糖或鼠李糖缩合形成苷。在茶叶中发现的有飞燕草素（花翠素，Delphinidin）、飞燕草苷（Delphin）、花白素（Leucoanthocyanin）、飞燕草花白素（Leucodelphinidin）、蔷薇花青素（Cyanldin）等。

花青素在氧化剂存在的情况下极不稳定。由于花青素分子中吡喃环上的氧原子是四价的，所以花青素具有碱的性质；它又有酚羟基，也具有酸的性质。pH 值改变，可以改变颜色。随着羟基数的增加，颜色向靛青方向发展，随着甲氧基的增加，颜色向红紫方向发展。

2. 花黄素

花黄素包括黄酮和黄酮醇两类化合物。其基本结构是 α-苯基色原酮。茶体内主要是黄酮醇，在鲜叶中的含量占参与物质的 3% ~ 4%，是茶叶水溶性黄色素的主体物质，与绿茶茶汤颜色高度正相关。

茶叶中的黄酮醇类主要有三种：杨梅素，山奈素，槲皮素及其与单糖、双糖或三糖形成的糖苷。糖包括葡萄糖、鼠李糖、半乳糖、芸香糖等。黄酮类有异牡荆苷、牡荆苷等。

Finger 等（1991）从茶鲜叶、红茶、绿茶中分别分离鉴定出 20 种黄酮醇及其糖苷。这些化合物包括山奈素、槲皮素、异槲皮素、杨梅素、杨梅素-3-O-鼠李葡糖苷、杨梅素-3-O-半乳糖苷、杨梅素-3-O-葡糖苷、槲皮素三糖苷、槲皮素-3-O-鼠李双糖苷、槲皮素双糖苷、槲皮素-3-鼠李糖苷、槲皮素-3-O 鼠李葡糖苷、槲皮素-3-O-半乳糖苷、槲皮素-3-O-葡糖苷、山奈素-3-O-鼠李双葡糖苷、山奈苷、山奈素-3-O-鼠李葡糖苷、山奈素-3-O-葡糖苷、槲皮素-3-O-葡糖鼠李半乳糖苷、山奈素-3-O-鼠李半乳糖苷及槲皮素-7-葡糖苷。

3. 茶黄素

茶黄素是多酚类物质氧化形成的一类能溶于乙酸乙酯的、具有苯并䓬酚酮结构的化合物的总称。包括茶黄素、茶黄素单没食子酸酯、茶黄素双没食子酸酯等。Coxon等（1970）从红茶中分离出一种茶黄素的异构体——异茶黄素，Coxon（1970）及Bryce等（1970）又发现了表茶黄酸，Bryce（1972）发现了表茶黄酸-3-没食子酸酯，而Sant（1973）用SephadexLH-20柱层析方法从红茶汤中分离鉴定出几种茶黄素的衍生物：异茶黄素、新茶黄素、表茶黄酸、茶黄酸及一种新化合物——红棓酚-6-羧酸。各种茶黄素类化合物的分子式等见表3，相应的结构见图8。

表3 红茶中的茶黄素

化合物	分子式	最大吸收波长（纳米）		在红茶中的大约含量(%)	颜色
		甲醇[a]	乙醇[b]		
茶黄素	$C_{29}H_{24}O_{2}$	268,378,461	270,294,380,485	0.5~2.00	亮红
异茶黄素	$C_{29}H_{24}O_{12}$		270,294,378,467		
新茶黄素	$C_{29}H_{24}O_{12}$		270,295,378,465		
茶黄素-3-没食子酸酯	$C_{36}H_{28}O_{16}$	272,376,455	275,378,465		
茶黄素-3'-没食子酸酯	$C_{36}H_{28}O_{16}$	278,376,452	275,378,464		
茶黄素-3,3'-双没食子酸酯	$C_{43}H_{32}O_{20}$	278,378,455	278,378,460		
红紫棓精羧酸	$C_{12}H_{8}O_{9}$			痕量	桔黄
茶黄酸	$C_{12}H_{16}O_{10}$	278,398	280,404		亮红
表茶黄酸	$C_{21}H_{16}O_{10}$	280,400	280,400		亮红
表茶黄酸-3'-没食子酸酯	$C_{28}H_{20}O_{14}$	279,398			亮红黄,桔黄
Categallin	$C_{20}H_{16}O_{8}$	274,373,453			桔黄
Pyrogallin	$C_{20}H_{16}O_{9}$	281,307,356,425			

Bailey等（1990）提出了用高效液相色谱法测定茶黄素主要组成成分及其他物质的方法。红茶用沸蒸馏水提取，在80℃水中提取10分钟，过滤得待测液。高效液相色谱仪用5微米HypersilODS（25×0.46厘米）柱，进样量20微升（20微升样品环），流动相为：溶剂A为2%含水乙酸，溶剂B

为乙腈。梯度洗脱：92％ A ＋8％ B 到69％ A ＋31％ B，梯度洗脱50 分钟以上，流速1.5 毫升/分钟。在280 纳米处的色谱图见图8。其中第17、18、19、20 号峰分别为茶黄素、茶黄素－3－没食子酸酯、茶黄素－3′－没食子酸酯、茶黄素－3,3′－双没食子酸酯。第11～15 号峰为黄酮醇及其糖苷，第7 号峰为咖啡碱。

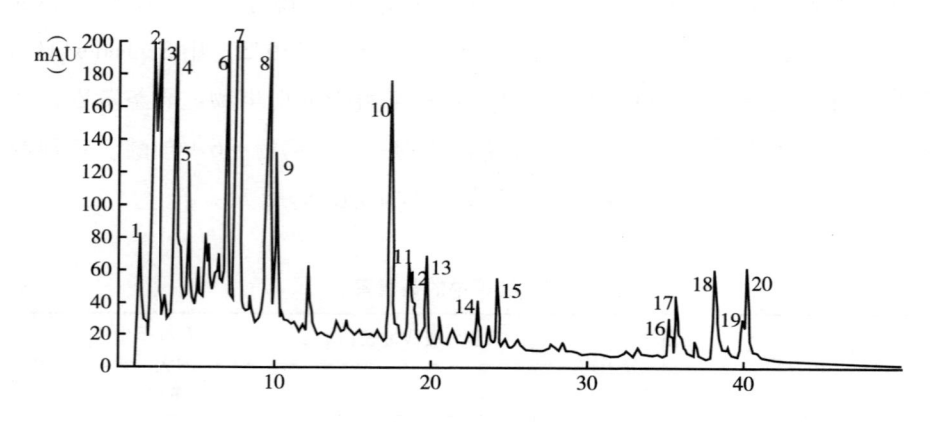

图8 红茶茶汤高速液相色谱图

资料来源：摘自 Bailey 等 *J Sci Food Agric*，1990，52：509～525

茶黄素的分子结构如图9 所示。

图9 茶黄素

1）R1 ＝ R2 ＝ H，茶黄素（Theaflavin，TF）

2）R1 ＝ galloy　R2 ＝ H　茶黄素－3－没食子酸酯（Theaflavin － 3 －

gallate，TF – 3G)

3) R1 = H　R2 = galloyl　茶黄素 – 3′ – 没食子酸酯（Theaflavin – 3′ – gallate，TF – 3′G)

4) R1 = R2 = galloyl 茶黄素 – 3，3′ – 双没食子酸酯（Theaflavin – 3，3′ – gallate，TF – 3，3′G)

5) R1 = R2 = H　异茶黄素（Isotheaflavin）

4. 茶红素

罗伯茨（Roberts）等（1967）指出，茶红素在双向纸色谱上能分离出 SⅠ、SⅠa 和 SⅡ 三个部分，且其吸收光谱等性质都非常相近，分子量在700左右。Cattell 等（1977）用 Sephadex LH – 20 柱层析分离茶汤中的色素，用60% 的含水丙酮进行洗脱，能将茶红素分离成三个部分，即溶于乙酸乙酯的 TR_1，部分溶于乙酸乙酯的 TR_2，不溶于乙酸乙酯的 TR_3（见图10）。而 Hazanka 等（1984）用60% 的含水丙酮抽提红茶，提取物在 SephadexLH – 20 柱上分离成6个分部，然后用纸色谱分离各分部，第Ⅰ、Ⅱ和Ⅲ分部分别与 TR_1、TR_2 和 TR_3 相对应。

茶红素是一组非均质的酚型色素，其分子量为 700 ~ 40000 道尔顿。Vuataz 等（1961）发现茶红素 SⅠ 不含 N，而 SⅡ 部分却含有 0.55% 的 N，经酸解后检出了丙氨酸等 14 种氨基酸，证实茶红素中含有蛋白质等物；Berkowitz 等（1971）指出茶红素组分分子量差异很大，为 700 ~ 40000；而 Stagz（1974）指出，茶红素是一类分子量差异极大的异源物质，它既包括儿茶素酶促氧化聚合、缩合反应产物，也有儿茶素氧化产物与多糖、蛋白质、核酸和原花色素等产生非酶促反应的产物，是一类复杂的、不均一的红褐色酚型化合物。

（四）非酶褐变色素

茶叶色变除了由茶叶自身酶系的作用引起以外，还有很多是温度和 pH 值变化所引起的化学色变，如羰氨反应（梅拉德反应）、焦糖化反应、儿茶素与氨基酸热化学反应等。

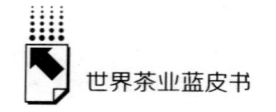

图 10 Cattll（1977）提出的茶红素可能的结构

1. 羰氨反应

凡是氨基（-NH2）与羰基经缩合、聚合生成黑色素的反应都称为羰氨反应，又称为梅拉德反应。食品中的氨基酸与糖、酸等羰基化合物产生羰氨反应，可使食品的颜色加深（褐变）。

Ouwland 等（1978）从红茶汤中分离出了葡萄糖与茶氨酸的衍生物。Anan（1979）从绿茶中分离出 1 - 脱氧基 - 1 - L - 茶氨基 - D - 吡喃果糖，而 Imperato（1980）从红茶中还分离出另一种羰氨反应中间产物，N - 对 - 香豆酰 - 谷氨酸。

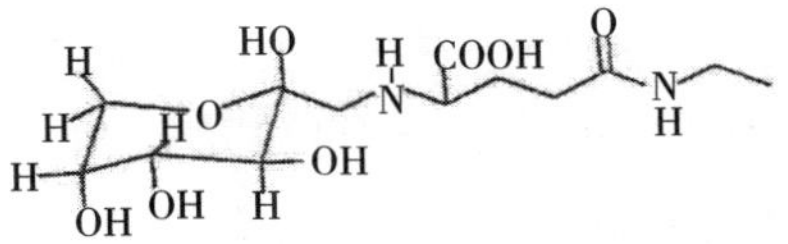

1-脱氧基-1-L-茶氨酸-D-吡喃果糖

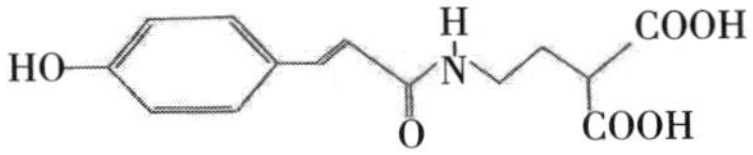

N-对-香豆酰-谷氨酸

2. 焦糖化作用

糖类受高温（150℃～200℃）作用，会发生降解，降解后产物经过聚合、缩合生成黑褐色物质，称为焦糖化作用。这在乌龙茶、普洱茶中常见。

萧伟祥等（1988）试验表明，茶叶中的焦糖化作用仅在高温下（＞130℃）才明显。由于茶叶中的淀粉、蔗糖含量低，而氨基酸丰富，在茶叶干燥过程中焦糖化反应难于进行，更多的是羰氨反应。

3. 维生素 C 的褐变

维生素 C 在茶叶（特别是绿茶）制造过程中，受热自动氧化、聚合形成褐色物质，影响茶叶的品质。其反应为：

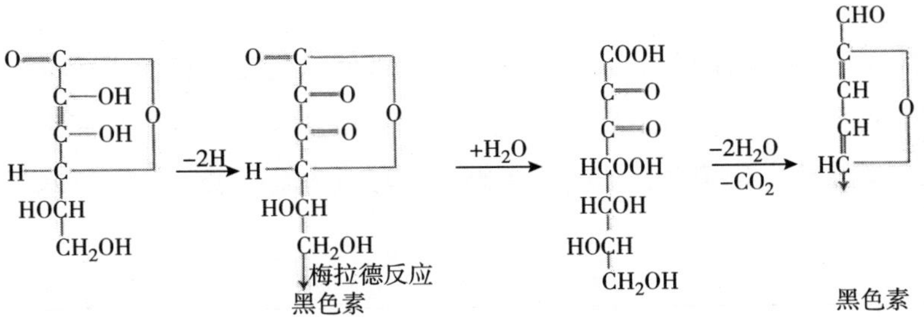

图 11　梅拉德反应

4. 儿茶素与氨基酸的褐变

茶鲜叶中含有大量的儿茶素类化合物。在高温作用下，这些化合物与氨

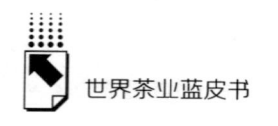

基酸会形成香气化合物，同时也会产生未知褐色化合物。

阿南丰正等（1984）将从绿茶中提取的粗儿茶素与谷氨酸、丝氨酸、茶氨酸、精氨酸4种氨基酸混合加热，另外将（+）-儿茶素分别与上述四种氨基酸一起加热，结果表明，加热后均产生多种有色物质，粗儿茶素与四种氨基酸混合加热后，其色变程度比（+）-儿茶素分别与四种氨基酸加热后的变色程度高，说明氨基酸的存在能加速儿茶素转化成有色物质。

研究还表明，在普洱茶渥堆发酵过程中，位阻大的表没食子儿茶素（EGCG）会转变为位阻小的反式儿茶素（GCG），其清除自由基的能力反而有所增强。普洱茶提取物的抗氧化活性显著高于绿茶，也可以解释为儿茶素的异构化有利于其抗氧化作用能力的提高。

茶多酚无论在加工过程中还是提取分离过程中，加热后均发生氧化聚合反应，产生的寡聚体使分子共轭双键延长，并发生红移现象，吸收波长增大，颜色加深。但由于这些寡聚体酚性羟基使共轭效应增强，电子对偏向苯环，加强供氢能力，导致了寡聚体抗氧化清除自由基效果增强。多项动物和临床实验表明，深度氧化的普洱茶形成的茶褐素（TB）及裂解产生的没食子酰同样具有很强的生理活性，因此，普洱茶的抗氧化能力同样不低于绿茶及乌龙茶。

如前所述，可以认为在普洱茶原料生产过程中，杀青及干燥等工序已使多酚酶（PPO）的活性受到抑制。普洱茶品质的变化源于渥堆产生的生物热化学作用及贮存阶段的非酶促氧化作用。儿茶素的变化与渥堆中的微生物消长呈一定的相关关系。微生物大量繁殖会促进茶堆温度上升，从而引起茶叶中的儿茶素加快氧化聚合，使儿茶素降解，形成没食子酸，二甲氧基苯等显著上升。

二 茶叶香气形成

香气是茶品质的重要组成之一，虽然其含量甚微，但与茶汤气味的阈值关系密切。以下将以绿茶、乌龙茶、普洱茶为例阐明茶香形成机理。

（一）鲜叶中的香气化合物

林正奎等（1982）的研究表明，不同季节茶鲜叶挥发油的含量不同（表4）。从春、夏、秋三季鲜叶中共鉴定出51种挥发性化合物。其中醇类16种，醛类11种，酮类4种，酯类8种，酸类7种，其他5种。

表4 不同季节茶鲜叶挥发性得率比较

季 节	茶样（克，干重）	挥发油重量（克）	得率（毫克/千克）
春 季	900	0.1880	209
夏 季	1217	0.3468	284
秋 季	1255	0.9506	758

不同地区、不同品种茶树鲜叶中的挥发性物质不同。新梢中各部位的精油总量，以茎最多，依次为一芽一叶、一芽二叶、一芽三叶，随着叶龄增加而下降。

（二）绿茶的香气特征

绿茶加工过程中的杀青、摊放、干燥工序会使茶叶香气发生深刻变化，芳香成分含量显著增加。曾晓雄等（1991）从炒青绿茶中分离出86种香气化合物，鉴定出77种，比鲜叶增加了1/3。其中含量较高的香气化合物有：乙酸乙酯、甲酸-顺-3-己烯酯、庚醛、苯甲醇、芳樟醇及其氧化物、苯乙醇、α-萜品醇、香叶醇、吲哚、β-紫萝酮以及橙花叔醇等。此外还检出γ-萜品醇、α-雪松烯、α-雪松醇、α-荜澄醇等多种萜烯类化合物，以及吡啶、3-甲基-2,3-二氢呋喃、糠醛、2-甲基吡嗪、2,5-二甲基吡嗪等梅拉德反应产物。

Kawakami等（1983）从龙井茶中鉴定出76种香气化合物。其中吡嗪类化合物含量很高，有2,5-二甲基吡嗪、2-甲基-5-乙基吡嗪、三甲基吡嗪、2,5-二甲基-3-乙基吡嗪。该研究认为，龙井茶的锅炒香与这些化合物有关，此外还有大量的芳樟醇及其氧化物，羧酸和内酯等。

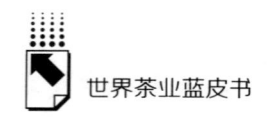

煎茶是蒸汽杀青绿茶。Shimoda 等（1995）对 45 种高、中、低级煎茶的挥发性香气化合物及其与感官性质的关系进行了研究。从煎茶中鉴定出 91 种香气组分，包括 17 种醇、12 种醛、11 种酮、6 种酯、7 种酸、4 种呋喃酮和内酯、2 种酚、13 种碳氢化合物和 15 种杂类化合物。

高级煎茶中富含酸、酮和内酯。D-橙花叔醇、环己酮、6-甲基-α-紫萝酮及茉莉酮酸甲酯等在高级煎茶中含量高。D-橙花叔醇是煎茶香气的一个重要组分，但含量太高对香气反而有损害。Shimoda 等认为高级煎茶柔和的风味取决于具有柔和花香的己烯酯和具有甜花香的茉莉酮酸甲酯等，具有辛辣味的低级煎茶中醛的含量是高级煎茶的 2 倍，而酸类和内酯的含量低。其中，反，顺-2,4-庚二烯醛、丁酸-3-己烯酯-己酸-3-己烯酯等在低级煎茶中含量尤高。

在多种名优绿茶中，以西湖龙井和其他品种比较，龙井长叶和龙井 43 号两个品种都含有较高的香叶醇糖苷前体，龙井品种鲜叶在摊放中葡萄糖苷酶活性增加，并且有香叶醇等香气化合物大量释放。童华荣、刘勤晋等以龙井长叶和龙井 43 为原料加工的四川青川七佛贡茶和西湖龙井都检出高含量的香叶醇。但青川栽培的龙井长叶和龙井 43 原料加工的七佛贡茶的香叶醇含量比西湖龙井分别高 62% 和 76%，而芳樟醇含量分别是西湖龙井的 3.8 倍和 1.7 倍，此外，顺—茉莉酮也比西湖龙井分别高 73% 和 37%，与感官评价结果一致（见图 12、图 13）。这些与高纬度和较高海拔的生态环境及气候条件有关，茶鲜叶中的香气前体化合物含量增加，在加工过程中这些香气前体化合物水解降解更多，故感官审评结果茶的香气鲜浓持久，滋味醇厚甘爽，且耐冲泡。

（三）乌龙茶香气特征

日本御茶水女子大学资深教授、著名茶叶化学家、百岁老人山西贞在 1979 年对台湾包种茶香气进行了研究。发现包种茶中橙花叔醇、茉莉内酯、苯甲基氰化物、吲哚含量均很高，芳樟醇氧化物、3,7-二甲基-1,5,7-辛三烯-3-醇比日本绿茶高，茉莉内酯和茉莉酮酸甲酯比茉莉花茶还

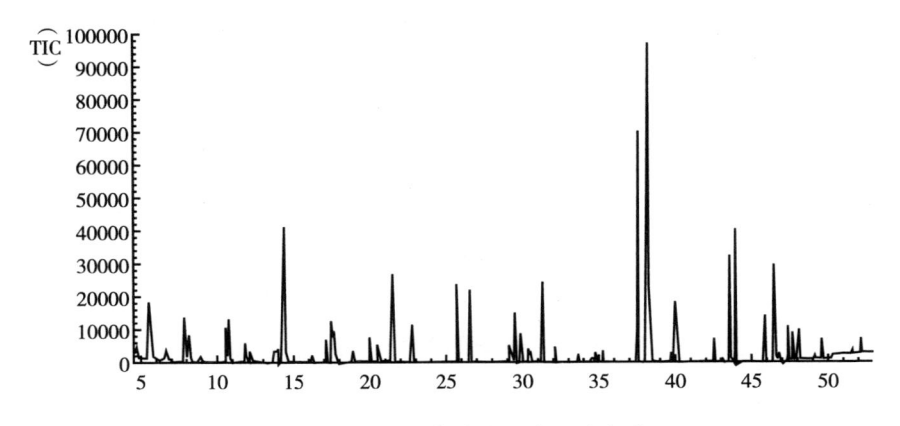

图 12　西湖龙井香气成分总离子流色谱图

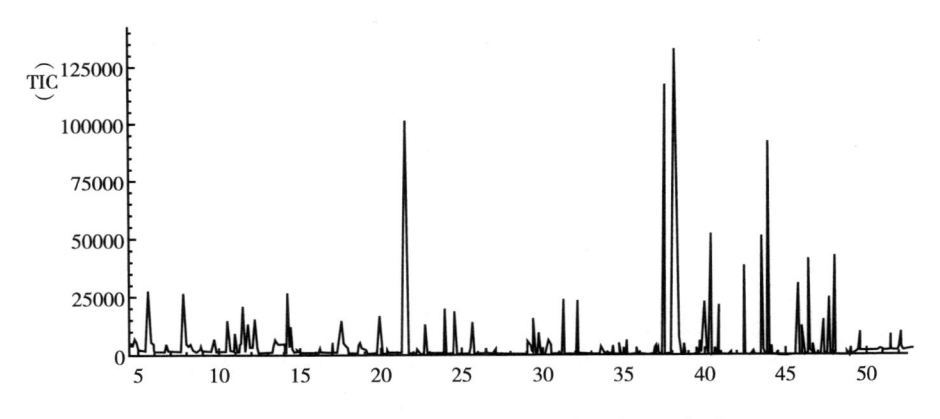

图 13　青川龙井长叶原料加工茶叶的总离子流色谱图

多。研究还表明，上等包种茶特有的香气成分，主要是具有花香的茉莉内酯、茉莉酮酸甲酯、橙花叔醇、苯乙基甲酮的吲哚等，包种茶各等级所含的香气成分基本一致，但相对含量有所不同。

我国林正奎（1984）研究认为，乌龙茶含有香叶醇和 3，7 - 二甲基 - 1，5，7 - 辛三烯 - 3 - 醇等化合物。骆少君等（1987）分析了铁观音、黄棪、毛蟹和水仙认为：乌龙茶中含有较高的法尼烯、乙酸苄酯等组分，各种乌龙茶还有各自的特征香气成分。Kawakami 等（1995）用冲泡抽提法对黄金桂等乌龙茶的香气进行了研究。冲泡抽提法收集到的香气与冲泡时的香气非常接近。用这种方法获得的黄金桂的香气化合物有 52 种。其中同样含有大量的茉莉内酯、2-苯基乙醇、吲哚、苄醇、苯乙腈、茉莉酮酸甲酯、2-苯甲酸苯甲酯、己酸和 2,6-二甲基-2,7-辛二烯-2,6-二醇等。Wang 等（1995）对乌龙茶中的茉莉酮酸甲酯的光学异构体进行了分离测定，两种乌龙茶中茉莉酮酸甲酯的两种异构体的含量见表 5。通过二者阈值的比较，他们认为，在乌龙茶中，表茉莉酮酸甲酯更显重要。

表5 乌龙茶中茉莉酮酸甲酯的含量及阈值

	黄金桂（微克/千克）	铁观音（微克/千克）	阈值（纳克/毫升水）
（一）茉莉酮酸甲酯	2383	2608	>70
（二）表茉莉酮酸甲酯	132	86	3

近年来，笔者在武夷山对岩茶的特征香气成因进行研究后认为，岩茶香气除与品种细胞结构、产地气候土壤及立地条件密切相关以外，与鲜叶采摘成熟度及做青时环境的关系也很密切。被称为"开面采"的对夹 3~4 叶是制造岩茶的最好原料，而在同一海拔高度各品种都有较高阈值，但特征香气互补。例如肉桂品种，从第 3 片叶往下，叶的厚度降低，类胡萝卜素增加，表明叶子衰老，叶绿体也随着退化。衰老的叶绿体（Seneseent chloroplast）在电镜下，含有较多黄色颗粒，这种颗粒被称为质体小球（plasloglobuli）。质体小球含有丰富的类胡萝卜素。随着膜系统的分解，脂质成分与类胡萝卜素大量积累。

因此，乌龙茶品种随着叶位的下降叶绿体结构逐渐分化，由第 1 叶到第 4 叶，类胡萝卜素含量递增，叶色变深变亮。脂类颗粒增多，香气先质的物质基础积累丰富。从第 3 叶开始，叶绿体退化产生原质体，这一特殊现象仅存在于乌龙茶的各品种中，与乌龙茶的特殊香味有关。故岩茶采摘以对夹 3~4 叶的成熟鲜叶为最佳！

图 14、图 15、图 16 的 GC-MS 分析图谱显示，同一海拔的牛栏坑、马头岩处于不同日照环境下，其香气风格有明显差异。用不同山头肉桂拼合开发的"溪谷留香"具有更丰富的特征香气化合物，综合香气得分比前者提

高3%~5%（国家茶检中心评定）。本案例表明，某一小产地的单一品种"山头茶"并无该品种优异品质的综合代表性。

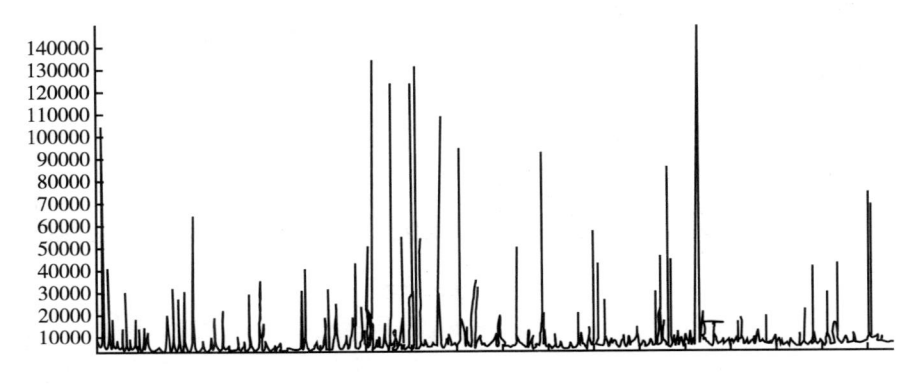

图14 牛栏坑肉桂分析图谱

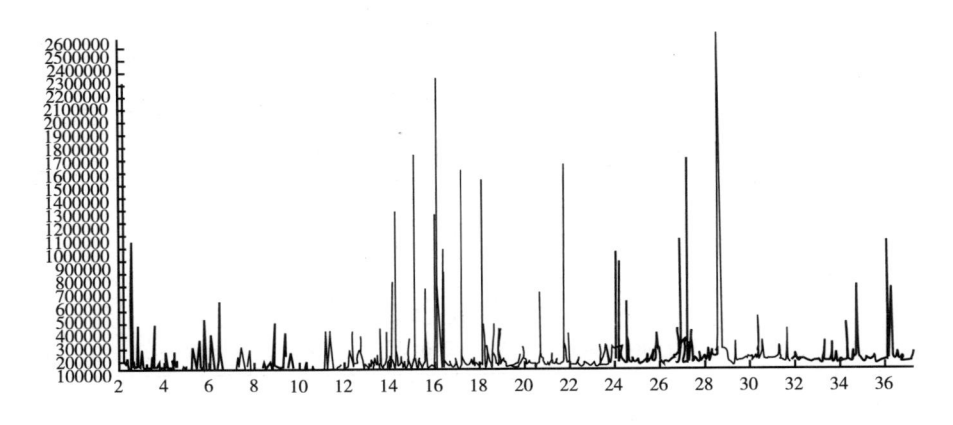

图15 马头岩肉桂分析图谱

（四）酶对香气形成的作用

茶叶香气主要由多种键合态糖苷化合物转化而来，糖苷在酶的作用下水解后生成多种挥发性香气。鲜叶中的香气先质以单糖苷和双糖苷的形式存在，过去被认为是β-葡萄糖苷。近年来，随着NMR技术的进步，香叶醇、芳樟醇及芳樟醇氧化物（Ⅰ-Ⅱ）的樱草糖苷，香叶醇的巢菜糖苷，水杨

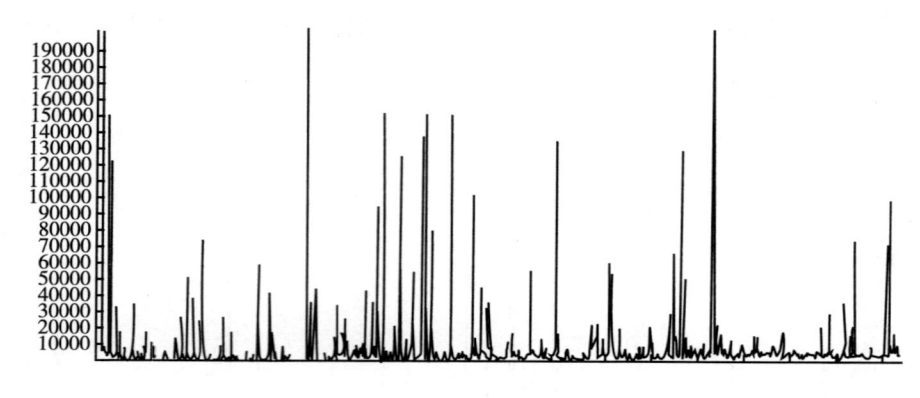

图16 溪谷留香

酸甲酯，β-紫罗酮的芹菜糖基-β-D葡萄糖苷均已通过核磁共振波谱技术被鉴定出来。如图17所示。

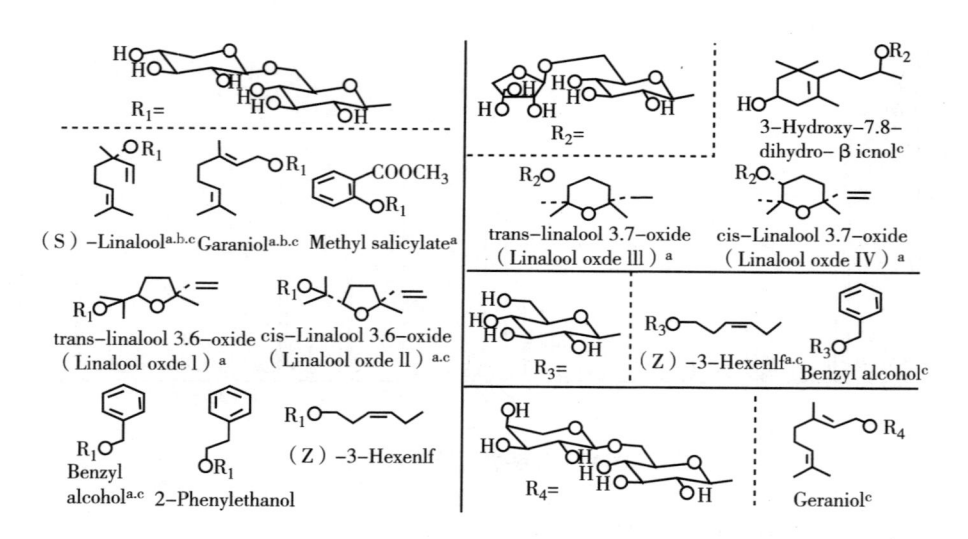

图17 茶叶中的多糖苷香气前体

β-樱草糖苷酶是乌龙茶、红茶的主要香气成分的生物催化剂。香叶醇、芳樟醇、2-苯乙醇、苯甲醇及芳樟醇氧化物（Ⅰ-Ⅱ）等，主要是从它们的双糖基苷中，利用β-樱草糖苷酶水解生成的。

β-樱草糖苷酶存在于细胞壁中,而β-樱草糖苷酶作用的香气前体又存在于细胞的液泡内,二者通常情况下被隔离开来,只有在遭遇做青或受到伤害而温湿度又适合的外部条件并导致组织破坏的情况下才有可能接触,产生酶促反应。

乌龙茶的初制时间约为一昼夜,有较大的空间使酶发生作用,当温湿度适合时,β-樱草糖苷酶与基质迅速结合。用丙酮粉法测酶活性时发现,以樱草糖苷为基质测定萎凋后的酶活性提高了22%,萎凋叶发散出明显的花果香。

三 茶的滋味化学

味蕾是人体受味的通道,绝大部分在舌头上。但舌的不同部位对味的敏感性不一致。一般舌尖对甜味最敏感,舌尖和舌边缘对咸味最敏感,靠腮的两边对酸味最敏感,舌根部对苦味和鲜味最敏感。

衡量味的敏感性的指标是味阈,即能感觉到的某呈味物质的最低浓度,阈值越低表示人对该物质的敏感性越高。呈味化合物在阈上浓度时,感觉强度与浓度之间遵从斯蒂文斯指数方程。

味觉的建立有一个时间过程,从将味刺激引入口中,将呈味物质的化学信号转换成电脉冲信号,使大脑中枢产生味觉,然后味强度逐渐增强,直到达到最大强度,然后味强度逐渐降低直至消失。不同的呈味物质及不同浓度的味的持续时间、最大强度等不同。苦味、涩味物质一般的持续时间较甜味、咸味长。而同种物质,浓度高时,其强度大,持续时间也相应增加。

人体对味觉的敏感温度范围在10℃~40℃之间,其中以30℃为最敏感,低于或高于此温度,各种味觉都会有所减弱,甜味在50℃以上时,感觉显著迟钝。

(一)甜味

食物的甜味是许多人偏爱的味道。食品中的甜味物质分为天然的和人工合成的两大类。糖类是最具代表性的天然甜味物质,如蔗糖、果糖、葡萄糖

等。另外有部分氨基酸，如甘氨酸、丙氨酸等也具有弱的甜味。

甜味不是茶汤的主味，但甜味对茶的苦、涩味有协调和抑制作用。茶的甜味物质主要有两类：一是单糖、双糖和三糖等糖类化合物；另一类是带甜味的氨基酸：L丙氨酸、L-甘氨酸等。

（二）酸味

酸味是由舌黏膜受到氢离子刺激而引起的。因此，凡是在溶液中能解离出 H^+ 的化合物都具有酸味。如果摩尔浓度相等，所有的酸的酸味强度相等，所以酸味与水合氢离子浓度而不是氢离子浓度（即 pH 值）呈函数关系。

酸味物质的阴离子对酸味物质的风味有影响，多数有机酸具有爽快的酸味，而多数无机酸（如盐酸）却具有苦、涩味，使风味变差。

茶的滋味中的酸味是调节茶汤风味的要素。茶汤中主要有抗坏血酸及其他多种羧酸，如苹果酸、柠檬酸、酒石酸、绿原酸及谷氨酸、天冬氨酸、茶氨酸等，但对这些酸味物质与茶的风味间的关系还没有系统的研究。

（三）咸味

咸味在食品调味中极为重要。咸味是中性盐所显示的味，但只有氯化钠才能产生纯粹的咸味，有些盐虽具有咸味，但同时具有其他味如苦味等，即产生混合味。因此可以认为只有一个真正的咸味载体，即 Na^+ 和 Cl^- 的联合体。

茶汤中产生咸味的成分主要是钾、钠等一价离子和相应的负离子，但咸味不是茶汤的主要味道。

（四）苦味

单纯的苦味是不可口的，但苦味具有对味觉产生强烈刺激的作用，如果食品中各种味与苦味协调，则苦味仍可以起到丰富和改进食品风味的作用。

苦味物质就其化学性质而言可分为两大类，一类是无机盐类，如 Ca^{2+}、

Mg^{2+}、NH_4^+离子等能产生苦味，苦味盐类的阴离子、阳离子与味受体的亲电子/亲质子基团相互作用也可产生苦味。

茶叶中的苦味物质有儿茶素类化合物、茶黄素、咖啡碱、可可碱、茶碱、茶叶皂素及一部分苦味氨基酸。

（五）鲜味

茶叶中的鲜味组分主要是鲜味氨基酸如茶氨酸、谷氨酸、天冬氨酸等，琥珀酸也具鲜味。另外，红茶中的茶黄素、茶红素与咖啡碱形成的复合物也具有鲜爽味（图18）。

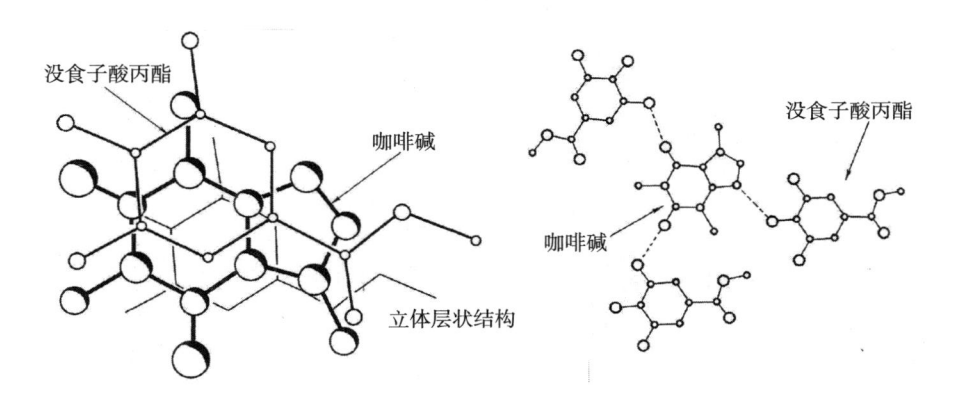

图18 茶叶中的鲜味物质

（五）涩味

涩味是口腔中能感觉到的一种干燥的、收敛性的感觉，是单宁等多酚类物质与唾液蛋白和糖蛋白相互作用产生的。多酚类物质与蛋白质的相互作用有4种方式：多酚类邻酚羟基与蛋白质的亚氨基间形成氢键；多酚氧化成醌以共价键与蛋白质结合，或蛋白质的功能基团被醌所氧化；与蛋白质分子的酚性阴离子形成离子键；酚类化合物芳香结构与蛋白质的疏水区通过疏水作用相结合。因此，涩味不是由味蕾产生的，而是与蛋白质相互作用，刺激触

觉神经末梢所产生的。

引起茶叶涩味的主要成分是多酚类化合物（如儿茶素、没食子儿茶素等）及其氧化产物（如茶黄素等）以及酚类、酚酸、醛类等化合物。

陈宗道、童华荣（1989）指出，浓度为1%的茶氨酸鲜、甜、酸、苦四味的比例为33.1∶34.7∶18.2∶14.0。与相同浓度的谷氨酰胺和天冬酰胺相比，茶氨酸的鲜甜味明显高于谷氨酰胺和天冬酰胺，而酸苦味则低于两者（图19）。

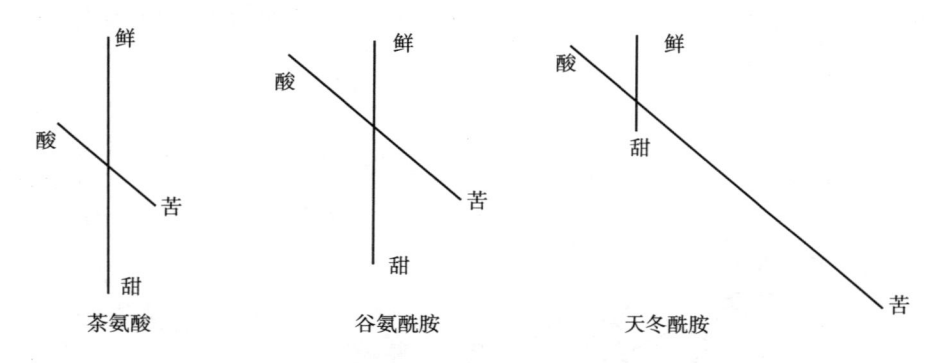

图19　茶氨酸与谷氨酰胺和天冬酰胺的四味对比

不过大多数具有涩味的多酚类物质同时具有苦味。Robichoud等（1990）对没食子酸等味觉特性的研究表明，没食子酸、儿茶素、丹宁酸均具有涩味和苦味。儿茶素和没食子酸在试验的几种浓度下苦味均比涩味强，苦味与涩味强度随着浓度增加而增强，在试验浓度范围内呈直线上升。

表6列出了各类氨基酸的阈值和感官特征。

表6　氨基酸的阈值和感官特征

氨基酸	阈值(毫克/100毫升)	甜味	咸	酸	苦	鲜
甜味氨基酸						
羟脯氨酸	50	＊＊＊			＊＊	
赖氨酸·HCl	50	＊＊			＊＊	
丙氨酸	60	＊＊＊				
甘氨酸	130	＊＊＊				

续表

氨基酸	阈值(毫克/100毫升)	甜味	咸	酸	苦	鲜
丝氨酸	150	* * *		*		*
谷氨酰胺	250	*				*
苏氨酸	260	* * *		*	*	
脯氨酸	300	* * *			* * *	
酸和鲜味氨基酸						
天冬氨酸	3			* * *		*
谷氨酸	5			* * *		* *
组氨酸·HCl	5			* * *		
天冬酰胺	100			* *	*	
谷氨酸-钠	30	*	*	*		* * *
天冬氨酸-钠	100		* *			* *
苦味氨基酸						
组氨酸	20				* *	
精氨酸·HCl	30				* * *	
甲硫氨酸	30				* * *	*
缬氨酸	40				* * *	
精氨酸	50				* * *	
异亮氨酸	90				* * *	
苯丙氨酸	90				* * *	
色氨酸	90				* * *	
亮氨酸	190				* * *	

* 表示相对味强度

资料来源：摘自 Kirimura 等 *J Agric Food Chem*. 1969，17：689~695。

综上所述，能够反映茶叶色、香、味品质的化学成分多为水溶性化合物。

茶叶中的水溶性物质为30%~48%，包括果胶物质、茶多酚类、生物碱类、氨基酸类、糖类、有机酸、灰分等。茶的香气滋味实际上是茶叶水溶性物质溶液对人体嗅觉及味觉的综合作用。而这些水溶性物质中的主要呈味组分为多酚类、氨基酸、可溶性糖、咖啡碱等。各类茶的呈味物质组成不同，绝对含量及相对含量不同，因而表现出不同的滋味特征。

B.11
茶与人类健康

多年来，国内外科学家对茶的保健作用进行了许多研究，取得了可喜的成绩。这些研究发现，茶叶有抗衰老、抗突变，抑瘤、防治心血管病，提高细胞免疫功能以及抑制致病菌生长等作用。对茶叶防癌作用的研究始于20世纪80年代。大量研究显示，在动物包括皮肤、肺、食道、胃、肝、大肠、胰、膀胱、前列腺和乳腺等组织器官中茶均有防癌和抗癌作用。在茶叶防癌有效成分方面，研究多侧重于茶多酚及其儿茶素单体EGCG的作用。在茶叶防癌机制方面，研究结果表明，茶能减少致癌物与DNA加合物的生成，可以抗氧化、恢复促癌剂中断的细胞间信息交流、改善机体的免疫功能以及杀伤多种肿瘤细胞株。对茶的心血管保护作用的研究表明，茶色素有显著的抗凝、促进纤维蛋白溶解、防止血小板黏附和聚集，以及防止家兔动脉粥样硬化的作用。用茶的提取物治疗高血脂病人，其血清甘油三酯水平显著降低，高密度脂蛋白胆固醇明显升高，血浆纤维蛋白降低。在茶的辅助降血糖作用方面，试验研究表明，茶的有效成分茶多酚、茶多糖均对动物有一定的降血糖作用。

一 茶防癌作用例证

李宁等用二甲基苯并蒽（DMBA）诱发金黄色地鼠致口腔癌，给绿茶和茶色素对口腔癌有明显抑制作用。给大鼠DMBA15周后，100%地鼠发生肿瘤。而饮绿茶水组、茶色素组和混合茶组分别为58.4%、48.2%、33.8%，抑制率为41.6%、51.8%和66.2%。同时证明了将茶叶的有效成分茶多酚和茶色素添加到食品茶中会增强其防癌效果。

徐勇等用动物试验证明饮茶可防止体内亚硝基化合物的生成。给大鼠分别饮不同茶（绿茶、红茶、茉莉花茶和乌龙茶），同时给大鼠灌亚硝基化合物的前体物即亚硝酸钠和甲基苄胺（这两类物质在体内可以合成甲基苄基亚硝胺。该物质诱发食道癌，是一个强致癌物），结果表明4种茶都能阻断亚硝胺在体内的合成，使食道癌发生率仅为5%~19%，而只给这两种前体物的大鼠食道癌发生率为95%以上。

韩驰等给大鼠灌甲基苄基亚硝胺的同时给大鼠分别饮绿茶、红茶、茉莉花茶和乌龙茶，大鼠食道癌发生率，不给茶组为90%以上，而饮茶各组仅为40%~60%，由此说明饮茶可以明显抑制亚硝基化合物的致癌作用。

Wang等也研究表明，绿茶、去咖啡绿茶、红茶和去咖啡红茶均可抑制二甲基苯并蒽（NMBA）诱发的大鼠食道癌的发生，在致癌物处理前后给予茶均有抑制效果，由此证明茶在食道癌发生的起始和促进阶段均有预防作用。

此外还有研究表明，绿茶水可抑制二乙基亚硝胺（DEN）和苯并吡（BaP）诱发的A/J小鼠的前胃癌的发生。

贾旭东等人给大鼠腹腔注射二乙基亚硝胺（DEN）同时给大鼠分别饮绿茶和混合茶，8周后绿茶组及混合茶组大鼠肝g-GT组化表型异常的肝细胞病灶数明显少于阳性对照组，其中混合茶的作用较绿茶更为明显。后又观察了茶多酚和茶色素对肝癌癌前病变GST-P的影响。结果显示：茶多酚和茶色素对大鼠肝癌癌前病变GST-P阳性灶的数目和面积有明显的抑制作用，对阳性灶数目的抑制率分别为44%和50%，对阳性灶面积的抑制率分别为72%和60%。以上结果表明，茶多酚和茶色素能有效抑制大鼠肝癌癌前病变GST-P阳性灶的数目和面积，对肝癌有预防作用。

陈志英等报告了饮茶对强致癌物黄曲霉毒素（AFB_1）诱发肝癌的抑制作用，发现饮茶的浓度为1%，仍有显著的防癌作用，按此估计，人每天喝一杯茶即能起到防癌作用，而且绿茶的防癌有效成分茶多酚和儿茶素等均可溶于水。绿茶叶掺入饲料可抑制DEN诱发的肝癌发生和AFB_1诱发的大鼠肝脏g-GT灶的数目，绿茶水提取物可抑制氧自由基诱导的肝脏DNA合

成。李瑗等用 DEN 诱发大鼠肝癌，发现绿茶对 DEN 致肝癌作用的抑制效果也很显著。祁禄等人同样用 DEN 诱发大鼠肝癌，试验也证明给大鼠饮茶多酚和茶色素对 DEN 的致癌效果有明显的抑制作用。给雄性 F344 大鼠饮用浓度分别为 0.05% 和 0.1% 的 EGCG、EGC、ECG、EC、红茶和乌龙茶 6 周，抑制了 DEN 诱发的肝癌 GST - P 阳性灶数目，而且在启动和促进阶段均有抑制效果。徐勇等人用小鼠试验证明了茶水和茶多酚可抑制香烟中特异性亚硝胺（NNK）诱发肺癌的作用。Wang 等报道 0.3% 和 0.6% 的去咖啡绿茶和红茶粉均可显著抑制 NNK 诱发的肺肿瘤。在这个模型中还发现，0.1% 的 TF（tissue facior）也有抑制作用。Landau 等报道，给 A/J 小鼠饮红茶水和绿茶水，可抑制小鼠肺部自发肿瘤的发生。这些研究结果表明，茶对化学致癌物诱发的肺部肿瘤和肺部自发性肿瘤均有预防作用，而且在肺肿瘤发生的启动和促进阶段均有预防效果。贾旭东等用二甲基肼（DMH）诱发大鼠结肠癌发现，喝茶水及茶色素对大鼠结肠癌的抑制率分别为 47.06%、43.14%。Weilusges 等人用二甲肼前体物偶氮甲烷（AOM）诱发小鼠结肠癌，同时给小鼠饮绿茶多酚，结果表明结肠癌发生率明显受到抑制。给小鼠灌胃 EGCG 23 周，每周 5 次，抑制了 DMH 诱发的小鼠大肠肿瘤的发生和细胞的异常分化。1.25% 的绿茶水可抑制 AOM 诱发的 F344 大鼠结肠变性隐窝灶（ACF）数目。日本学者 Fujike 也报告了口服绿茶有效成分 EGCG（85 百分比浓度）可抑制皮肤和十二指肠肿瘤。王志远等给小鼠服绿茶多酚可抑制 3 - 甲基胆蒽（MCA）诱发的皮肤肿瘤，亦可明显抑制紫外线照射皮肤诱发的皮肤癌。值得注意的是，喂以人们正常饮用的绿茶水，也可抑制促癌剂（TPA）对小鼠肿瘤的促进过程。总之，茶叶的防癌作用在国内外试验研究（包括试验动物模型和体外试验）中已得到充分证明，无论哪种茶对动物的化学致癌或拮抗肿瘤都有不同程度的抑制作用。

近年来，国内外学者对饮茶与癌症的关系进行了一些大规模的流行病学调查，得到了令人可喜的结果。在意大利南部的一项调查研究表明，茶对人类的口腔癌、咽癌有预防效果。如高玉堂等发现常饮绿茶者食道癌发生率减少 50%，俞国培和季步天等在两次各自分别进行的胃癌病理对照研究中亦发现常饮绿茶者胃癌危险性降低30%和20%。季步天在另一次调查中还发现常饮绿茶者胰腺癌和直肠癌发生的危险性降低40%，结肠癌减少20%。在日本、土耳其的北部、瑞士的中部、伦敦等地进行的流行病学调查研究结果均表明茶对胃癌有预防作用。钟礼杰等对640例35～69岁女性非吸烟者肺癌病例的对照研究表明，常饮茶者肺癌发生率危险性降低近40%，大部分是随饮茶量的增多癌症发生率下降。俞顺章等在上海虹口区和南汇区进行的饮茶与胃癌的病例对照调查发现，饮绿茶者比不饮茶者发生胃癌的危险性降低29%，并指出泡茶水以温水或冷水为好。用温水泡茶胃癌发生危险性下降49%。而热水泡茶胃癌危险性下降37%。对日本人群调查发现，每天饮10杯茶水胃癌患者比每天饮3杯绿茶者多活4.5年（男性）、6.5年（女性）。段定明等调查发现四川宜宾地区喜饮浓茶的回族居民食道癌死亡率显著低于很少饮茶的汉族居民。上海两年的食道癌调查结果表明，饮用绿茶居民食道癌发生率低于不饮茶者。徐耀初等对江苏省茶区和非茶区男性肝癌死亡率进行比较发现，茅山产茶区饮茶率和饮茶量高的男性居民肝癌死亡率显著低于非产茶区。在茅山产茶区常饮绿茶有显著降低肝癌死亡率的作用。Oguni调查日本静冈县产茶地区居民发现，其癌症尤其是胃癌死亡率低于全国平均水平。经常饮绿茶的居民胃癌死亡率明显低于其他地区。Zatonski等对波兰人群胰腺癌调查发现，饮茶量多可明显降低胰腺癌危险程度。Katiyar研究发现饮用红茶可降低直肠癌的危害。日本三项病例研究也显示，饮红茶可减少患直肠癌的危险。Ioun进行的绝经妇女群组研究表明，饮茶与发生口咽癌、食道癌的危险性呈负相关。每天饮茶可使发生咽癌、食道癌的危险性减少50%以上。李宁等对口腔癌前期病变口腔黏膜白斑患者进行了干预试验研究，结果表明饮茶可阻断口腔癌前病变的发展，降低癌变的危险，对口腔癌有预防作用。韩驰等选择158位习惯性吸烟者分别饮绿茶、红茶和混合茶，观察饮茶的保护作用，结果表明饮用各种茶都能降低吸烟所致的氧化损伤和DNA损伤。Klaunig等报道，饮绿茶可降低香烟诱发的机体氧化损伤，血和尿中的8-羟基脱氧鸟嘌呤（8-OhdG）水平、尿MDA水平和尿自由基水平均降低。另外，韩驰等的试验结果表明，茶的各种成分均能显示出不

同程度的效果。根据作用强度和在茶叶中的含量，研究者认为主要有效成分为茶多酚及儿茶素单体和茶色素。这些成分作用的重复性好，且呈明显的剂量－反应关系。茶多糖和咖啡碱等也有一定的作用，但在茶叶中含量很少。结果还表明，如以同样的含量进行比较，则无论是茶多酚及其儿茶素单体，还是茶色素，其作用强度均不如茶的水提取物。

二 茶的防癌作用机理

韩驰团队的研究结果表明，茶的防癌作用主要表现在以下几个方面。抗氧化作用：在体外试验中发现茶多酚对红细胞溶血、丙二醛和过氧化氢生成均有明显的抑制作用。在整体动物试验中发现饮茶能显著抑制多种脂质过氧化小分子产物的生成，增加多种抗氧化酶和Ⅱ相代谢酶的活性。癌基因表达：动物试验研究发现饮茶可诱导抑癌基因的表达，而癌基因表达被抑制。此外，涂抹 EGCG 对香烟中特异性亚硝胺诱发小鼠肺癌表达及促癌剂 TPA 诱发小鼠皮肤癌基因表达均有抑制作用。诱导细胞周期阻滞，抑制细胞增殖：EGCG 和 ECG 对细胞的 DNA 合成有抑制作用，细胞周期分布试验的结果表明，饮茶主要抑制细胞由 G1 期向 S 期移行，且饮茶能显著减少细胞增殖抗原标记指数和银染核仁组织区颗粒数目，从而抑制细胞增殖。诱导细胞凋亡：茶多酚和茶色素能诱导肝癌细胞株出现明显的 DNA 梯状结构。动物试验研究发现，饮茶可抑制 Bcl－2 蛋白的表达，诱导 Bax 蛋白的表达，从而诱导细胞凋亡。抑制端粒酶的活性：茶多酚和茶色素可抑制肝癌细胞株端粒酶的活性。免疫调节：饮茶和茶成分对移植性肿瘤和化学致癌物引起的体液免疫和细胞免疫功能失调均有明显的调节作用；饮用白茶，可增加环磷酰胺诱导的免疫低下小鼠的免疫器官胸腺重量，调节淋巴细胞系百分比，促进淋巴细胞的增殖、补体的生成、吞噬细胞和 NK 细胞的功能，提高细胞因子水平以及血清 IgG 水平。抑制致癌剂与靶器官 DNA 共价结合：饮绿茶可明显抑制食源性结肠致癌物 PHIP（一种杂环胺）－DNA 加合物的形成。进一步的体外试验发现，茶可显著抑制 N－乙酰氧基－PhIP 与 DNA 反应生成加合物。研究还证实茶可抑制甲基苄基亚硝胺、黄曲霉毒素和 NNK 所致 DNA 加合物 O^6 甲基鸟嘌呤及 8-羟基脱氧鸟嘌呤的生成。在体外试验中，茶多酚和绿茶水对 HIV 和乙肝病毒均无明显的抑制作用，提示茶叶及其成分可能主要对化学致癌有预防作用。基于以上研究结果，抗氧化、预防 DNA 损伤以及免疫调节是茶叶防癌的主要机理。

三 茶对心血管疾病的预防和作用机理

伍万里等人的整体动物试验，采用新西兰兔动脉粥样硬化动物模型和载脂蛋白 E 缺陷小鼠 AS 模型发现，茶具有抗血凝、促纤维蛋白原溶解及抑制血小板黏附和聚集的作用，实验兔血浆内皮素水平降低，谷胱甘肽过氧化物酶（GSH-Px）明显上升，主动脉斑块面积显著低于对照组。茶色素对实验兔主动脉内皮细胞扫描的电镜结果表明，茶色素对氧化修饰低密度脂蛋白所致的内皮细胞损伤具有保护作用，并具有降低试验性动脉粥样硬化的作用。其作用机制可能是通过抑制 LDL 氧化修饰、减少内皮细胞损伤、抑制单核细胞与内皮细胞的黏附、抑制平滑肌细胞 c-myc 基因表达、诱导内皮细胞 eNOS 表达及降低血浆内皮素（ET）水平，延缓动脉粥样硬化的发生和发展。

阮景绰等的体内试验研究结果表明，家兔喂高脂饲料会形成高脂血症和动脉粥样硬化斑块，饮用乌龙茶的家兔，主动脉内膜质脂斑块少、面积小，占主动脉面积的 19%，同时较为分散。不饮茶单纯喂高脂饲料的家兔，动脉内膜质脂斑块融合成片，占主动脉面积的 43.8%，甚至遍及整个主动脉。

陆瑞芳等人的多次动物试验结果表明，乌龙茶提取物能显著降低高脂动物的胆固醇和甘油三酯，升高高密度脂蛋白的水平，增加红细胞膜的弹性，降低体外血栓形成长度、重量，而且能降低纤维蛋白原的含量。

日本学者宫川等人报道，给大鼠用乌龙茶提取液可明显降低血液中胆固醇的浓度并有效抑制中性脂肪浓度上升。

陈瑞峰等将大耳白兔制成动脉粥样硬化模型后喂饲茶的提取物，75 天

时进行测定，结果表明茶的提取物有明显的降血脂和脂蛋白的作用，并能明显地缩小主动脉斑块面积。楼福庆等进行家兔试验结果表明，茶色素有显著的抗凝、促进纤溶、防止血小板黏附和聚集，以及防止家兔试验性动脉粥样硬化的作用。

方允中等报告绿茶多酚有预防冠心病的保健作用。他们共进行了两次临床观察，第一次让年龄在40~76岁的53例冠心病患者连服30天绿茶多酚，结果冠心病人的自觉症状、微循环流态和心电图等得到改善，血液中胆固醇显著降低，高密度脂蛋白胆固醇明显增加；第二次让22例高血压患者（年龄40~76岁）服绿茶多酚30天，结果收缩压及舒张压均低于试验前。

俞顺章等对1299位男性进行流行病学调查，发现饮绿茶者血胆固醇中的低密度脂蛋白明显低于不饮茶者，结果提示饮茶对心血管病有一定的预防作用。阮景绰等报告了32例心血管病人用乌龙茶治疗，结果表明乌龙茶有防止红细胞聚集、降低血液黏度、降低红细胞沉积等作用。乌龙茶能改善血液流变性，防止血栓形成，具有活血化瘀的良好作用。阮景绰等还对23名心脑血管病人进行了观察，结果发现乌龙茶可降低毛细血管脆性，增加其抗力。姜依章的临床研究也证明茶叶提取物能抗凝，促纤溶，抑制血小板聚集，降低血脂，从而改善冠状动脉血流量，具有抗动脉硬化、活血化瘀之功能，及防治心血管疾病等作用。楼福庆等对120例高脂血症伴纤维蛋白原增多的患者进行临床观察，68例服茶色素75毫克，52例服茶色素150毫克，两个月为一疗程。结果总有效率分别为85%和92.3%（以纤维蛋白原下降20毫克以上者为有效）。鲍军等用茶的提取物治疗高血脂病人38例，经测定血液中甘油三酯显著降低，高密度脂蛋白胆固醇明显升高，血浆纤维蛋白降低。韩驰等人分别研究了福鼎白茶和安溪铁观音对血脂、血栓形成和氧化损伤的影响。选择102名和100名年龄在35~70岁之间的研究对象进行为期8周的干预试验。随机分为饮茶组和对照组。饮茶组按要求每日饮用茶水（每日3次，每次3克，用150毫升90℃水冲泡2次，5~10分钟/次，将2次茶水合并饮用），对照组饮用普通矿泉水。结果表明：福鼎白茶和安溪铁观音两种茶均能使受试者的血清甘油三酯、总胆固醇、总胆固醇与高密度脂蛋白的比值显著降低，血栓素 B2 与 6 - 酮 - 前列腺环素的比值显著降低，血浆 8 - OHdG 和 MDA 的水平显著降低。饮安溪铁观音茶还能使受试者的载脂蛋白 B、白介素 - 6 的水平显著降低。1997 年 3 月卫生部根据《中药品种保护条例》的规定，将以茶的提取物为主要原料的心脑健胶囊列为国家二级中药保护品种，该药具有清利头目、醒神健脑、化浊降脂等作用，对心血管伴高纤维蛋白原症及动脉粥样硬化、肿瘤放疗、化疗所致的白细胞减少症有防治作用。

心肌肥大是指在超负荷应激条件下心肌细胞体积的病理性增大，客观表现为心脏重量增加（包括左心室肥厚），它是猝死、冠心病和心力衰竭等多种心血管疾病的主要的独立性危险因素，是高血压病的一种常见并发症。血压升高以及血管紧张素 II 和内皮素在心肌肥大的形成过程中发挥着重要的促进作用，而一氧化氮作为内皮细胞的松弛因子，对心肌肥大具有逆转作用。毛伟峰等人的体外细胞实验表明茶多酚和 EGCG 对血管紧张素 II 诱导的心肌肥大有一定的抑制作用。其机制可能与下调 P-ERK 蛋白的表达有关。韩驰、宋雁、毛伟峰等人分别选用二肾一夹和肾动脉结扎法制成两个大鼠肾性高血压心肌肥大模型，分别饮用绿茶、茶多酚、茶色素和 EGCG，同时设置模型对照组和假手术组。结果表明不同的饮茶组左心室重/体重的比值、左心室壁厚度均显著降低，心肌肥大标志物胚胎基因 - 新房利钠肽（ANP）表达降低，心肌抗氧化酶（SOD 和 GSH-Px）的活性升高，脂质过氧化产物（MDA）和活性氧自由基（ROS）水平以及 Ras 和 P-ERK、P-JNK、P-p38 蛋白表达降低。其机制可能与绿茶及其有效成分的抗氧化、清除 ROS 作用，以及对 Ras-to-MAPK 信号传导通路的调控作用有关。该研究为绿茶及其主要成分茶多酚、儿茶素单体和茶色素对心肌肥大的预防提供了科学依据。

四　茶对辅助降血糖的作用

周宇红等人将白茶作为唯一水源，给予正常小鼠饮用，结果小鼠空腹血糖明显下降，提示白茶能促进胰岛素分泌，改善糖代谢。四氧嘧啶可选择性

损伤小鼠胰腺 β 细胞，导致血胰岛素分泌低下，诱发实验性糖尿病。让四氧嘧啶诱导的糖尿病小鼠饮用白茶，结果糖尿病小鼠的"三多一少"症状明显缓解，空腹血糖明显降低，糖耐量明显改善，饮用 60 天，糖尿病小鼠空腹血糖进一步下降，恢复至正常，提示白茶能保护胰岛 β 细胞免受自由基的侵害，促进胰腺功能修复，改善糖代谢，降低血糖水平。韩驰、周宇红等人对 II 型糖尿病患者进行试验，观察结果表明，连续饮用白茶 30 天，患者口渴、多饮症状明显改善，空腹血糖、餐后 2 小时血糖明显下降，胰岛素分泌上升。动物及人体研究结果显示，白茶含有降糖因子，系天然降糖食品资源，其降糖机理可能与白茶富含茶多糖、茶氨酸、黄酮类物质，具有较强的抗氧化活性有关，因而其能有效地预防糖尿病。日本学者的临床观察表明，给慢性糖尿病患者饮用茶水（1.5 克茶叶，40 毫升沸水冲泡，每日 3 次）可使尿糖减少。李布青用茶多糖分别喂饲正常小鼠、肾上腺素高血糖模型小鼠和四氧嘧啶高血糖模型小鼠，发现茶多糖不仅能显著降低正常小鼠的血糖浓度，还能对抗肾上腺和四氧嘧啶所导致的高血糖。

B.12
茶的发现和使用

第一节 茶的根在中国

一 中国是茶树的发源地

茶树在植物分类系统中,属被子植物门,双子叶植物纲,原始花被亚纲,山茶目,山茶科,山茶属。在现存的文献中,茶的学名,最早见于1753年瑞典杰出植物学家林奈的《植物种志》中。在书中,他把茶的学名定为:Camellia Sinensis (L.) O. Kurtze。这里的"sinensis"即是拉丁文"中国"之意。明确了茶树起源于中国。

从进化论和植物学的角度来讲,中国的云南、贵州、广西、四川、福建及其相邻地区都发现了很多野生茶树和古老茶树,有的树龄已达3750多年。它们呈现出原始型茶树的形貌特征,这说明中国西南地区是世界茶树的原产地中心。福建是茶树物种起源隔离分布地带。这为茶叶被中国最早发现利用奠定了直接基础。

二 中国最早发现利用茶

历朝历代的古文献记载(无论神话传说,还是史料记录),都表明茶是在中国最先被发现和利用的,茶的根在中国。图腾,是人类原始时期所发生的一种特有的文化现象,许多原始文化都萌发于图腾文化之中。借助图腾文化我们可以窥见许多原始文化的起源及文化面貌。而图腾神话,则是原始人企图解释某种对象为什么会成为本族群图腾物的民族起源历史传说。这种神

话，出于原始人的物我不分的混沌性认识状态中，他们把图腾物看作自己的血缘亲属、祖先，或者保护神。不少研究已证明，约在旧石器时代中期，图腾文化即已生成。茶图腾的民族传说，应该归属于图腾神话的范畴。茶图腾民族传说的存在，可以说明茶的发现利用至迟在旧石器时代早中期即已萌生。在我国云南德昂族流传着一首名为《达古达楞格莱标》的古歌，就是一种明显的图腾传说。

> 很古很古的时候，大地一片浑浊。
> 水和泥巴搅在一起，土和石头分不清楚。
> 天上美丽无比，到处是茂盛的茶树。
> 翡翠一样的茶叶，成双成对把枝干抱住。
> 茶叶是茶树的生命，茶叶是万物的阿祖。
> 天上的日月星辰，都是茶叶的精灵化出。
>
> 天空五彩斑斓，大地一片荒凉，时时相望的天地啊。
> 为什么如此大不一样？
> 茶树在叹息，茶树在冥想。
> 天空雷电轰鸣，大地沙飞石走，天门像一支葫芦打开，一百零两匹茶叶在狂风中变化。
> 单数叶变成五十一个精悍小伙子，双数叶化为二十五对半美丽姑娘。
> 茶叶是崩龙的命脉，有崩龙的地方就有茶山。
> 神奇的传说流到现在，崩龙人的身上还飘着茶叶的芳香。
>
> 茶叶到处洪水退让，洪水退处大地出现。
> 崩龙山的泥土肥沃喷香，因为它是祖先的身躯铺成。
> 每座山林都有吃的，阿公阿祖留下了金仓。

古歌从宇宙混沌到茶叶造就了一个天一个地，茶叶兄弟姐妹经过几十万年的艰苦奋斗，终于赶走了大地上的黑暗，驱退了泛滥的洪水。这首歌不仅是德昂人的祖源追溯，更是德昂人世代相传的民族宗教信仰。从这幅神奇的画面中，我们可以清楚地看到茶图腾在德昂族人心目中所占有的神圣地位与崇高形象。它也反映了茶是崩龙民族的女始祖形象，反映了崩龙人在母系氏族时期就有了茶。

另据记载，湘西等地的土家族人敬奉着一位土语呼为"苡禾娘娘"的女始祖。传说少女时的她上山采茶，口渴了，嚼了把茶叶，于是便怀了孕。怀胎三年六个月后，一次生下了八个弟兄。因弟兄太多，无法抚养，苡禾娘娘便把他们丢到山里，谁知八弟兄见风就长，靠吃虎奶长大成人以后，成为土家族崇奉的氏族神祖——八部大王。"女始祖"采茶、吃生茶叶、怀孕、生子反映了母系社会采集经济时期的随摘随吃生叶果实的生活习惯。此外，在福建、浙江等茶区也有关于茶图腾的传说。这些茶图腾传说表明当时人们已采食茶叶。

有关茶叶传说流传最广的当数神农氏与茶。这个传说首见于《本草》，"神农尝百草，一日而遇七十二毒，得茶以解之"。"神农"是距今约4000年的远古时代的三皇五帝人物之一的"农皇"。在大约成书于汉代的托名神农而成的《神农食经》中有这样的记载："茶茗久服，令人有力悦志。"这里也讲述了茶的药用功效。唐代陆羽在《茶经》中直接提出："茶之为饮，发乎神农。"与这一传说遥相呼应。这是有文字记载的有关中国发现并利用茶的历史，这一历史至少可追溯到神农时期。

中国最早的一部诗歌总集《诗经》收集了从西周初年至春秋中叶的311篇诗歌。其中有将近十处提到了与"荼"相关的信息，比如"采荼薪樗，食我农夫""谁谓荼苦，其甘如荠"等。"荼"在过去是多义字，一为苦菜，一为茶叶。在这里被理解成茶叶得到许多历史学者们认同。公元前1115年，周成王时期周公旦的《尔雅·释木篇》中有："槚，苦荼也……"这从侧面也说明我国茶叶的发现与使用在周朝以前就已经开始了。晋代《华阳国志·巴志》中载："周武王伐纣，实得巴蜀之师，……武王既克殷，以其宗姬封于巴，爵之以子。……丹、漆、茶、蜜……，皆纳贡之。"这一记载说明周朝时巴蜀、福建（武夷濮族人）

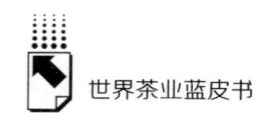

将茶作为珍品纳贡给周武王。其中还记载了"园有芳蒻、香茗",表明巴蜀之地已有人工栽培的茶园出现。这一阶段,茶从发现已发展到开始被逐渐利用。

中国人不光发现了茶,而且不断研究,发明了茶的加工利用方法。茶最早为生吃或生煮羹饮。《本草衍义》载:"神农尝百草,日遇七十二毒,得茶而解。"可见,最初利用茶叶是采食鲜叶。这是茶叶最原始最直接的利用方式。从这种原始利用茶的方式进一步发展为生煮羹饮。《晏子春秋》记载:"婴相齐景公时,食脱粟之饭,炙三戈五卵,茗菜而已。"说的就是将茶叶生煮做菜。此外,茶作羹饮是另一种茶叶利用形式。晋代郭璞(276~324年)的《尔雅》有"槚,苦荼"之注"树小如栀子,冬生叶,可煮羹饮"。《晋书》记:"吴人采茶煮之,曰茗粥。"中国南方湖南、湖北等地土家族流传有吃"三生汤"的习俗,"三生汤"即以生茶叶、生姜、生米混合加水熬煮而成的汤,应是茶作羹饮的真实写照。以上这些食用方式,都是原始的茶叶利用方式。随着人们对茶叶利用的增加,仅采食鲜叶已不能满足人们的需求,于是有些人将其晒干收藏,以备后用,这是茶叶的最初加工方式。现今我国福建一带生产的白茶就是采用日光萎凋、晒干的生产工艺,因此,可以认为白茶是中国最早出现的茶类。

到三国时期已开始出现饼茶的加工。据三国时期魏国张揖《广雅》记载:"荆巴间采茶作饼,成以米膏出之。"说明在三国时期,湖北、四川一带已有将茶叶做成饼形的了。后来逐渐发展,人们发明了蒸青制茶,就是将茶叶蒸煮后压制成饼茶,避免了没有阳光无法制茶的限制。唐朝时期,贡茶制度兴起,蒸青制茶技术得到不断完善,形成了较为成熟的制作工序。陆羽《茶经》记载"饮有粗茶、散茶、末茶、饼茶者"。"粗茶"是用粗老的原料加工成的散茶,"散茶"为较嫩原料加工而成,"末茶"则为蒸青捣碎后的碎末茶,至于"饼茶"则是做成形的茶叶,为当时贡茶的重要茶类。关于饼茶的制作方法,陆羽《茶经》有记载:"晴采之,蒸之,捣之,拍之,穿之,封之,茶之干矣。"区区十来字即将蒸青绿饼茶的制作方法表达得非常清楚。据不完全统计,唐代生产的各种名品茶已多达150多种。唐李肇《唐国史补》记载:"风俗贵茶,茶之名品益众。剑南有蒙顶石花,或小方、或散茶，号为第一。湖州有顾渚紫笋……，峡州有碧涧、明月、芳蕊、茱萸……"从中可以看出当时各产茶地都涌现出了品质优良的名品。宋代，蒸青制茶技术发展到炉火纯青的地步，造茶可谓择不厌精。以贡茶为代表的"龙凤茶""小龙团""密云龙""润云祥龙""万寿龙芽""银丝水芽"等就是当时蒸青制茶技术的登峰造极之作。到了明清，制茶技术不断革新，从团饼茶发展到散茶及各种芽茶（明初武夷、宁德天山产制芽茶贡品），从蒸青绿茶发展到炒青绿茶，从绿茶发展到黄茶、红茶、黑茶、青茶、花茶等一系列茶类，当时的中国成为茶叶种类最多、花色最为丰富、加工技术最为完善的国家。六大茶类的发明与完善，不仅彰显了中国人的聪明才智，而且为世界茶叶的发展做出了巨大贡献。

三　茶从中国传播到世界

世界上其他国家的茶叶、茶种、茶文化都直接或间接来源于中国。首先，中国茶及茶文化最早传播至比邻的各国或区域。据朝鲜《三国本纪》记载："入唐回使大廉，持茶种子来，王使植地理山。茶自善德王时有之，至于此盛焉。"之后饮茶之风便在朝鲜开始风靡。据韩国国际茶文化研究会会长崔锡焕载："唐朝天宝年间（742~756年），追随天冠菩萨行进而来到霍童支提山（福建宁德）的元表大师在'会昌法难'时期回归新罗的时候一并带回制茶方法，将福建的茶传播到新罗。"至宋代时，新罗人学习宋代的烹茶技艺，回国后在参考吸取中国茶文化的同时，还建立了自己的一套茶礼。日本也是传入中国茶文化及茶籽较早的国家之一，而传播的主要途径是佛教徒。唐代，中国佛教盛行，吸引了无数邻国僧侣前来学习佛法，其中，浙江的许多名刹大寺包括天台山国清寺（天台宗发源地）、天目山径山寺（临济宗发源地）、宁波阿育王寺、天童寺等最为有名。吸引了许多日本遣使和学问僧前来求学，其中比较著名的僧人有都永忠和最澄。公元777年，都永忠来到中国，在唐朝生活了20多年后，于公元805年回国为梵释寺大僧。其平生好茶，并煮茶敬奉日本嵯峨天皇，天皇甚是喜爱，于是下令在畿内、近江、丹波等地种茶。

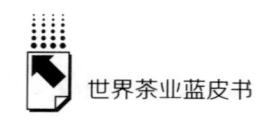

最澄于公元804年来到浙江天台学习密宗，次年回国带去茶籽并将茶饮引入宫廷。以后不断有僧人前往中国留学，并把当时的中国茶文化一并传回日本。其中尤为有影响的是南宋时期的荣西禅师，他曾两次来华到天台山、阿育王山等地求学，带回茶籽种植。回国后大力宣传禅教和茶饮，并写成《吃茶养生记》一书。该书极力颂茶，称茶是"养生之仙茶，延龄之妙术""健心"之茶等，对日本茶饮的普及起到了重要的作用。宋元时期，朝廷设置市舶司专门管理海上贸易，并将茶叶作为主要的外贸出口产品之一。特别是在明朝时期，郑和曾七次下西洋，与外界进行交流，随后东南亚、西欧各国都来向中国购买大量的茶叶。16世纪初，葡萄牙人首先进入东南亚地区，致力于开展利润丰厚的香料贸易，葡萄牙海员可能还将茶带回了本国，尝试饮茶。荷兰人在1607年前后，通过中国澳门将茶叶运到爪哇，然后再销往欧洲，继而饮茶之风在欧洲盛行，还缔造出世界上最大的茶叶消费国家——英国。英国的下午茶习惯也是从那时开始形成的。随着英国茶叶消费量的猛增，英国人已不满足于从中国进口茶叶。英国东印度公司于1780年从广州买回茶籽种在印度的加尔各答等地，研究茶叶的种植加工，也开启了印度的种茶历史。19世纪中后期，印度成立茶叶委员会，从中国雇佣种茶、制茶师傅到印度，帮助他们种茶。这些历史事实都说明了茶是从中国逐渐传播到世界各地的。此外，茶的英语"Tea"与厦门方言中茶的发音"Te"相似也进一步说明欧洲的茶是从中国沿海传入的。茶香泽芳邻，茶源于中国，造福世界。中国茶传入世界各地也恰恰彰显了中国人的热情、大方和包容。

第二节 茶从发现到引为药料

唐代陆羽在《茶经》中提出："茶之为饮，发乎神农。"把茶饮与神农联系在了一起。神农不仅为农业之祖，也为医药之神，神农发现茶并对其加以利用，无疑告诉人们茶最初是作为药被加以利用的。《本草》中也有记载："神农尝百草，一日而遇七十二毒，得茶以解之。""茗：苦茶。味甘苦，微寒，无毒。主瘘疮，利小便，去痰渴热，令人少睡。秋采之苦，主下气消食。"更直接指明了茶的解毒药、治瘘疮、利尿、消食等功能。《神农食经》记载："荼茗久服，令人有力悦志。"也阐述了茶的提神健身功能。具有"医圣"之称的汉代张仲景在《伤寒杂病论》中有"茶治脓血甚效"的论断。这些史料说明茶叶最初发现是被引为药料的，也正是因为人们发现了其良好的药用价值，才会更加广泛地利用它。

之后，茶叶作为一种中草药得到了历代医学者的研究和利用。南北朝时期的陶弘景在《杂录》中说："苦茶换身轻骨，昔丹丘子、黄山君服之。"唐代陆羽在《茶经》中指出，茶可以治疗热渴、凝闷、脑疼、目涩、四肢烦和百肢不舒等症状。唐代陈藏器撰写的《本草拾遗》中记载："茶久食令人瘦，去人脂。"并提出"茶为万病之药"的论点。宋代林洪的《山家清供》指出"茶，即药也"。明朝的中医学家李时珍在《本草纲目》中记载："茶苦而寒，阴中之阴，沉也降也，最能降火。火为百病，火降则上清矣。然火有五火，在虚实。若少壮胃健之人，心肺脾胃之火盛，故与茶相宜。温饮则火因寒气而下降，热饮则茶借火气而升散，又兼解酒食之毒，使人神思恺爽，不昏不睡，此茶之功也。"李时珍还提出了很多茶的功效，较为全面地论述了茶叶的药理功能，为后世用茶入药做出了巨大的贡献。清朝赵学敏《本草纲目拾遗》中记载："口烂，茶树根煎汤代茶，立效。泡过的烂茶叶干燥，治无名肿毒、犬咬及火烧成疮。经霜老茶叶治羊痫风；雨前茶产杭之龙井最佳，清咽喉、明目、补元气、益心神，通七窍；普洱茶味苦性刻，解油腻、牛羊毒，虚人禁用。"他还详细论述了很多实用的茶药方，比如龙井加草决明，可治疗高血压头痛；碧螺春加川芎、天麻，可以减轻神经血管头痛。茶可谓全身是宝。

1983年，浙江中医学院林乾良教授在杭州召开的"茶叶与健康文化研讨会"上首次提出"茶疗"的概念。这实际上是在进一步强化茶的药用功能的应用，与前人总结出的茶的各种药方及其作用遥相呼应。三国以前，茶疗仅仅是单方应用。而在此以后，尤其是唐宋时期，茶疗复方才逐渐开始形成。如唐宋时期的《枕中方》中记载："疗积年瘘（即骨关节结核），苦茶、蜈蚣，并炙令香熟，等份捣筛，煮甘草汤洗，以末敷之。"明清时期，茶复方不断发展，种类增多。从明清至今还一直流传的茶药方有"午时茶""枸

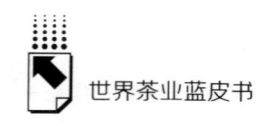

杞茶""珍珠茶""五虎茶"等。随着茶疗技术的日趋成熟，近现代的茶疗配方就更加丰富了。如防治肝炎的"茵陈茶""绿茶丸"，治疗糖尿病的"薄玉茶""宋茶"，治疗高血压的"决明茶""天麻茶"，用于感冒的"银翘茶""万应茶"等。

现代科学研究表明，茶叶具有多种药理功能，包括安神、明目、清头目、止渴生津、清热、消暑、解毒、消食、醒酒、去肥腻、下气、利水、通便、治痢、祛痰、祛风解表、坚齿、治心痛、疗疮治瘘、疗饥、益气力、延年益寿等。茶叶的多种药理功能与其具有多种活性成分密不可分。目前从茶叶中已经鉴定出的化合物多达500余种，其中，尤为突出的活性成分如茶多酚具有抗氧化、消除自由基、抗癌、抗肿瘤、抗衰老、抗辐射、重金属解毒、降血压、降血脂等功能；茶多糖具有调节免疫功能、降血糖、抗凝血、防辐射、保护心血管等作用；咖啡碱能够兴奋提神、利尿、强心等；茶叶中的氟可以保护牙齿；维生素抗氧化；茶氨酸可以降压安神等。随着科技的不断发展，茶叶的功能将得到不断挖掘，茶叶功能成分将日益得到充分应用，茶叶也必将为人类健康做出更多贡献。

第三节　茶叶演变为食料

中医自古以来就有"药食同源"的观点。一般认为许多食物其实也可用作药物，食用多者为食物，食用少或间或食用者为药物。"神农尝百草"的传说说明了茶的解毒药用功能首先被发现继而被利用。随着人们对茶认识的深入，茶逐渐被更多人消费食用，继而出现生煮羹饮、简单的晒干加工以及为追求可口美味而出现的茶叶复杂加工，为茶从药用过渡到食用再到饮用奠定了基础。

茶作为食料在古籍中有很多记载。《救荒本草》书中记载："救饥，将茶叶嫩叶或冬生叶可煮粥食。"这其实就是药食同源过程中，人们将作为药物的茶叶偶尔拿来充饥的一种写照。《晏子春秋·内篇杂下》中讲道："晏之相齐，衣十升之布，食脱粟之食，三弋、五卵茗菜而已。"说的是晏子在作齐景公宰相时生活俭朴，不仅穿着布衣，吃的也是粗茶淡饭。据三国时期魏国张揖《广雅》记载："欲饮茗饮，先炙令色赤，捣末，置瓷器中，以汤浇覆之，用葱、姜、桔子芼之。其饮醒酒，令人不眠。"这里详细介绍了茶叶食用的复杂过程，为了使茶汤更美味，加入葱姜等佐料进行调味，这是比较典型的以茶做菜汤的食用方法。此外，将茶叶做成茗粥也是一种普遍的吃茶方式。晋代郭璞在注释《尔雅·释木》中"槚，苦茶"时注"树小如栀子，冬生，叶可煮作羹饮"。《晋书》载："吴人采茶煮之，曰茗粥。"其食用茶叶的方法同样都是做成菜汤，与前面的食用方法如出一辙。《柴与茶博录》中记载："茶叶可食，去苦味三次，淘净，油盐酱醋调食。"这里进一步阐述了人们仅为获得美味而三次去掉茶叶的苦味，再加入作料调味的食用方法，茶的药用功能在这里被淡化。唐代茶圣陆羽在《茶经》中有这样的记载："饮有粗茶、散茶、末茶、饼茶者。乃斫、乃熬、乃炀、乃舂，贮于瓶缶之中，以汤沃焉，谓之痷茶。或用葱、姜、枣、桔皮、茱萸、薄荷之等，煮之百沸，或扬令滑，或煮去沫，斯沟渠间弃水耳，而习俗不已。"陆羽认为茶叶在广泛用作饮料之前是作为食料而加入各种调料的，虽然他并不赞成茶叶的这种利用方式。《膳夫经手录》中也说："近晋宋以降，吴人采其叶煮，是为茗粥。至开元、天宝之间，稍稍有茶，至德、大历遂多，建中以后盛矣。"这里进一步谈到了在唐之前以茶叶制作茗粥的食用方式。直到今天，我国一些少数民族仍沿袭了食茶的古风。如云南布朗族、佤族、德昂族等少数民族仍保留了生吃鲜叶的现象，其中，有的直接生吃，有的腌制后吃，有的拌上作料吃。云南基诺族有吃"凉拌茶"的习惯，他们将茶叶揉碎后放入碗中，然后加入少许黄果叶、大蒜、辣椒等食料，再加入泉水拌匀，就做成了"凉拌茶"。在湖北恩施一带也有将茶叶用油煎炸，或直接食用，或放入加调料的汤中食用的习俗。

茶由药用过渡到食用在很大程度上得益于其保健功能以及当时中国宗教思想成长的社会文化背景。早在战国时期，神仙思想以及为神仙思想服务的服食习俗已经存在，方士们极力宣传服食。所谓服食主要是通过服用特定的药物，以达到祛病延年、长生不老，甚至羽化登仙的效果。《史记·封禅书》记载："自威、宣、燕昭使人入海求蓬莱、方丈、瀛洲。此三神山者，其传在渤海中，去人不远，患且至，则船风引而去。盖尝有至者，诸仙人及不死之药皆在焉。"《山海经》也记载，海上有三座仙山，蓬莱、瀛洲、方丈，山上是仙境，有长生不老药。由此激发了人们寻仙求药的热情。秦皇、汉武等古代帝王纷纷到蓬莱进行寻仙求药活动。到了东汉，继承了秦汉时期神仙思想和方术的道教应运而生，长生不老、羽化登仙成为道教的核心教义。要达到长生不老、羽化登仙的目的，养生是重要手段，这一时期形成了一套养生理论。北魏张湛在《养生集叙》中概括了道教养生理论："养生大要，一曰啬神，二曰爱气，三曰养形，四曰导引，五曰言语，六曰饮食，七曰房室，八曰反俗，九曰医药，十曰禁忌。"其中就谈到了药饵养生。服食药物一般分为金石类和草木类。金石类药饵是最高的服食药饵，标志着养生修炼的等级，但是金石类药饵存在价格昂贵、危险性大等问题使其无法满足整个社会的服食需要而难以普及，也使草木类药物在服食中逐渐扮演着重要角色。在长期广泛的服食过程中，一些草木类药饵被日常化、嗜好化。茶叶就是其中之一。在古文献中，茶常常被人们当作羽化登仙的良药而被赞誉。《陶弘景新录》是这样记述茶叶的："轻身换骨，昔丹丘子、黄山君服之。"卢仝在《走笔谢孟谏议寄新茶》中更是酣畅淋漓地表达了自己在喝了七碗茶后飘飘欲仙的感受："五碗肌骨清，六碗通仙灵，七碗吃不得也，唯觉两腋徐徐清风生。蓬莱山，在何处？玉川子乘此清风欲归去……"五代毛文锡在《茶录》里也有饮茶成仙的记述："蜀之雅州有蒙山，山有五顶，顶有茶园。……若获一两以本水煎服之，即能祛宿疾，二两当眼前无疾，三两因以换骨，四两即为地仙。"《禅玄显教篇》更道出道人唯饮茶度日的神仙生活："道人居庐山天池寺，不食者九年也。畜有一墨绿鹤，尝采山中仙茗。"之后历代，饮茶登仙的记载都不在少数。这些记载无一不在表达饮茶祛病养生的功能，同时茶也因此发展成为人们的日常嗜好品。

"皓齿留有余香味，以茶入膳妙无边。"在现代科技的支撑下，人们保健意识增强，以茶入食越来越受到人们的追捧，现今已繁衍出琳琅满目的茶食品。茶叶和其他食物原料相搭配，不仅保留了茶的保健功能，而且风味独特,是食品中的佼佼者。这种色香味俱佳的茶叶膳食,也是茶文化和食文化交融的结晶。目前已创造的茶食有多种形式。一是茶主食:茶面、茶饺、雨花麻花、碧螺春卷等;二是茶叶菜肴:龙井虾仁、茗香排骨、碧螺戏虾、茗香醉蟹等;三是茶叶凉菜:茗缘贡菜、茶香沙拉、茶鸡玉屑等;四是茶点心:茶叶饼干、茶叶奶粉、茶乳精、抹茶饴糖、玉叶淇淋、红茶羊羹、茶元宵等;五是茶汤和茶粥:绿茶番茄汤、竹笋瓜片汤、桃溪浮翠、龙井捶虾汤、红茶紫玉粥、糯米绿茶粥、乌龙戏珠粥等;六是茶酒水:红茶酒、绿茶酒、乌龙茶酒等。这种引茶入膳的食茶方式大有方兴未艾之势,也为人们的健康生活提供了新的良方。

第四节 茶被广泛用作饮料

中国茶叶最早为饮品,是作为贡品、祭祀品和礼品。中国贡茶始于周代,距今3000多年,最早记载贡茶的为《华阳国志》。巩志载曰:"据《华阳国志》记述,以茶作贡品的历史可追溯至公元前1066年周武王伐纣时,南方庸、蜀、羌、苗、微、卢、彭、濮(今闽)八个小国兴兵来会盟,当时茶叶作为一种土特产进贡。""3000年前的叔熊氏居濮地,尔后才有七闽(福建),从而得知武夷族是濮人一支。"从上足见商周时福建与巴蜀一样已有贡茶产制(《人闽通志》《福建史稿》上的"濮",正是武夷山船棺葬之族蜀"闽濮族")。茶作为饮料,在周代已于上述八个小国开始生产和饮用。

魏晋南北朝时期,尽管人们在服食茶,但饮茶风气已逐渐流行。西汉文学家王褒在《僮约》中记载了汉代奴役的两项工作,就是"烹茶尽具"和"武阳买茶"。从字面意思就可以知道,烹煮茶叶、清洗茶具是王褒家中仆人的日常劳动,这说明在这个时期饮茶之风已经在家庭中存在。而"武阳"是今天四川眉山等地,这也表明当时四川茶叶市场和贸易已经存在。西晋张载在《登成都楼》中写到"芳茶冠六清,溢味播九区"。记述了蜀地茶叶不仅非常普及,成为各种饮料之首,而且闻名遐迩。

这个时候,茶是仅供上层社会享用的珍稀之物,饮茶限于王公朝士。《三国志·吴志·韦曜》记:"孙皓每飨宴,座席无不悉以七升为限,虽不尽入口,皆浇灌取尽。曜饮酒不过二升,皓初礼异,密赐茶荈以代酒。"孙皓密赐韦曜以茶代酒,可见东吴宫中已有饮茶。在魏晋时期,"玄谈"之风兴起。文人墨客高谈阔论,如有名的"竹林七贤",这些风流之士不乏以茶为风雅,拿茶来助兴。晋司徒长史王濛即是一例,其"好饮茶,人至辄命饮之,士大夫皆患之。每欲往候,必云今日有水厄"。"人至辄命饮之""水厄"也体现了当时饮茶虽已兴起,但并不很流行,一些人甚至以此为患。魏晋时期,门阀制度盛行,导致达官贵人们相互攀比,夸富斗美,十分奢侈。为了改变这种奢靡的社会风气,一些有识之士积极推行饮茶,出现了桓温的粗茶淡饭、陆纳以茶果待客、刘琨以茶解闷、萧赜以茶为祭等事例。这些政治家们希望以茶养廉,来改变社会风气,推行节俭的美德。因此,茶饮在士大夫中开始逐渐流行。不仅如此,人们开始讲究饮茶方式。晋代杜育的《荈赋》第一次全面而真实地叙述了中国历史上有关茶树种植、培育、采摘、器具、用水、煮茶方式、茶汤品质等内容。从中也可以看出当时饮茶已有特定的方式。

> 灵山惟岳,奇产所钟。瞻彼卷阿,实曰夕阳。厥生荈草,弥谷被岗。承丰壤之滋润,受甘霖之霄降。月惟初秋,农功少休,结偶同旅,是采是求。水则岷方之注,挹彼清流。器择陶简,出自东隅;酌之以匏,取式公刘。惟兹初成,沫成华浮,焕如积雪,晔若春敷。

南北朝时期,茶叶更加融入了人们的生活,以茶待客成为礼节。南朝宋人刘义庆在《世语新说·纰漏》中记载:"任育长年少时,甚有令名。……座席竟,下饮,便问人云:'此为茶,为茗?'"客人入座完毕,便开始上茶,表现了当时以茶待客的习俗。在这一时期,中国饮茶之风的盛行还与佛教在中国的迅速发展密不可分。佛教徒需要坐禅修行。"跏趺而坐,头正背直,不动不摇,不委不倚""过午不食""不可饮酒,戒荤吃素"等清规极需要有一种既符合佛教规诫,又能提神醒脑和补充"过午不食"的营养的食物。饮茶恰好能够提神醒脑、驱赶睡意,可以帮助僧人清心修行,同时补充水分和营养。因此,僧人们自己的修行与山水、自然的结合,在饮茶上得到寄托，逐渐形成饮茶之道。《晋书·艺术传》记述：东晋敦煌人单道开，在后赵都城邺城（今河北临漳）昭德寺修行时，室内坐禅，昼夜不眠，"不畏寒暑"，诵经四十余万言，经常用饮茶来提神防睡。唐代封演在《封氏闻见记》中记载："开元中，泰山灵岩寺有降魔师，大兴禅教，学禅，务于不寐，又不夕食，皆许其饮茶，人自怀挟，到处煮饮。"僧侣走到哪儿就把茶饮带到哪儿，对沿途饮茶的兴起起了重要带动作用。僧人大量饮茶也因此兴起了寺院茶，茶的种植、加工在各大寺院非常普遍。至今，许多名茶的前身都是寺院茶。如蒙顶甘露相传是汉代的甘露寺普慧禅师亲手炒制的茶叶，并作为贡品送给皇帝。再如武夷山的"武夷岩茶"也是由僧侣采摘制作的。他们还根据采摘的时间不同，将其命名为"寿星茶""莲子心"和"凤尾龙须"等。其他的还有天台山万年寺的罗汉贡茶、杭州法镜寺的香林茶、普陀山的佛茶、云南感通寺的感通茶、黄山的云雾茶、江苏的碧螺春等。大凡名山出名寺，名寺出名茶，茶似乎与寺庙有着难以隔离的缘分。

"茶兴于唐而盛于宋"，指的不仅仅是饮茶的风俗，更重要的是饮茶文化的形成。唐朝是我国古代最兴盛的王朝，当时的文化、经济的繁荣达到了一个高潮。人民生活安定，使他们有更多闲暇时间去品茶，从而促进了茶叶经济的繁荣和饮茶文化的普及。唐朝为了推崇饮茶文化，曾推行过禁酒令，提倡以茶代酒。即便是文成公主的和亲，也是把茶叶作为重要的陪嫁物品，从而使西藏饮茶之风盛行，甚至达到了"宁可三日无粮，不可一日无茶"的程度。唐宋时期，不管是僧人、道士还是文人士子都爱茶、种茶、饮茶、赞美茶。他们研究茶文化，饮茶作诗作赋，形成了浓厚的茶文化气氛。陆羽的《茶经》就是在这一时期诞生的。寺院长大的陆羽，一生爱茶，不断实践、调查、收集茶的资料，最终著成世界上第一部现存最完善、最全面的"茶叶百科全书"。他本人也被誉为"茶仙"，尊为"茶圣"，祀为"茶神"。陆羽《茶经》的问世，对推动饮茶之风的盛行作用巨大。北宋的梅尧臣赞曰："自从陆羽生人间，人间相学事春茶。"《新唐书·陆羽传》也谈道："羽嗜茶，著经三篇，……天下益知饮茶矣。"

宋代的饮茶文化进一步发展，茶饮、制茶水平都登峰造极。由于贡茶的需要，民间形成了独特的"斗茶"之风。蔡襄专门撰写《茶录》介绍了斗茶对茶品质的要求：茶色要白，茶味"主于甘滑"，茶香要真香，不能加香，汤瓶"要小者，易候汤，又点茶煮汤有准……"，茶盏需黑盏。除此之外，茶百戏、漏影春、茶宴等玩茶方式大行其道。宋徽宗赵佶甚至成为茶痴，其迷恋茶甚至达到了放弃朝政的程度，写下了洋洋洒洒的《大观茶论》，提出了"冲淡简洁"的饮茶观，为茶文化的发展做出了巨大的贡献。宋代饮茶方式以点茶为主，严格来说，这是一种吃茶方式，即将茶叶磨成粉，然后用水冲点调匀，饮用时将茶粉一起喝下。日本茶道至今仍沿袭这种冲饮方式，也足见中国茶文化对日本的影响。

明清时期，朱元璋罢龙团而兴芽茶，散茶得到极大发展，也促进了冲泡饮茶之风大肆兴起。散茶的兴起，使人们除了关注茶叶之外，也开始关注饮茶器具的发展，追求茶具的美学。他们认为："茶壶，窑器为上，以小为贵，壶小则不涣香，味不耽搁。"除此之外，饮茶用水、饮茶环境、饮茶方式都是文人雅士们注重的对象。可以看出，此时的饮茶者更注重饮茶的情趣和内心的追求，彰显一种境界。《红楼梦》中妙玉讥笑宝玉为驴饮便彰显了达官贵人对饮茶的讲究。清朝，饮茶文化已经开始平民化。以百姓为主角的茶馆发展达到了鼎盛时期。出现了种类繁、功能齐的各式茶馆。特别是康乾盛世时期，仅杭州的大小茶馆就多达八百多家。"庙门口都摆的是茶桌子，这一条街，单是卖茶就有三十多处，十分热闹。"这是吴敬梓《儒林外史》中的话语，可见当时茶馆文化的繁荣景象。

茶叶从被发现到采食鲜叶、生羹煮饮、饼茶、团茶、散茶，一直到六大茶类的出现，经历了漫长的过程。这是人类智慧的结晶。六大茶类的出现丰富了人们对茶类的认识，同时使人们能够择其所需而用，择其所好而饮。现如今，茶叶已经发展为风靡世界的三大无酒精饮料之一。全世界有20多亿人喜欢饮茶，大约有60多个国家种植茶叶，160多个国家和地区有茶叶消费习惯。与此同时，随着科技的发展，人们生活节奏的加快，各种速溶茶、浓缩茶、茶膏、袋泡茶和罐装饮料等随之出现，不断丰富和满足着人们对饮茶的需求。

B.13
茶的世界传播

中国是茶的故乡，是最早发现和利用茶的国家。国外的茶树种植、茶叶加工技术及品饮方式都是直接或间接由中国传入的。"神农尝百草，日遇七十二毒，得荼而解"① "茶之为饮，发乎神农氏"② 的记载使神农成为史前发现和利用茶的代表者，并已得到业界的广泛认可。根据史料记载，神农氏族或部落最早可能生息于川东和鄂西地区，其西面的一支或后裔，分散到四川更广的地区，湖北的一支或后裔则迁徙到湖南、江西、河南和山东等地，进而将可药用、食用和饮用的茶传播到华夏大地。③ 茶的传播主要包括茶树的种植、加工和茶叶的利用，一方面茶树所能适应的生态条件决定了其传播的距离和范围，另一方面不同历史时期经济、政治、文化的发展水平决定了其传播的广度和深度，在漫长的岁月中，茶的传播甚至可能出现逆向传播的情况。

第一节　古代中国茶对外的传播

古代中国茶对外的传播兴于唐宋，这与该时期便利交通的建立密切相关，路线主要有：一是经安东道和高丽渤海道可进入朝鲜半岛（即明州港至朝鲜半岛），并可进一步延伸至日本；二是经东海到日本五岛列岛港，再至日本的博多津港（即明州港至日本）；三是自唐朝至清朝先后从泉州、漳州、厦门、福州、三都澳、宁波、上海等港口，把茶传到东南亚、欧洲、美洲、大洋洲（其中1757~1842年独从广州输出），多称为"海上丝

---

① 宋·寇宗奭：《本草衍义》。
② 唐·陆羽：《茶经》。
③ 陈祖椝、朱自振：《中国茶叶历史资料选辑》。

茶之路"或"海上茶叶之路";四是自清中期(1757年)至鸦片战争,以广州为支点,通过海路到达东南亚、印度和欧洲,另有以越南为支点,通过海路到达印度,甚至东北非和波斯湾及地中海沿岸,即"海上丝绸之路"(或称"海上丝茶之路");五是经新疆入西域道,到达中亚、西亚各国,即"陆上丝绸之路";六是经中国西南入藏,转道印度、尼泊尔等南亚地区的"茶马古道";七是清初开创的南平市武夷山等中国东南茶区至俄罗斯恰克图的中俄"万里茶路"[1][2]。古代中国茶对外传播的途径一是僧侣在中国学佛归国的同时,带走了茶叶、茶文化;二是中国朝廷、官府作为高级礼品赏赐馈赠给来访的外国使节、嘉宾;三是外国传教士、船员从中国带出;四是贸易输出。

一 古代中国茶向亚洲的传播

日本是世界上最早从中国引种茶树、发展茶叶和传播茶的国家,自称"世界茶叶第二祖国"。729年圣武天皇赐茶于百僧,751年东大寺举行的大佛开眼供养会(用茶)和909年东大寺举行的品茶会,使饮茶风俗在日本僧人中盛行。[3][4] 805年从中国浙江天台山学教归日的最澄和尚首次从中国引进茶种,并致力于茶文化在日本贵族阶层及僧侣阶层的传播。与最澄同年来华的弘法大师空海则在茶的种植、唐代茶文化在日本的传播、高僧文人间的茶诗唱和等方面起到了重要作用。弘仁六年(815年)以后,嵯峨天皇实施贡茶制度,饮茶之风开始在王室贵族中传播,开启了以嵯峨天皇、都永忠、最澄、空海为主体,以弘仁年间(810~824年)为中心的日本古代茶文化黄金时代,学界称为"弘仁茶风"。其时日本开始种茶、制茶、品茶,

---

[1] 刘礼堂、宋时磊:《唐代茶叶及茶文化域外传播考》,《武汉大学学报》(人文科学版)2013年第3期。
[2] 莫非:《被遗忘的东亚海上茶路》,《普洱》2016年第2期。
[3] 唐力新:《茶的传播》,《茶叶》1979年第2期。
[4] 陈刚:《日本茶业历史演变及文化形成之研究》,《蚕桑茶叶通讯》2001年第2期。

饮茶方法与唐代煎茶法相同。①② 之后经历了饮茶低迷期，至镰仓时代，茶又风靡于僧界及贵族、武士和平民阶级，这归功于入宋学禅法回国的荣西和尚。他根据自己在中国的体验和见闻，著成《吃茶养生记》，将宋代的点茶法带到日本。宋理宗开庆元年（1259年），南浦昭明禅师来径山寺求学取经，学成回日后，将径山茶宴仪式也带回了日本。同时，建盏、茶筅以及记录"斗茶"方法的"建本"（宋代建州的麻沙、书坊出版的图书）等由"海上丝绸之路"运销至日本，日本茶道进入了草创时期。室町、安土、桃山、江户和明治时代是日本茶文化的灿烂辉煌时期：在室町时代（1336～1573年），源于宋代的"斗茶"在日本盛行，上层社会称之为"茶数寄"。其设备豪华阔气，所用的茶叶和茶具几乎都是从中国输入的，其中建盏最受欢迎。其"斗茶"内容更复杂、奖品种类也更多。直至"书院茶"出现才改变了这种杂乱、拜物的风气，并第一次将禅宗的清与静的思想融入了日本茶文化。"云脚茶""淋汗茶"等被称为"茶寄合"的民间茶会也开始出现。③ 永正元年（1504年）红令民从中国南京带回炒茶锅，创制了炒青绿茶——玉绿茶，并从佐贺嬉茶区扩展到九州及其他地区，抹茶、煎茶、玉露茶则是在沿袭中国蒸青绿茶工艺的基础上改良而成的。在江户时代（1603～1868年）中期，随着大量明代茶书（如《茶疏》《茶录》《北苑贡茶录》等）传入日本，日本众多文人墨客开始争相模仿明代文人品茶。④ 在长期吸收、消化中国茶文化后，村田珠光、武野绍鸥、千利休、古田织部、小掘远州、隐元隆琦、柴山元昭以及卖茶翁高游外等人成为日本茶道形成和发展的代表性日本茶人。

朝鲜半岛与中国接壤，为茶叶的传播提供了地理条件，使朝鲜茶文化的发展、演进与中国茶文化的发展几乎同步。另外，遣唐使者、留学生、僧人等群体将茶种、习茶风俗等带回朝鲜也加速了茶的传播，如金大廉、义天大觉国师、新罗国王子金乔觉、李元佐及著名文士崔致远等。朝鲜饮茶始于善

---

① 小野岑守：《凌云集·第35首》。
② 滋野贞主等：《卷十·第212首》。
③ 江用文、程启坤主编《中国茶业年鉴》，中国农业出版社，2009，第101～102页。
④ 马丛慧：《从茶书看中国茶叶文化在日本的传播与发展》，《农业考古》2013年第5期。

德女王（632~642年），兴于兴德王（825~836年），其时有用茶祭祖（金良鉴《驾洛国记》载："每岁时酿醪醴，设以饼、饭、茶、果、庶羞等奠，年年不坠。"）、置茶会、用茶赐臣民、以茶供菩萨（一然《三国遗事》载："每重三重九之日，烹茶飨南山三花岭弥勒世尊。"）等记载，饮茶方法与陆羽《茶经》中的煎茶法相同。①②③ 新罗人张保皋率商团船队将唐代上林湖生产的茶壶、茶罐与茶碗运至朝鲜半岛，浙江明州越窑瓷器茶具生产在朝鲜半岛南端的康津崛起。④ 至高丽王朝（918~1392年），饮茶之风在朝鲜半岛盛行，形成了茶礼，并普及于王室、官员、僧道和百姓之中。如在宫廷之中设有茶房，在军队中设有行炉军士（负责带着香炉、茶风炉、提炉等）和茶担军士（负责担着皇上御用的茶），在春之燃灯和冬之关会的祝祭活动之中，都会举行以茶为主的茶礼。高丽时代早期的饮茶方法仍是煎茶法，中后期开始流行宋代的点茶法。北宋徐竞以国信使提辖人船礼物官身份出使高丽国，著《宣和奉使高丽图经》载："高丽产土茶，味苦涩，不可入口。惟贵中国腊茶，并龙凤赐团，自赍（赏赐、赠送）之外，商贾亦通贩……。高丽人颇喜欢饮茶，盖治茶具，金花鸟盏、翡色小瓯、银炉汤鼎、皆窃效中国制度和习俗。"至李氏朝鲜时期（1392~1910年），前期受明代茶文化的影响，流行散茶壶泡法和撮泡法，中后期以后，茶文化一度因酒风的盛行和佛教影响力的下降而衰落，幸有晚期的丁若镛、崔怡、金正喜、草衣大师等热心维持，朝鲜茶文化得以日渐恢复。

越南在唐时处在中国直接而有效的管辖之下，再加上其地理的特殊性，成为中国茶叶输出的重要中转地和传播地，唐朝中晚期，茶已是越南较寻常的饮品。伴随着唐时佛教在中国的盛行，茶叶向印度半岛的传播越来越频繁，"丝、茶、瓷及其他土特产品不断输入天竺，并成为帝国对外贸易的主要对象之一"。⑤ 1998年，德国海底寻宝者在印度尼西亚苏门答腊岛附近打

---

① 一然：《三国遗事》，吉林文史出版社，2003，第72页。
② 陆心源：《唐文拾遗（卷四十四）·崔致远》。
③ 崔致远：《桂苑笔耕集（卷十八）》。
④ 林士民：《明州港与朝鲜半岛"海上茶路"之研究》，《韩国研究》（第九辑），2010，第88~100页。
⑤ 吴枫、陈伯岩：《隋唐五代史》，人民出版社。

捞的"黑石号"沉船中发现了一印有"荼盏子"的唐朝小碗,说明茶在唐代已通过海路向波斯、阿拉伯等西亚地区传播了。① 到了明朝,郑和七下西洋,航程遍及东南亚、阿拉伯半岛,并直达非洲东岸,将大批的丝绸、茶叶和瓷器等物品运送到这些地区。黄时鉴则通过史料推测,茶在 10 至 12 世纪时继续传至吐蕃,并传到高昌、于阗和七河地区,继而由于阗传入河中以至波斯、印度,也可能由于阗或西藏传入印度、波斯。从十四世纪至十七世纪前期,经由陆路,中国茶在中亚、波斯、印度西北部和阿拉伯地区得到不同程度的传播。②

二 古代中国茶向欧洲的传播

古代中国茶向西欧的传播始于 17 世纪,主要通过海路,经澳门、广州、厦门、宁波等港口,中途经过马来半岛、印度半岛,沿着非洲东海岸,绕过好望角进入欧洲。欧洲最早是从阿拉伯人或来东方传教的传教士那里获得茶叶资讯的,如阿拉伯商人 Hajji Mahomed 向威尼斯人 Ramusio 描述了茶的药用功效,并于 1559 年成文。葡萄牙神父 Gaspar da Cruz 在《中国志 (Tractado em que se cotam muito por esteso as cousas da China)》(1557 年左右)中,以及葡籍耶稣会士 álvaro de Semedo 在《大中国志(Relatione della Grande Monarchia della Cina)》(1663 年)中均讲述了中国人以茶待客的风俗。之后,葡萄牙人在东南亚着力开展香料贸易时将茶带回了欧洲,但茶只是被当作一种极好的稀罕物,并未成为贸易中的固定商品。将茶广泛传播到欧洲的国家是荷兰,他们的海船自爪哇来澳门贩茶运回荷兰或由荷兰转运英国、法国等其他欧洲国家。1596 年荷兰在爪哇班达建立了东印度公司,1603 年英国在爪哇万丹设立了万丹东印度公司,旅居于此的英国人和海员受当地华人、葡萄牙人和荷兰人的影响也开始饮用中国茶,并将它们带回英

---

① 杜文:《永恒的黑石号——黑石号沉船打捞长沙窑珍瓷》,《收藏》2010 年第 2 期。
② 黄时鉴:《关于茶在北亚和西域的早期传播——兼说马可波罗未有记茶》,《历史研究》1993 年第 1 期。

国赠送亲友，饮茶由此在英国慢慢传播开来。1662年喜爱饮茶的葡萄牙凯瑟琳公主嫁给了英王查理二世和1688年荷兰的威廉与嗜茶的玛丽共同统治英国的历史事件，促进了饮茶之风在英国上层社会的传播。茶传至英国时，最早在咖啡店和药店销售，价格昂贵，到17世纪末，伦敦已经出现多家"茶杂货店"（Tea Grocer），到18世纪末期，英国真正成为全民饮茶的国家，并在不断地将中国茶文化与本土文化融合的过程中形成具有英伦特色的"Morning tea""Breakfast tea""Lunch tea""Afternoon tea"和"Traditional English tea Time"等饮用风俗。火车、轮船、机场、宾馆甚至电影院、剧场都有茶供应，各类茶会兴盛，诗人以茶抒情，如埃德蒙·沃尔特在凯瑟琳公主生日时作诗《饮茶王后》献给查理二世，拜伦也曾写有《为中国之泪水——绿茶女神所感动》一诗。早期输入西欧的茶叶有中国茶，也有日本茶，以绿茶为主，直到后来印度、斯里兰卡茶叶发展起来之后，贩运到欧洲的红茶才慢慢多起来。1596年荷兰探险家林施侯登的《东方见闻录》和1601年意大利传教士利玛窦的《利玛窦中国札记》描写了日本人和中国人饮茶方法的区别；1771年出版的《大英百科全书》则描述了运至英国茶叶的分类和品质特点，主要包括绿茶和武夷茶。1866年，为了加快海上茶路从中国至英国的运茶速度，英国甚至组织过一次只靠风帆的快剪船运茶大竞赛。与英国相似，茶在荷兰也经历了从上层社会向普通大众传播的过程。18世纪时，荷兰曾上演过一出名为《茶迷贵妇人》的戏，反映了荷兰人饮茶蔚然成风的社会时尚。法国人嗜好咖啡和葡萄酒，气候不像英国那般湿润多雾寒冷，再加上英国垄断了欧洲的茶叶市场，茶在法国的传播并不像英国、荷兰一样广泛，但也不乏代表性人物，如文学家彼德·安顿·马斯特于1712年发表茶诗《茶颂》，以论茶酒的功过，有茶瘾的大文豪巴尔扎克时常在家举行茶会等。

1567年，俄国人彼得洛夫和雅里谢夫首先向本国介绍了茶树及茶的新闻；1618年，一位中国大使送了些茶叶给沙皇亚历克赛品尝；1675年，沙皇派遣尼古拉·加甫里洛维奇·米列斯库（斯帕法里）率代表团出使中国，回国后在他的出使报告中详细记载了有关中国茶叶的信息。从此，茶进入了俄国人的视线,并由于其输入数量少、价格贵而先传播至上层社会,伊利莎白女皇就在清雍正年间(1735年)专门建立了私人商队以骆驼运输茶叶。18世纪末,饮茶已成为俄国全民族的习惯。19世纪末叶以后,俄国的一些城镇和乡村出现了茶馆,车站也有了供应茶水的地方。俄国西伯利亚和中亚广大地区的茶叶一般行"万里茶路"经恰克图抵俄,这些地区的饮茶习惯受游牧的蒙古人和山西茶商的影响,喜欢砖茶,并加奶、加糖饮用;黑海沿岸和欧俄地区的茶叶则行海路抵俄,这些地区的俄国人更喜欢叶茶,特别是红茶和绿茶,饮茶习惯受中国南方的影响较大。19世纪时俄国出现了许多记载茶俗、茶礼、茶会的文学作品,既有普希金笔下悠闲自在的"乡间茶会",也有烦琐拘谨、有点虚夸做作的俄罗斯贵族饮茶礼仪。

值得一提的是,由于东西方文化的巨大差异,茶在向欧洲传播的过程中产生了不可避免的文化碰撞,在支持饮茶者与饮茶有害论者间的争论中,不自觉地促进了茶在欧洲的进一步传播。

三 古代中国茶向亚欧以外国家的传播

19世纪,欧洲一些国家对非洲进行殖民统治,推动了茶向非洲的传播。美国的饮茶以纽约人为最早,而至独立战争爆发前,茶已成为整个北美殖民地人民日常生活中的重要饮料,饮茶方法与欧洲大致相同,这亦与欧洲移民的饮茶习惯密切相关。1783年美国取得独立后,美国商人组织"哈里特号"和"中国皇后号"远航中国,为的就是购买中国茶叶以满足日益增加的茶叶需求,他们甚至在1787年开辟了从新英格兰到北美西北部的俄勒冈,再到广州的新航线,并改进了快剪船,使其与广州的茶叶贸易进入飞速发展阶段。美国人饮茶不似欧洲贵族那般讲究礼仪,美国首任总统乔治·华盛顿嗜好饮茶,平常早餐和晚餐都有茶,佐以奶油或蜜,至19世纪时,茶已成为美国人民晚餐中的主要饮料。

第二节　近代以来茶叶的传播

一　近代茶叶的传播

19世纪末20世纪初，中国茶的种植、加工、文化等已广泛传播至世界各地，各国根据本地的实际情况对茶业进行了创新和发展。反观中国，对外贸易优势不再，国内又面临生产技术落后、资金匮乏等问题，中国茶业亟待复苏。清末民初，朱文精、吴觉农、胡浩川、李联标、王泽农等茶业界有识之士纷纷出国留学，学习国外先进的茶叶科技。1934年以后，吴觉农、张天福等人分别考察了日本、印度、锡兰、苏联、印度尼西亚、英国等地，写出了专门报告。归国后，他们开设试验茶场或改良场，结合中国茶情，开启了中国茶业的复兴之路，并且改变了长久以来仅是中国向外国传播茶的历史，进入了国外茶叶科技向中国传播的"逆向"时期。最突出的表现是茶叶加工机械化水平的提高。1933年，吴觉农等参考中外成规，设计出蒸、炒、揉、干四种工序的机械，所制红茶或绿茶的品质均有所提高；湖南安化试验茶场用机械改进了绿茶品质；实业部国际贸易局与中央农业实验所合办的茶业改良场利用机械，仿制印度红茶工艺提高了红茶品质；福安茶叶改良场于1936年从日本引进了全套红茶加工机械以改进福建机制红茶的品质；祁门茶业改良场引进了德国克虏伯厂的新茶机。此外，茶叶科学家还积极翻译国外各类茶叶书籍，如《东北印度红茶制焙学》《锡兰红茶制法及其理论》《爪哇苏门答腊之茶业》《印度锡兰之茶业》《印度锡兰茶业推广计划》和威尔·乌克斯的《茶业全书》等，增加了国内茶人的知识，扩大了他们的视野，可为中国茶业的复兴添砖加瓦。

参加世博会是当代中国茶对外传播的重要途径之一，如1851年英国伦敦首届博览会、1867年法国巴黎世博会、1873年维也纳世博会、1876年的美国费城世博会、1903年日本大阪世博会、1905年比利时列日世博会、

1906年意大利米兰世博会、1926年费城世博会等，都有华茶的身影。但自鸦片战争开始，中国进入半殖民地半封建阶段，连年不断的战争使中国国内茶业的发展和传播停滞不前甚至倒退。茶叶掺杂过多，缺乏严格的质量等级区分，有些奸商甚至售卖染色或泡过的茶叶等，极大地损害了华茶的形象和声誉。1915年在美国旧金山举行的巴拿马世博会则是近代中国茶在国际舞台上崭露头角、重振华茶的辉煌一笔。在此次展会上，中国茶叶共获得7个大奖章、6个名誉奖章、21个金牌奖章、4个银牌奖章、1个铜牌奖章和5个奖词，其中包括安徽的祁门红茶和太平猴魁，浙江的景宁惠明茶和九曲红梅，河南的信阳毛尖，福建的坦洋工夫和闽北水仙，广西的南山白毛茶，江西的协和昌珠兰茶精、遂川狗牯脑、浮梁茶、婺源绿茶、宁红工夫等。

二 新中国成立以来茶叶的传播

中国茶业在新中国成立后缓慢恢复兴盛。茶叶因其修身养性、精行俭德的品性和抗癌、抗辐射等功效而在世界各主要茶叶消费国得到更广泛的传播，以缓解二次大战带给人们的矛盾、焦躁、紧张的情绪，帮助人们对抗恶劣的生态环境。

由于种种原因，1940年以后中国与世博会渐行渐远，直到1982年美国诺克斯维尔世博会，新中国才重返世博会舞台，尤其是在2010年中国上海世博会和2015年意大利米兰的世博会上，中国茶叶再次大放异彩，成为华茶对外传播的重要名片。除了世博会外，中国还积极参加各类国际茶叶评选会，国内各类各级茶叶评比活动和茶博览会也层出不穷，极大地促进了茶的国内外传播和交流。

新中国成立以来，随着生活水平的日益提高，人们对文化、精神世界的追求越来越高，茶叶的传播已不仅仅局限于种植、加工、饮用方式等传统途径，而是呈现多样化的趋势，主要有以下特点。

一是茶艺及茶艺馆的兴起。"茶艺"一词最早出现在台湾地区，源起于对中华民族传统文化的自信心和优越感,旨在弘扬茶文化、恢复茗茶品饮。① 在此理念的指导下,20世纪70年代,台湾的茶艺馆兴起,而由于台湾、香港以及新加坡等华人聚集区与大陆在文化上的同根同源性,茶艺馆很快传播至港澳地区及东南亚国家,中国大陆的茶艺馆则于1991年开始萌芽。与传统的茶馆相比,茶艺馆不再是单纯的冲茶卖水之地,而是展现高层次饮茶艺能,营造雅致、悠闲、文化氛围的场所,这无疑是从文化的角度传播茶业的最佳和最亲民的途径。此外,茶艺馆还采取茶艺表演、专题讲座、茶艺培训等方式,使原本为一个地区所特有的饮茶习惯被广泛的人群了解甚至接受。② 以茶艺和茶艺馆等实体为先导,茶文化开始兴起,并由此引起大众对茶具、茶服、茶席等传统文化的关注,成为新时期茶叶传播的重要途径之一。

二是茶博物馆群体的兴起。茶博物馆属于专题性博物馆,是专业认识和茶业爱好者了解茶、传播茶的重要媒介。中国大陆茶博物馆的建立自20世纪90年代开始,发展至今,或政府兴建或企业创办或私人开设,或全面介绍中国茶叶的发展史或以宣传当地茶业为主旨或仅展示与茶相关的物品(如茶具等)。其中,国内外具有代表性的茶博物馆有如下几个。

1. 中国茶叶博物馆。建成于1990年10月,由国家旅游局、浙江省和杭州市共同兴建,位于杭州西湖龙井茶的产地双峰一带,是中国第一个茶叶主题博物馆。博物馆主体由若干组错落有致的建筑组成,以花廊、曲径、假山、池沼、水榭等相勾连,富有江南园林韵味。陈列大楼由茶史厅、茶萃厅、茶事厅、茶具厅、茶俗厅等部分组成,由此打造出了"中华茶文化展"品牌,并在沈阳、上海、深圳、温州等国内城市进行巡展;设有六个不同风格的茶室以及供外宾接待、学术交流、古今中外的茶艺和茶道表演的场馆。

2. 天福茶博物院。2002年元月建成开院,位于福建省漳州市漳浦县盘陀镇工业区,由天福·天仁集团创办,是中国首家由民间创办的大型茶叶博

---

① 范增平:《中华茶艺学》,台海出版社,2000,第1~2、14~18页。
② 冯会、郭雅玲:《现代茶艺馆的发展及其对茶文化的意义》,《福建茶叶》2007年第3期。

物机构。由茶博物馆、茶道表演馆（兼茶道教室）、国际会议厅、品茗区（溢香轩、品茗阁）、曲水茶宴（兰亭、曲水流觞）、日本茶道园区福慧庵（含代表三个不同时代风格的日本茶室：精亭、俭亭、敬亭）、天福书画馆和奇石斋、武人茶苑、唐山隧道（陈年茶走廊）等9个展馆组成。院内环境幽雅自然，设有汉亭、唐山、宋桥、元塘、明湖、清池、兰亭曲水、武人茶苑、茗风石刻等景观。

3. 香港茶具文物馆。1984年初在香港成立，坐落于香港岛中区香港公园内，是为发扬茶文化而建的世界上第一家茶具博物馆。建筑原名"旗杆屋"或"司令总部大楼"，盖于1844至1846年间，属希腊复兴期风格，第二次世界大战期间楼顶被炸毁，1981年重修后尽量保留了这幢香港十九世纪中期典型的西式建筑物的原有面貌。该馆的主要工作为收集、研究及展出有关茶具的文物和资料，基本藏品是由"维他奶"创办人罗桂祥捐赠的西周至20世纪的约600件水器茶具。而在名为"中国茗趣"的展览中主要介绍中国历代的备茶方法及唐代至清代不同款式的茶具精品。文物馆旁的罗桂祥茶艺馆则展出25件瓷器和600多方印章，并设有品茗及观赏茶艺示范的中国茶室。

4. 澳门茶文化馆。2005年6月1日正式开幕，位于澳门特别行政区卢廉若公园内，由著名建筑师马若龙统筹设计，外观带有强烈的葡萄牙风格，配上中国色彩的瓦片屋顶，可谓中西合璧，犹如澳门在历史上所担当的中西文化交流角色。馆内举办不同形式的短期和长期展览，展现澳门茶文化以至中西方的茶情风貌。

5. 台湾坪林茶叶博物馆。1997年1月12日开馆，位于台湾台北县坪林乡水德村，建在山坡下的别墅内，园林山石相映，环境怡人。馆内展出制茶、分类、茶史、茶艺等内容，并迎合台湾人爱紫砂壶的喜好，开辟认识茶具、如何选壶、明壶介绍、如何养壶、壶艺新作5个主题。

6. 韩国雪绿茶博物馆。2001年开馆，位于济州岛森林保护区内。馆内展示韩国茶文化的变迁和发展史、茶传播的途径、茶的制作过程、茶的种类以及不同时期、来自不同国家的茶具。

7. 日本金谷町茶之乡博物馆。1998年4月正式建成并开馆，位于静冈县金谷町。馆内设有茶的试饮专柜、亲自体验展示、饮茶风习展示、中国古茶树、日本茶的历史、金古町二大机械厂的展示、世界茶叶介绍专区和世界珍奇茶器展示等；同时建有仿造日本江户时代著名小掘远州流的茶室区——书院（对云阁）、数寄屋（友贤庵）、茶屋间（向峰居）和锁之间（临池亭），室外庭院由中之岛、池畔、桥廊和八桥等组成。

除了固定的展出内容、与参观者的互动体验外，茶博物馆也因其专业性、文化性而成为各类茶事活动举办的主持者或场所，茶艺表演是最常见的形式，还有将茶与诗、画、书法等中国传统文化相结合的展览，以及各类培训、讲座和研讨会等。中国茶叶博物馆在这方面是先行者和典范：开设了学茶中心，向社会推出中国十大名茶体验式培训、各类型茶艺培训班、中国名茶品鉴、免费阅览茶书茶文化杂志、周末茶文化大讲堂和免费茶沙龙、"问山访茶"、"茶之旅"等系列活动；利用西湖国际茶会、国际博物馆日、中国文化遗产日、上海世博会等重大节日，推出茶文化活动；2009年9月，与中国国家茶文化研究会联合举办了"丹青话茗——茶文化书画展"；2010年3月，举办西湖龙井茶制作技艺非物质文化遗产展暨"西湖龙井一号"手工炒茶马拉松大赛；2013年10月，主办"海上丝绸之路——亚洲的跨文化交流和文化遗产"国际学术研讨会；2014年5月举行以"以茶会友，跨越国界的相聚"为主题的在杭外国专家联谊茶会；等等。

茶博物馆对国内外茶业间的交流和传播也起到了十分重要的作用。国内方面，位于四川省雅安市名山县蒙顶山的世界茶文化博物馆设有"中国茶韵全国摄影大赛精品"展厅，其展示的是"铁观音"杯全国摄影大赛评选出的优秀作品。2013年11月和2014年9月，中国茶叶博物馆分别与杭州博物馆、临安市文物馆和广东省博物馆共同策划举办了《啜英咀华——宋代茶文化展》和《听秋啜茗——广东省博物馆藏清代茶文物展》。对外交流方面，1998年9月20～25日，中国茶叶博物馆与日本金谷町茶之乡博物馆建立了友好关系，为两馆之间深入开展茶文化、学术研究方面的交流与合作奠定了良好的基础。2008年，中国茶叶博物馆与英国"时代中国"在伦敦的

"亚洲之屋"联合举办了中华茶文化展览,在芬兰埃斯堡现代艺术博物馆举办了"来自中国的茶、艺术、茶具"展览,次年又在美国罗得岛州布莱恩特大学举办了中华茶文化展。2010年10月,中国茶叶博物馆在吉庆台举行中日韩三国茶艺交流活动,并表演"宋代点茶"技艺。2010年12月,在"闽台茶乡交流会"启动仪式上,安溪三和茶博物馆与台北县坪林博物馆实现顺利对接,为两岸茶界的展示、学习、交流和合作提供了新平台。中国茶叶博物馆于2013年11月20日在摩洛哥索维拉城市博物馆举办了《斗品团香——中摩茶文化交流展》,并于2014年11月25日与韩国西归浦市茶文化院签署了合作备忘录。

此外,各地综合性博物馆亦根据本地区的实际情况,在展馆中设立茶叶方面的专区。如陕西法门寺博物馆以法门寺出土的茶具为中心的唐代茶文化展览,全面介绍了唐代的茶文化历史、饮茶风俗及其对后代的影响;福建省博物馆于1990年开设的茶艺馆,展出了新中国成立以来在福建考古发现的两晋南北朝以及唐、宋、元、明、清各代的茶具等文物;信阳博物馆设立"茶韵天香"展厅,由"信阳问茶""佳茗天成""茶的艺术"3个单元组成;日本金谷町茶之乡博物馆于1999年4~6月举办中国茶展,内容包括中国茶叶传入日本及其所发生的变化以及正在发展中的中国茶业全貌。

第三节 种茶之风日渐兴起

一 茶树在亚洲的传播

(一)茶树在中国的传播

中国西南地区的云南、贵州和四川是世界上发现野生大茶树最早、最多、最集中的地区,也是世界上最早栽培茶树的地方。茶树的传播范围与环境是否适宜茶性息息相关,陈椽先生对于茶树由巴蜀向中原地区的传播做出如下分析:"茶树随交通的方便而移入陕西。秦岭山脉为屏障,抵御寒流,

故陕南气候温和，茶树就在南部生根。因受气候条件限制，茶树不能再向北推进，只能沿汉水转入东周政治经济中心——河南，又在气候温和的河南南部生根。到了战国时代，安徽、山东都成为政治经济中心，茶树就再向东迁移。"至唐代，茶区遍及湖北、湖南、广东、广西、江苏、江西、四川、贵州、安徽、河南、浙江、福建、陕西等地。到了宋代，根据《宋史食货志》统计，北宋有35个以上的州产茶，南宋有66个州242个县产茶。至清代，茶种已漂洋过海传至台湾。台湾自古有野生茶树，巡台御史黄叔璥著《台海使搓录》载："水沙连茶在深山中。众木蔽亏，雾露蒙密，晨曦晚照，总不能及。色如松萝，性极寒，疗热症最效，每年通事与各番议明，入山焙制。"自清朝中晚期始，大陆茶种开始向台湾输入，以福建茶种为主，如嘉庆年间的台湾商人柯朝者，引进武夷茶苗植于台北文山的香蕉坑；咸丰年间的台湾举人林凤池从武夷山携回青心乌龙茶苗36株，其中12株由冻顶山的林三显先生栽植成功；清末民初的木栅农民张迺妙兄弟从安溪引进纯种铁观音茶苗，在木栅樟湖山上（今南里）种植。

正如晋常璩《华阳国志·巴志》所载："武王既克殷，以其宗姬于巴，爵之以子……。其地东至鱼复，西至僰道，北接汉中，南极黔涪，……其果实之珍者，树有荔支，蔓有辛蒟，园有芳蒻香茗。"中国在周朝时已有栽植的茶园。而唐陆羽《茶经·一之源》中对茶树品质"野者上，园者次"的比较之词也说明，茶树栽培技术一直延续到了唐代。唐末《四时纂要》和明徐光启《农政全书》中记载的砂藏茶子催芽法、张秉伦考证的在唐朝已被应用的茶子穴播法、清朝安溪茶农发明的"短穗扦插"法等栽培技术的出现则进一步推进了茶树的传播。佛、道教徒在茶树栽植方面起到的作用不可忽视：汉朝名士葛玄在浙江天台山设"植茶之圃"；孙惭《智矩寺留题古碑记》云"倚栏眺茶圃，昔有汉道人，分来建溪芽，寸寸培新土，至今满蒙顶，品倍毛家圃"；宋李昉等编写的《太平广记》中记载："唐天宝中（741～755年）有刘清真者，与其徒二十八人于寿州（今皖北）作茶，人致一驮为赁至陈留。"

新中国成立后至今，全国茶区已从14个省（区）发展到19个省

（区），产茶县（市）已发展到近1000个，东起台湾省，西至西藏自治区波密，南至海南省榆林，北至山东省荣成。这不仅与中国悠久的植茶历史有关，更得益于科研工作者对种茶技术的系统研究和大力推广，许多受封建剥削、气候和土壤条件限制等而衰落的古时茶区重新复苏，而20世纪50年代以后，随着茶树在察隅县、墨脱县、波密县、林芝县和错那县等地区的试种成功，西藏地区自古以来无茶树的历史被改变，其中的易贡茶场成为茶树栽培海拔最高（2250米）的地方。

（二）茶树在亚洲其他国家的传播

日本是世界上最早从中国输入茶种的国家，来华研学佛教的僧侣在其中发挥了重要作用。唐永贞元年（805年），最澄和尚从浙江省天台山的国清寺带回了中国茶籽，种植在贺滋县日吉神社的旁边，形成日本最古的茶园，即先池上茶园；元和元年（806年），弘法大师空海又从长安青龙寺引入茶籽，播种在京都高山寺和宇陀郡内牧村赤埴，于815年获得成功后，嵯峨天皇下令在畿内、近江、丹波、播磨各国种植茶树，每年都要上贡。在当时的首都、一条、正亲町、猪熊和大宫的万一町等地也设有官营的茶园，以供朝廷之用。1191年，荣西禅师将天台山云雾茶种植于九州平户岛的富春院、京都脊振山（今日佐贺县神崎郡）灵仙寺和博多（今福冈）圣福寺等地，并形成了名为"石上苑"的茶园。之后，明惠上人将荣西赠予的5粒茶籽种植于京都拇尾高山寺的旁边，被称为日本"本茶"。后来明惠氏又将其由畿内向关东及九州地区传播。12世纪初，圣一国师在回木厉泽（今静冈安部河）的途中，将茶种撒播于足久保的手前，奠定了静冈乃至整个东海地区茶叶发展的基础，成就了今日牧之原连片的现代化茶园（约6000公顷）。自明朝以后，日本则开始公开地从中国购买大量的茶籽。

印度尼西亚、印度、斯里兰卡等国则是伴随着殖民者入侵的脚步开启了种茶的历史。印度尼西亚最早的植茶记录，是1690年荷督坎费齐斯将中国茶籽先种植于其巴达维亚私人花园，但仅作为装饰点缀之用。接着荷兰和英国的殖民者又多次引进中国茶籽试种，均未获得成功，直到19世纪30年代左右，引进了中国的技术力量才得以成功。印度的植茶历史始于1780年，茶籽由英国东印度公司的商人从广东、福建带回并种植于不丹和加尔各答的植物园，而早在1774年，英国总督海司登仕为了入侵西藏，就曾派人从云南普洱地区引种，在大吉岭种植；戈登分别于1834年和1835年从福建武夷山购买大量茶籽分植于加尔各答、阿萨姆、尼尔吉里等地区，并以低廉的工资聘用了中国的熟练技工，为其效劳，形成了印度有名的茶区；1848年东印茶叶公司职员福顿到中国闽浙皖地区采买茶籽，雇佣8名中国制茶名师到印度传播植茶和制茶技术，促进了印度茶业的发展。荷兰人早在1600年就开始在斯里兰卡试种中国茶籽，但未获成功；1841年旅居在斯里兰卡的德国人瓦姆和他的弟弟将茶苗移植于沙格马地区；1867年咖啡树遭受严重虫害，无形中推动了茶树在斯里兰卡的栽植；1877年斯里兰卡开始从印度大规模地引进中国茶种在印度阿萨姆地区繁衍的后代茶种，大幅度扩大了茶园面积，使种茶业成为斯里兰卡的主要产业。孟加拉国种茶开始于英国殖民统治者利用特权，与印度同时在靠近印度东北部的山区发展茶场。

亚洲许多产茶国如泰国、缅甸、越南、老挝、柬埔寨、朝鲜等与中国茶树原产地接壤或毗邻，借助水系和动物活动，野生茶树的种子和花粉被传播至这些地区，而大规模的种植茶树则始于19世纪前期，如越南在1825年、缅甸在1919年先后创立了茶场。中国茶种向朝鲜的传播始于828年，遣唐使者金大廉得中国茶籽，种植于地理山（今智异山）下的华岩周围。9世纪后，新罗人已不满足于从中国输入茶叶，他们开始尝试种茶和制茶。马来西亚于1914年由华侨从中国引种茶树，在吉隆坡等地开辟茶园，之后英国资本家又在金马仑高山地区发展了茶叶种植。

二 茶树在欧洲的传播

向欧洲大陆传播茶叶的荷兰和英国历史上并不产茶，他们主要在亚非等殖民地种植茶叶和生产茶叶。德国人于1684年将日本茶籽试种在印度尼西亚的爪哇，未见成功，又于1731年从中国运入大量茶籽，分别种于爪哇、苏门答腊，茶叶生产得到发展。葡萄牙的茶树种植地主要在亚速尔群岛，早在 1750 年，在亚速尔群岛的中岛（Terceira）上就有茶叶的试种，但并没有进行量产。1820 年以后，茶种由澳门传至巴西然后再传至亚速尔群岛的圣米格尔岛（Sao Miguel）。1878 年，澳门种茶专家 Lau-A Pan 和 Lau-A Teng 受聘赴岛指导种茶与焙茶，带来了中国和印度最好的茶种——小叶的中国白毫种和大叶的印度阿萨姆种。20 世纪 30 年代，圣米格尔岛的茶产量达到最高峰，之后受到第二次世界大战的影响，茶叶生产逐渐走向衰落。

俄国从 1833 年开始在克里米亚试种茶叶，但未取得成功；1848 年又移植于黑海沿岸的高加索地区，茶树生长良好；1883 年和 1884 年，从中国湖北省羊楼洞轩区购买的茶籽和茶苗开始在巴统地区大规模栽植。1887～1896 年，俄国人意识到种茶技术的重要性，先后组织考察团到中国、日本、印度、斯里兰卡等国家研究茶叶，在购买茶种的同时，也聘请和雇用中国的技术人员赴俄指导，扭转了长期以来黑海沿岸茶树种植徘徊不前的局面。如 1888 年波波夫聘请了以刘峻周为首的 10 名中国茶叶专家在巴统种植了 80 公顷茶树，1889 年吉洪米罗夫等人雇用了 13 名中国茶工在查克瓦、沙里巴乌尔、凯普列素等地开辟了 15 公顷的茶园。在中国专家的指导下，俄国的种茶业得以顺利繁荣和发展。新中国成立之后，两国在茶树种植方面的交流学习更加频繁。

三　茶树在其他地区的传播

19 世纪 50 年代，英国利用殖民政策，在非洲的尼西萨兰、肯尼亚、乌干达、坦桑尼亚等国家开始种茶。1812 年中国的茶籽和种茶、制茶技术同时传至巴西，此为南美种茶之始。1858 年中国茶籽、茶苗也曾输入美国试种。新中国成立之后，中国先后派出植茶、制茶的科技人员去越南、摩洛哥、几内亚、马里、阿尔及利亚、柬埔寨、巴基斯坦等国帮助栽茶，引入了浙江鸿坑种、安徽祁门种、福建坦洋种等优良茶树品种。

B.14
中国茶指数研究报告

一 中国茶指数体系设想

（一）概念与意义

中国茶指数是依据统计学理论与评价原理，采用科学可行的编制方法，选择一系列中国茶产业运行状况的指标，进行数据化综合处理，得出能全面反映中国茶产业市场变化的经济指标。

中国茶指数主要由茶产品价格指数、出口指数、生产指数以及若干分类指数构成。

中国茶指数的编制，可以为中国茶产业主管部门和地方政府准确及时地了解和掌握中国乃至世界茶产业动态、了解茶产业市场运行状况、制定相关行业政策和发展规划提供依据；为茶业生产者和经营者、消费者提供准确、及时的商情信息，避免决策失误；增强中国茶业的国际竞争力，有利于中国茶文化走向世界。

（二）中国茶指数体系框架设想

中国茶指数体系力求从茶叶生产、消费、贸易、质量、品牌、标准、科技等方面来综合反映中国茶产业的市场变化，并不断完善。

1. 生产指数：主要包括毛茶（农产品）、精制茶（工业品）分项指数体系以及六大茶类、加工茶类分类指数。

2. 消费指数：主要以省域品牌茶叶，如铁观音、大红袍、西湖龙井等历史名茶的市场零售价格与消费量为依据，反映其价格与销售量的变动情况。因为品牌茶叶是茶叶市场的风向标,市场关注度高。

3. 出口指数:主要是茶叶出口价格与数量走势。

4. 茶企效益指数:按照《统计年鉴》口径,有6个衡量指标。

5. 茶业科技指数:综合反映茶产业技术进步与深加工程度,如茶企机械化应用、清洁化生产、标准化生产、绿色植保技术等情况。

6. 茶产业创意指数。

7. 综合指数:在上述基础上确定茶业综合指数(绿茶、红茶、黑茶等各自的权重要根据生产量与销售量确定)和茶业景气指数。

(三)中国茶指数特征

1. 指数功能上的创新

(1)时间领先,具有前瞻性,服务于中国茶产业发展;(2)高频发布,技术含量高,具有指导性,将成为中国茶产业的先行指标;(3)将茶业技术标准与经济因素结合,不断细化与深化,增强覆盖面。

2. 指数编制方法上的创新

由多层级、多分类体系构成;评价模型均采用主客观双向加权方式;茶叶品类之间通过客观指标结构加权,单项评价指标之间通过主观权重加权,整个指数体系表现为纵横双向的平衡表,保证表内纵横两个方向统计平均值的高度统一。

3. 指数系统的自动化和一体化

针对中国茶指数系统数据采集面广、安全要求高、处理实时性强的特点,采用合适的软件系统,最终形成一个"数据采集→自动检验→异常值过滤→数据管理→指数(网络与媒体)发布→指数分析"一体化的指数信息服务系统。

二 中国茶指数研究情况

随着中国茶产业的快速发展,茶产业指数的编制越来越引起各方的关

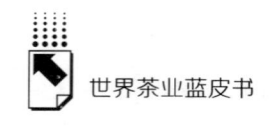

注，茶企评价也被纳入一些研究机构的视野。这几年，一些地域的政府或茶业管理机构，甚至一些交易场所、研究机构也在茶指数与茶企评价领域做了探索，取得了一定的成效。

（一）茶指数运作情况

1. 马连道茶产业指数

2015年开始编制，主要对在北京马连道茶叶市场上流通的茶叶进行分类监测和统计，采用科学客观的抽样和信息采集方法，利用统计数据，按照不同的茶企经营规模，分层抽取能够代表马连道实际业态发展水平的企业采集数据。采取行业运行、政府监管的方式，加强茶产业指数的规范化和市场化运行，保证马连道茶产业指数发布的持续性、真实性和有效性。

马连道茶产业指数分别发布绿茶、红茶、白茶、黄茶、乌龙茶、黑茶的批发、零售和月度综合价格指数，通过实际数据分析，客观反映马连道茶业市场的综合发展水平。马连道茶产业指数是目前运作比较规范，具有代表性以及可持续性的区域茶产业指数，对销售者与消费者均有一定的价值，可在网上实时查看茶叶指数的变化情况。

2. 县域茶叶价格指数

中国茶叶流通协会从2009年起，先后与福建安溪县、浙江新昌县与松阳县人民政府联合编制并发布了安溪铁观音、新昌大佛龙井、浙南松阳绿茶与茉莉花茶等茶叶的价格指数，主要反映县域茶叶价格与交易数量的变化情况。最近又与信阳茶业协会联合推出信阳毛尖指数，是中国第四个地域茶叶价格指数。

此外，还有普洱茶交易指数、茶气象指数等，但市场影响并不大。

三 中国茶指数数据采集、编制与发布

（一）数据采集原则

1. 样本规格具有代表性、系统性，以确保样本资料提供的稳定、持续

与全面。(2) 签约数据提供者，提供者承担确保提供数据准确性的义务，我方保留抽查的权利。(3) 数据保密。

（二）采集渠道选择

1. 省域现货交易市场

拟以北京、上海、山东、浙江、安徽、福建、湖北、湖南、广东、云南、四川、陕西、贵州等为采集省份。例如，北京市场选择马连道。目前，马连道已经形成了以茶产业为龙头的特色经济集聚区，是中国三大茶叶集散地之一，尤其是已经推出了马连道茶指数运作系统，有现成的数据资料。

同类型的有浙江杭州西湖茶叶市场，浙南茶叶市场，福建安溪茶叶批发市场，广州芳村茶叶市场，山东济南广友茶叶批发市场，青岛利客来茶叶市场，云南昆明康乐茶叶市场，河南信阳国际茶城，安徽芜湖峨桥江南第一茶城，广西横县茶城等。

浙江、福建、广东、山东等市场流通量大的省份可设置两个以上采集点。广西以采集茉莉花茶为主，四川主要采集绿茶。

这几年，在市场竞争中，各地均涌现出一些茶企，其产品不断创新，营业额不断提高，企业知名度不断扩大，具有一定的市场影响力，可考虑将其作为"中国茶指数成员单位"。

2. 茶叶现货交易系统

目前，各地茶叶交易方式不断创新，充分与互联网、金融相互渗透，积累了一定的现货交易数据。

（1）大圆普洱茶交易中心

位于南京，以"互联网+普洱茶+金融"为理念，开发研究了普洱茶金融交易，一方面拓展大众投资渠道，推广普洱茶的品鉴、消费和收藏，扩展普洱茶的市场，从而增加普洱茶的流通；另一方面补充和扩展普洱茶产业链，提供专业和多样化的服务，包括打造普洱茶藏品集散中心、普洱茶托管交收中心、普洱茶投资理财中心、普洱茶学术中心、普洱茶大数据中心等服务板块，进而形成普洱茶交易指数，使之成为普洱产业的晴雨表，强化普洱

茶优质品牌，助推普洱产业标准化、现代化和国际化。

同类型的有武汉陆羽国际茶业交易中心，各类茶原料、成品茶、茶行业相关商品的所有权交易均可在这里进行。

（2）上海茶业交易中心茶叶现货电子交易平台

2015年7月开张。有实时交易行情显示。

（三）中国茶指数编制

以《世界茶业蓝皮书》编创人员的学术积累以及对茶业行业的把握为基础，着重解决以下几个问题。

1. 建立数据采集制度，确保数据的权威性与可靠性。

2. 数据的标准化处理。建立茶指数信息管理软件系统，对原始数据进行审核、检查、订正、整理、异常值剔除等。

3. 计算。确定编制原则、计算模型，然后将处理过的数据进行科学的加权平均等计算。

4. 评析：通过综合评析、线性比较，得出科学的结论，以揭示中国茶产业发展规律。

（四）中国茶指数的发布

1. 选取合适的时间为各项指数发布的基期。

2. 确定发布周期。例如，茶叶价格指数可以以星期为周期，每周发布一次；市场景气指数可以以月份为周期，每月发布一次。

3. 发布渠道。建立专门的网站，以《世界茶业蓝皮书》编辑部的名义发布。

4. 作为中国权威的茶业信息监测平台，用户可以实时查询。

四　中国茶指数的运作

中国茶指数拟主要以国务院发展研究中心中国企业评价协会为依托，整合中国茶业界的相关组织，如中国进出口商会茶分会、中国茶业流通协会、海峡茶业交流协会等平台资源，并利用国家相关部委等有关茶业发展的资源。

（一）建立指数编制办公室

成立指数编制办公室，配备专职人员，构成中国茶指数平台的基础管理与执行团队。指数编制办公室的主要职能是负责数据的收集、录入、计算和发布，系统的运行管理，与专业机构的合作开发等。编制过程中可充分利用社会各界力量，如高校。

机构设置两处：一是北京编辑部，负责指数发布等宏观事务；二是福建编辑部，负责具体编制事务。

（二）经费预算与管理

（略）

（三）运作风险

茶产业是民生产业、健康产业，不少省域、县域都制定了茶产业发展规划，为中国茶指数运行提供了良好的氛围。但经营风险还是存在的，主要体现在以下两方面。

1. 运作资金不到位，影响总体进度安排与成果质量。
2. 缺乏得力的合作伙伴，茶指数链条上的各个环节难以形成稳定的合作关系。

五　实施措施

（一）针对运作中可能存在的风险，如数字采集的困难，建议先做品牌茶指数，如大红袍、西湖龙井、云南普洱、安化黑茶等，将这些区域品牌做大做出影响，倒逼其他区域茶叶加入中国茶指数系列。

（二）充分利用现代信息技术与策略，如移动互联网技术等采集主要茶区的原始数据。

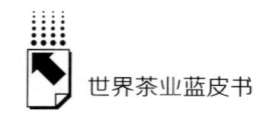

六　中国茶指数愿景

（一）强化世界影响力：强化中国茶产业在世界茶产业中的影响力

通过茶指数，确立中国茶产业在世界茶产业中的龙头地位和信息中心地位。比如，掌握茶叶及其衍生品的定价权；再如，把世界茶产业论坛永久落户中国。每年以一个主题为中心，弘扬茶文化，发展茶产业，带动地方经济发展。

（二）打造综合平台：把中国茶指数打造成一个茶产业文化综合性服务平台，对宏观经济与微观操作产生影响

1. 品牌化运作，不断扩大指数的辐射范围，并进行品牌培育与维护，使之在业界有广泛的影响与好评。
2. 赢利模式。拟通过茶指数的影响力来吸引茶企广告，以广告为主要赢利模式，其次是咨询服务等，最后是茶业企业冠名。
3. 成为茶技术、文化、创意等综合服务平台，进行专业的市场调查、销售培训、标准的制定等，便于需求者查询。针对市场变化，推出相关的评析与预警文章。
4. 茶质量、品质检测平台。
5. 中国茶产业数据库。

（三）强化服务意识：为实现上述目标，关键是强化服务

一是免费提供基本数据服务，而至于更专业的数据，如市场调查数据则按照市场标准收费；二是免费提供基本的技术、文化、管理咨询，销售建议，实战案例等，而更专业的需要则采取收费策略；三是强调茶指数平台的文化建设。

B.15 后　记

中国是茶的故乡，发展历史源远流长，是世界上最早发现和利用茶树的国家。早在中华民族成长的极为远古的神农时代，《神农本草经》就有记载"神农尝百草，一日遇七十二毒，得茶而解之"，而《神农食经》曾曰"茶茗久服，令人悦志"，可见茶叶在我国发展和应用的历史之久。从古籍精炼的文字中亦可发现茶叶的药用价值，特别是其对身体起到的调养和保健作用。对于茶叶的发现起源与利用，在中国也经历了漫长的岁月。茶叶既可以作为药材，又可作为食材，但是大多数学者是同意"药用为先"的观点的，认为茶叶具有清热解毒、提神醒脑的作用而被逐步发展为后来的茶饮。神农尝百草是关于茶叶起源最广为流传的传说，三国以前的茶文化是饮茶风俗出现时期。两晋、南北朝时期则是茶文化的萌芽时期，这一时期茶叶的种植面积扩大，饮茶开始进入日常生活，一些与茶有关的文字开始出现在文人的诗词歌赋中，如左思的《娇女诗》、张载的《登成都楼诗》、杨炫之《洛阳伽蓝记》等都从各个方面对茶的饮用、茶的现实利用进行了描述。唐代是中国茶业发展和茶文化的形成时期，陆羽的《茶经》问世，茶道盛行，现在著名的日本茶道就是从唐代开始从中国传播出去的，这一时期为中国茶文化开始走向世界奠定了基础。宋代则是茶文化的盛行时期，"兴于唐，盛于宋"，茶已经成为"家不可一日无也"的日常饮品。元明清是茶文化的进一步发展时期，茶叶已经走入万千寻常百姓家，成为日常的健康饮料。

中华民族文化传承，茶文化也作为浩瀚中华文化星辰中的一颗，被较好、较完整地保留并传承至今。其间虽然历经繁荣与衰落，但是历久弥新，其在当今社会的重要性日益凸显。特别是在习近平总书记提出了"一带一路"发展战略之后，茶叶作为中国文化的名片在提升我国的国际形象和文

化竞争力方面显得尤为重要。为了深入贯彻落实"一带一路"的宏伟战略构想，做好茶叶对外贸易互联互通，推动茶产业发展，促进世界茶文化交流，并为中华民族伟大复兴做出应有贡献，中智科学技术评价研究中心联合福建茶叶学会、中国食品土畜进出口商会、北京林业大学等单位共同启动《世界茶业发展报告》（蓝皮书）编纂工作。

蓝皮书由总报告、分报告、专题报告3部分组成。

总报告包括世界茶业发展报告，综合分析阐述21世纪以来世界茶叶生产、消费、贸易、科技创新、文化等各个方面。这一部分重点介绍了21世纪世界茶叶及其相关茶叶产业的发展状况，在这一个全球化飞速发展的时代，茶业不再沿袭过去小农经济下的传统低效的生产方式；对于茶叶的使用也不仅限于茶叶本身，更多的是注重茶叶的相关附加价值，于是茶叶的生产、消费、贸易、科技创新、文化等方面都在21世纪发生了翻天覆地的革新，茶叶的生产和消费形式、茶叶贸易往来、茶文化都在继承过去优良传统的基础上推陈出新，这些与茶叶有关的产业都在时代进步中绽放着新的璀璨光辉。《世界茶业发展报告》（蓝皮书）中的总报告部分就是总结介绍21世纪以来茶叶及其相关产业的新变化、新发展。从总报告中可以窥见世界茶叶产业未来的发展、转型趋势，共同促进世界茶文化的发展，为世界经济发展注入新的活力。

分报告分为茶叶品种分类、主要产地、消费与需求、贸易、茶叶质量、品牌、标准及涉茶产业发展等部分。这一部分是上述总报告的延续，是在总报告介绍21世纪以来世界茶叶产业新发展的总体情况的基础上具体细化并增添了相关内容。分别从不同角度介绍茶叶的生产、销售、相关文化产业的现状。充分展现茶叶从生产到贸易的发展。

专题报告部分主要由世界茶树物种渊源和分布、茶叶的主要成分和功能作用、茶与人类健康、茶的发现和使用、茶的世界传播、茶与世界历史重大关联、中国茶指数研究报告等多个专题组成。专题报告是将总报告和分报告中无法详细叙述但需要重点提及的有特色部分单独叙述，这一部分更加具有鲜明的特色，使读者根据需求可以自行选择感兴趣的部分进行阅读，以便对

后 记

某一部分进行更加深入的理解。

在《世界茶业发展报告》（蓝皮书）的编撰过程中，离不开各位同人的大力支持，在此要格外感谢参与蓝皮书组织与编写的各位专家学者以及编辑部的成员（排名不分先后）：李闽榕、冯廷佺、蔡军、周国文、程启坤、郑国建、周玉璠、陈荣冰、刘勤晋、韩驰、郑乃辉、林海霞、郭雅玲、陈玉琼、孙威江、陈龙坪、杜晓、蔡烈伟、刘进社、竺济法、费冬梅、陈百文、赖凌凌、汤凌燕、岳川、曹红利、曾小燕、叶丹榕等。在此我们要感谢北京林业大学张闯等领导的关心和支持！并感谢参与蓝皮书编写及联系工作的人员黄春桥、贾桂君、朱虹遇、黄宜静、吴孟孟、孙煜涵、孙亭亭、周李杨、童玲以及编辑部、编委会的全体人员，感谢社科文献出版社的领导与编辑，是各位的努力和细致才使我们的编写工作顺利而又圆满地完成。

毫无疑问，当今世界越来越密不可分，中国与世界的关系也将随着时代与社会的发展不断谱写新的篇章！茶文化作为中华民族文化的一张名片，必然会在新世纪、新形势下为促进中国文化与世界其他民族文化的交流与合作发挥重要的作用，这也正是我们编写《世界茶业发展报告》（蓝皮书）的初衷所在。我们衷心期望《世界茶业发展报告》的编写和出版，能够为共同促进世界茶业与茶文化的繁荣进步做出应有的贡献。

在本书行将付梓之际，尚要提及的是，本书作者来自全国各地，在短短三四个月中，即完成80余万字的稿件，由于受篇幅限制，尚有茶文化、茶树栽培与加工、机械、重大茶事活动、附录、有关图片等暂未入篇。再由于编辑人员分散，时间紧，资料来源和笔调各异，给统稿带来困难，书中难免存在不足或讹误！在此敬请有关人员谅解！并请读者予以指正、赐教！

编　者
2017年元月

权威报告·热点资讯·特色资源

皮书数据库
ANNUAL REPORT(YEARBOOK) DATABASE

当代中国与世界发展高端智库平台

所获荣誉

- 2016年，入选"国家'十三五'电子出版物出版规划骨干工程"
- 2015年，荣获"搜索中国正能量 点赞2015" "创新中国科技创新奖"
- 2013年，荣获"中国出版政府奖·网络出版物奖"提名奖
- 连续多年荣获中国数字出版博览会"数字出版·优秀品牌"奖

成为会员

通过网址www.pishu.com.cn或使用手机扫描二维码进入皮书数据库网站，进行手机号码验证或邮箱验证即可成为皮书数据库会员（建议通过手机号码快速验证注册）。

会员福利

- 使用手机号码首次注册会员可直接获得100元体验金，不需充值即可购买和查看数据库内容（仅限使用手机号码快速注册）。
- 已注册用户购书后可免费获赠100元皮书数据库充值卡。刮开充值卡涂层获取充值密码，登录并进入"会员中心"—"在线充值"—"充值卡充值"，充值成功后即可购买和查看数据库内容。

卡号：396111696484
密码：

数据库服务热线：400-008-6695
数据库服务QQ：2475522410
数据库服务邮箱：database@ssap.cn
图书销售热线：010-59367070/7028
图书服务QQ：1265056568
图书服务邮箱：duzhe@ssap.cn

子库介绍
Sub-Database Introduction

中国经济发展数据库

涵盖宏观经济、农业经济、工业经济、产业经济、财政金融、交通旅游、商业贸易、劳动经济、企业经济、房地产经济、城市经济、区域经济等领域，为用户实时了解经济运行态势、把握经济发展规律、洞察经济形势、做出经济决策提供参考和依据。

中国社会发展数据库

全面整合国内外有关中国社会发展的统计数据、深度分析报告、专家解读和热点资讯构建而成的专业学术数据库。涉及宗教、社会、人口、政治、外交、法律、文化、教育、体育、文学艺术、医药卫生、资源环境等多个领域。

中国行业发展数据库

以中国国民经济行业分类为依据，跟踪分析国民经济各行业市场运行状况和政策导向，提供行业发展最前沿的资讯，为用户投资、从业及各种经济决策提供理论基础和实践指导。内容涵盖农业，能源与矿产业，交通运输业，制造业，金融业，房地产业，租赁和商务服务业，科学研究，环境和公共设施管理，居民服务业，教育，卫生和社会保障，文化、体育和娱乐业等100余个行业。

中国区域发展数据库

对特定区域内的经济、社会、文化、法治、资源环境等领域的现状与发展情况进行分析和预测。涵盖中部、西部、东北、西北等地区，长三角、珠三角、黄三角、京津冀、环渤海、合肥经济圈、长株潭城市群、关中一天水经济区、海峡经济区等区域经济体和城市圈，北京、上海、浙江、河南、陕西等34个省份及中国台湾地区。

中国文化传媒数据库

包括文化事业、文化产业、宗教、群众文化、图书馆事业、博物馆事业、档案事业、语言文字、文学、历史地理、新闻传播、广播电视、出版事业、艺术、电影、娱乐等多个子库。

世界经济与国际关系数据库

以皮书系列中涉及世界经济与国际关系的研究成果为基础，全面整合国内外有关世界经济与国际关系的统计数据、深度分析报告、专家解读和热点资讯构建而成的专业学术数据库。包括世界经济、国际政治、世界文化与科技、全球性问题、国际组织与国际法、区域研究等多个子库。

法律声明

"皮书系列"（含蓝皮书、绿皮书、黄皮书）之品牌由社会科学文献出版社最早使用并持续至今，现已被中国图书市场所熟知。"皮书系列"的LOGO（ ）与"经济蓝皮书""社会蓝皮书"均已在中华人民共和国国家工商行政管理总局商标局登记注册。"皮书系列"图书的注册商标专用权及封面设计、版式设计的著作权均为社会科学文献出版社所有。未经社会科学文献出版社书面授权许可，任何使用与"皮书系列"图书注册商标、封面设计、版式设计相同或者近似的文字、图形或其组合的行为均系侵权行为。

经作者授权，本书的专有出版权及信息网络传播权为社会科学文献出版社享有。未经社会科学文献出版社书面授权许可，任何就本书内容的复制、发行或以数字形式进行网络传播的行为均系侵权行为。

社会科学文献出版社将通过法律途径追究上述侵权行为的法律责任，维护自身合法权益。

欢迎社会各界人士对侵犯社会科学文献出版社上述权利的侵权行为进行举报。电话：010-59367121，电子邮箱：fawubu@ssap.cn。

社会科学文献出版社